**배우 시절** 대여섯 살 무렵, 큰형님이 계시던 평양에서 처음 영화를 보고난 후 배우는 나의 꿈이자 희망이었다. 중학교를 퇴학당한 후에는 더욱 절실하게 연극배우의 꿈을 키워갔다. 그 꿈이 실현된 건 한국전쟁이 터진 후 인공 치하의 일이다. 하지만 극단을 조직하고 공연을 하러다니는 일은 결코 쉽지 않았다. 학도호국단 연예대를 조직하여 전방 군부대 위문공연을 다니던 시절의 분장한 모습이다.

**해군 복무** 전쟁 중에 극단을 운영하다 빚만 지고 끼니를 걱정하게 되자 결국 입대를 결심했다. 19살 때인 1951년 11월, 해군 신병 25기 모집에 응시하여 합격을 하곤 진해 훈련소에 입소했다. 그러나 가입대 1주일 만에 극단에 대한 미련 때문에 귀향을 하고 말았다. 이후 해군은 나와 질긴 인연을 맺게 된다. 소사로 돌아와 다시 극단을 운영했으나 적자를 면치 못하고, 1954년 해군 신병 모집에 또 다시 응시하여 39기로 입대를 했다. 진해 해군보건병원대에 근무하던 시절이다.(앞줄 왼쪽에서 첫 번째가 필자)

**51함 작전 분대원들과 함께** 1958년 송년회를 하면서 찍었다. 이듬해 4월, 지겹기만 했던 해군 복무를 마치고 나는 만기 제대했다. 사실 해군 복무 시절 탈영을 했다가 내 운명이 바뀐 것인지도 모른다. 군의학교 교육 중 외박을 받아 나왔다가 제 시간에 귀대하지 못하게 되면서 자포자기 심정으로 택한 탈영이었다. 탈영 상태에서 서울 국립 맹아학교에 입학한 결과로 먼 훗날 교직에 설 수 있었다.(뒷줄 오른쪽에서 두 번째)

**초임교사 시절** 무슨 일이든 안 끼는 데가 없는 동네 유지처럼 주먹깨나 쓰며 여기저기 끼어든다고 해서 얻은 별명이 '유지 건달'이었다. 그렇듯 젊은 날은 방황과 객기의 연속이었다. 군 제대 후 국립맹아학교에 재등록하여 적을 두고는 있었으나 형편상 학교도 다니는 둥 마는 둥 할 수밖에 없었다. 성적이 엉망이라 졸업하는 게 다행이다 싶었다. 그 때문인지 교사 자격증을 갖고 있는데도 발령이 나질 않았다. 그러다 우여곡절 끝에 1964년 용인 장평국민학교로 발령을 받았다. 그 곳에서 찍은 사진이다. 장평국민학교는 12학급밖에 안 되는 산골학교였다. 그래도 초임교사로서 열정을 갖고 아이들을 가르쳤다. 시골학교라서 더 그랬겠지만 아이들도 학부모들도 순수하고 열정이 통했다. 내 순수한 열정을 알아주는 제자가 있어 늘 고맙게 생각한다. 사진 찍기를 즐기지 않는 편이라 제자들과 찍은 사진조차 거의 없는데, 용케 남은 사진이다. 오른쪽 사진은 장평국민학교 20회 허재욱군이다.

**아이들과 교정에서** 1971년 나는 7년 동안의 교사 생활을 접고 말았다. 점점 더 교육계에 염증을 느껴 꿈과 희망이 사라져가고 있는 가운데, 곤궁한 살림에 도움이 될까 해서 시작한 양계사업이 실패를 본 무렵이었다. 게다가 절친한 친구에게 돈을 꿔줬다가 도박판에 얽히게 된 게 결정적이었다. 사기도 박을 당해 파산하고 나자 교사 박봉에 살 길이 아득해 사직을 했다. 이후 이것저것 사업에 손을 대보기도 하다가, 1974년 42살의 나이에 거의 장난삼아 응시한 공무원 시험에 합격해 수원에서 공무원 생활을 했다. 그러다 교원이 달리게 되면서 주변의 권유로 교직으로 돌아갔다. 두창국민학교 4학년 아이들과 찍었다. 이 학교는 1980년 내가 다시 교직에 복직하면서 부임한 학교였다.

**졸업식** 교직에 있으면서 내가 강조한 것은 '된 사람'이었다. 올바른 사람이 어떤 것인지 가르치려고 했다. 앞으로 훌륭한 동량으로 키워야 할 어린이들을 인성이고 뭐고 다 제쳐놓고 오로지 성적순으로 줄 세우기를 하는 세태가 낯 뜨겁기 짝이 없었다. 아이들이 졸업할 때마다 이들이 커서 올바른 삶을 살아가길 바랄 뿐이었다. 1981년 두창국민학교 제9회 졸업식 사진이다.

**어머니** 내가 철없이 생활할 때에도 늘 '용승이만은 잘못되지 않을 것'이라는 믿음으로 지켜주시던 어머니셨다. 열네 살 어린 나이에 시집와 8남매를 낳으시고 없는 살림을 꾸리느라 무진 고생을 하셨다. 게다가 아버지께서 일찍 타계하시는 바람에 남편하고 사신 기간의 갑절이 넘는 55년 동안이나 시아버지를 모셔야 했다. 그렇지만 어려운 살림에서도 한 치의 소홀함 없이 시아버지를 극진히 모셔 종친회에서 효부상을 내릴 정도였다. 또한 책을 가까이 하셔서 내 동료교사에게 자극을 줄 정도로 역사에 해박하셨다. 칠순 때 사진이다.

**어머니를 모시고** 어머니는 1988년 파란 많은 삶을 접고 영면하셨다. 장례를 마치고 아내와 함께 묘소에서 찍은 사진이다. 그런데 민정당과 평민당에서 화환을 보내와 교사 신분에 상당히 민망했다.

**회갑** 80까지 살지 못할 것 같다는 자식들의 권유로 회갑잔치를 했다. 아직도 당뇨를 앓고 있지만, 이렇게 오래 살 줄 알았으면 회갑잔치를 안 하는 건데……

**민족문제연구소 지부장 취임** 2004년 10월 26일, 내가 민족문제연구소 경기남부지부 제3대 지부장으로 취임하면서 출범식이 열렸다. 임헌영 소장의 초청강연회도 함께 진행되었고, 고맙게도 정말 수원의 '양심'들은 다 모인 날이었다. 일부러 날짜를 10월 26일로 잡았다. 안중근 의사가 이토 히로부미를 저격한 날이 1909년 10월 26일이었고, 우연인지 필연인지 그 후 꼭 70년만인 1979년 10월 26일은 김재규 장군이 박정희 전 대통령을 저격한 날이다.

**장기수 선생님들과** 교직에서 명예퇴직한 후 나는 비전향 장기수분들을 찾아가 교우하며 그 분들의 삶에 대한 얘기를 많이 들었다. 그들의 열정과 신념, 순수하고 맑은 정신에 놀랄 수밖에 없었다. 앞줄 왼쪽부터 나, 안영기 선생, 권중희 선생, 그리고 장병락 선생이다.

**총회 인사** 민족문제연구소 경기북부지부 총회에 초청되어 축하 인사를 하고 있다. 건강이 허락하는 한 나는 민족문제연구소 행사에 빠지지 않고 참석한다.

**수요시위** 수요시위가 벌어진 일본대사관 앞에서 연대 발언을 하고 성명서를 읽고 있는 장면이다. 수요시위는 일본군 위안부 문제해결을 요구하며 일본군 위안부 출신 및 여성단체, 사회단체가 연대해 행하는 집회다. 1992년 1월 미야자와 기이치 일본 총리의 방한을 계기로 시작되었으며, 이후 매주 수요일 정기적으로 열리고 있다. 해마다 한 번씩은 민족문제연구소 경기남부지부 회원들과 이 수요시위에 참가한다.

**홍난파 기념 반대 시위** 2003년 경기도문화예술회관 앞이다. 당시 경기남부지부 회원들과 함께 홍난파 기념사업 저지운동을 벌였다. 조문기 선생을 비롯하여 정말로 수원 양심세력의 중추라 할 지부 활동가들이 보인다.

**조문기 선생 팔순잔치** 조문기 선생님은 1945년 7월 부민관에 폭탄을 장치해 폭발시킨 독립운동가셨다. 사실 나는 선생님을 만난 이후 '역사 바로 세우기 운동'에 더욱 매진할 수 있었다. 광복회 경기지부장 자리를 내놓으신 선생님이 친일파인명사전을 만드는 데 힘을 보태시겠다면서 민족문제연구소 이사장으로 자리를 옮기셨다. 그때 나도 민족문제연구소 후원회원으로 가입을 하면서 새롭게 활동을 시작할 수 있었다. 그러나 선생님은 팔순잔치를 치른 지 불과 2년 후인 2008년 2월 5일 운명하셨다. 그리도 소원하시던『친일인명사전』의 발간조차 보시지 못하고 말이다.

**문기 선생 자서전 출판기념회 때** 모두 '친일파 청산'을 치고 있다. 조문기 선생님 주위에 선 분들은 '제2의 독립 동가'라 할 수 있는 민족문제연구소 회원들이다.

**임종국 선생 16주기** 문학도이자 시인이었던 임종국 선생은 친일문학을 연구하다가 굴욕적인 한·일회담이 체결된 1965년에 '친일문제연구가'로 거듭난다. 1966년에 발간된 선생의『친일문학론』이『친일인명사전』의 초석이 된 저술이었다고 해도 과언이 아닐 것이다. 이후 선생은 1만명이 넘는 친일파 명단을 작성하고『일제침략과 친일파』『친일논설 선집』등 14권의 저서와 수백편의 논문을 썼다.『친일파총사』발간을 계획하고 피를 말리는 각고의 작업을 하던 중 원통하게도 1989년 타계하셨다. 장례식장에 모인 사람들이 친일청산과 역사 바로 세우기를 향한 그의 유지를 받들어 친일파 문제를 전문적으로 연구하기로 하고 출범시킨 게 민족문제연구소다. 천안공원묘역 임종국 선생 묘 앞에서 추도식을 마치고 박한용 민족문제연구소 연구실장, 대구지부장 정연하 선생과 함께 찍었다.

**봉암 선생 46주기** 조봉암 선생 추도식에서는 훌륭하신 은 분들을 만날 수 있었다. 좋은 분들과 함께하면 점점 어지고 힘도 난다는 것을 뒷줄에 서있는 내 표정에서도 수 있다.

**강희남 목사 초청강연을 마치고** 내가 처음 목사님을 뵌 것은 민자통(민족자주평화통일중앙회의) 사무실에서였다. 목사라기보다는 선비를 보는 듯이 카랑카랑한 인상이었다. 국가보안법으로 몇 차례 옥고를 치르며 범민련 초대의장을 지낸 분이다. 련방통추(우리민족련방제통일추진회의), 양키추방공대위를 이끌며 맥아더 동상 철거 시위를 하던 목사님이 2009년 6월 6일, 89세라는 고령의 나이로 자택에서 '팔천만 동포에게'라는 마지막 고별사를 남기고 자결하셨다는 소식을 듣고는 망연자실할 수밖에 없었다. 말 그대로 민족의 자주와 평화통일을 위해 한평생을 바치신 분이었으니 그를 결코 마음에서 떠나보낼 수가 없다.

**표명렬 대표 초청강연** 2006년 3월, 평화재향군인회 표명렬 대표의 "작전통수권을 찾아와야 한다"는 초청강연을 마치고 찍었다.

**표명렬 대표와** 왕산 허위 선생의 충훈탑 앞에서 함께했다. 전 육군정훈감 준장인 표명렬 대표는 우연찮게 나를 사로잡은 사람이다. TV 토론 프로그램에 나와 토론을 하는 것을 보고 새로운 충격을 받았으니 말이다. 재향군인회가 하는 일에 늘 불만이 많던 차에 평화재향군인회가 출범하는 것을 보고, 군 개혁을 위한 참신한 재향군인회란 생각이 들어 나도 선뜻 그 길에 동참을 했다. 전국에 72개 지부를 설립하고 향군법 폐지운동, 반전평화 활동, 병영비리척결 활동, 한미군사동맹문제 해결을 위한 활동 등을 같이하고 있다.

**광우병 쇠고기 시위** 2008년 미국산 쇠고기 광우병 파동 촛불시위가 한창일 때 서울광장에서 함께한 사진이다. 왼쪽 첫 번째가 박현서 한양대 명예교수, 나, 김수남 련방통추 위원장, 민주노동당 강기갑 의원 순이다.

**기자회견** 조영남이 《산케이신문》과의 기자회견에서 친일을 미화하는 발언을 하면서 사회적으로 물의를 일으킨 적이 있다. 그런데 조영남, 패티김, 이미자의 빅3 공연이 수원에서 열린다고 했다. 그의 망언에 항의하기 위해 저지운동에 나서자, 조영남이 자신의 발언을 사과하기로 약속하고 함께 기자회견을 열었다.

**서** 나는 독서 하는 즐거움이 가장 크다. 지하철이든 무실이든 좋은 분들과 토론하는 것과 독서하는 것을 상 즐긴다. 지금도 1년이면 수십 권의 책을 인터넷으 구입해서 읽는다.

**친일파 전시회** 광교산 등산로 입구에서 산행을 하는 사람들에게 친일파들의 잘못을 알리는 패널을 만들어 전시회를 하고 기념촬영을 했다. 이런 전시회는 수원시민공원과 수원 역전에서도 지속적으로 열렸다.

**민족문제연구소 지부장을 마치면서** 2006년 10월 26일, 민족문제연구소 경기남부지부 지부장 이·취임식 후 이호헌 신임 지부장님으로부터 감사패를 받았다. 내가 제일 민망해 하는 게 감사패인데, 많은 분들의 뜻이어서 뿌리치지 못하고 패를 받았다.

**2005년 조국의 반쪽 땅 북한에서** 왼쪽은 평양 순안 비행장이다. 곁에 선 이는 민주노동당 수원시당 강신숙 부위원장. 오른쪽 사진은 동명성왕릉 앞에서 찍었다. 내가 평양에 발을 디딜 수 있었던 것은 한 민족으로써 우리끼리 자주통일을 이루자는 6·15 공동성명이 발표되면서 남북관계에 새로운 물꼬가 트이고 서로 왕래까지 할 수 있게 된 덕택이었다. 이렇게 가까운 거리를 오도 가도 못했다니……. 굴곡진 우리 현대사가 야속하기만 했다.

**친일인명사전 발간** 2009년 11월 『친일인명사전』을 발간하고 효창원에서 국민보고대회를 한 날이다. 행사를 마치고 김구 선생 묘역에서 찍었다. 김구 선생의 무덤에 『친일인명사전』을 올리면서 목 놓아 울고 싶은 날이었다.

**고발은 아직 끝나지 않았다** 2007년 8월 23일, 경기일보에 실린 나에 관한 기사다. 1시간 정도 인터뷰한 게 전부인데 기자 양반이 글을 참 잘 써줘서 무척 고마웠다.

역사의 작두 위에 선무당같이 춤춘 80년 ❷

신용승 자서전

# 역사의 작두 위에 선무당같이 춤춘 80년

② 

신용승 자서전
## 역사의 작두 위에 선무당같이 춤춘 80년 ❷

**펴낸날** 2010년 5월 15일 초판 1쇄

**지은이** 신용승

**펴낸이** 김진수
**펴낸곳** 잉걸미디어
  등록 : 2007년 4월 18일 제320-2007-28호
  주소 : (우 151-827) 서울시 관악구 봉천본동 949-5 201호
  전화 : 02) 884-3701
  전자우편 : ingle21@naver.com

© 신용승, 2010

ISBN 978-89-959525-3-5  04810
ISBN 978-89-959525-1-1 (전2권)
값 12,000원

■ 잘못 만들어진 책은 바꿔 드립니다.

■ 이 도서의 국립중앙도서관 출판시도서목록(CIP)은
  e-CIP 홈페이지(http://www.nl.go.kr/ecip)에서 이용하실 수 있습니다.
  (CIP제어번호 : CIP2010001563)

# 참 '늑잖은' 이야기꾼 신용승

'젊지 않다'가 변해서 됐다는 '점잖다'는 말은 있는데, 반대로 '늙지 않다'가 변한 '늑잖다'는 말은 사전에도, 입말에도 없습니다. 그런데 세상에 없는 이 말이 떠오르는 분이 있습니다. 신용승! 참 늑잖은 분입니다.

'신용승!' 하면 또 떠오르는 말이 있습니다. '술술!' 어쩌면 말씀도 그리 재밌게 술술 잘하시고, 술도 그리 술술 잘 드시는지요. 인간 무형문화재에 '이야기꾼', '술꾼'이 있다면 꼭 지정될 분입니다.

그래서 신용승 주변에는 늘 자식뻘, 손주뻘 되는 사람들이 많습니다. 그런 신용승 선생이 탁탁, 타닥타닥 컴퓨터 자판을 2년 가까이 두드려 900쪽 넘는 글을 쓰셨습니다. 미리 읽어본 이들의 첫 반응이 '자신의 치부까지 이렇게 다 드러낸 이런 글은 처음 봤다. 너무 재밌다. 출판해 보자'였습니다.

그래서 신 선생이 상근하고 계신 민족문제연구소 경기남부지부와 용인 장평초등학교 20회 제자들이 뜻을 모으고, 민노당 노년위원회도 참여해 '신용승 선생 자서전 발간위원회'를 꾸렸습니다. 그리고 김용한, 김찬수, 박무영 세 사람이 그 아까운 원고를 뚝뚝 잘라내고 다듬는 악역을 맡았습니다.

이렇게 해서 마침내 2010년 스승의 날! 이 책이 빛을 보게 되었습니다. 모든 분께 감사드리며, 신용승 선생님과 사모님께 이 책을 바칩니다.

신용승 선생님! 앞으로 한 50년은 더 사셔야 하니까, 건강관리 잘하시고, 선생께서 진짜 사모하시는 "마지막 사모님"과 함께 만수무강하시길 빕니다.

2010년 스승의 날
신용승 선생 자서전 발간위원회

신용승 선생 자서전 발간위원회(가나다순)
고미영 김삼석 김영택 김용한 김장권 김준혁 김진효 김찬수 김해영 박무영 박영양 백정선 신정화 안치순 용환신 우왕기 이달호 이순임 이종대 이해원 이호헌 정명재 정연하 지영철 차광윤 최신현 민족문제연구소 경기남부지부, 민노당 노년위원회, 용인 장평초등학교 20회 제자 일동

# 옹이 박힌 '민중자서전'

유시민
전 보건복지부 장관

삶에 굴곡이 없는 사람은 없을 것입니다. 누구든 그 삶의 굴곡을 글로 엮으면 책 한 권은 쓸 수 있을 것입니다. 그러나 실제로 인생을 책으로 정리하는 사람은 흔하지 않습니다. 신용승 선생은 옹이가 많이 박히고 이리저리 굽었지만 단단하고 기가 센 소나무처럼 보입니다. 그 삶의 곡절을 책으로 쓰셨다니 반가운 마음이 앞섭니다.

"역사의 작두 위에 선무당같이 춤춘 80년" 자서전의 제목이 심상치 않습니다. 순탄하게 살고 싶지만 불의를 참지 못해서 대들고 싸우는 사람의 인생에는 옹이가 생기게 마련입니다. 아무리 곧게 뻗어 오르고 싶어도 시련과 억압을 견디다보면 구부러지지 않을 도리가 없습니다. 이 책은 그렇게 살아온 인생에 대한 이야기입니다.

자서전에서 흔히 볼 수 있는 자랑이나 꾸밈이 없습니다. 정의를 위해 싸우고 비뚤어진 일을 바로잡으려고 노력하면서 얻은 성취와 그 과정에서 저지른 실수에 대해서도 미화하거나 변명하지 않습니다. 그래서 투박하고 거칠지만 거짓이 없고 담담하게 써내려간 자서전이 되었습니다.

자서전은 위대한 업적을 남긴 인물의 전유물이 아닙니다. 최선을 다해 살아온 인생을 회고하고 정리하는 것은 만인에게 주어진 특권입니다. 바람이 불 때 만물이 다 다른 소리를 내는 것처럼, 역사의 물결이 지나갈 때 만인은 다 다른 색깔의 삶을 펼쳐냅니다. 이 책은 그 무수한 색깔의 삶 가운데 하나를 기록한 '민중자서전'입니다. 이런 삶들이 무지개처럼 어우러져 우리의 현대사를 빚어냈습니다.

이 책이 많은 분들에게 나름의 '민중자서전'을 집필할 용기를 제공하기를 기대합니다. 이 책 덕분에 신용승 선생을 아는 모든 분들이 오래 그를 기억하면서 더 큰 삶의 용기를 얻게 될 것입니다.

# 민족사의 오락반장

임헌영
민족문제연구소 소장

고희를 넘어선 한국인은 누구나 다 대하소설의 주인공이라는 게 내 평소의 생각이다. 그만큼 우리 민족사의 심한 굴곡은 모든 국민들에게 각고의 삶을 강요한 비극의 현장이란 뜻이다. 존경하는 신용승 선생의 자전도 여기서 예외가 아니다.

일제 식민통치 아래서 평양 병기제조창에 근무했던 큰형을 따라 영등포에서 평양행 야간열차에 몸을 실었던 첫 장부터 민족애 넘치는 투사로서의 모습이 그려진 마지막 장까지, 그의 인생 역정이 가감 없이 드러난 이 자서전에서는 가히 성장교양소설의 드라마를 넘어서는 진솔성이 묻어난다. 온갖 수모와 학대와 궁핍 속에서도 연극인의 기질을 타고난 선생은 항상 낙천적으로 주변 사람들을 즐겁게 해주는 '만년 오락반장'인 한편, 바람직스럽지 않은 모든 사건에 대해서는 어떤 불이익이 와도 그냥 넘기지 못하는 '한 성격 하는 분'으로 극명하게 대립된다. 이 두 가지 성격을 그네처럼 이리저리 흔들어대면서 험한 세상 살아온 모습은 희비쌍곡선에 다름 아니다. 이 불량기 가득한 삶이 우리의 가슴을 뜨겁게 달군다.

평양의 큰형님 집에 머물면서 영화를 처음 보았던 유년시절의 추억은 1940년 나름대로 정이 든 그곳을 떠나 서울 영등포 당산동 228번지로 이사하면서 새로운 전기를 맞는다. "이산가족 생활을 청산하고 온 가족이 모여 사는 가난하나마 행복한 생활"이 시작된 이 무렵이 그에게는 "당당히 시험에 합격해 우신공립보통학교 1학년에 입학"한 때이기도 하다.

"솜 한 근과 쇠 한 근은 어떤 것이 더 무거우냐?", "오리발과 닭발 그림을 놓고 '어느 것이 오리발이냐?'는 등"이 시험문제였다는 그 당시는 "공립보통학교 시험에 떨어져 변두리 소위 '똥통학교'라고 하는 진흥학교에 다니는 아이들이 꽤나 많았다"고 일제 말 초등교육을 증언한다.

2학년인 1941년 선생은 "12월 7일, 일본군 비행단이 선전포고도 없이 미국의 하와이(진주만)를 기습공격하면서 제2차 세계대전 태평양전쟁의 막"이 오르는 걸 체험한다. 선생이 8·15를 맞은 건 13살 때였는데, 그 어수선한 "해방정국에서 나는 만담가 신불출(申不出)을 보았다. 그 밖에 당시 최고의 연극배우였던 황철(黃澈)과 전일(全一)도 보았다. 해방 다음 해였던 것 같다. 신불출은 영보극장에서 만담을 하는데 사람이 얼마나 많이 모여들었는지 모른다"면서 그때 들었던 만담을 회상한다.

"어머니 뱃속에서 세상으로 나와 보니, '아차, 이거 내가 잘못 나왔구나!' 나오지 말았어야했는데, 멋도 모르고 나와 보니 나라는 일본 놈들에게 빼앗기고, 친일파 놈들이 사방에서 활개치고, 이런 꼴을 보고 어머니 뱃속으로 다시 들어갈 수도 없고, 그래서 이름이나마 안 나올 세상에 나왔다고 안불출 했으면 좋겠지만, 성은 고칠 수 없어 신가로 하고, 이름은 '불출'이라고 지었다"고 했다.

이렇게 만담과 연극에 빠졌던 소년 신용승은 13살 때 첫 가출을 했다가 결국은 영등포국민학교 5학년 편입으로 떠돌이 생활을 마감했는데, 그렇다고 모범적인 학생은 아니었다. 6학년이 되어 "더욱 불량소년의 길을 걸었"던 것이다. 이때 담임이 신직수로, 담임은 신용승 소년에게 '삼한사온(三寒四溫)'이란 별명을 지어주었다. 사연인즉 "3일 학교에 오면 4일은 학교에 나오지 않는다"는 뜻이었는데, 그러면서도 글짓기 실력은 탁월했음이 밝혀진다. 김석원 장군의 성남중학에 합격한 그는 소금 장사와 영등포역에서 공책 장사를 해서 입학금을 보탰다.

그렇게 "어렵게 성남중학교에 입학"한 이 장난꾸러기는 '빛나는 졸업장'은 받아보지도 못하고, 2학년 1학기 때 "담배 피우고 싸움질 즐기며 못된 짓만 골라 하다 퇴학을 당했다." 학교에서 퇴학을 맞고도 계속 불량기만 떨고 다니던 그는 "그릇 바닥이 보일 것처럼 멀건 죽물"로 끼니를 때우기 일쑤이면서도 연극배우의 꿈을 키워갔다. 유명하던 극단이나 악극단들이 부천 소사극장에서 공연을 한다는 소식을 접하면 소사의 악동들과 어울려 "혹시나 공짜구경이라도 할 수 없을까?' 하는 요행을 바라고 극장 앞에서 서성거리"거나 극장의 "재래식 변소 인분 푸는 구멍으로 기어들어가"는 모험을 감행하기도 한다.

자서전에서 이 무렵까지가 청소년기에 해당될 것이다. 그런데 정작 이 자서전의 재미는 그 이후 성년으로서의 활약상에서 시작된다 하겠다. 한국전쟁, 경기인민위원회에서 받았던 토지개혁 요원 교육, 인공 치하에서 부천군 노동당 연극동맹 가입, 인천상륙작전 뒤 받았던 부역자 심사, 미 군용열차에서 군수물자 빼돌리기, 국민방위군 지원, 양공주에게 동정 잃고 성병 앓기, 친구 누이의 금반지를 팔아 만든 극단과 흥행 실패, 그리고는 서울 낙양고교 1학년 입학, 이어 동양공고 전학, 소사 가설극장에서의 무성영화 변사 등 그의 행적은 소제목 하나하나가 다 단편감이다.

이 자전의 절정은 두 차례의 해군 신병 입대, 교육 중 탈영, 탈영병 처지로 공군상사로 변장하고 논산훈련소 친구 면회하기, 결국 피체당해 군 영

창살이를 마치기까지의 대목이다. 이 가운데에 한국사회의 축소판이 그려지는데, 신 선생은 이 고난의 시절에 자신의 연극인으로서의 기량을 한껏 발휘했던 것 같다. 가장 문학적인 취향이 강한 고난의 시절인 셈이다.

수감생활을 끝낸 뒤 다시 해군에 복무, 제대 후 서울 국립맹아학교 보통사범과를 졸업, 교직생활을 하는데, 이 '한 성격'의 사나이가 교단에 섰다는 게 왠지 아슬아슬하다. 결국 교직을 떠나 수원시 행정공무원이 되는데, 아슬아슬하기는 마찬가지다. 그래서일까, 공무원보다는 교직이 어울리는 듯 그는 다시 교단에 섰다가 적당한 시기에 퇴직, 만년에 새로운 교우관계로 민족운동에 투신, 건전한 노후를 즐기고 있다.

자전이 역사적인 큼직한 사건에 대한 증언적 성격도 곁들이면서도 정작 아기자기하게 흥미를 끄는 대목은 역시 보통사람들이 험한 세상을 어떻게 살았을까에 대한 호기심을 일깨워주는 장면이다. 마치 성직자가 참회록을 쓰듯이 너무나 진솔하게 자신의 삶 그 자체를 속속들이 드러내 보이기에 읽기에 민망스러운 곳도 한둘 있을 지경인데, 이게 인간 신용승 선생의 매력이기도 할 것이다. 이만큼 자신을 남에게 드러내기가 그리 쉽지 않음은 누구나 알 터인지라 이 자서전이 지닌 가치가 더더욱 고귀하게 느껴진다. 누구나 이 자서전 앞에서 진솔해지기 연습을 해보자. 그냥 민족에 대한 설교나 인생론의 훈육이 아닌, 자신이 살아온 그대로를 알몸으로 드러낸 이 글은 유명인들의 거대한 담론보다 더 감동적이다. 진실은 그만큼 누구에게나 통하기 때문이리라.

신 선생님, 큰 일 마치셨으니 이제 만년을 민족운동의 투사로, 낙천적인 민족운동사의 오락반장으로 한층 건강하고 행복하게 지내시기를 빕니다.

# 의에 굶주려온 삶의 숨결

표명렬
평화재향군인회 상임대표

신용승 선배님은 민족문제연구소 모임에서 처음 뵈었다. 영락없이 구한말의 의병대장 같다는 느낌이 들었다. 불의한 자들과 사리에 맞지 않는 처사에 대해서 거침없이 쏟으시는 질책의 욕설에도 늘 유머가 묻어있어서 우리가 얼굴을 찌푸리지 않게 했다.

민족·민중에 대해 각별한 애정을 가지신 선배님께서 친일매국노들이 판치는 세상을 살아오시면서 얼마나 한탄스럽고 역겨웠으면, 그토록 젊은이들도 대작하기 어려운 주량을 갖게 되었을까?

선배님은 군대생활하실 때 그리고 교직에 몸담고 있을 때, 소위 지도적 위치에 있다는 사람들 거의가 수단과 방법을 가리지 않고 오직 입신영달만을 쫓고 있음을 보며 비분강개했는데, 지금까지도 변함없이 그대로인 세태에 대해 비판의 화살을 멈추지 않는 딸깍발이시다. 선배님과 한창 말씀을 나누다보면, "선배님 같은 괴짜 분을 지금까지 왜 국가보안법으로 잡아가지 않았는지 이상한 일입니다"라고 할 때가 많다. 우리 현대사에서는 민족을 누구보다 사랑하고 민족적 자존심으로 옳은 주장을 굽히지 않는 분들이 거의가 그렇게 올가미 씌워져 죽어갔기 때문이다.

누차에 걸쳐, 평화재향군인회 공동대표를 맡아주시라고 간청 드렸지만 백의종군하신다며 극구 사양했다. 그러나 늘 주위 사람들에게 "군대에 갔다 왔지요? 지금 재향군인회 잘하고 있어요? 마음에 들어요?" 물으신 다음, "민족, 민주, 평화통일을 지향하는 제대로 된 재향군인회가 탄생했습니다. 자~여기 회원 가입하시오!" 이런 식으로 진성회원을 가장 많이 끌어들이신 열성 회원님이시다.

옳다고 여기시면 물불 앞뒤 가리지 않고 나이 생각지 않으며 뛰시는 열혈남아! 그야말로 행동하는 양심이시다. 이 자서전 속에는 선배님의 의에 굶주려온 이런 삶의 숨결이 꾸밈없이 그대로 녹아있다.

선배님! 통일의 그날까지 부디 건강하시기를 빕니다.

# 이런 졸작을 겁 없이 뻔뻔하게 세상에 내면서

나의 80 평생을 뒤돌아보면 자랑스러운 일보다는 부끄러워해야 할 일들이 더 많습니다. 그리고 이 책 제목처럼 내가 살아온 삶이 시퍼런 작두 날 위에서 선무당이 미친 듯이 춤추고 용케도 발을 베이지 않고 아슬아슬하게 살았다는 생각이 듭니다.

어떻게 보면 큰 사건에 연루되어 평생 옥살이를 했을 수도 있었습니다. 결코 남들처럼 평탄한 삶을 살지 못했습니다. 거칠게도 살았고, 우여곡절도 많았고, 변화무쌍한 생활도 했습니다. 책 속에는 나의 모든 것이 담겨있다 보니, 정말 숨기고 싶은 낯부끄러운 이야기도 많습니다. 물론 회한도 많습니다.

요즘 시국도 내가 살아온 지난날과 크게 다르지 않습니다. 또다시 이성과 양심이 사라져가는 세상이 되는 듯합니다. 염치도 모르고, 부끄러움이 없는 세상이 되어가는 듯합니다. 권력의 힘과 돈만이 세상을 움직이는 중심 역할을 할 때, 세상은 결코 좋은 세상이 아닙니다.

도덕과 양심이 살아있는 세상이 좋은 세상입니다. 책 속에는 현실을 가늠해볼 수 있는 과거의 일들이 많습니다. 곳곳에 내가 하고 싶은 말들이 숨어 있습니다. 읽으시면서 알아채시리라 믿습니다.

나는 글쓰기보다 이야기하는 것을 좋아합니다. 수원지역뿐만 아니라 여기저기서 만나는 많은 분들과 이야기를 할 때, 한 번 흥이 나면 신들린 무당처럼 그칠 줄 모르고 밤이 새는 줄도 모릅니다. 아마도 나와 이야기를 나눠본 분들은 한 번씩은 들어본 이야기들이 책 속에 담겨 있을 겁니다.

이야기를 즐기고 제 딴에는 말을 흥미롭게 해서 그런가 봅니다. 한 번 글로 써보라는 말을 많이 들었습니다. 그래서 나의 늙은 두뇌도 회전시킬 겸 글을 쓰기 시작했습니다. 처음 한 줄을 쓰고 나니 누에가 실을 뽑아내듯 지난날의 기억이 새록새록 되살아나 많은 생각도 해보고, 감상에도 젖어보고, 남모를 슬픔에도 잠겨보고, 무엇인지도 모르는 분노도 해보면서 글을 쓰게 되었습니다.

제 나름대로는 옛 일을 기억하는 능력이 있나봅니다. 평양에 대한 유년의 기억, 배고프고 외롭던 부천 소사에서의 생각하기 싫은 수많은 추억, 참으로 견디기 힘들었던 전쟁 통의 고달팠던 삶, 파란만장했던 해군생활, 교직에서의 실망과 방황, 그리고 늦은 나이에 경험한 동사무소 공무원 생활, 그리고 다시 시작한 교사생활, 정년 후의 보람찬(?) 사회활동, 그리고 지금의 나……. 참 많은 사람들에 대한 기억이 이 책 속에 담겼습니다. 마음이 따뜻한 사람들의 기억도 많지만, 이상하게도 불의를 참지 못하고 사소한 것으로 부딪친 사람들도 참 많습니다. 왜 남들이 보지 못하는 작은 불의가 내 눈에는 그리도 잘 띄는지 80의 나이가 다된 지금에 와서 돌아보면 아무것도 아닌데 말입니다.

수원에서 교사생활을 하면서, 유시민 전 보건복지부 장관님이 젊은 날에 쓴 책 『아침으로 가는 길』에서 읽은 항소이유서의 감동은 25년이 지난 지금까지 늙은 뇌리를 떠나지 않습니다. "슬픔도 노여움도 없이 살아가는 사람은 조국을 사랑하고 있지 않다"는 감동이 식지 않아 행동하지 않은 양심을 경멸하기 때문에 작은 모순도 눈감지 못하고 살아왔다는 생각을 해봅니다.

 이 책 내용 속에는 내가 이 책을 읽은 분들께 하고 싶은 박정희에 대한 이야기, 성남중학교 교장 김석원 장군 이야기, 그리고 얼마 전 90의 나이로 조국에 대한 애정을 가슴에 품고 자결하신 강희남 목사님의 유서도 있었습니다. 그런데 책의 분량이 900쪽을 훨씬 넘어 아쉽지만 출판과정에서 많은 부분을 뺐습니다.
 그리고 처음에는 옆 사람에게 이야기하듯이 경어체로 "이랬습니다", "저랬습니다"라고 썼는데 교정을 봐주신 김용한 박사, 박무영 선생, 김찬수 선생이 평어체로 바꾸고, 과격한 것들을 빼자고 해서 정말로 많은 내용이 잘려나갔습니다. 그래도 이 세 분이 앞뒤 내용 중에 얽힌 것도 많이 잡아주시고 격려도 해주셨습니다. 고마운 마음 깊이 간직하겠습니다.

 민망하게도 많은 분들이 책 제작하는 데 많은 후원금을 보내주셨습니다. 특히, 내가 교단에 첫발을 들여놓은 용인 장평국민학교, 백암국민학교 제자—지금은 제자라기보다는 망년우(忘年友)들이지만—들은 40년이 지난 지금도 나를 잊지 않고 기억해주고 이번에도 많은 후원을 아끼지 않아 정말로 너무 고맙고 미안하다는 생각뿐입니다.
 이외에도 잊을 수 없는 기억 속의 고마운 분들이 너무도 많았습니다. 그 중에도 철부지 친구들, 교직을 함께했던 선생님들, 많지 않은 제자들, 그리고 지금의 고마운 분들도 너무 많습니다. 민족문제연구소 회원님들, 당원 동지들, 시민단체 활동가들, 통일문제 운동가들, 민언련(민주언론시민연합) 활동가 선생님들, 노무현 전 대통령의 당선을 위해 함께 활동했던 노사모 동지들, 그리고 평화재향군인회 동지들, 감옥을 마다않고 평생 조국통일을 위해 올곧게 살아오신 통일운동가님들, 특히 역사학자이신 수원역사박물관장 이달호 박사와 수원화성박물관의 학예사 김준혁 박사는 내가 정신적으로도 의지하는 분들입니다.

그리고 이 책이 햇빛을 볼 수 있게 큰 힘을 실어주신 김용한 박사께 다시 한 번 고마움을 전합니다. 마지막으로 책을 만드느라 수고를 해주신 잉걸의 김진수 사장께도 고마움을 전하며, 아비의 역할을 제대로 못해주어 항상 미안한 아들 내외와 딸과 사위, 손자들에게도 고맙다는 말을 이 자리를 빌려 전하고 싶습니다.

또한 평생 어려움 속에서도 시대의 태풍에 휘말려 방황하는 나를 끝까지 믿고 격려하며 바르게 살라고 이끌어주시고 저세상으로 떠나가신, 항상 나에게는 그믐밤 등대 같으시던 어머니 이열래(李烈來) 님의 초라한 영전에, 그리고 가난한 나를 만나 30년 넘게 아무런 불평도 없이 묵묵히 나를 믿어주고 내 그늘인 양 내 곁을 따라 이 험한 길을 늘 함께 해온 아내 진경자(陳京子)에게 이 책을 바칩니다.

2010년 5월
만각(晩覺) 신용승

## 차례

발간의 글 __ 참 '늑갑은' 이야기꾼 신용승 ·················································· 5
추천의 글 1 __ 옹이 박힌 '민중자서전'      (유시민 • 전 보건복지부 장관) ············ 7
추천의 글 2 __ 민족사의 오락반장           (임헌영 • 민족문제연구소 소장) ········· 9
추천의 글 3 __ 의에 굶주려온 삶의 숨결    (표명렬 • 평화재향군인회 상임대표) ··· 13
책을 펴내며 __ 이런 졸작을 겁 없이 뻔뻔하게 세상에 내면서 ··················· 15

## 드디어 교단에 서다 ························································ 23
  21. 대망의 국민학교 교사가 되어 ················································ 25

## 교직을 떠나 방황하다 ···················································· 63
  22. 교직을 버리고 방황하기 시작하다 ·········································· 65

## 수원시 공무원 생활 ························································ 75
  23. 수원시 행정공무원 생활이 시작되다 ····································· 77

## 네 번의 결혼과 자식들 성장 이야기 ···························· 109
  24. 나의 자식들과 결혼 이야기 ·················································· 111

## 다시 교직에 복직하다 ... 153

25. 시골학교로 부임하여 ... 155
26. 처음으로 도시학교에서 겪은 교사생활 ... 174
27. 각양각색의, 내가 본 교사들의 백태 ... 203
28. 말년의 교사생활은 부끄러움이 너무도 많다 ... 231
29. 정년퇴임 후를 생각하며 살다 ... 265

## 교직을 퇴직하고 역사를 생각하며 살다 ... 303

30. 역사의 현장에서 ... 305
31. 평양방문기 ... 341
32. 지금의 나의 삶 ... 350

❶권 차례

## 나의 유년시절 ........................................ 23
1. 짧은 기억 속의 평양 ........................................ 25
2. 영등포에서 보낸 전시 공립보통학교 ........................................ 36
3. 우리 집은 아마 새끼 친일파였나 보다 ........................................ 50
4. 조부모님과 부모님, 그리고 마지막 본 노비제도 ........................................ 61

## 갑자기 찾아온 해방 ........................................ 75
5. 해방 같지 않은 해방 ........................................ 77
6. 착한 누님과 무능한 큰형님의 기억 ........................................ 94

## 우여곡절 끝에 중학생이 되다 ........................................ 111
7. 서울 성남중학교 학생이 되다 ........................................ 113
8. 중학교 퇴학 후 연극배우의 꿈을 키우다 ........................................ 133

## 한국전쟁이 터지다 ........................................ 139
9. 인민군 치하에서 연극배우가 되다 ........................................ 141

## 서울이 수복되고 ........................................ 155
10. 서울이 수복되고 다시 1·4 후퇴를 겪다 ........................................ 157
11. 국군들의 만행과 참전용사들의 참상 ........................................ 169
12. 전쟁 통에 길을 잃고 방황하다 해군에 입대 ........................................ 190
13. 뒤 늦게 공부하고 싶어 고등학교에 입학하다 ........................................ 200
14. 젊은 날의 가출과 방황 ........................................ 208

## 지겹기만 했던 군대생활 ...... 227
### 15. 해군 39기로 군대생활을 시작하다 ...... 229
### 16. 군의학교 탈영 후, 서울 국립맹아학교에 입학하다 ...... 248

## 탈영병으로 체포되어 수감생활을 하다 ...... 261
### 17. 수감생활 ...... 263
### 18. 해군에 복귀, 월북기도사건에 연루되다 ...... 292
### 19. 불고지죄로 징역살고 복귀하다 ...... 303

## 해군을 제대하고 ...... 329
### 20. 해군을 제대하고 허허벌판에 서다 ...... 331

# 드디어 교단에 서다

## 21. 대망의 국민학교 교사가 되어

### 용인 백암 장평국민학교 교사로 첫 발령을 받다

1961년 5·16 쿠데타가 일어나고도 교사 발령은 나지 않아 초조하게 지내는 동안, 그 해 12월 20일 첫아들 종암(宗岩)이가 태어나는 경사를 맞았다.

산업화 바람이 일면서 서울과 경기도로 농촌인구가 몰리는 바람에 1963년 가을부터는 경기도 교사가 부족한 사태가 벌어졌다. 그래서 경기도에 주소를 두고 타도에서 교사 발령을 기다리던 사람들을 자동으로 경기도 교육위원회로 일괄 직권 발령했다. 그래서 나도 전라도 근무는 해보지 못한 채 교육정책에 따라 경기도 교육위원회로 발령을 받았다.

1964년 2월 25일에는 둘째아들 종헌(宗憲)이가 태어났다. 이렇게 새 생명이 태어나는 경사를 보면서도, 교사 발령이 나지 않아 자식이 태어나는 기쁨보다는 늘어나는 가족을 부양해야 할 걱정이 앞서 초조하게 발령을 기다리고 지냈다.

둘째가 태어나고도 약 한 달이 지날 무렵이 되어서야 경기도 교육위원회에서 발령통지서가 날아들었다. 그래서 즉시 교육위원회로 찾아가 등록을 했다. 알고보니 도교육위원회 안학수(安學洙) 장학관이 큰형님과 일제 때 죽산공립보통학교 동창이었다. 그래서 바로 찾아가, 늙으신 할아버지와 어머니를 모시고 살아야 되겠으니 고향집에서 다닐 수 있는 학교로 발령을 내줬으면 좋겠다는 부탁을 드렸다.

그랬더니 우리 집에서 가까운 안성 관내에는 자리가 없고, 제일 가까운 곳은 용인 관내밖에 없다고 하시며 용인교육청 발령을 내줬다. 용인군에서도 백암면 장평리에 있는 장평국민학교밖에 자리가 없어 집에서 약 10km나 떨어진 그곳으로 첫 부임을 하게 되었다.

하지만 20리가 넘는 그 길이 전혀 대수롭지 않았다. 세상에 태어나 처음으로 즐겁고 고정된 수입을 받을 수 있는 교사가 됐기 때문이었다. 그래서 '이제 젊은 열정을 불태워 훌륭한 교사가 돼야지!' 하는 희망찬 마음으로 장평국민학교에 출근을 했다.

12학급밖에 안 되는 작은 산골 학교였다. 학년마다 2개 반씩이었고 남녀반이 따로 편성돼 있었다. 5학년 여자반에 자리가 비어 두말 않고 그 반의 담임을 맡게 되었다. 나는 원래 성격상 여학생들보다는 말을 잘 안 듣고 말썽을 좀 피워도 남자 아이들과 학교생활을 하는 것이 성격에 맞는 편이었다.

그런데 교사생활을 시작하고 한 달쯤 뒤에 2학년 남자반 선생님이 갑자기 다른 학교로 전근을 가고, 휴직 중이던 남자 선생님 한 분이 복직을 했다. 전북 임실 출신으로 나와 동갑내기였던 그 이동기(李東基) 선생의 의사를 물으니 자신은 5학년 여자반이 좋겠다는 반응이었다. 잘 되었다고 생각하고 교감선생님과 의논해 내가 2학년 남자 반으로 내려가고 이동기 선생님이 5학년 여자 반을 맡았다.

## 획일화된 보수교육에 실망하고 열정이 식어간 교사생활

아주 훌륭한 교사가 돼보겠다고 마음속으로 품었던 무지개 꿈은 부임하고 얼마 되지 않아 실망으로 변하기 시작했다. 교사가 되기 전에는 순진하게도 교사는 그저 아이들을 위해 온 정열을 쏟기만 하면 되는 줄 알았다.

아이들을 이기주의자가 아니라, 소외된 친구들을 잘 돌봐주고 불의를 보면 의를 생각하고 조국도 사랑하고 이웃도 사랑하는, 그런 아이로 자라도록 교육하는 데 힘을 쏟았다. 국민학생들이 너무 공부 공부 하지 말고, 공부보다는 집에 가서 부모가 힘들여 짓는 농사일도 열심히 도와드리고 효도할 줄 아는 어린이로 자라기를 바랐다. 그래서 나의 정열을 어린이들이 그렇게 자라도록 하는 데 쏟았다.

그런데 근무를 하면서 지켜본 학교는 내 생각과 거리가 멀었다. 학교가 얼마나 폐쇄적이고 보수적이며 획일적인지, 내 나름대로 아이들을 지도하기에는 어려운 환경이었다. 교육청 장학사들이라는 사람들은 평교사 1, 2년 하다가 해방을 맞아 일본 놈들이 모두 쫓겨 가는 바람에 30도 안 된 젊은 나이에 교장으로 벼락 승진했다가 장학사가 된 사람이 태반이었다. 교사들의 사정은 아랑곳하지 않고, 일본 놈들의 식민지 교육을 그대로 받아들여 권위의식만 머리에 꽉 차 있었다. 그래서 교사는 아이들 수업보다는 교육과는 아무 관계도 없는 공문과 엉터리 통계만 잘 내면 되었다.

'공문을 작성해 보고하라'는 상부지시만 내려오면 교감과 교무주임이 얼마나 일방적으로 설쳐대는지, 수업시간에도 무조건 자습을 시키고 교육과는 아무 상관도 없는 불필요한 공문을 작성해야 했다. "교사가 학생 수업이 제일 중요하지 무슨 놈의 공문 처리가 이렇게 중요하냐? 공문 처리는 수업하고 나중에 하면 되지 않느냐?"고 항의 비슷하게 말하면, "신임 교사가 왜 학교 방침대로 하지 않고 말이 그리 많으냐?"는 것이었다.

불만을 토로하고 항의를 하거나 토론 등을 요구하면, 그런 선생들은 아무리 교사다워도 영영 진급을 할 수 없는 풍토였다. 아이들을 위해 교사답게 아무리 온 정열을 쏟고 올바른 행동을 하더라도 교장이나 교감의 지시에 순응하지 않고 비교육적인 것을 보고 잘못되었다고 지적을 하면 그 교사는 자기도 모르는 사이에 교육계에서는 철저히 배제되었다.

심지어 수업이 없는 시간에 교과서가 아닌 일반 소설이라도 읽으면, "선생님은 왜 학교에서 책을 읽느냐?"고 교장이나 교감이라는 사람들이 힐난을 했다. 그래서 "수업이 없는 시간에 책을 보면 안 됩니까?"하고 반문을 하면, 오히려 독서를 하는 내가 잘못인 양 "책은 집에 가서 읽고 학교에서는 수업안을 쓰라!"고 했다.

교장들이 다 그런 것은 아니지만 교사들이 책을 읽지 않는 풍토가 이래서 조성되지 않았을까 생각해본다. 그러니 명색이 학교 선생이라는 사람 집에 가보더라도 책이라고는 눈을 비비고 보아도 찾을 수가 없고 그 당시 유행하던 주간잡지 몇 권 돌아다니는 게 전부였다.

그래서 "선생님이 아이들 앞에서 책 읽는 모습을 보이는 것보다 더 큰 교육이 있느냐? 그래, 선생이라는 사람이 한 달이 가도 책 한 권 안 읽으면서 아이들보고 공부 안 한다고 때리고 가혹한 벌을 주는 게 진정한 선생님들의 태도냐?"고 항의도 해보았다.

내가 고분고분하지 않고 자기고집만 앞세우는 골칫덩어리 교사로 소문나는 건 삽시간이었다. 신문 방송도 없는데 그런 소문은 어쩜 그리 잘도 퍼지던지. 이렇게 되니 차차 열정이 식어가고 교사라는 직업에 회의를 느끼게 됐다.

그때 동갑내기 이동기 선생님이 참 많이 도와주었다. 나보다 10년 넘게 교사생활을 한데다가 성품이 나 같지 않고 차분해 내가 눈치껏 적당히 모나지 않게 지내게 하려고 많이 노력했다. 그러나 나는 성질도

급하고, 도저히 이게 아닌데 하는 회의가 생겨 점점 마음속으로 갈등을 했다.

## 나름대로 장평국민학교에서 어린이들에게 쏟은 열정

어느 교사가 안 그렇겠냐마는 나도 첫 부임지인 장평국민학교에 부임하고 나서, 정말 이 세상에서 처음 만난 장평 20회 어린이들에게 모든 정열을 아낌없이 쏟았다. 지금 생각해도 어디서 내게 그런 열정이 나올 수 있었는지 궁금할 정도다.

그 당시 학급을 맡고보니 우리 반 어린이 수가 처음에는 자그마치 71명이었다. 수업시간이 되어 이 아이들의 초롱초롱한 눈동자만 보면, 교육계의 부조리도 잊고 오로지 이 아이들에게 희망을 걸 수 있었으니 직업에 만족을 느끼고 학교생활도 행복하기만 했다. 한 3일이 지나면서 출석부를 펴지 않고도 70명의 아이들 이름을 번호순으로 하나도 틀림이 없이 그 아이들의 눈동자를 보면서 부를 수 있었다. 그만큼 우리 반 어린이들에게 희망과 기대와 정을 담뿍 쏟았다.

나는 국민학교 어린이들에게 공부가 무에 그리 중하냐는 생각이다. 공부는 중고등학교에 가서 열심히 하면 된다는 생각이다. 어린 국민학생들은 한글을 익히고 곱하기, 나누기 정도나 잘할 줄 알고, 시험에 매달리는 대신 책을 많이 읽고, 부모님 노고를 깨닫고 부모님을 도와 기쁘게 해드리면 되는 것 아닌가?

그래서 나는 교육과정보다는 홍익인간에 바탕을 둔 인성교육에 치중했다. 또 그 당시만 해도 우리 농촌 학부모님들은 그만큼 순박하고 인간적이었다고 생각한다.

'교사가 어린이들에게 사랑을 담지 않은 매질을 하면 이미 그것은 교사가 아니라 마부'라는 글귀를 항상 마음에 새기고 어린이들을 겉으로는 무서운 사람처럼 대하면서도 속으로는 자식 못지않게 사랑했다고 지금도 나는 자부한다.

　그런 생각으로 아이들을 대했지만, 그래도 사내 녀석들은 말썽을 부리는 놈도 더러 있게 마련이다. 그러면 잘못한 애들을 불러 세우고 사제지간의 계급적 분위기를 떠나 "왜 네가 그런 잘못을 저질렀나?" 함께 이야기해보고 나서 아이가 마음속으로 자기 잘못을 스스로 느낄 때, 자신의 잘못을 반성하는 대가만큼의 벌을 스스로 선택하게 한 뒤 처벌을 하려고 노력도 많이 했다.

　물론 돌이켜보면 나도 인간이라 감정이 섞인 처벌을 할 때도 있었다. 그러고 나면 '내가 저 철부지 아이에게 감정을 부리다니! 정말 잘못했구나!' 하는 반성을 하면서 스스로 나를 일깨우기도 했다. 당시 부모님들은 지금처럼 "우리 아이 몇 등이냐?"는 비인간적인 질문을 하는 일이 거의 없었다. 그저 선생님을 믿고 자기 자식이 잘못하면 때려서라도 나쁜 버릇을 고쳐달라는 것이 대개의 부모님 모습이었다.

　그런 학교생활이니 교사인 나는 물론 아이들도 학교생활에 재미를 느끼는 것이 눈에 훤히 보였다. 우리 반 아이들이 나와 함께 3학년으로 진급했다. 수업시간에 지루함을 느끼면 "자! 책을 덮어라! 지금부터 우리 무슨 공부를 하면 좋겠니?" 하고 묻는다. 녀석들은 일제히 "재미있는 이야기를 해달라"고 졸라댄다.

　그러면 국민학교 3학년짜리 어린것들에게 신미양요(辛未洋擾)같은 이야기를 눈높이에 맞추어 이해하도록 내 나름대로 열심히 성의껏 들려줬다. 그러면 이 어린것들이 다른 수업을 할 때와 다르게 눈빛이 반짝이는 것이 보였다. 교사인 나도 이 아이들에게서 희망을 보는 것 같았고, 그래서 나도 함께 행복에 도취했다.

　어느 수업시간에는 교실에서 레슬링도 했다. 체중계를 가지고 와서 반 아이들 몸무게를 기록하고 비슷한 체중을 가진 아이들끼리 조를 편성해 교실 책·걸상을 뒤편으로 몰아붙인 뒤, 한 녀석에겐 교장이 오지 않나 망을 보게 했다. 심판 보는 요령도 알려주면서 내 개입 없이 자체적으로 시합을 끌어가게 했다. 지더라도 절대 화내고 싸우려들지 말라고 가르치며 승자의 아량과 패자가 떳떳하게 승복하는 마음자세를 심어주었다. 아이들이 기뻐하는 놀이도 자주하면서 녀석들과 친구처럼 교사생활을 했다.

그러나 몇 가지 후회되는 일도 있다. 나이가 들어가면서 초지일관 처음처럼 열정을 끝까지 지켜나가지 못한 일, 음악시간이면 다른 반 선생님과 교환 수업을 해 음악을 잘 가르치지 못한 일, 때론 아무 의식도 없이 맹호부대나 백마부대 노래를 열심히 부르게 한 일이 그렇다. 지금 생각해보면 베트남 전쟁은 남의 나라 통일전쟁이었는데, 우리와 아무런 관계도 없는 남의 나라 전쟁에 우리 젊은이들이 피를 흘리는 것을 무슨 자랑거리나 되는 것처럼 그런 노래를 부르게 했으니, 교사로서 정말로 부끄럽다.

### 정신병자처럼 폭력을 행사하는 최○○ 선생

고향집에서 장평국민학교까지 걸어 다니기가 너무도 힘이 들어 학교 숙직실에서 이동기 선생과 함께 자취를 하고 지냈다. 얼마 뒤 최○○이라는 선생님이 부임해왔다.

그런데 우리보다 나이가 댓살이나 적은 최 선생이 자기도 함께 자취할 수 있게 해달라며, 자기가 후배이니 식사는 자기가 책임지고, 우리보고는 3인분 식량과 부식을 책임지라고 제안했다. 우리 두 사람은 참 잘 되었다고 생각했다. 그렇게 세 사람이 숙직실에서 자취생활을 했다.

이동기(李東基) 선생은 홀로 객지에서 지내서 그런지 술을 참 좋아했다. 그 당시 산골 학교 근처에도 추수철이 되면 방석집 아가씨들을 둔 술집이 영업을 하면서 호황을 누렸다.

그래서 자취생활을 하는 이 선생과 나를 비롯한 남자 선생들은 학교 근무가 끝나면 술집으로 직행하는 날이 잦았다. 술값은 주로 봉급날 지불하기로 하고 외상을 달고 나온다.

술집에서는 봉급날에 외상이라고 말한 사람에게 술값을 요구한다. 그런데 가만 보니 여러 선생들이 함께 술을 마시지만, 외상 술값 짊어지는 선생은 언제나 같은 선생들이었다. 나중에 양평교육장으로 정년퇴임을 한 임영순 선생, 평택에서 교감을 지내다가 눈에 이상이 생겨 명예퇴직한 이동기 선생 그리고 나, 이렇게 세 사람이 돌아가며 술 외상을 도맡아 지는 편이었다.

하루는 공술만 먹는 몇몇 선생들이 얄밉다는 생각이 들어 술 먹으러 가서 내가 "임 선생! 오늘부터 외상 술값은 참석자들을 기록해 봉급날 공정하게 분배하자!"고 제안했다. 그래도 다른 선생들은 술 먹는 자리에 쫓아왔다. 하지만 우리와 함께 자취를 하는 최 선생은 술 먹으러 가자고 회람을 돌려도 이 핑계 저 핑계 대면서 다시는 따라나서질 않았다. 그 일이 있기 전에는 남자 기생처럼 노래나 하면서 공술을 얻어먹는 재미에 술판이라면 빠지지 않고 따라다니던 사람이었는데, 다시는 술집에 따라오지를 않은 것이다.

최 선생은 5학년 남자반 담임을 했는데 그 반에 교무주임인 구자관 선생님 둘째아들이 있었다. 그런데 이 최 선생은 별일도 아닌 것을 가지고도 아이들을 얼마나 가혹하게 때리는지, 아이들이 벌벌 떨었다. 교무주임의 아들도 마찬가지였다. 별 잘못도 아닌 것을 가지고 얼마나 호되게 때렸는지 엉덩이가 시퍼렇게 멍이 들었고, 아파서 바로 누워 자질 못하고 1주일이나 엎드려 잤다고 했다. 교무주임이 속상해 하면서 "내 자식만 때리지 말라고 할 수도 없고 참으로 속이 상한다"며 하소연을 했다.

장평국민학교 19회 졸업생들이 벌써 자식들 결혼을 시킨다는 소식을 듣고 내가 담임한 적이 있는 놈들이니 결혼식에 참석했을 때였다. 예식이 끝난 다음, 19회 졸업생 몇몇과 함께 예식장 근처 술집으로 가

옛날 장평국민학교 때 이야기로 꽃을 피웠다.

그 중 홍대준(洪大俊)이가 4학년 때 담배를 피우다 최 선생한테 들켜서 얼마나 맞았는지 정신을 잃고 까무러쳤다가 물 한 바가지를 뒤집어쓰고 한참 만에 깨어난 일이 있었다고 했다. 어려서 호기심에 담배를 피웠으면, 그러면 안 된다고 말로 잘 선도하지 어린것을 정신을 잃고 까무러칠 정도로 때리다니! 그것도 자기반 아이도 아닌 것을! 이놈이 그 최 선생에게 얼마나 나쁜 감정을 가졌을까? 그런 사람은 선생을 하지 말고 왜놈 앞잡이 순사나 하면 제격일 텐데 하는 생각이 들었다.

한 번은 장평국민학교 졸업식 때인데, 운동장에서 아이들이 모여 모닥불을 피워놓고 쪼이는 게 보여 화재 날 위험도 있고 해서 내가 아무 생각 없이 지나는 말로 "최 선생! 저놈들이 운동장에서 불장난을 하는데, 저놈들 혼 좀 내주지!"라고 한 적이 있다.

그러자 최 선생이 "그래요, 형!"(나보고 형이라고 잘 불렀음) 하고는 불 쪼이던 아이들을 잡아 줄 세워놓고 가죽장갑을 꺼내서 양손에 끼고는 "야! 이 새끼들아! 눈 감고 이 악물어!" 하더니 마치 권투하는 식으로 구타를 했다. '아차! 내가 잘못했구나! 차라리 내가 타이를 것을!' 하고 후회했지만 돌이킬 수 없는 일이었다. 학교라는 곳은 다른 교사가 잘못해도 어린이들 앞에서는 잘못한 선생을 나무랄 수 없는 게 불문율이었으니까.

최 선생은 돈에 대해서는 얼마나 구두쇠인지 농사짓는 분들이나 피우던 제일 값싼 담배를 피웠다. 자취를 하면서 학교 옆 동리 장재 터 공동우물에서 동리 여인이 콩나물 씻는 것을 보고 "형! 저 콩나물 좀 얻어가자!"고 해 기겁을 하고 말린 적도 있었다. 최 선생은 돈 앞에서는 인격도 체면도 다 잃어버리는 후안무치한 사람이었다. 굳은 땅에 물이 고인다는 말처럼 그 후 평택으로 전근해 어느 여선생을 만나 결혼하고, 두 사람이 벌면서 얼마나 알뜰하게 살았는지, 수원 고색국민학교에서 정년퇴임하고 두 내외가 함께 몸이 아프다고 강원도 어딘가에 대단히 넓은 땅을 사서 고급 별장을 짓고 요양한다는 소문을 들었다.

최 선생이 수원 고색국민학교 교장이 되었을 때 부친상을 당했다는 얘기를 듣고는 애경사에 서로 왕래도 없었지만 '혼사가 아니고 상을 당한 것을 알고도 모르는 척 하는 것은 도리가 아니지. 밤이라도 새워 줘야지' 하는 마음으로 수원 도립의료원 장례식장으로 조문을 갔다. 장례식에 조문하고 냉수 한잔 못 먹고 집으로 오기는 내 평생 처음이었다.

그런데 최 선생을 잘 아는 우리 마을 문병식(文炳植)이라는 사람이 최 교장의 장례 뒷바라지를 하고 나더니 "조문객이 한 사람 왔다 가면, 조의금 접수 받은 호상 보는 사람에게 쫓아가서 '지금 조의금 얼마나 내고 갔느냐?'고 묻더라"고 했다. 그 소리를 듣고 얼마나 분노가 치밀던지, 치사한 줄 이미 알고는 있었지만 그렇게까지 치사한 놈인지는 미처 몰랐다는 생각을 하니 조문 갔다 온 것이 후회스럽고, '저런 인간이 교장을 했으니 우리 교육계가 사회로부터 존경을 못 받는 것도 당연하다'는 생각까지 했다.

### 백암국민학교에서 만난 비인간적 교사 최○○

2년간 장평국민학교에서 온 정열을 다해 근무하고, 이웃 학교인 면소재지 백암국민학교로 전근을 갔다. 3월 1일까지는 학교에 부임해야 하는 것을 3월 1일은 3·1 운동 기념 경축일이니 학교에 가봐야 어차피 수업도 없고 할 일도 별로 없을 것 같아, 집안일도 좀 있고 해서 다음날 학교로 갔다. 가보니 벌써 학급 배당이 다 끝나 있었다.

백암국민학교는 면소재지 학교로 한 학년이 3개 반이었는데, 나는 이미 4학년 2반으로 편성된 상태였다. 하기야 '내가 3월 1일에 왔어야 하는데 안 왔으니, 학급 편성을 안 하고 나를 기다릴 수는 없는 노릇 아니냐? 아무 반이면 어떻겠느냐?' 생각하고 그대로 따를 수밖에 없었다. 학년주임인 최○○ 선생을 보고 "어제 부임을 못해서 미안하다. 최 선생님이 나도 없는데 수고했다"고 하고 4학년 2반을 넘겨받았다.

　4학년 1반은 학년주임인 최○○ 선생이 맡고, 2반은 내가, 3반은 이성자(李誠子)라는, 첫 교직생활을 하게 된 신출내기 여선생이 맡았다. 최 선생이 나에게 2반 생활기록부를 넘겨주면서 "신 선생이 늦게 오는 바람에 학급 분류 작업을 할 시간이 없어 적당히 학급 편성을 했으니 그리 알라"고 했다.

　그래서 '어련하겠지' 하고 생활기록부를 받아서 정리를 하다보니 우리 반에는 우등생이 세 명밖에 안됐다. 학급의 10%, 그러니까 여섯 명이 우등생이어야 하는데 세 명밖에 안 되는 것이었다. 학급 편성이 잘못되었다는 생각이 들어 3반은 몇 명인가 알아보았다. 그런데 3반은 여선생이라고 봐주었는지 3월 1일에 출근을 해서 그런지, 여섯 명이었다.

　내가 없는 동안 1반 최 선생이 자기반으로 우등생 9명을 가져간 것이었다. 그래서 최 선생에게 "다른 것은 몰라도 우등생 수는 같아야 되지 않느냐?"고 항의를 하니, 여러 교사들이 있는 자리에서 거침없이 "제에미!" 하고 쌍소리를 하면서 나보고 "그럼 제 날짜에 출근을 하지, 당신이 결근을 했는데 이제 와서 어떻게 하란 말이냐?"고 화를 확 내면서 인상을 썼다. 그래서 내 인내심에 불이 당겨졌다. "뭐? 제에미라고? 너 말 다했어? 어이! 그럼 여섯 명씩 돌아가야 할 우등생이, 왜 너는 아홉 명이고 나는 세 명이냐? 교사가 최소한의 양심도 없어? 내가 하루 늦게 부임한 것을 약점 잡아 질 좋고 공부 잘하는 아이들은 네가 다 가져가도 되는 거야?" 하고 확 성질을 냈다. 교사 신분인데다 교무실이라 쌍욕은 간신히 참았지만 할 말을 다하고 말았다. 그러자 최 선생이 슬그머니 꼬리를 내렸다.

　더 이상 핏대를 세우기도 뭣해서 보란 듯이 언성을 높여 "좋아! 우리 반 우등생은 세 명으로 시작하지!" 하고는 돌아서려고 했다. 그런데 다른 교사들은 아무 말도 않는데 유독 나이가 좀 든 강○○라는 여선생이 최 선생 편을 드는 것 같은, 듣기 거북한 발언을 했다.

그래서 "사람이 새로 부임하면 모든 것이 외톨이 같고 썰렁한 법인데, 선생님은 지금 누구 편을 드느냐? 처음 부임해 서먹서먹한데 이래도 되느냐?"고 항의하니 이 여선생도 내 성깔과 화난 인상을 보고 그리 만만치 않다는 느낌을 받았는지 슬그머니 꼬리를 감고 물러났다.

오후에 교무실에서 잔무를 보고 있는데 최 선생이 나를 보고 이야기 좀 하자고 했다. 그래서 일어서니 최 선생은 서슴없이 교장실로 앞서 들어갔다. 그래서 속으로 '이 새끼 제멋대로네? 교장도 아닌 놈이 왜 교장실을 제 방처럼 거침없이 들어갈까? 참 희한한 일이구나!' 하며 따라 들어갔다. 최 선생이 나를 보고 "선배님 이야기를 맹아학교 다닐 때부터 많이 들어 잘 압니다. 그런 선배가 우리 학교로 전근 온다고 해서 반갑게 생각했는데, 교무실 많은 선생들 앞에서 저를 망신시켜서 섭섭합니다"라고 했다.

그래서 '이놈도 내가 졸업한 맹아학교 출신이구나! 그럼 잘 됐다' 생각하면서 "최 선생! 지금 나보고 따지자는 것이냐?"고 인상이 험악해지려고 하니, "선배님! 그런 것이 아니고, 선생님과 앞으로 잘 지내기 위해서 그런 말씀을 드렸다"면서 맹아학교 졸업생이 자기 말고도 구덕환(丘德煥) 선생이라고 또 있다면서 최 선생 성품답지 않게 고분고분해졌다.

알고보니 이 최 선생이란 자는 학교 선배 선생들도 안중에 없고, 학교에서 안하무인이었다. 그런데 이 두 선생은 맹아학교 다닐 때 전설같이 떠돌던 내 학교생활 얘기를 들어서 알고 있었던 것이다. 그래서 교무실에서 나한테 받았던 모욕도 꾹 참았던 것이다. 이 학교의 교장선생님은 일제 때 수재들만 입학한다는 서울사범학교 출신인데 성품이 대단히 착한 분이었다. 집에는 성인이 된 외아들이 정신질환을 앓아 정신적으로 무척이나 힘들게 사는 분이었다. 자식 문제로 학교 근무도 성실히 못하시고, 학교를 비워두고 늘 서울 집에 가시는 일이 많았다. 그런데 최 선생은 이런 교장선생님의 불우한 약점을 이용해서 교장선생님에게 막무가내로 대하는 인성이 아주 나쁜 인간이었다.

이런 놈이 다른 직업도 아닌, 순진한 어린이들 인성을 가르쳐야 할 사명을 가진 국민교사라니 학부모님들이 얼마나 불신을 했을까? 하는 생각이 들면서, 교사란 직업을 가졌던 내 스스로 부끄러워진다.

나중에 알고보니 4학년 우등생 중에서도 가장 공부 잘하고 가정환경이 좋은 아이들, 게다가 전 학년에서 1, 2, 3등을 하는 아주 우수한 아이들만 골라서 자기 반으로 데려간 것이었다. 자기는 그 학교에서 3학년 때 담임을 했으니 아이들 성품이나 가정환경, 그리고 성적 따위를 오죽 잘 알았을까?

시골 면단위 학교 졸업생인데도, 나중에 보니 4학년 때 최 선생 반 아이들 중에서 자라서 고등고시에 합격을 한 친구들이 셋이나 됐다. 고등고시 사법과에 2명, 고등고시 행정과에 1명, 이렇게 3명이, 그것도 한해에 같이 합격을 했다.

그런데 어찌된 일인지, 호사다마라고 할까? 그 세 사람 모두 아깝게도 단명으로 세상을 등지고 말았다. 두 사람은 검사생활을 하다가 죽고, 또 한 사람은 경기도청 사무관으로 시작해 공직생활을 하다가 희망차고 양양한 아까운 나이에 생을 접었다.

### 제자들을 마주 세워놓고 서로 뺨 때리기를 시키는 교사

내가 교직생활을 하는 중에는 아이들이 아무리 잘못을 저질러도 절대로 구타를 하지 않는 교사도 보았다. 그런데 반대로 아이들을 때릴 이유가 전혀 없는데도, 옆에서 보기에도 눈살이 찌푸려지게 이성을 잃고 자기 감정도 못 이겨가며 어린이들을 정말로 개 패듯 사정없이 때리는 교사들도 흔하게 볼 수 있었다.

그런 교사를 보면서는 '저 사람이 자기 집에서 자기 아이들도 저렇게 때릴까? 그렇지 않다면 저런 사람이 교사로 봉직하는 것은 나라의 미래를 생각해서도 참으로 불행한 일인데' 하는 생각을 떨칠 수가 없었다.

그렇지만 한편으로는 아이들이 아무리 잘못을 저질러도 절대 매를 들지 않는 교사 또한 무책임한 교사라는 생각이 들기도 했다. 잘못을 저지르면 반드시 불러서 잘못을 지적해주고 그 아이가 잘못을 스스로 깨닫게 지도하는 것이 교사의 의무이며 도리라고 생각한다.

어린이에게 폭력을 쓰는 것은 이미 그 사람은 교사가 아니라 마부라는 경구를 생각한다. 하지만 그렇다고 어린이의 잘못을 보고도 모르는 척 방관하는 것도 교사의 직무를 이미 포기한 것이라는 생각을 지울 수 없다. 그때만 해도 아이들이 학교에서 구타를 당하고는 집으로 가서 부모님께 억울하다고 징징거려도 부모님들은 "네가 잘못했으니 선생님이 때리지, 네가 잘했는데도 선생님이 너를 미워해 때렸겠느냐"며, 오히려 어린이를 나무라던 시절이었다.

가정방문차 가봐도 부모님들은 대개 "우리 아이가 학교에서 선생님 말씀을 잘 듣지 않으면 때려서라도 사람 좀 만들어 달라"고 했다. 그 시절 대다수의 농촌 부모님들의 교육방식이 그러했다. 그런 순진하고 착한 학부모들의 신뢰를 저버리고, 간혹 분별없는 교사들이 어린이들을 마치 자기 기분풀이 대상으로 생각하는지, 아이들이 왜 그렇게 무지막지한 매를 맞아야 하는지 이해하지도 못하는 상황에서 마구 때리는 것을 가끔씩 보곤 했다. 내가 교장은 그만두고 교감이라도 되었다면, 불러서 한마디 하고 싶기도 하지만, 같은 처지인 평교사끼리 남의 영역 침범하는 것 같기도 해 그냥 참고 보자니 이것 또한 가만히 있기가 참으로 곤혹스러운 일이었다.

해방되고 친일파 척결이 되지 않은 후유증은 어느 분야라고 다를 바 없지만, 친일파 잔재가 깨끗이 청산되지 못한 우리 교육현장은 더욱 심각한 상태였다. 그 한 예로, 학교에서 교사들이 아이들을 처벌을 할 때 더욱 심각했다.

아이들이 아주 작은 싸움을 한 것을 가지고도, 칠판 위 교훈이란 액자에 화목이란 글을 크게 써 붙인 교실에서, 그것도 교사들이 여러 아이들 앞에서, 싸운 아이들을 마주 세우고 서로 뺨을 때리게 했다. 그러면 서로 친구지간인 아이들은 교사가 때리라니 할 수 없이 때리기는 해야겠고, 때리자니 도리 없이 툭 건드리는 식으로 친구를 때렸다.

하지만 이런 짓을 시킨 그 양식 없는 교사는 "이 자식들아! 있는 힘을 다해서 때려야지! 뺨은 이렇게 때리는 거야!" 하고는 그 어린것들의 뺨을 사정없이 갈겨댔다. 그러면 할 수 없이 아이들은 싸우는 것처럼 있는 힘을 다해 씩씩거리면서 서로 얼굴이 벌게지도록 마구 때려야 했다.

### 잊지 못할 백암국민학교에서 만난 훌륭한 선생님들

백암국민학교에서 이렇게 좋지 않은 일만 있었던 것은 아니다. 우리 학교에 청주 출신으로 나보다 10여살 젊은 오해균(吳海均)이라는 미남 선생이 전근을 왔다.

나는 집이 멀어 학교 옆 '비둘'이라는 마을에서 그 선생과 함께 하숙을 했다. 그런데 오 선생은 단 한 번도 아랫목에 앉은 것을 본 적이 없었다. 그리고 내가 세수를 하느라 좀 늦게 방에 들어가더라도 먼저 수저를 드는 법이 없었다. 그렇게 예의가 바르니 오히려 내가 불편해 "오 선생님! 앞으로는 그러지 말고 먼저 식사를 해요! 선생이 그러는 게 오히려 나는 불편해요. 나는 계급을 싫어하고 평등을 좋아하는 사람이니 내가 좀 늦으면 먼저 식사를 하시구려" 했으나 오 선생은 끝끝내 행동을 바꾸지 않았다. 밥이 다 식는 한이 있어도 기다렸다가 내가 수저를 들어야 자기도 들었다.

다른 교사들과 달리 시간이 나면 책도 열심히 봤고 운동도 참 열심히 했다. 체격도 참 좋은 사람이 그렇게 열심히 운동하고 틈틈이 공부하더니 나중에 내가 백암국민학교를 떠난 뒤, 서울에서 중등 체육교사 시험에 합격해 서울로 전근했다는 소식을 들었다.

심(沈)씨 성을 가진 여선생님도 참 좋은 분이었다. 이 분은 얼마나 절도 있고 행동이 반듯한지, 나도 감히 허튼소리를 못할 정도로 정숙한 분위기가 몸에 배어있는 아주 기품 있는 선생이었다. 심 선생은 하숙집에서 학교까지 오는 길에 꼭 정면만 바라보면서 똑바로 걸어온다. 그래서 그 선생 별명을 '육사생도'라고 붙였다. 그 여선생은 별명답게 누구와도 허튼소리를 절대로 하지 않으며 지냈고 선생의 품위도 절대로 잃지 않았다. 그러니 다른 선생들도 언간생심 심 선생에게는 허튼소리 한 마디 건네지 못했다.

자기반 아이들은 얼마나 자상하게 가르치던지 '아, 저것이 진정한 선생의 모범적인 모습이구나!' 하는 생각을 늘 했다. 그리고 내가 간혹 교사의 품위를 잃을 것같이 나태해질 때면 그 심 선생을 보고 스스로 나를 일깨우고는 했다.

나와 같이 백암국민학교에 첫 부임해 4학년 3반을 맡았던 이성자 선생도 참 좋은 분이었다. 백암국민학교에 첫 부임해서 그런지 몰라도 아주 젊은 선생이면서도 아이들에게 온 정열을 쏟는 모습이 옆에서 보면 아름답기까지 했다.

나보다 나이도 많고 선배 되시는 선생님들 가운데도 존경스러운 분들이 더러 있었다. 그런 분들이 계셔서 시골학교의 정겨움이 더했던 것 같다. 내가 교사가 돼 만나본 잊지 못할 분들이었다.

### 평택 교육청 인사권을 좌지우지한 나의 당고모 신영자

백암국민학교에서 1년을 근무하고 다시 새 학기가 찾아오고 있었다. 그런데 그때 최○○ 선생과 구덕환 선생이 평택군으로 전근 내신을 냈다는 소리가 들렸다.

　그래서 지나가는 말로 "평택교육청 학무과장이 나의 당고모부가 된다"고 말했다. 그러자 이 두 선생이 "평택교육청 이유호 학무과장에게 손을 써서 좋은 학교로 발령이 나도록 도와달라"고 부탁을 했다. 그래서 그 선생에 대한 불쾌감은 까맣게 잊어버리고, 속도 없이 겨울방학을 이용해 평택 이유호 학무과장 댁을 찾아가 당고모님께 "이 사람들을 나라고 생각하고 고모부께 말씀 잘 드려 좀 좋은 학교로 보내 달라"고 청했다.

　그러니까 고모가 "야! 너는 왜 그 시골구석에서 썩느냐? 너도 시골에서 썩지 말고 내가 평택에 있을 때 평택으로 나오라"고 했다. 그래서 "나는 늙으신 할아버지와 어머니와 같이 살아야 해서 올 수 없으니, 그 대신에 학교 후배들인 이 사람들이나 고모부님께 잘 말씀을 드려 달라"고 부탁하고 돌아왔다.

　그 뒤 두 선생은 재수가 좋은지 송탄에서 제일 크다는 송북국민학교와 송신국민학교로 각각 발령이 났다. 마침 그 해에 두 학교가 학급이 늘어나 두 사람을 그 좋다는 학교로 배치할 수 있었는지는 모르겠다.

　그 당시 그 학교 인근 지역은 미군부대 때문에 경기가 대단히 호황이던 시절이었다. 두 학교는 평택교육청 관내에서도 돈 잘 생기는 학교라고 소문이 났던 곳이었다. 그래서 충남 서천 출신인 구 선생은 원래 술 좋아하고 야물지 못한 호인답게 그럭저럭 돈 잘 쓰며 지내는 삶을 살았다. 하지만 술도 즐기지 않고 오로지 치부에만 능했던 최 선생은 자기반 아이들 과외공부(그 당시는 현직 교사들도 과외를 할 수 있었고, 과외공부 수입이 송탄에서는 봉급의 3배가 된다고 하던 시절이었다)도 시키고, 자기 처는 약국을 하면서 돈을 얼마나 많이 벌었던지 선생으로 재직하면서도 부업으로 오산에서 영등포 당산동으로 운행하는 버스를 몇 대씩 운영했다.

　그 후에 수원에서 우연히 만나 "최 선생, 송신국민학교로 잘 갔느냐?

송신은 백암같이 산골도 아니고 미군부대 바람에 돈도 많이 생긴다면서?"라고 지나는 말로 물으니, "신 선생님은 백암에서 부업으로 양계를 하는 게 나을 것"이라며 내가 도시학교로 전근 가는 것을 경계하는 눈치였다. 그 후 다른 선생들 이야기를 듣고 이기적인 인간들은 역시나 배은망덕하다는 것을 또 한 번 뼈저리게 느꼈다.

나의 9촌 당고모는 학생 때부터 얼마나 성질이 드세던지, 그 기질이 그대로 남아 평택교육청 학무과장의 인사권은 당고모부 이유호님이 행하는 게 아니고 당고모 신영자(辛英子)님이 행사한다는 소문이 날 정도였다.

이 당고모가 숙명여자대학 재학시절, 해방정국에서 좌익에 물이 들어 그 유명했던 영등포 방직 노동자 동맹파업에 가담해서 경찰에 체포되었다. 그런데 그는 여학생 신분으로 손목에 쇠고랑을 차고 끌려가면서 영등포역 앞에서 좌익들의 노래 '적기가(赤旗歌)'를 목이 터져라 소리쳐 불렀다는 소문이 고향에서 자자했다.

퇴학 맞은 뒤, 두 오라버니들의 감시로 좌익 활동은 하지 못하고 "어서 시집이나 가라!"는 성화만 받고 지내다가, 한국전쟁이 일어나고 1·4후퇴 때 고향 죽산으로 피난을 와서 나와 같이 피난생활을 했다. 피난통인데도 기타가 어디서 났는지 자기는 기타를 치면서 나보고는 노래를 하라고 시키곤 했다. 그러면서 고향 시골 아이들보다는 도시에서 피난 온 나를 참 좋아했다.

그리고 당시 여자들은 시골 5일장에도 잘 다니지 못하던 시절인데도 젊은 처녀가 일죽장에 가서 까만 선글라스를 쓰고 다녔다. 그때로서는 괴변으로 생각하던 때라 조용하던 고향 시골마을이 온통 당고모 이야기로 발칵 뒤집힐 판이었다.

이러던 당고모를 고향에서 시집을 보내야 되겠다고 해서 안성군 삼죽면 이유호님과 맞선을 보았다. 두 사람 맞선 보던 이야기도 나이 드신 분들 사이에서는 전설처럼 전해온다. 결혼하려는 신랑 신붓감은 어떻게든 상대에게 잘 보이려는 것이 상례인데, 신랑 될 이유호씨가 선을 보러 오면서 집에서 일하던 차림새 그대로 검은 고무신을 질질 끌고 신부될 집으로 선을 보겠다고 나타났다고 한다. 천생연분이 되려고 그랬는지 신부 역시 선을 본다면서 몸단장도 안 하고 선머슴처럼 하고 맞선을 보았다.

오히려 이런 행동이 서로의 마음을 움직여 두 사람은 결혼을 했다. 이유호씨는 안성에서도 지식인으로 똑똑하고 장래성 있다고 남들에게 촉망받던 분이었다. 그런데 당고모가 학무과장 부인이 되면서 젊은 날 평등사회를 이루겠다고 부르짖던 마음은 다 어디로 가고, 오히려 돈 맛이 들어 여자 신분으로 집장사를 하지 않나, 인사 때는 선생들에게 뇌물을 받아먹지 않나, 그저 겁 없이 설쳐대다가 기어이 말썽이 일어 이에 책임을 지게 된 이유호님이 수원 연무국민학교 교장으로 좌천되었다.

그래도 당고모는 여기저기 빚을 끌어다가 연무국민학교 앞 넓은 논바닥에 집을 많이 지어 팔면서 설쳤고, 결국 부도를 내고 말았다. 빚쟁이들이 남편 학교로 몰려들자, 경기도 교육위원회가 수습차원에서 책임을 묻는 형식을 취해, 도리 없이 강화도 아주 작은 섬에 있는 학교 교장으로 또다시 좌천이 되었다.

이유호 교장은 외로운 섬에서 손에 닿을 듯이 바다 위를 날아다니는 갈매기와 소주를 벗 삼고, 쓸쓸히 홀로 울분을 삭이면서 노년에 가족도 없이 혼자 식사라고는 라면이나 끓여먹으며 고독과 싸우다 그곳에서 한 많은 세상을 등졌다.

다시 과거로 돌아가, 그 다음해 최○○ 선생과 이동기 선생이 평택군으로 전근 내신을 냈다며 또 나에게 부탁을 해왔다. 그래서 또 당고모를 찾아가 부탁을 했다. 그런데 그 해는 송신과 송북국민학교가 오히려 학급이 줄어서 발령이 날 수가 없는 형편이었다. 이동기 선생은 20학급

규모의 계성국민학교로 발령이 났고, 아무 말 없이 부임을 했다. 하지만 최○○ 선생은 아주 작은 이름 모를 학교로 발령이 나자, 교육청에 찾아가 "돈까지 썼는데 왜 구석진 학교로 발령을 냈느냐?"고 아우성을 쳐서 학무과장 입장을 난처하게 만들었다는 소리를 들었다. 그래서 고모에게 얼마나 미안했던지 지금도 생각해보면 어이가 없다.

### 걸인으로 방황하는 소사 친구 홍종태, 백암에 불러 빵장사를

백암국민학교에서 근무하고 있는데, 편지라고는 쓸 것 같지 않던 홍종태라는 소사 친구한테서 뜻밖의 편지가 날아들었다. 지금 부평 어느 간판도 없는 무허가 여인숙에서 젖먹이 어린 자식과 마누라, 이렇게 세 사람이 방세를 못 내서 며칠째 밥도 못 먹고 인질로 잡혀있다는 것이었다. 돈이 없어 오도 가도 못하니 돈 5천원만 부쳐주면, 부평극장 앞에서 '달고나'를 만들어 팔면서 굶어 죽지는 않을 것 같으니 좀 도와달라는 편지였다.

이 편지를 받고나서 '내가 탈영병 시절 자기 동기간 이상으로 도와주고, 맛있는 것을 보면 꼭 내게 먹이려고 하던 인정 많은 친구였는데, 극장 앞에서 달고나를 만들어 팔아 어떻게 세 식구가 살 것이며, 어린 젖먹이는 장차 어떻게 살아가겠는가?' 하는 생각이 들었다. 그래서 돈만 부쳐서는 안 되겠다 싶어 어머니께 종태 사정을 말씀드려 보았다.

그러자 어머니는 편지만 보고 결정할 게 아니라, 애비가 가서 상황을 보고 결정하는 게 좋겠다고 하셨다. 그래서 일요일에 편지봉투에 적힌 주소만 갖고 녀석을 찾아갔다. 간판도 없는 여인숙이라 어렵사리 찾아가 방문을 여니 말로 표현하기 어렵게 궁상스러웠다. 며칠을 밥도 못 먹어서인지 사람 꼴이 말이 아니었다. 정말 눈물이 핑하고 날 정도로 불쌍했다.

달고나 장사로는 안 되겠다 싶어서 "네가 할 수 있는 게 무엇이 있느냐?"고 물으니, "부산에서 음식장사를 해보았으니 빵이나 음식장사는 밑천만 있으면 할 수 있다"고 했다. 그래서 "부평에서는 아는 사람도 혹 만날 수 있고 하니 나를 따라 네가 아는 사람이 없는 백암으로 가자. 그럼 어떻게 하든지 백암에서 빵장사를 하도록 도와보겠다. 내가 아주머니를 데리고 우리 집으로 먼저 갈 테니 너는 동대문시장에 가서 장사에 필요한 것들을 사가지고 천천히 내려오라"고 하고, 빵틀 살 돈을 주고 종태 처만 데리고 먼저 집으로 왔다.

그런데 여인숙에서 긴장한 채로 배를 곯아 그런지, 우리 집에 와서 한 1주일동안을 세 식구가 돌아가면서 몸살을 앓고 드러눕는 것이었다. 몸조리가 끝나고 정신을 수습하고 난 뒤, 어머니는 종태를 데리고 백암 5일장에 가서 아는 분들에게 장사할 수 있는 각종 그릇을 외상으로 얻어주시고, 나는 빵장사할 새 가게를 얻어주었다.

그러면서 "도대체 어떻게 해서 이렇게까지 되었느냐?"고 물어보았다. 춘천에서 오영환이와 헤어져 다시 소사에 가서 댄스 교습소를 차렸고, 그 후 지금의 처를 만나 애까지 생기게 되었다는 것이다. 그래서 결혼을 하려고 하는데, 자기 어머니와 처가에서 반대를 하는 바람에 처를 데리고 부산으로 도망쳐 고구마튀김, 도넛 등을 만들어 광복동 거리에서 노점장사를 하면서 살았단다.

그런데 종태 처라는 여자는 인천 박문여자고등학교를 갓 졸업하고 살림이 뭔지도 모르는, 아주 철부지 같은 사람이었다. 고생을 모르고 자라 여자로서 할 줄 아는 게 아무것도 없었다. 이런 여자한테 밥하고 빨래하는 것도 가르치지 않고, 조석도 종태가 해 먹였다고 한다. 여자가 어쩌면 저럴 수 있을까? 할 정도로 이해하기 힘든 사람이었다.

사실 따지고 보면, 그 여자 어머니는 더 이해할 수 없는 사람이었다. 종태가 그 여자를 만난 건 그 여자의 어머니 덕택이었다. 딸을 데리고 와 종태에게 같이 사교춤을 배웠다는 것이다. 그렇게 모녀에게 춤을 가르치던 종태가 10살이나 어린 철부지를 마누라로 삼은 것이었다.

이런 여자를 데리고 부산 광복동에서 노점장사를 하자니 자연 장사가 쉽지 않았다. 장사도 잘 안 되는데, 어쩌다 가짜 중들을 사귀게 되었다. 이 가짜 중들이 "우리가 한 10일쯤 후에 부평에 가겠으니 당신이 먼저 가 있어라. 그럼 우리가 곧 올라가서 장사 밑천을 대주겠다. 그러니 우리를 믿고 우리가 단골로 다니는 부평 여인숙에서 주인에게 말하고 기다려라" 해서 그 말만 믿고 부평으로 올라왔다. 그런데 아무리 기다려도 가짜 중들은 오지 않고 밥값만 밀리자, 여인숙에서는 나가라고 구박을 해서 할 수 없이 나에게 도와달라고 편지를 했던 것이다. 그리하여 종태는 백암에서 빵장사를 하기 시작했다.

### 소사 친구 홍종태는 중증 알코올 중독자였다

그렇게 종태가 알몸으로 빵장사를 시작했는데, 시골장이란 게 규모가 작다보니 밀가루 값도 용인이나 수원보다 훨씬 비싼 형편이었다. 그 말을 듣고 아이들한테 걷은 교과서 대금을 빌려주며 "용인 가서 밀가루 10포를 사다놓고 장사를 하고, 빵이 팔리는 대로 갚으라"고 했다. 그런데 공교롭게도 그 즈음 주위에서는 빵장사밖에 할 것이 없다고 소문이 났고, 그 좁은 장바닥에 빵집이 3개나 더 생겨났다.

백암국민학교 신용승 선생 학교 동창이고, 그 신 선생이 도와주고 있다는 것을 차츰 알게 되자, 백암 사람들이 종태가 어떤 사람이었는지 궁금했던 모양이다. 그래서 이리저리 알아보다, 남의 일인데도 종태네 가족의 씀씀이에 불만을 품었던 모양이다. 어머니가 백암장에 들르면 시장사람들이 이구동성으로 종태네가 흥청망청한다고 고자질을 하느라고 야단이었다. 포도를 사먹는데, 관으로 사다가 썩혀가며 먹는다고 좁은 시골 장터에서 말이 많았다.

하지만 어머니는 죽산장에 갈 것도 일부러 백암장으로 가시면서 자식

친구가 고생을 한다고 집에서 기른 푸성귀며 된장 간장도 퍼다 주셨다. 나 또한 교사들과 함께하는 자리라도 내가 쏘는 술자리면 선생님들에게 미리 양해를 구하면서 "어릴 때 학교 친구인데 사업 실패로 당분간 여기서 고생하고 있다. 곧 소사로 갈 것이다" 하는 식으로 종태가 체면 잃지 않게 소개하고, 종태도 불렀는데 녀석은 매번 사양을 하면서 오지를 않았다.

나는 "가난하게 살더라도 절대 기 죽지 말고 윗길로 사람을 사귀라"고 했지만, 이 친구는 기껏 사귄다는 것이 아주 나이 어린 사람들만 사귀었다. '그리도 똑똑하던 친구가 왜 이렇게 변했나?' 궁금했는데, 알고 보니 이 친구가 이미 알코올 중독자가 돼 있었다.

옛날 젊어서 그리도 돈 잘 쓰고 고급으로만 먹던 놈이 알코올 중독자가 되더니 안주 비싼 술은 안 먹으려고 했다. 내가 안주를 시키면 "저 안주면 소주가 몇 병인데?" 하며 내가 사겠다고 해도 사양하고, 그저 구멍가게에 가서 새우깡이나 놓고 먹는 것이 전부였다.

젊은 날에는 재치 있고 순발력도 있던 놈이었는데, 알코올 중독자가 되더니 우선 사리 판단이 흐려지고 염치를 모르는 사람으로 변해갔다. 내가 보고 있는 데서는 술을 안 먹고, 내가 없으면 장사는 나 몰라라 하고 술을 들이켰다. 내가 그걸 알고 사정없이 몰아붙여도 그때뿐이었다. 내 눈치만 살피다가, 내가 집에 가고 없는 토요일부터 일요일까지 술에 취해 장사도 안 하고 개판을 쳤다.

다음 월요일, 학교에 가면 백암 장터 사람들이 묻지도 않은 나에게 전부 일러바쳤다. 그런 얘기를 들을 때마다 속이 상해 이놈을 어떻게 하면 술 끊고 장사를 열심히 해서 좀 살아보게 할까, 여러모로 생각을 해봐도 좋은 생각이 떠오르지 않았다.

이렇게 종태 놈 때문에 속을 썩일 대로 썩이고 있는데 날벼락이 떨어졌다. 종태가 어떻게 사는지도 모르는 종태 큰형님이 어린 자식 3명과 마누라를 앞세우고는 백암에서 살겠다고 등짐 하나만 지고 종태를 찾아온 것이었다.

종태는 4형제 중 막내로, 어렸을 때 부모님들이 소사에서 여관을 할 정도로 유복한 가정에서 자랐다. 게다가 아버지가 철도청에 다니셨으니 늘 풍족한 생활을 하는 처지였다.

큰형님은 일본에 건너가 음악을 공부하고 박문여자고등학교 음악교사를 하고 계셨는데, 이 박문여자고등학교가 천주교 재단이라 교장선생님은 신부님이었다. 그런데 형님은 첫 부인과 대화가 되지 않아, 한 번만이라도 똑똑한 여자하고 사는 게 평생소원이라 할 정도로 가정이 있으면서도 늘 고독해 했다.

그러던 차에 결국 다른 여자를 만나 아이를 셋이나 낳았다고 한다. 결과적으로 천주교 신자이자 교육자가 축첩을 한 꼴이 되고 말았다. 이 사실을 신부 교장이 알게 됐고, 양심의 가책을 느낀 형님은 두 말없이 학교에 사직서를 냈다고 한다. 재산은 큰 처에게 다 주고, 갑자기 알거지 신세가 돼 동생 종태가 있는 백암으로 찾아오신 것이다.

그러자 백암 사람들은 "앞으로 신 선생이 한 집도 아니고 두 집씩이나 어떻게 감당할 것이냐?"고 남의 일에 수군대고, 어떤 사람들은 우리 어머니에게 갖은 말로 걱정을 해주곤 했다. 그러면 어머니는 "산 입에 거미줄이야 치겠느냐?"시면서 오히려 종태를 감싸주곤 하셨다. 정말 바다처럼 넓으신 어머니 깊은 마음을 자식으로서 닮지 못한 부족함을 뉘우친다.

결국 얼마 지나지 않아, 돈도 못 벌고, 경북 왜관에서 미군부대 통역관으로 계시는 둘째 형님을 찾아 두 형제가 백암을 떠났다.

언젠가 30여년 만에 고향 가는 길에 백암장에 들러보니, 그때 종태보다도 늦게 빵장사를 시작했던 김○○씨라는 분은 돈을 얼마나 많이 벌었던지 백암에서 순댓국집을 하고 있었다. MBC의 맛 자랑 방송까지 탔다고 플래카드를 걸고 장사를 하는데, 손님이 얼마나 많던지 발 디딜 틈이 없었다. 그때는 종태처럼 가난하게 살던 사람이었는데, 그간 얼마나 열심히 살았는지 2층집까지 크게 잘 짓고 남부럽지 않게 살고 있었다.

그것을 보면서 '종태도 야무지고 알뜰한 마누라를 만나서 열심히 살았더라면 저 사람들처럼 되었을 텐데……' 불쌍하게 고생만 하다 간 친구 놈 생각에 마음이 아렸다.

나는 백암국민학교에서 2년 근무를 끝내고 다시 장평국민학교로 전근을 갔다.

### 장평국민학교 민영인 교감, 인분 사용 거부 사건의 여파

장평국민학교는 류성현(柳成鉉)이라는 사람 조부가 무상으로 기증한 5천여평의 땅에 세운 학교였다. 그 조부 되시는 분은 아주 후덕하고 인품이 훌륭한 분이셨다고 한다.

류성현은 그 할아버지의 외동 손자라 매년 학교 인분을 퍼다 거름으로 사용하며 밭농사를 지었다. 그런데 새로 온 민영인(閔泳仁) 교감이 학교 실습지에 쓴다며 류성현이 학교 인분 퍼가는 것을 막았다. 그런데 소심한 성격의 이 친구가 급기야 일을 내고 말았다.

교감이 새로 왔으니 '자기 할아버지가 자기네 땅을 학교에 희사해서 매년 학교 인분을 자기가 퍼다 농사를 짓는 것'이라고 설명을 했으면 민 교감도 이해했을지 모른다. 그런데 매년 하던 대로 학교에 아무 말도 없이 인분을 퍼가려고 하니 내용을 모르는 민 교감이 못 퍼가게 했던 것이다.

성현이은 원래 아버지 얼굴도 못 보고 세상에 태어난 유복자다. 장평국민학교 인근 동리는 한국전쟁 때 용인의 모스크바라는 소리를 들을 정도로 좌우 대립이 심했던 곳이라, 류성현처럼 태어난 사람들이 비교적 많은 곳이다. 어느 쪽에서 희생을 당했는지 모르겠으나 난리 통에 외아들을 잃고, 청상과부가 된 며느리가 유복자인 성현이를 낳아서 대를 잇게 되었으니 생활 형편은 시골에서 그만하면 여유도 있던 성현이 할머니는 금지옥엽이야 손자 성현이를 길렀다.

할머니의 과보호 속에 자라서 좀 야무지지 못하고 판단력도 미숙했는지, 아니면 지나치게 착해서인지 교감 선생에게 인분을 푸다가 거절 당하고는, 분한 김에 주막에 가서 만취가 되도록 술을 퍼 마시고 술김에 한 번 따져보겠다고 성현이가 학교로 달려왔다. 그러나 학교에서 교감이 안 보이자, 교장 사택으로 달려가 자기 아버지뻘 되는 교장에게 쌍소리를 퍼붓고 행패를 부렸다. 교장은 얼결에 영문도 모르고 당해 그 자리를 피해버렸다.

우리는 학교 앞 동리 어느 집에서, 이튿날 있을 장학지도에 대비한 회의를 하고 있었는데, 어찌 알고 성현이가 거기까지 찾아와서 교감보고 나오라고 소리소리 지르면서 "죽인다!"고 날뛰었다.

다른 선생들은 말릴 엄두도 못 내고 다들 뒤로 빠졌다. 그래서 내가 좀 타이르려고 하니 "너도 똑같은 선생 놈이야!" 하면서 몽둥이를 휘둘렀다. 그래서 그 몽둥이를 빼앗으려다 몽둥이에 오른팔을 맞고 말았다.

상황이 험악해지는 바람에 회의고 뭐고 다 집어치우고 집으로 돌아왔다. 몽둥이에 맞을 때는 몰랐는데, 하룻밤 자고 일어나니 오른팔이 아파서 옷도 혼자 입을 수가 없었다. 성현이네 집으로 찾아가 얘기를 했더니, 이 친구는 어제 일을 전혀 기억하지 못한다고 했다. 그래서 내가 사연을 말하고 "아무래도 내 팔이 골절된 것 같으니 수원 도립병원으로 가서 진찰 좀 받겠다"고 하자, 자기도 같이 가서 치료해주겠다며 따라나섰다.

"혼자 다녀와도 되니 아무 걱정 말고 집에 있으라"고 해도 "미안해서 안 된다"며 기어코 따라나섰다. 엑스레이를 찍어보니 아니나 다를까 팔이 골절된 상태였다. 이것을 본 성현이가 아주 미안하다며 치료는 전부 자기가 책임지겠다고 했다. 그래서 "너무 걱정하지 마라! 뼈만 붙으면 되지, 불구자가 되는 것도 아닌데 무슨 상관이냐?"고 오히려 내가 위로의 말로 안심을 시키고, 팔에 깁스를 하고 병원비나 여관비가 많이 나올까 걱정해 방세가 제일 싼 여인숙에 자리를 잡았다.

그런데 다음날 아침, 성현이가 찾아오더니 자기도 나한테 매를 맞았으니 치료비를 못 내겠다며, 어제의 행동과는 아주 180도 딴판으로 나오는 것이었다. 성현이 마음이 하루 사이에 변한 것이 이상해 알아보니 성현이 이모부뻘 되는 황○○ 선생이 성현이의 일방적인 말만 듣고 "맞고소를 하면 교사인 신 선생이 불리해서 네가 치료해주지 않아도 될 것"이라고 뒤에서 조종을 했던 것이다.

황 선생은 옛날에 나보다 먼저 장평국민학교에 총각으로 부임해 그곳에서 성현이 이모와 결혼까지 하고, 당시는 수원 어느 국민학교에 근무하고 있었는데 성현이가 나와 헤어진 뒤 그를 찾아가 의논을 하자 그렇게 조언했던 모양이었다.

저녁에 성현이와 함께 여인숙으로 찾아온 황 선생은 "성현이도 맞았다는데, 우리 쪽에서도 진단서를 첨부할 수 있다"고 했다. 그래서 "그러냐? 나는 팔이 부러졌어도 성현이가 순진하고 술이 취해 실수를 했다고 생각해서 고소는 않고, 병원 치료만 받으려고 이렇게 싼 여인숙에 묵고 있는데, 맞고소를 하겠다고? 그래! 알았으니 맞고소를 해라! 부잣집 추녀 밑에서 거적을 쓰고 있는 도승지가 자기 겨울날 걱정은 하지 않고 다리 밑 거지들 생각한다고, 맞은 사람이 때린 사람 걱정을 해주니까 아예 맞고소를 하겠다니, 당신들 생각을 잘 알았다. 나도 이제부터는 이런 값싼 여인숙이 아니라, 고급 여관으로 숙소도 옮기고 미제 파인애플 깡통이나 소갈비를 먹어가면서 영수증 모아놓고 치료를 받아야겠다. 당신 뜻대로 맞고소하고 후회는 하지 마라!"고 말하고, 백암으로 돌아와 그 길로 장평 관내 경찰지서인 용인군 백암지서에 우선 구두로 고소를 제기했다.

그리고 집으로 돌아왔더니, 지서에서 성현이더러 출두하라고 했는지, 그의 할머니가 애지중지하는 손자가 잘못될까봐 노구를 이끌고 우리 집으로 찾아와서 고소를 취하해달라고 애원을 했다.

그래서 "나는 고소할 생각은 추호도 없다. 황 선생이 맞고소를 한다고 했으니 황 선생만 믿고 기다려봐라. 나도 치료나 해주면 할머니를 봐서 없던 일로 하려고 하는데, 황 선생이 법을 잘 알아 법으로 하겠다니 난들 어떻게 하겠는가?" 하고 백암지서로 고소인 진술을 하러 갔다.

지서에 가보니 성현이는 이미 와서 조사를 받고 있었다. 그런데 이 친구가 얼마나 소심하고 마음이 여린지, 지서에 불려 와서 겁에 질렸는지 소변을 보러 5분에 한 번씩 화장실을 드나들었다. 불쌍한 생각도 들고 할머니 걱정도 되는 판에 어머니가 와서 "애비야! 네가 무조건 용서해주거라! 악한 끝은 있어도 착한 끝은 없는 법이다"고 했다. 그곳 유지들과 이장, 농협조합장 등도 몰려와서 "신 선생이 너그럽게 봐달라!"면서 백암시장 안에 있는 삼광정이라는 술집으로 나를 데려갔다. 유지들에게 등 떠밀려 들어가 술을 먹었으니, 이미 다 끝난 사건이 되었다.

황 선생이라는 사람이 잘난 척 하는 것을 생각하면 끝까지 법으로 하고 싶은 생각이 들었지만, 나도 노모를 모시고 사는 처지인지라 성현이 할머니가 근심하는 것을 생각해서 없던 일로 하고 말았다. 성현이가 내 치료비만 물어주기로 하고, 고소를 취하하자 지서에서도 성현이를 풀어주었다.

### 핸드볼 경기 부정 사건과 뻔뻔한 교장

장평국민학교에 근무할 때, 가을철이면 용인교육청 관내 각 학교 대항 체육대회가 열렸다. 여자 송구(핸드볼) 경기도 해마다 열렸다. 송구라고 하면, 우리 장평국민학교 여학생들이 얼마나 잘하는지 당시는 누가 봐도 우승은 떼놓은 당상이라 할 정도였다. 그런데 이웃 학교인 용인 백봉국민학교에서는 송구 전문가인 원제길(元濟吉) 선생이 송구를 지도했다. 그래서 백봉국민학교는 언제나 우승권에 들어갔다.

그때 용인교육청에서 제시한 시합규칙에 따르면, 동서남북 지구로 나누어 가까운 학교끼리 먼저 예선을 치르고, 여기서 이긴 두 학교가 결승전에서 맞붙게 되어 있었다.

원 선생이 온 힘을 들여 연습시킨 백봉국민학교 여학생들은 막강했다. 힘겨운 싸움이 될 수밖에 없었다. 하지만 우리 장평국민학교와 겨룬 예선 시합에서 우리 학교 선수들은 그들을 눌러버렸다.

백봉국민학교를 이긴 우리 학교가 다시 원삼국민학교 선수들과 백암국민학교 운동장에서 예선을 치르게 되었다. 전문가인 원 선생이 지도한 강적, 백봉을 이겼으니 원삼쯤이야 했다. 이제 우승은 이미 우리 학교 것이나 다름없다고 생각했다.

그런데 막상 시합을 치러보니 원삼은 백봉에 비할 바가 아니었다. 결국 우리학교가 원삼국민학교에 패하고 말았다. 그것도 20대 0이라는, 도저히 믿어지지 않는 점수로 대패를 했다.

백봉국민학교와 예선을 치를 때만 해도, 구경을 한 사람은 너나없이 이구동성으로 우리 학교 어린이들이 핸드볼을 참 잘한다고 믿었는데, 막상 원삼국민학교 선수들과 시합이 시작되니 이는 게임이 안 되는 것이었다. 여기에 무슨 함정이 있을 것이라는 생각을 도저히 떨쳐버릴 수가 없었다.

가만 보니 원삼국민학교 선수들은 체격이나 힘이 예사롭지 않았다. 아무리 봐도 국민학생 같지가 않았다. 중학생들이 분명했다. 시합이 시작되자마자 벌어진 광경은 국민학생들을 일방적으로 가지고 노는 것이지 도저히 운동시합이라고 볼 수가 없었다.

싱겁게 일방적으로 어이없이 지고 나서 너무나 허탈해 교사나 선수들 모두가 멍해져 버렸다. 그런데 백봉국민학교 원 선생이 원삼국민학교 선수들은 서울 영등포여자중학교 핸드볼 선수들을 부정으로 끌어 온 것이라는 정보를 보내왔다. 그래서 우리학교에서 교사들끼리 대책 회의를 한 결과, 원삼국민학교로 찾아가서 교장 선생에게 항의를 하자는 결론을 내렸다.

그런데 그때 고양이 목에 어느 쥐가 방울을 달 것인가? 하는 문제가 생겼다. 그래서 더러운 꼴을 보면 참지 못하는, 수양되지 못한 성질을 가지고 태어난 내가 도리 없이 고양이 목에 방울을 달기로 하고, 나와 구자관 교무선생님이 함께 원삼국민학교로 항의 방문을 했다. 그런데 막상 원삼국민학교 앞에 다다르자 구자관 선생이 자기는 교장을 너무 잘 아는 처지라 정말 못 들어가겠으니 나보고 혼자 들어가 철저히 따져 보라고 했다. 학교 앞에까지 와서 이렇게 나오니 배신감을 당하는 것 같아 '다 집어치우고 되돌아갈까?' 하다가 '기왕에 내침 김이니 혼자라도 교장을 만나보자!'고 생각을 바꿔 교장실을 찾아 들어갔다.

그때 원삼국민학교 교장은 과거에 교육청 장학사도 지낸, 아주 독선적이고 권위적인 사람이라고 소문이 난 양반이었다. 교장의 대답인즉, 자기는 모르는 일이고 아마 운동 코치가 자기와 의논도 없이 자기 마음대로 그런 일을 저질렀는지는 모르겠으나 "아무것도 아닌 지나간 일을 가지고 뭘 그러느냐?"면서 책임을 회피했다.

그래서 "교장선생님이 모르시면 내가 그 선수들을 보고 확인하고 갈 것이니 학생들을 좀 보자"고 하니까, "그런 것은 내 알 바가 아니다"라고 했다. 그래서 "교장선생님! 이것이 정말 아무것도 아니란 말입니까? 그리고 교장선생님이 모르면, 그럼 누가 아는 겁니까? 그렇다면 교장선생님 자리는 허수아비가 해도 되겠네요? 이 학교에서 부정선수를 끌어들여, 우리 학교 어린 선수들이 얼마나 마음의 상처를 깊이 입었는지, 그 많은 날을 우승 한 번 하겠다고 얼마나 열심히 연습을 했는데,

실망이 얼마나 큰지 알고는 있는 겁니까? 그리고 이렇게 순진한 어린 아이들에게 부조리가 얼마든지 통용되는 세상이란 것을 배우게 하는 게 교사들이 할 수 있는 일입니까? 교육청까지 가서 항의하겠습니다!" 하고는 교장실을 나와버렸다.

학교로 돌아와 대책회의를 하고 있는데, 상황이 희한하게 돌아가는 느낌이었다. 결국 이를 알게 된 교육청에서도 해결할 생각은 하지 않고 그저 사회 여론화될까봐 전전긍긍하면서 교장선생과 장학사들이 온힘을 다해서 무마시키는 것이었다. 그때만 해도 초임교사로서 힘이 너무 없어서 끝까지 싸워 해결하지 못하고 그냥 주저앉고 말았다.

## 교회 장로님이신 한 교장의 지진아 성폭행 사건

안성 관내에서 한기현(韓基鉉)이라는 분이 장평국민학교 교장으로 부임했다. 50대 후반에 평양에서 월남했다는 초로의 건강한 교장이었다. 이 교장은 비교적 착해서 그런지, 분별력이 좀 부족한 분인지, 그런 의심이 갈 만큼 평상시에는 도통 선생들을 괴롭히거나 화내는 일이 별로 없는 분이었다. 그러면서 말하는 건 또 얼마나 좋아하는지 지나칠 정도로 수다스러웠다. 하지만 수다를 듣다보면, 도대체 내용이 무엇인지 모를 수다였다. 선생님들 앞에서 권위를 부리는 법도 없고 언제나 친구 같은 사람이었다.

그런데 이 분은 교직보다는 목회자를 했으면 좋겠다는 생각이 들 만큼 예수교에 심취해 있었다. 좀 속되게 말하면 교회에 빠졌다고 보일 정도로 학교 일보다 교회 일에 더 열성이었다.

교장이 장로로 있는 학교 근처 옥산교회에서 부흥회가 열렸는데, 그 부흥회에서 안수기도를 받으면 병원에서 못 고칠 병도 다 고친다고 교무실에서 열변을 토했다. 다른 교사들은 그 설교에 심취했는지, 아니면 교장의 말씀에 예절을 지키느라 정중히 경청하는 척이라도 하는 것인지, 하여간 열심히 듣고 있었다.

그런데 나는 원래 인내심이 부족하고, 듣기가 싫어서 신문이나 보자며 신문을 펴들었다. 그러자 그 교장이 버럭 성을 냈다. 보통 때는 그리도 착한 분이었는데, 자기의 설교를 안 듣고 신문을 본다고 버럭 화를 낸 것이다. "신 선생! 그래선 안 돼! 내가 지금 신 선생을 위해 부흥회를 가보라고 하는데, 내 이야기는 듣지 않고 딴 생각을 하느냐?"고 했다.

'그런데 이 분이 교장이라고 교사들 앞에서 언제 한 번이라도 교육에 대한 철학을 말씀한 적이 있었나? 이 양반! 목사가 되지 무슨 교장을 한다고 그래?' 하고 생각하면서 겉으로는 "예! 교장선생님! 죄송합니다. 하지만, 저는 학교 교육에 관한 말씀은 듣겠는데, 교장선생님의 교회 이야기는 아무리 이해하려고 해도 잘 이해가 안 되니 어떻게 하겠습니까?" 하고 대답해버렸다.

교장은 어린애처럼 매사 단순하고 아주 순진한 면이 많았다. 교무실에서도 아무것도 아닌 말로 끝없이 수다를 떨었다. 그래서 수업 종이 울려도 자기 설교만 듣고 있으면 수업에 들어가지 않아도 좋았다. 그러면 아주 신바람이 나서 끝도 없이 말이 이어졌다.

이야기라고 해봐야 자기가 어렸을 때 평양에서 조만식(曺晩植)선생이 자기를 무척 귀여워해서 매일 업고 다녔다는 둥, 내가 듣기에 좀 허황된 거짓말 같은 이야기가 주종을 이뤘다.

건강은 얼마나 좋은지, 운동회 때면 좀 보수적이고 고루한 교장들은 절대로 아이들 앞에서 체면치레하느라고 뛰질 않는데, 이 분은 운동회 마지막 순서인 사제지간 이어달리기 때 꼭 마지막 주자로 달렸다. 마지막 주자는 6학년 선수와 달리게 돼 제일 힘든 순번이었는데, 환갑이 멀지 않은 분이 얼마나 잘 달렸는지 모른다.

이렇게 어린애처럼 순진한 분인데, 교회 장로직함을 가진 사람으로서는 수습하기 힘들 정도로 아주 고약한 소문이 났다.

소문의 내용은 5학년 지진아 여자아이한테 한글을 가르쳐준다는 핑계로 사택에 데리고 가서 성폭행을 했다는 것이고, 그 장면을 6학년 여자아이들이 목격했다는 것이었다. 그 아이는 5학년인데도 이름을 못 쓸 정도로 지진아였지만, 육체는 얼마나 영글었는지 지금 시집보내도 곧 아이를 낳을 것 같은 외모를 갖고 있었다.

교장의 다른 가족은 모두 수원에서 사는데, 교장 혼자서 학교 사택에서 지내다가 뒤늦게 망조가 났던 것인지, 아니면 원래 남달리 건강하다 보니 외로워서 잠깐 양심을 잃었던 것인지, 그것도 아니면 정말로 억울하게 누명을 뒤집어썼는지, 그거야 하늘이나 알 일이지만, 이 소문은 여자아이들을 통해, 이야깃거리도 별로 없고, 신문도 라디오도 없어 뉴스도 별로 없는 학교와 산골 동리 전체에 퍼졌고, 급기야 학교와 온 마을이 발칵 뒤집히고 말았다.

교육청에서 진상조사를 나오고, 지서에서 순경들도 나오고, 그야말로 학교 체통이 말이 아니게 구겨지는 판이었다.

교사들도 "학교가 망신살이 뻗쳤으니 어떻게 처리하면 좋겠냐?"며 대책회의를 열었다. 교사회의에서는 "설마 교장이 실성하지 않고서야 그런 짓을 할 수 있겠냐? 사람이 그럴 수는 없다. 만에 하나 사실이 아니라면 평생을 교육자로 살아온 사람에게 평생 씻을 수 없는 억울한 누명을 씌우는 것이라 그것 또한 큰일이다"라는 이야기들이 오갔다. 그러나 교장이 우선 도의적인 사과를 하자는 쪽으로 결론이 났다. 진상이야 경찰과 교육청에서 조사해서 밝혀내겠지만, 교장은 당장 학부모를 찾아가 도의적인 사과부터 해야 한다는 것이었다.

아버지는 없고 외삼촌 밑에서 자라던 아이라 "교장이 외삼촌을 찾아가 '성폭행한 일은 절대로 없지만 교육자로서 도의적 책임을 통감한다'고 사과하면, 나머지 수습은 말 잘하는 신 선생이 알아서 수습하는 것이 좋겠다"는 결론이었다.

굳은일마다 꼭 끼게 마련인 한약방 감초 같은 내가 외삼촌을 설득하기로 하고 교장과 나를 비롯한 구자관 교무와 후에 양평교육장을 한 임영순 선생이 함께 밤에 외삼촌댁을 방문했다.

교장이 우리와 약속한 대로 '내가 그런 일이야 했겠습니까마는 여하간 교육자로서 도의적인 책임을 통감한다'고 정중하게 사과만 하면 나머지는 내가 원만히 수습하려고 했는데, 교장은 "나는 추호도 그런 일이 없으며, 만일 그랬다고 의심이 되면 지금이라도 큰 병원에 가서 검사를 해봐라. 그러면 판명이 될 것 아니냐?"며 반성의 기미라고는 조금도 없이 자기주장만 강하게 내세웠다.

그래서 "교장선생님은 도의적 책임을 지겠다고 말하고 좀 가만히 계세요! 이번 일은 교장선생님이 백 번 이야기하는 것보다 차라리 내가 한마디 하는 게 훨씬 효과적이에요" 하고 소리를 지르자, 교장은 머쓱해져서 말을 끊어버렸다.

그리고 외삼촌을 설득하기 시작했다.

"우리가 사람이 돼 가지고 그런 짓을 할 수 있겠는가? 만일 우리도 할 수 있다면 교장선생님도 할 수 있을 것이라고 보고 교장을 추궁해야겠지만, 이것은 도저히 상식적인 이야기가 아니지 않은가?" 하면서 외삼촌을 설득했다. 마침 외삼촌 되는 사람이 나와 전부터 알고 지내던 처지라 "사람이 어떻게 그렇게 할 수 있겠느냐?"면서 내 말에 수긍을 해주었다.

경찰과 교육청과도 합의해서 교장을 이듬해에 6학급짜리 아주 깊은 산골, 한터라는 작은 학교로 좌천시키는 것으로 일단락되었다.

### 양계로 빚지고 사기도박에 빠져 파산당하고 학교를 떠나다

다시 장평국민학교로 전근을 하게 된 것은 장평 학구에서 농업협동조합장을 하는 안지형(安知炯)씨를 만난 것이 계기가 되었다. 장평국민학교 학구에 있는 용천리 상리라는 곳에 용천리 농업협동조합에서 지어놓은 큰 돈사가 비어 있었다. 그런데 안 조합장이 나를 보고 "그 돈사를 개조해서 양계를 하면 자금을 밀어주겠다"면서 누차 권했다.

교사 봉급으로는 아이들 교육시키기도 어려운 때라 조합장 말을 믿고 빚을 얻어 돈사를 양계장으로 개조해, 부업으로 산란계를 500마리쯤 길렀다. 그런데 밑천도 없이 농협 돈을 빌려 시작한 양계사업이었고, 나는 학교 근무 때문에 일을 거의 못하는 형편인지라 처와 어머니가 주로 일을 했기 때문에 재미를 못보고 가족들 고생만 하고 실패하고 말았다. 결국 빚만 짊어진 셈이었다.

어려운 판에 주위에서는 만나는 사람들마다 "신 선생이 왜 학교에서 썩느냐? 신 선생이 도시에 가서 뭐라도 한다면 교사 노릇만 못하겠느냐?"고 옆에서 헛바람을 불어넣었다. 농업사회에서 산업사회로 바뀌는 시절이라 도시 경기가 꽤 좋을 때였다. 웬만하면 농촌에서 학교 생활하는 것보다 낫지 않겠느냐는 거였다.

방학 때 소사에 가보면 내가 학교로 부임해갈 때 부러워하던 친구들이 오히려 돈도 잘 벌고 잘 썼다. 처음에는 누가 사업을 해보라고 해도 들은 척도 안 했지만, 자꾸만 여러 사람이 바람을 불어넣으니 차차 마음이 흔들리기 시작했다. 학교 생활도 내가 처음 품었던 어린이들에 대한 꿈은 물거품이 되면서 보수적으로 안주하게 되고, 자리 지키기에 급급한 제도교육이라는 생각에 차차 신물이 나기 시작하는 판이었다.

국민학교 교사는 오로지 아이들이 착하고 훌륭하고 건강하게 자라는 데 온 정성과 심혈을 기울여야 한다는 생각이었지만, 교육현장에서 보면 현실과 동떨어진 순진한 생각이었다.

서슬 시퍼렇던 군사독재시절인데 교장이나 교감이라고 무슨 뾰족한 수가 있었을까마는 그저 자리보전하느라고 "자습을 시키고라도 속히 공문을 보고하라"는 지시는 수업의 흥미를 빼앗았다. 장학사들이 온다고 하면 수업은 뒷전이고, 아이들한테 들기름과 양초토막을 갖고 오라고 해서 며칠씩 마룻바닥을 닦게 하는 게 일이었다. 이런 부당한 교육현장을 보면서 '어쩌면 일정 때 공립보통학교 다닐 때와 하나도 변한 게 없을까?' 하는 생각을 했다.

이렇게 교사의 꿈과 희망이 사라져가는 판에 소사 친구 김○○한테서 편지가 왔다. 자기가 하는 사업에 갑자기 돈이 필요한데, 좀 빌려주면 여름방학 때 소사에 오는 대로 갚겠다는 내용이었다. 젊은 날 먹고 잘 곳도 마땅치 않던 시절에 그 친구네 집에서 많은 신세를 진 게 생각나기도 해서 서슴지 않고 그 돈을 부쳐주었다.

여름방학 때 돈을 받으려고 소사에 가 친구들에게 물어보니 "요즘 뭘 하는지, 소사에 없고 인천에서 살다시피 한다"며 전화번호를 일러주었다.

인천 배다리로 찾아가니 그놈은 나를 '창고'라고 하는 곳으로 데리고 갔다. 꿔준 돈을 갚는 줄 알고 아무 생각 없이 뒤를 따라 들어갔는데, 엄청나게 큰 노름판이었다. 판이 얼마나 큰지 그렇게 큰 도박판은 생전 처음 보았다.

그런데 그런 모습을 보자 도박 기질이 발동해 쉽게 딸 수 있을 것 같다는 어리석은 생각이 들었다. 그래서 받은 돈을 가지고 판에 끼어들었다. 나중에 안 일이지만, '창고'는 노름 장소의 은어였고, 그 집이 인천서 유명한 '오야마(大山)네' 창고였다.

거기서 돈을 다 잃었다. 그러자 본전 생각도 나고, 다시 하면 본전을 찾을 것 같기도 해 집으로 와서 여기저기 돈을 빌려 가지고 다시 올라갔다. 하지만 또 잃고 말았다. 이렇게 되니 나도 차츰 이성을 잃고 노름에 중독이 돼갔다.

방학 때는 '개학 때까지 잃은 돈을 복구할 수 있을까?' 하는 일말의 어리석은 희망이 있었는데, 개학이 가까워 오자 차차 초조해졌다. 본전 생각 때문인지, 도박중독 때문이었는지 빠져 나오기가 정말로 힘들었다.

어머니가 어떻게 알고 물어물어 찾아와 "잃은 돈은 잃은 것이고, 다시 열심히 노력하며 살아야 한다! 애비를 쳐다보고 있는 어린 자식들을 생각해서라도 손을 털고 같이 가자!"고 했다. 어머니께 죄송하고 집에 있는 어린것들이 눈에 밟혔다.

그때 노름판 뒷전에서 건달 노릇을 하던 소사 후배 염○○이가 나를 꿈에서 깨워주었다. "김○○이라는 놈이 신 형을 고의적으로 얽어 넣기 위해 일부러 돈도 빌렸다. 사기도박은 절대 모르는 사람한테 하는 게 아니고, 믿는 놈들이나 친한 놈들을 반드시 얽어 넣는 것이다. 내가 이런 말 했다고 아무에게도 말하지 말고 당장 여기서 손을 떼라. 이 아사리 판에서 빠져나오지 못하면 패가망신을 한다"는 것이었다.

"그럴 리가 있느냐? 설마 김○○이가 나를 엮어 넣었겠느냐?"고 못 믿어하자, "사기 노름판 모사하는 놈들은 선배처럼 승부욕 강하고 오기가 센 사람들만 골라서 일을 꾸민다. 그놈들은 아주 친한 놈일수록 더욱 잘 잡아먹는다. 인간도 아닌 말종(末種)들이다"라고 하면서, 심지어 자기 아버지를 끌어들인 얘기도 들려주었다.

그 당시만 해도 소사 중리(지금의 중동 일대)라는 마을은 농사나 짓는 시골 동리였다. 모래땅에 땅콩 농사나 짓고 가난하게 살던 사람들이 부천에 개발 바람이 불어 땅값이 치솟자 갑자기 돈방석에 앉았다. 그 가운데 어느 부자(父子)에 관한 얘기였다.

문맹에 가까운 촌사람인 아버지가 머릿속에 든 것이라고는 술지게미와 담뱃진만 가득한 졸부가 되어 하늘이 돈짝만 하게 보이고 자기도 모르게 휙 돌아버렸다. 농사는 시시해서 못 짓겠고, 사람만 버린 격이었다.

이 벼락 졸부가 나이는 먹었어도 평생 해본 거라곤 농사밖에 없던 사람이라, 매사 판단력도 없어 이 다방 저 다방으로 다니면서 레지들에게 돈을 물 쓰듯 했다.

　제 애비가 졸부가 되었다고 자기도 졸부인 양 흥청거리다 노름에 빠진 아들놈이 사업을 하겠다며 자금을 대달라고 했단다. "네가 무슨 사업이냐?"며 한 푼도 안 대주자, 배알이 꼴린 아들놈이 자기 아버지를 사기 도박판에 끌어들이는 모사에 합세해서 아버지를 빈털터리로 만들었다는 것이다. 하지만 아들놈이 받은 몫은 아버지가 사기도박에 빼앗긴 돈에 비해 10분의 1밖에 안 되었다고 했다.

　그러면서 "그런 쳐 죽여도, 모난 돌을 골라 쳐 죽일 놈들이 바로 그 인간 말종인 사기 도박꾼"이라고 일러주었다. 그 소리를 듣고 정말 어렵게, 담배 끊기보다 몇 배는 더 어렵게 도박에서 손을 뗐다.

　양계에서 빚지고 사기도박으로 탕진하고 나니, 교사 봉급으로는 안 되겠다 싶어 장평국민학교 근무 3년을 마치고 용인시 남사면 남사국민학교에 발령이 났으나 부임도 하지 않고 사표를 냈다.

　내 생애 가장 큰 오류는 가장 좋은 친구로 믿었던 놈에게 도박사기를 당한 일일 것이다. 그래서 정신적으로 엄청 방황했다. 그때 어머니는 "김○○이라는 친구를 원망하지 마라! 지금 친구를 원망하는 것은 장님이 개천 나무라는 격이니 너만 우스운 꼴이 되는 것이다. 모든 것을 깨끗이 잊어버리고 다시 시작해라!" 하고 격려해주셨다.

# 교직을 떠나 방황하다

## 22. 교직을 버리고 방황하기 시작하다

**나는 식품제조업으로 실패하고 아내는 술장사를 시작하다**

　7년 교직생활 퇴직금을 가지고 우리 여섯 식구는 수원시 남수동 11번지, 소위 과부촌이라는 아주 낙후된 동리에 전셋집을 얻어 이사를 했다. 한국전쟁 때 전쟁미망인들을 위해 정부에서 마련해준 동리였다.
　수원으로 이사한 것은 경기도청 보사국 보사과 보건계 차석으로 근무하던 고종 6촌 동생 이범관(李範寬)이를 염두에 두었기 때문이었다. 속마음으로 '수원에서 식품제조업을 시작하면 이범관이 도움을 받을 수 있겠지?' 했던 것이다. 자본이 부족하니 도청소재지인 수원에서 가장 허름한 남수동에서 아주 작은 가내식품공장을 시작했다.
　그런데 전셋집을 얻고 남은 돈으로 하려다보니 장사 밑천이 얼마 되지 않았다. 소사로 친구를 찾아가 '이 작은 밑천으로 무슨 사업을 할까?' 의논했다. 그 친구의 말이 "감자튀김을 만들어 기차에서 먹을 걸 파는 갱생회에 납품하면 큰돈을 벌 수 있을 것"이라고 했다.
　그래서 감자를 고르고 얇게 썰 수 있는 대패를 만들려고 철공소 등 여기저기 찾아다니며 연구하고 있는데, 벌써 굴지의 식품회사에서 감자 칩을 생산하기 시작했다. 사업 꿈은 그렇게 사라졌다. 그래서 포테이토칩을 만들려고 찾아다니다 알게 된 서울 중부시장에 가서 대구포, 오징어포, 땅콩 같은 것을 도매로 사다가 소포장 술안주를 만들어 구멍가게와 술집으로 찾아다니며 소매를 시작했다.

그런데 앞으로는 남고 뒤로는 손해를 보는 장사였다. 술집들은 외상을 달아놓고는 잘 갚지 않았고, 어느 날 주인이 종적을 감추고 마는 일도 적지 않았다. 결국 술안주 장사도 치워버리고, 장사를 하다 알게 된 수원 원천유원지에서 중국음식점을 차렸다.

하지만 이것도 마찬가지였다. 음식점을 하려면 자기가 음식을 만드는 기술을 가지고 있든지, 아니면 아주 크게 차렸어야 하는데, 아무 기술도 없이 영세하게 차리다보니 매양 속을 끓여야 했다. 게다가 주방장이란 놈이 주인보고는 둥근 파를 까라고 시키고, 제 놈은 다리를 꼬고 앉아 담배나 뻐끔거리질 않나, 주인 행세를 하며 공연한 생떼나 쓰고, 한창 바쁜 시간에 그만두겠다고 배짱을 부리기 일쑤였다.

이 짓도 못할 짓이라 역시 손해만 보고 얼마 못 가 문을 닫았다. 장사 경험도 없고 자본금도 없어서인지 하는 일마다 실패였다. 결국 의욕을 잃고 장사고 뭐고 다 팽개치고, 살림은 무책임하게 처와 어머니에게 맡겨놓고는 서울로 소사로 친구들을 찾아다니며 방황하기 시작했다.

그런데 아내가 음식장사를 해보고 싶어 했다. 남수동에 조그만 가게를 하나 얻어주면 어떻게든지 잘 운영해 가족들과 살아보겠다는 것이었다. 그래서 소사에서 치과의사를 고용해 치공소(齒工所)와 함께 중앙치과병원을 운영하는 김영식(金濚植)이라는 선배를 찾아갔다. 그에게 사정을 해 빌린 돈으로 아내한테 사글세 가게를 얻어주고, 나는 내가 할 수 있는 일을 찾아보려고 여기저기 알아보고 다녔다.

그러다 얼마 후 집에 와보니 아내는 식당이 아니라 색시들까지 고용해 술집을 하고 있었다. 하도 어이가 없어 화를 내며 "당신이 음식장사를 한다고 했지, 언제 술집을 한다고 했느냐? 이럴 줄 알았으면 굶어 죽으면 죽었지 선배한테 돈 빌려오지 않았다!"고 소리쳤지만, 이미 깨진 항아리의 물이었다. 그래서 집에 더욱 정을 못 느끼고 밖으로 돌아다니는 날이 많아졌다.

### 야식비 보태라는 수원 동문파출소와의 악연

하루는 술장사를 하던 처가 걱정을 털어놓았다. "장사도 잘 안 돼 걱정이 태산 같은데 관내 동문 파출소 방범대원들이 자꾸 찾아와 야식비라도 좀 보태라고 한다"는 것이었다.

"장사가 안 되면 못 주지, 뭘 그렇게 걱정을 하느냐?"고 공연히 애꿎은 처에게 소리를 지르고는, 사실 그 일은 까맣게 잊고 지내던 참이었다. 소사로 서울로, 혹시나 좋은 일자리라도 얻을까 하고 돌아다니다 며칠 만에 집이라고 찾아와 가게 방에 눕긴 했는데, 삼복더위로 잠을 못 이루다가 밤 12시 넘어 막 잠이 들려는 순간이었다. 누군가 가게 문을 열라고 요란하게 흔들어댔다.

그래서 처한테 "나가 보라!" 하고 그냥 누워있으려니까 순경 한 명과 방범대원 두 명이 방문을 확 열어젖히고, 내 얼굴에 전짓불을 확 비추었다. 아마 내가 술집 오입쟁이라고 생각한 모양이었다. 잠도 설쳐서 짜증도 나는 판에 화가 나 "너희들 뭐야? 이 새끼들! 그 전지 치우지 못해?" 하고 소리를 질렀다. 그러자 "우리는 동문파출소에서 나왔는데, 당신은 누구인데 집에 가지 않고 여기에 누워 있느냐?"고 했다.

"이 자식들이 경찰이면 경찰이지 야밤에 왜 남의 안방까지 조사를 하는 거야! 너희들 가짜 순경 아냐? 가자! 너희들 정말 순경인지, 가짜 순경인지 알아봐야겠다"면서 멱살을 움켜쥐고 경찰서로 끌고 가려니까, 이놈들은 안 따라오려고 몸부림을 치고 나는 끌고 가려 하면서 깊은 밤중에 한길에서 실랑이를 하는 사태가 벌어졌다.

떠들고 싸우는 소리에 순찰 돌던 형사 둘이 쫓아왔다. 내가 순경의 멱살을 잡은 것을 보더니 재빠르게 내 팔을 뒤로 꺾어 비트는 것이었다. 그러고는 경찰서로 끌고 가서 보호실에다 하룻밤을 감금했다.

다음날 어이없게도 '소란을 피워 경범죄로 즉결처분을 하려고 했으나, 처음이라 용서하고 방면한다'고 했다. 하도 기가 막히고 자존심도 상해서, 어제 내 손을 비틀어 경찰서로 끌고 온 형사를 폭행상해와 직권남용으로 고소하려고 고소장을 작성하려는데, 수원경찰서 경사로 통신계장을 하던 해군 30기생 고성향(高成鄕)이가 자기를 봐서 취하하라고 하고, 그 형사도 "고 계장 친구인지 몰랐다. 앞으로 잘 지내자"고 찾아와서 비는 바람에 없던 일로 해버렸다.

### 불량식품 신고하려다 수원 종로파출소장 노 경위와 시비

얼마 후 여름방학이라고 옛날 장평국민학교에서 함께 근무하던 구자관(具滋寬) 선생과 이동기(李東基) 선생이 찾아왔다. 오랜만에 만난데다 모두 술을 좋아하는지라 북수동의 모 술집에 가서 술을 먹으려는데, 술상에 갖다놓은 안주에서 고기 썩는 냄새가 코를 찔렀다.

그래서 우리는 "안주가 상했지? 이 무더운 날씨에 이런 거 먹었다가 식중독에 걸릴지 모르겠다"며 옆에 있는 접대부에게 안주 좀 바꿔달라고 했다. 그러자 "이게 어디 상했느냐? 안 상했다"고 박박 우기는 것이었다. 말이 통하질 않으니 하는 수 없었다. 그걸 냅킨에 싸가지고 "보건소에 신고하고 오겠으니 둘이서 잠깐 먹고 있으라"고 하고는 큰길로 나왔다. 하지만 보건소는 어디 있는지 모르겠고, 마침 길 건너에 종로파출소가 보였다.

잘 됐다 싶어 파출소에 들어서니 테이블 위에 자신이 경사 때 박정희 대통령과 악수하며 찍은 사진을 액자에 넣어 세워놓은 파출소장 혼자 자리를 지키고 있었다. 그런데 하고 있는 꼬락서니가 가관이었다. 대낮에 러닝셔츠를 가슴까지 올려 기름진 배를 다 내놓고 두 다리를 꽈서 테이블에 얹어놓고 낮잠을 청하고 있었다.

막 잠이 들려는데 고무신을 끌고 남루한 차림으로 들어서는 불청객을 보니 짜증이 났던지 아주 귀찮은 얼굴로 다리를 책상에서 천천히 내려놓으면서 "당신, 뭐 하러 왔어?" 반말이었다.

나도 불쾌한 생각이 들어 무뚝뚝하게 "부정식품 고발하러 왔는데 어떻게 할까요?" 하니까, "그런 건 보건소에 가서 신고를 해야지 왜 이리 가지고 왔어?" 하는 것이었다. 그래서 혼잣말로 "참 기가 막히네. 부정식품 고발하려고 왔으면 친절히 안내나 할 것이지, 이리 가라, 저리 가라 하면 무식한 놈이 겁나서 어디 제대로 신고나 하겠나?" 중얼거렸다.

그러자 파출소 소장이 "당신, 술 먹었지?" 하고 또 반말을 했다. 그래서 배알이 확 뒤집혀 "그래! 술 한잔 먹었어. 내가 술 먹고 취해서 행패라도 부렸다는 거야 뭐야? 당신, 왜 부정식품을 고발하러 온 멀쩡한 사람을 술주정꾼으로 몰고, 이래라 저래라 하고 반말지거리야? 파출소 소장이면 소장이지!" 하고 따지니 자연 말다툼으로 번져갔다.

관내 순찰을 돌고 들어오던 젊은 순경 둘이서 휙 돌아다보면서 "이거 뭐야?" 하고 내뱉자, 파출소장이 "부정식품 신고하러 왔다기에 보건소로 가보라고 하니 억지를 부리네"라고 하면서 마치 내가 행패나 부린 것처럼 말했다. 그 말을 들은 두 순경이 갑자기 대들어 나를 한편 구석에 엎어놓고는 등에 의자를 올려놓고 마구 밟아댔다. 그냥 당하고 있을 수만은 없어 버둥거리면서 틈을 엿보다가 내가 확 뿌리치고 일어났다.

그때 마침 같이 술 먹으려던 구 선생과 이 선생이 기다리다 못해 파출소까지 찾아왔다. 파출소장에게 자기들의 신분을 밝히고 "이게 어떻게 된 일이냐?"고 항의하니까, 그제야 "아차!" 하는 생각이 들었는지 "별일 아니니 어서 모시고 나가라"고 능청을 떨었다. 점점 더 화가 치밀어 그냥 물러나서는 안 되겠다 싶었는데, 두 선생이 "옷도 다 찢기고 이 꼴이 뭐냐? 오늘은 돌아갔다가 내일 다시 와서 시비를 가려보는 게 좋겠다"고 자꾸 만류를 했다. 그래서 분을 누르고 의자에서 일어나는데, 젊은 순경 하나가 "안 돼! 못 가! 너는 나한테 뜨거운 맛을 한 번 봐야 해!" 하고 소리를 치는 것이었다.

"그래? 그럼 빨리 영장 받아놓고 맛을 보이던지, 네 좆 꼴리는 대로 해라! 이 좆 까고 댓진이나 바를 새끼야! 이런 새끼들을 순경이라고 갖다놓고, 민주경찰 좋아하네. 너희 이 새끼들! 이거 불법감금 아니야? 그것도 부정식품 고발하러 온 사람에게 이럴 수 있는 거야? 너희들 경찰관으로서 자존심 부리는 건 좋은데, 이 좆도 모르는 새끼들아! 민주경찰의 자존심을 부려야지, 일본 놈들 끄나풀이나 해 처먹으면서 불쌍한 우리 민족한테 써먹던 자존심을 지금까지 부리냐? 그래, 어디 너희들 마음대로 해봐라!" 하고는 파출소 의자에 도로 주저앉았다.

그러자 소장이 순경을 나무라는 척하면서 "어서 돌아가라!"고 나를 밖으로 밀어냈다. 그리고 선생들이 "내일 다시 와서 차근차근 따지자!"고 잡아끄는 바람에 할 수 없이 집으로 돌아왔다.

아침에 일어나 옷을 입으려는데 처가 알몸을 보고 "당신 누구에게 얼마나 맞았으면 몸이 이렇게 구렁이 감아놓은 것 같으냐? 거울 좀 봐라!" 하기에 거울을 보고는 나도 깜짝 놀랐다.

옷을 입고 경기도립병원으로 가서 진찰을 받고 난 뒤 파출소로 찾아갔더니 역시 소장 혼자 자리를 지키고 있었다. 그래서 두 말하지 않고 소장 앞에서 옷옷을 차례대로 벗고 알몸을 보이면서 "부정식품을 고발하러 온 사람을 민주경찰이라는 사람들이 이렇게 만들 수 있는 거냐? 당신네들을 폭행과 직권남용으로 고소장을 검찰에 제출하려는데, 당신들 모르게 고소하면 비겁하다고 할까봐 미리 알려주러 왔다. 당신네들도 나한테 벼락 맞았다고 억울하게 생각 말고 맞고소를 하라!"고 하자, 소장이 "그러지 말고 병원 가서 우선 치료부터 하라"고 했다. 그래서 "당신이 말하지 않아도 벌써 도립병원 가서 진찰받고 치료하고 왔으니 그런 걱정하지 않아도 된다. 어제 그 순경들 들어오면 꼭 맞고소 준비나 하라!"고 말하고 나왔다.

그리고 다음날 또 찾아가서 "민중의 지팡이가 고발정신 발휘하는 민중을 상은 못 줄망정 구타해서 전치 3주의 타박상을 입힌 사건이 있는데 신문에 내지 않겠느냐고 전화 좀 해야겠으니, 전화 좀 씁시다!" 하고 파출소 전화기를 들려니까 소장이 기겁을 하며 빼앗았다. "그 순경들 들어오면 잘못했다고 빌라고 타이를 테니 동생들같이 생각하고 용서를 하라"고 했다. 그 말에는 대꾸도 않고 "어제 법률구조협회에 찾아가 억울한 사정을 진술하니까, 그게 사실이라면 진정서를 작성해서 자기들 앞으로 한 통만 보내주면 협조하겠다고 하더라. 당신들도 당신들 마음대로 만반의 준비나 하라!"고 하자, 소장이 "상부에 상신해서 가해 순경들을 다른 곳으로 전출하도록 하겠으니 한 번 용서하는 것이 어떻겠냐?"고 했다.

그래서 "나도 교직생활하다 그만두니 처음에는 살아갈 길이 막막했으나 사람은 다 사는 길이 생기더라. 그래서 산 입에 거미 줄 안 친다고 조상들이 말씀하셨나 보다. 맞고소하기 싫으면, 사표만 쓰면 불문에 붙이겠으니 자진 사표를 쓰라고 해라! 사표 쓰고 나면 나를 어쩌지 못하겠지만, 그렇지 않으면 내가 길에다 실수로 침만 뱉어도 감정으로 '저 새끼! 길에다 침 뱉었네!' 하고 경범죄로 엮을 텐데, 이래서 되겠느냐? 순경 옷만 벗으면, 나 저런 사람들 과히 겁내지 않는 사람이다. 여러 말 말고 사표를 받아라. 그리고 이 사건의 원인 제공은 소장이 했지만, 소장은 보아하니 정년도 많이 남지 않은 것 같은데, 나 때문에 무난하게 잘해온 공직생활에 오점을 찍어서야 되겠느냐? 저렇게 경찰관으로서 기본도 갖추지 못한 젊은 순경들은 하루 빨리 다른 직업으로 전환하는 게 자신들을 위해서나 사회 공익을 위해서 좋을 것이다. 나는 바빠서 내일 또 올 것이니 사표를 받아놓아라" 하고 파출소를 나왔다.

　이 사건이 자연 수원경찰서 안에도 소문이 났던 모양이다. 하루는 낯이 좀 익은 듯한 형사 두 사람이 원천유원지 살림집으로 찾아왔다. 집으로 들어오라고 하기는 그렇고 해서 어느 가게 앞 파라솔 밑으로 가서 "무슨 일로 바쁜 분들이 나를 찾아왔느냐?"고 시치미를 떼고 물었다.

　그러자 형사들이 어색한 표정으로 이렇게 말했다.

　"종로파출소 폭행사건으로 찾아왔다. 그 순경들이 나이가 어리고 아직 경험이 없어 선생을 알아보지 못하고 큰 잘못을 저질렀는데 어떻게 하겠느냐? 동생같이 생각해 널리 용서하라."

　그러면서 신문지에 둘둘 말아온 것을 내놓으며 "이것으로 보약이나 한 제 지어먹고 다 없던 것으로 하자!"고 했다. 자존심이 왈칵 상했다. '내가 아무리 이렇게 구차하게 산다고 나를 돈으로 매수를 하려고 해?' 하는 생각에 "당신네들 너무하지 않느냐? 사람을 뭐로 보고 이러느냐? 내가 아무리 구차하게 살아도 그렇게 부정하게 살지는 않는다"며 돈뭉치는 도로 집어넣고 소주나 먹자면서 소주를 한잔 나누었다.

　그때 원천유원지에서 주류 총도매상을 하는 박하동(朴夏東)이라는 자가 술이 거나하게 취해 가지고 "경찰과 싸우면 안 된다. 우리가 자식이라면 경찰은 아버지 같다"는 둥, 말도 말 같지 않게 씨부렁거리면서 참견을 했다. 이놈은 육군 헌병 상사 출신이라는데, 젊어서 힘이 얼마나 셌던지 수원에서 평택까지 비포장도로를 짐자전거에 술 10궤짝을 싣고 쉬지도 않고 달린, 장사 소리를 듣는 놈이었다.

　그런데 이놈은 담배와 술을 하도 잘 먹어 머릿속에는 담뱃진하고 술지게미만 든 아주 무식하고 단순한 놈이라, 아무리 장사라고 소문난 놈이라도 더러워서 못 참겠기에 "야! 이 좆같은 새끼야! 술 처먹었으면 아가리로 처먹었지 똥구멍으로 처먹었냐? 술 처먹었으면 집에 가서 발이나 닦고 자지, 남의 일에 왜 좆같은 소리를 해, 이 새끼야! 너, 이 새끼,

함부로 까불면 어느 귀신한테 죽었는지도 모르게 죽는 수가 있어, 이 새끼, 꺼져!" 하고 시비가 붙었다. 그때 누가 알렸는지 어머니가 나와서 "애비야! 왜 그러느냐? 이 에미 말 안 들을래?" 하며 나를 나무랐다.

어머니 말씀을 한 번도 거역 못한 놈이라 할 수 없이 분한 것을 참으면서 집으로 돌아왔는데, 분이 안 풀려 도무지 잠이 오지 않았다. 그래서 새벽에 어머니 몰래 박하동이네 집 문을 두들기며 "야! 너 좀 나와! 너, 나하고 한 번 깨끗이 붙어보자!"고 문을 발로 찼다. 그랬더니 이놈이 술이 깨서 잘못했다는 생각이 들었는지, 아니면 똥이 무서워서 피하는 게 아니라 더러워 피한다는 생각을 했는지, 뒷문으로 피해버렸다. 그래서 그놈하고 한 번 붙어보지 못하고 지나갔다.

한 달쯤 지나서 딸 정화(貞華)가 감기가 심하게 걸려 시내 병원으로 가기 위해 버스를 타러 큰길로 가는데, 유원지 초입에서 택시가 서더니 박하동이가 택시 문을 열고 "시내에 가는 길이면 타라"고 했다. 그렇게 같이 택시를 타고 시내까지 갔으니 그놈에게 품었던 감정은 서로 부모 죽인 원수도 아니고, 그날로 풀어지고 가까운 친구가 되었다.

경찰들이 돈으로 화해를 시키려고 해도 내가 돈을 안 받으니, 어떻게 알았는지 경찰서 통신계장으로 있는 해군 친구 고성향이를 중간에 세웠다. 그 친구 부탁을 받고 파출소장을 만나니 소장은 나를 경무과장에게 데려갔고, 경무과장은 귀빈 대접을 하면서 "경찰 수가 많다보니 선생님께 변변치 못한 놈들이 그런 실수를 했다. 내가 책임지고 의법 조처하겠으니 선처를 바란다"고 했다.

그래 여러 면을 봐서 그만 끝내자는 생각이 들어 "경무과장까지 선처를 바라니 없던 것으로 하겠다. 대신 두 순경, 영전은 몰라도 좌천은 시키지 말라. 좌천이라도 되면 나를 얼마나 원망하겠느냐? 그럼 내가 용서한 보람도 없으니 꼭 좌천 안 시킨다는 약속을 해달라"고 부탁하고 끝냈다.

### 뜻밖에 고향친구 김윤호를 만나다

경기도청에서 고종 6촌 동생 이범관이를 만나고 오다가 우연히 교동 옛 시청 뒷골목에서 김윤호(金胤鎬)라는 고향친구를 만났다. 고향에서 1·4 후퇴 때 국민방위군 훈련을 같이 받은 친구였다. 수원에 별로 아는 사람도 없어 시간만 나면 서울로 소사로 다녔는데, 고향친구를 만나니 너무도 반갑고 기뻤다. 그래서 "널 웬일로 수원에서 다 보냐?" 하니, 북문에서 '전광사'라는 배터리상회를 한다며 같이 가자고 해 따라갔다.

이 친구는 고향에서 아버지가 면장도 하시고 전답도 꽤 많은 시골 부농의 맏아들로 한국전쟁 전까지 서울 청량리에 있는 농업중학교에 다닌, 그런대로 당시 시골에서는 인텔리 급이라고 할까, 팔자 좋게 태어나서 고생도 별로 모르고 사는 친구였다.

아버지가 작은어머니를 얻어 남매를 두는 바람에 친어머니가 낳은 5남매까지 모두 7남매 중 맏아들이었다. 그런데 누이동생 중 한 사람이 수원에 사는 배터리 기술자와 결혼을 해서 살고 있었다.

막내는 정호라는 친구였는데, 공부하기를 무척 싫어했다. 그래서 별수 없이 막내 동생한테 기술이라도 가르칠 겸 매제와 동업으로 가게를 차렸다고 했다. 기술적인 운영은 매제가 다 하고 있었다.

친구 놈은 낮에는 가게 보는 척하면서 금고에서 더도 말고 저녁 때 나와 같이 먹을 만큼만 술값을 훔쳐서, 막걸리라도 마실 수 있는 방석 색싯집에 가서 즐기는 것이 일과가 되었다. 그때는 방석 술집도 술값이 아주 쌌다. 술맛은 좋은 벗이 있어야 제 맛이 나는 법이라 그 친구도 나를 만나고부터 술을 더 자주 마셨다. 내가 기생 저리 가라 할 정도로 분위기 잘 맞춰주겠다, 이놈은 힘겹게 사는 친구 위로해준다는 핑계로 저녁만 되면 싱숭생숭해져 신바람 나게 술집으로 달려갔다.

# 수원시 공무원 생활

## 23. 수원시 행정공무원 생활이 시작되다

**42세 나이에 공무원 공채에 합격하다**

1974년 2월쯤의 일이다. 김윤호네 배터리 가게를 들렀는데, 우연히 《경기일보》를 읽다가 '수원시 공무원 공채 공고'를 본 윤호가 "빈둥거리지 말고 공무원 시험이나 보라"고 권했다. 그래서 내가 "나이가 얼마인데 공무원 시험을 보느냐?"고 반문하니, "38살밖에 더 되었느냐? 신문을 보니 연령 제한이 40세다. 이 자식아!" 했다. 그때 내 실제 나이는 42살이었지만, 호적에는 38살로 되어 있는 바람에 이 친구가 형님 소리 듣고 싶어서 매번 내 호적 나이를 들먹이던, 그만큼 허물없는 사이였다.

그래서 "야! 인마! 내가 가르친 아이들이 지금 공무원 생활을 하는데, 이제 와서 무슨 공무원 시험이냐? 남들이 보면 나를 얼마나 우습게 보겠느냐? 이 자식아!" 했더니, "네 놈이 시험에 붙기나 할 것 같으냐?", "이 자식이 사람 우습게보네? 내가 붙으면 어떻게 할래?", "네 놈이 시험에 붙는다고? 야, 이 자식! 사람 웃기는 놈이네. 그래, 우리 술내기 하자! 네놈이 무슨 재주로 공무원 시험에 붙느냐? 네놈이 시험에 붙으면 네놈 코가 삐뚤어지게 한잔 산다. 이 새끼야!", "그래, 어디 한번 해보자!", 이런 대화를 나눈 끝에 결국 수원시청 총무과에서 시험 안내문과 원서를 받아가지고 와 즉시 원서를 제출했다.

이상하게도 보통 5급 을(지금은 9급) 공무원 공개시험은 연령제한이 28세였는데 그때는 40세였고, 수원시에서는 18명을 모집한다고 인원수까지 발표했다.

할아버지가 군대에 안 보내려고 막내손자 나이를 줄여준 덕분에 공무원 시험에 응시할 수 있었다. 시험장인 수원여자중학교로 갔더니 응시자가 얼마나 많이 모였는지 그야말로 인산인해였다. 수원시만이 아니라 경기도 내 시·군 전체가 수원에서 함께 시험을 치르느라고 각 시·군 공무원들이 피켓을 들고 자기 시·군 응시자들을 모아 정열하고, 학교 정문 앞 큰길에는 교통경찰관 두 사람이 교통정리를 하는 등 시험장 앞이 마치 도떼기시장처럼 들끓었다.

나는 수원 응시자들 속에 서있었는데, 자꾸만 용인군 응시자들에게 눈길이 갔다. '혹시 내가 용인에서 가르친 제자들이 응시했으면 어떻게 할까? 제자들이 보면 뭐라고 변명을 해야 하나?' 걱정이 되었기 때문이다.

운동장 한구석에서 조용히 몸을 숨기고 교실로 들어가 시험지를 받아보니 국어, 영어, 국사, 사회, 수학, 이렇게 다섯 과목이었다. 국어, 국사, 사회, 세 과목은 쉽게 답안지를 작성했는데, 영어와 수학은 도저히 답을 쓸 수가 없었다. 과목낙제가 있었기 때문에 '영어와 수학 때문에 떨어지겠다'는 생각이 들었다. 4지선다형이니 체면상 연필을 굴릴 수는 없고, '기왕 떨어질 바에야 아무렇게나 쓰고 빨리 나가자'는 생각뿐이었.

영어는 국어 답안지와 똑같이 작성하고, 수학은 적당히 작성해 제출하고 제일 먼저 나왔다. 원래 나는 성질이 급해 답안지를 쓰면 바로 제출하지, 다시 검토하지 않는다.

1주일 후 합격자 발표 날, 창밖으로는 보슬비가 촉촉이 내리고 있었다. 이미 과목낙제라고 생각해 발표 보러갈 생각도 않고 빈둥대고 있었는데, 처가 합격자 발표 날짜를 잊지 않고 있다가 "왜 안 가느냐? 어서 가보기나 하라"고 성화를 부렸다. '그래, 또 모를 일이니, 가보기나 하자' 우산을 쓰고 시청으로 가 게시판 앞으로 다가갔는데, 이게 웬 놀라운 사건? 스무 번째에 내 이름과 수험번호가 붙어있었다. 기쁨보다 어이가 없다는 생각을 했다.

　'18명으로 공고했는데 왜 20명을 합격시켰지? 모집공고대로 18명에서 잘랐으면 불합격인데, 합격선을 20명으로 긋는 바람에 꼴찌로 합격했구나!' 싶었다. 나중에 안 일이지만, 2명은 예비로 합격시켜 만반의 대비를 한다고 했다.

　'2명은 구두시험으로 불합격시키려나?' 싶기도 했다. '에라! 아무려면 구두시험에서야 떨어지겠나?' 하는 오만한 생각도 하며 김윤호네 가게로 먼저 갔다. 윤호가 "이 자식아! 떨어져서 멋쩍냐? 그게 당연하지! 하나도 계면쩍어할 것 없다. 이 자식아! 약속대로 있다가 술이나 사라!" 하면서 싱글벙글했다.

　그래서 "미친 놈! 엉아 실력을 몰라도 한참 모르는 놈 같으니라고! 이놈아! 엉아께서는 당당히 합격하셨다. 놀랬지? 이놈아! 술은 네가 사게 되었다!" 하니, 이 친구가 어이없어하면서 "아니, 네가 붙었어?" 미심쩍어 하면서도 아주 반가워했다. 그날 밤은 합격 축하주라 더 진하게, 비싼 술집에서 취하도록 마셨다.

　사흘 뒤, 경기도청에서 구두시험을 거쳐 최종합격을 하고 시청 총무과에 등록을 하러 갔다. 총무과 직원들이 사무 보던 손을 놓고 "나이 많은데 합격한 사람이 이 사람"이라면서 모두들 쳐다보았다. 한 직원은 혼잣말로 "선생님 하신 분이네? 그러면 그렇지! 선생을 했으니 붙었겠지" 하는 것이었다.

그렇게 1974년 2월 17일, 수원시청 공채 5급 을에 합격해 등록을 끝내고 지루하게 발령을 기다리다, 합격 8개월만인 그 해 10월 7일 시험 성적순에 의해 마지막으로 수원시 남향동사무소로 첫 발령을 받았다.

### 남향동사무소 병사담임하며 예비군 중대장과 충돌

남향동사무소에 첫 발령을 받고 가보니 직원이 10명도 안 되는 작은 동사무소였다. 그 당시 동장들은 대개 국회의원 뒤를 따라다니며 열심히 선거운동 도와준 공로로 자리에 앉은 사람이 태반이었다. 공무원도 아닌 사람들을 보상 차원에서 별정직 사무관으로 대우해 동장 자리에 배치시킨 사람들이었다.

남향동사무소에도 나보다 2살 위인 1931년생 육군 대위 출신 오진세(吳璡世)씨가 동장으로 근무하고 있었다. 동장에게 부임인사를 드리자, 그날 저녁 술집에서 과분하게 환영 피로연도 열어주었다. "동사무소에 오기 전에 무엇을 했느냐?"고 물어서 "국민학교 교사를 했다"고 대답했더니, "신 주사는 첫 인상이 교사보다는 형사를 했으면 좋았을 것 같은데, 어떻게 동사무소로 왔느냐? 잘 왔다. 병사계를 맡아서 일을 잘 해보라!"고 업무를 지정해주었다. 당시는 인원이 부족해 주업무를 병사로 지정했을 뿐, 부업무로 산업계, 민방위계, 하면서 누구나 업무를 서너 개씩 맡던 시절이었다.

동사무소 부임하기 얼마 전에 김신조 일당이 청와대 뒤까지 침투하는 바람에 갑자기 향토예비군이 조직되는 등 한창 전쟁분위기로 어수선한 시기였다. 전국적으로 동사무소마다 향토예비군이 조직되면서 각 직장에도 직장예비군 중대가 생겼다. 그렇게 예비군 훈련을 시키던 시절이었다.

예비군 대상자들이 누락되면 병사담임이 직권 편성을 하고, 고의성이 있으면 예비군 조직법에 의해 당국에 고발까지 할 수 있었다. 따라서 예비군 편성과 관련된 업무는 병사담임의 일이었고, 예비군 중대장은 오로지 훈련만 시키면 되는 법이었다. 병무행정 경력이 없다보니까 처음에는 예비군을 예비군 중대장 책임으로 운영하는 줄로만 알았다. 그런데 시 병사담임 회의에 참석하고 교육도 받아보고, 병사담임 수첩을 들고 공부도 해보니 이것은 잘못돼도 한참 잘못된 것이었다.

기인수(奇仁秀)라는 남향동 예비군 중대장은 한국전쟁 때 육군 포병 대위를 지낸 사람으로 동장과 나이가 같았다. 그들은 서로 군대생활 할 때부터 잘 아는 사이였다. 기 중대장은 얼마나 똑똑하고 야무지게 일을 잘하는지 예비사단에서 표창도 많이 받고 아주 일은 착실하게 하는 사람이었다. 그런데 그리도 똑똑한 사람이 술만 먹었다 하면 완전히 다른 사람으로 변했다. 술이 취하면 지나가는 유부녀보고 쌍욕을 하는 게 예 삿일일 정도로, 아무에게나 아무데서나 가리지 않고 마구 욕설을 퍼붓는 버릇이 있었다.

동장이라 해서 예외는 아니었다. 술만 마시면 동장 직무실로 가서 "동장, 어디 갔느냐?"고 행패를 부리며 책걸상을 마구 발길질하고 소란을 피웠다. 한국전쟁 때 아무리 생사를 같이 한 전우라 해도 지금은 공적으로 엄연히 상하관계에 있는데도 안하무인(眼下無人)으로 날뛰는 것이었다. 그러면 동장이 피해버렸다. 동장도 피하니 나 같은 풋내기 동서기는 언감생심, 왜 그러느냐고 말 한 번 붙일 수가 없었다.

그리고 다음날은 '내가 언제 그랬느냐'는 식이었다. 술 때문에 항의도 많이 받고 창피도 많이 당했는데, 술 취한 사람에게 인심이 너그럽고 그냥 '술먹은 개'라고 치부하고 넘어가던 시절이라 중대장 직을 끝까지 수행할 수 있었다.

중대장은 예비군 편성법에도 없는 부중대장 직급을 임의로 만들어 육군 헌병 상사 출신 허성렬(許成烈)을 임명해놓고 예비군을 통솔하고 있었다. 그리고 매일이다시피 예비군 누락자를 데리고 와서 자기 마음대로 몇 소대 몇 분대에 편성하라고 나에게 지시를 했다. 처음에는 아무것도 몰라서 하라는 대로 하다가, 시간이 가면서 잘못되었다는 것을 알고는 편성권에 대해 거부하기 시작했다. 그러자 중대장의 행동이 달라지고 매사 삐딱하게 나왔다.

하루는 숙직 날 김윤호가 찾아와 잡담을 하고 있는데, 중대장이 술이 취해가지고 문을 발로 차면서 들어섰다. 그래서 속으로 '뭐 이런 놈도 있나?' 하는 생각에 오장육부가 뒤틀렸지만 형식적으로 "중대장님! 약주 많이 하셨나 보네요? 가서 주무시지요!" 했더니, "야! 이 새끼야! 네가 언제 나 술 사준 적 있어? 이 새끼! 좆 까고 댓진 바르는 소리 하지 마, 이 씨부랄 놈아!" 하는 것이었다.

보아하니 예비군 편성문제로 감정이 있어 내 기를 꺾으려고 일부러 술 먹고 시비하려고 찾아온 것이라는 생각이 들어, '잘 됐다. 이 새끼 이번 기회에 버릇을 고치든지, 내가 더러워서 이 짓을 그만두든지 해야겠다' 싶어 성질을 버럭 내며 "중대장이라는 새끼 주둥아리가 개차반이네? 너 나에게 무슨 감정 있어서 좆같은 소리를 하냐?"며 멱살을 움켜쥐고 창문을 향해 힘껏 밀어 던졌다.

맥 놓고 있던 놈이 동사무소 마당 앞에 나가떨어졌다. 그래서 쫓아가 발로 가슴을 밟고 "야! 이 새끼! 너 같은 새끼, 죽여 버렸으면 좋겠는데 송장치고 거적 값 치를 것 같아, 거적 값이 아까워서 그만두니 너 이 새끼! 오늘 재수 좋은지 알아!" 하는데, 동사무소 앞 가게 주인과 윤호가 말려 사무실로 들어와 버렸다.

중대장이 옷을 털고 일어나 나에게 덤비겠다고 동사무실 문으로 들어서는 것을 윤호가 가로막으면서 "당신, 사람 잘못 봤어! 저놈 싸움이라면 청부 받아서 하는 놈이야! 더 창피 당하지 말고 돌아가라!"면서 쫓아보냈다. 그래서 돌아가는 뒤통수에다 대고 "야! 이 새끼야! 맞은 게 억울하면 고소해! 너는 당직자한테 공무집행 방해했다는 것만 명심하고!" 하며 문을 걸어 닫았다.

다음날 동장이 출근해 "유리창이 왜 깨졌느냐?"고 묻기에 어제 숙직 때 이야기를 하니까, 동장이 유리 이야기는 하지도 않고 "그것 신 주사가 버릇 잘 가르쳤다"며 오히려 좋아했다.

책상에 앉아 다시 근무를 하는데 저만치 중대장이 오고 있었다. 그래서 '저 새끼를 어떻게 할까?' 생각 중인데, "신 계장님! 어제 내가 혹시 실수 안 했느냐?"고 능청을 떨었다. '강아지도 도망 갈 구멍 열어놓고 내쫓으라는 법인데, 시비 가려 뭐하겠나' 싶어 나도 아무 일도 없었다는 듯이 "아무 생각도 나지 않는데요. 아니, 어제 무슨 일이라도 있었나요?" 하고 시치미를 떼고 엉을 깠다.

그 사건을 계기로 유심히 지켜보니 중대장이 예비군들에게 술은 잘 얻어먹고 다녀도 돈은 잘 안 밝히는 사람이었다. 그래서 '아하, 이 사람이 생각보다 괜찮은 사람이로구나!' 하는 생각이 들어 차츰 가까워졌다. 중대장은 부득이 예비군들이 저녁 값이라도 하라고 돈을 던지다시피 하고 가면, 살림에는 안 보태 쓰고 다 남들과 술을 먹어 치우는 사람이었다. 자기 처는 남편이 중대장인데도 체면치레는커녕 막노동판 페인트 일이나 청소 같은 궂은일도 마다하지 않고 하면서 불평 한 마디 없이 남편을 위해 헌신적으로 사는 사람이었다.

나와 싸운 뒤부터는 누락된 예비군들이 중대장을 찾아와 사정을 얘기하면, 예전같이 자기가 간섭하지 않고 "병사담임에게 가서 편성하고 오라!"며 나한테 보내곤 했다. 친해지고부터는 중대장이 남들 앞에서 나를 "병사계!"라고 부르지 않고 "병사계장님!"이라고 불렀다. 그래서 내가 질색을 하고 "중대장님! 나 같은 최하 말단 똥서기를 보고 계장이 다 뭡니까? 앞으로 남들 앞에서 제발 그러지 말라!"고 해도 부득불 계장으로 불러 나를 곤혹스럽게 만들었다.

언제인가 둘이서 초저녁부터 술을 먹기 시작해서 2차, 3차, 하다가 7

차까지 먹다보니 날이 뿌옇게 샌 적도 있었다. 사귀고보니 욕만 빼면 술 맛 나는 사람이었는데, 술을 그렇게도 지나치게 먹어서 그랬는지 좀 일찍 죽어 지금은 대전국립묘지에 고이 잠들어 있다.

### 연무국민학교 교감이 예비군 편성을 기피하다

차차 병사 사무에 밝아지면서 업무를 파악해보곤 놀라지 않을 수 없었다. 전임 병사담임이 얼마나 부실한 사람인지 장부도 엉망이었고, 만일 당장 감사라도 받게 된다면 시말서를 넘어 사표를 써야 할 것 같은 판이었다. '이거 안 되겠다'는 생각에 예비군 편성 명부와 예비군 대상 연령자의 주민등록표를 대조하면서 직장예비군으로 편성된 사람들을 먼저 추려놓고, 다음은 면제자, 다음은 남향동 예비군 대상자, 이런 식으로 분류를 해나갔다. 이름을 가나다라 순으로 작성하고 보니 아뿔싸! 예비군 대상자 3백여명 가운데, 100명 가까운 누락자가 나왔다. 예비군 편성에 누락자가 생기면, 병사담임에게 혹시 부정으로 돈 먹고 봐주지 않았나 하고 감사받을 때 추궁이 돌아온다.

그런 상황이니 누락자를 완전하게 추려놓고 동장에게 보고를 해야 하지만, 그러면 전임 병사담임은 징계를 떠나 구속까지 될 것 같아 보고를 하지 못했다. 병사담임은 예비군 누락자와 현역병 기피자만 생기지 않으면, 다른 사무는 그런대로 무난하게 지나갈 수 있는 그런 보직이다.

그래서 '감사받기 전에 어서 빨리 누락자만 직권 편성하면 될 것'이라는 생각으로 구역을 나누곤 그날부터 방위병들을 시켜 누락자들에게 출두명령서를 발급하기 시작했다. 그러다 행불자가 생기면 직권으로 주민등록을 말소했다. 그러자 예비군 누락자들이 하나둘 찾아오기 시작했다. 사정을 들어보고 동정이 가는 누락자와 가정형편이 불쌍하다는 생각이 드는 사람들은 가볍게 주의를 주고 "당신을 예비군 기피자로 경찰에 고발하면, 예비군 편성법에 의해 징역 1년을 살 수 있는데 사정이 딱해서 불문에 붙이고 직권 편성을 하니 앞으로는 예비군 훈련을 잘 받으라"고 타이르고 마무리를 했다.

그런데 당사자들이 예비군 중대에 가서 중대 요원들에게 편성신고를 하면 "너 병사담임 잘 만나서 살아났다. 병사담임 신세 잊지 말라"고 압력을 가한 모양이었다. 이 사람들이 나를 찾아와 돈을 주려고 했다. 그러면 그것을 뿌리치며 "정 나에게 미안하면 중대장과 같이 술이나 한잔 먹겠다" 하고 더러 술을 얻어먹었다.

100명 정도 되는 예비군 누락자 가운데는 주민등록이 말소돼 행방불명자가 된 사람도 반 정도나 되었다. '이 사람들을 다 고발처리 하면 전국에 교도소를 몇 십 개는 더 지어야겠다'는 생각이 들었다. 누락자 중에는 연무국민학교 교감도 있었다. 그래서 방위병을 시켜 교감에게 동 병사계로 출두하라는 통지서를 띄웠다. 그런데 교감은 출두하지 않고 옛날 장평국민학교 교무주임으로 친하게 지내던 구자관 선생이 찾아왔다.

1929년 기사(己巳)생인 구 선생은 나이가 나보다 4살이나 많은 선배로 개인적으로는 형같이 대해주던 사람이다. 그래서 반가워하며 어떻게 왔느냐고 물어보니, "본 지도 오래고, 같은 수원에서 너무 소원한 것 같아 그냥 술이나 한잔하자고 왔다"면서 어느 요정으로 앞장서 갔다.

'구 선생은 이런 요정 집은 잘 안 다니는 분인데?' 하고 이상하게 생각하며 따라갔더니 구석진 방에 모르는 사람이 먼저 와서 기다리고 있었다. 멈칫하니까 구 선생이 "괜찮으니 염려 말고 어서 들어가자!"며 앞서 방으로 들어갔다. 이상하다는 생각을 하면서도 '별일이야 있겠느냐?' 하고 따라 들어가 앉았다.

그러자 구 선생이 "서로 인사들이나 하라"고 했다. 가볍게 수인사를 하자, 구 선생이 연무국민학교에서 교감으로 모시는 분이라고 소개했다. 연무국민학교 교감이라는 사람은 내 나이도 안 되게 아주 젊어 보였다.

'교감 정도라면 예비군은 면했을 나이인데, 얼마나 빨리 교감이 되었기에 아직도 예비군인지 모르겠다'는 생각을 하고 있는데, 구 선생이 "교감선생님을 왜 병사계에서 출두시켰느냐?"고 물었다. 그래서 교감을 향해 "그야 교감선생님이 더 잘 아실 텐데요? 교감선생님이 예비군 기피자로 돼 있던데, 혹시 무엇이 잘못 되었나 확인하려고 출두서를 보냈는데요. 그게 맞습니까?" 하고 되물었다.

그러자 교감은 "미안하다. 어떻게 하다보니 그리되었다"며 계면쩍어 했다. 구 선생은 "우리 학교 교감선생님인데 신 선생이 나를 봐서 잘 선처해 달라"고 했다. 그래서 "박정희 대통령 방침이 공직자는 양담배 한 개비만 피워도 파면하고, 또 병력 기피자는 무조건 파면하라는 판인데 좀 곤란하다"고 겁을 주었다.

그러자 구 선생이 "사람이 하는 일인데, 신 선생이 노력하면 되는 수가 있을 것이니 나를 보아서 제발 선처해 달라"고 재차 부탁했다. 그래서 "공직자는 좀 곤란하지만, 구 선생님 체면을 봐서 직권 편성을 하겠으니 앞으로 그런 일이 없도록 하라! 대신 내일까지 사유서를 한 통 작성해 보내라"고 충고 비슷하게 말했다.

셋이 술을 먹는 자리에서 나는 구 선생보고 '형'이라 부르고, 구 선생은 '교감선생'이라고 부르고, 교감은 나보고 '병사계장'이라고 불렀다. 그래서 "똥서기보고 계장은 무슨 계장이냐? 낯짝 간지러우니 제발 계장 소리는 빼 달라"면서 간단히 같이 술을 먹었다.

그 후 구 선생한테 "아니, 그 교감은 어떻게 예비군 대상자 나이에 무슨 재주로 교감이 되었느냐?"고 물어보았더니 그 당시 수원에서 7선인가 국회의원을 지낸 이병희(李秉禧)라는 사람 친척이라 그 '빽'으로 빨리 교감이 됐다는 것이다. 그런데 술집 여자를 애인으로 삼아 뒤로 살림을 시키다가 문제가 돼, 그때 돈으로 5백만원 정도 되는 큰돈을 위자료로 물어주고 간신히 수습했다고도 했다. "그런 사람인 줄 알았으면 괜히 선처해서 직권 편성을 해줬네!" 하며 좀 씁쓸한 표정이 되니, 구 선생이 "좋은 일 했다고 생각하라"고 했다. 빽이 있으면 안 되는 게 없고, 빽 없으면 되는 일 하나 없는 세상이라더니 그 말이 참으로 맞는 말이라는 생각이 들었다.

### 심성이 착한 공민학교 교감의 예비군 기피

남향동사무소에서 예비군 기피자 직권 편성 작업을 열심히 하고 있는데, 이번에는 수원 팔달산 밑에 있는 수원공민학교 교감이 예비군 기피자로 떠올랐다. 그 학교는 집안이 가난해 정규 중학교에 갈 수 없는 아이들을 야간에 무료로 공부시키는 학교였다. 당시는 공부는 잘해도 가난해서 중학교에 못가는 아이들이 많았다. 그런 아이들은 낮에는 갖가지 직업에 종사하면서 밤에는 인가도 없는 수원공민학교에서 공부를 했다. 그야말로 주경야독(晝耕夜讀)하는 아이들이 흔하던 시절이었다.

그런데 김 교감은 부인이 수원에서 미용실을 경영하고 있었다. 아주 유명한 미용실이었던지라 수원에서 돈 있고 멋 부릴 줄 아는 단골손님을 제일 많이 확보하고 있었다. 그 덕에 비교적 부유한 생활을 하는 사람이었는데, 교감이 본업이라기보다 가난한 아이들에게 봉사한다는 심정으로 근무하는 아주 훌륭한 사람이었다.

그러나 예비군 기피자이니 직무상 출두장을 발급할 수밖에 없었다. 그래서 방위병을 시켜 '예비군 관계로 조사할 것이 있으니 동사무소로 출두하라'는 통지서를 보냈다. 그랬더니 저녁 무렵 그 학교 교감이 유재흥(劉載興)이라는 서무과장과 함께 출두했다.

두 사람은 웬일인지 초면인데도 호감이 갔다. 다방에 가서 이야기 좀 하자는 말을 듣고 다방에 앉아 인사를 나누었다. 유 과장은 "저도 수원시청 산림계에 근무했다"면서 시청 병사계 사람들의 이름을 나열하고는 교감이 예비군 편성에서 누락된 사정을 자기 일처럼 자세히 설명하면서 선처해 달라고 했다. 그렇잖아도 처음부터 '가난해서 중학교도 못 다니면서 어렵게 공부하는 아이들에게 봉급도 받지 않고 봉사하는 참으로 훌륭한 사람'이라는 생각에 두 말없이 직권 편성하려고 마음먹고 있었다.

그래서 "교감선생님! 정말로 좋은 일 하신다. 걱정 말고 학교일이나 열심히 하시라! 나도 시골학교에서 교사로 근무하다 사직하고, 장사하다가 실패해 고생 줄에 들었다가 수원시청 공무원 공채시험에 합격해 어쩌다보니 여기까지 왔다"고 주저리주저리 늘어놓았다. 그러자 마치 옛 친구를 만난 것 같은 분위기가 돼버렸다. 그래서 우리는 그 분위기를 타고 술집으로 옮겨 앉아 허물없이 술을 먹었다.

그 뒤 교감은 "좋은 술친구 만났다"면서 퇴근길이면 술집에서 전화로 불러 자주 술자리를 같이 했다. 그 후 그 공민학교가 폐교되면서 유 서무과장은 서울로 떠났고, 그 교감은 옛정을 잊지 않고 간혹 나를 술집으로 인도해 회포를 풀었는데, 수원이 개발되면서 소식이 끊겼다.

**유신헌법 찬반 투표에서 부정선거를 하던 토호세력**

1975년 2월 12일, 수원 남향동사무소에 근무한 지 1년이 지나고 유신헌법 찬반국민투표란 것이 실시되었다. 나는 그때 수원시 매향동에 있는 삼일상업고등학교 내에 설치된 투표소 담당이었다. 삼일상고는 검소하기로 이름나 양말을 손수 꿰매어 신고 다녔다는 김세완(金世玩) 대법관이 세운 학교였다. 아침 일찍 출근해 곧바로 투표장을 점검하러 갔다.

아직 투표는 시작되지 않았다. 그런데 투표소에는 벌써 남향동에서 지방유지 행세를 하는 토호들 대여섯이 투표참관인이라면서 서성거렸다. 그러더니 투표가 시작되기도 전에, 내가 보는 앞에서 몇 차례나 찬성표를 무더기로 투표함에다 집어넣었다. 남의 눈도 의식하지 않고 그렇게 부정투표 용지를 미리 집어넣는 것이었다. 내가 공무원이니까 그 사람들은 '공무원이야 보면 어떻겠느냐? 공무원이니 당연히 우리 편이겠지?' 하는 생각이었나 보다.

'3·15 부정선거로 철옹성(鐵甕城) 같던 자유당 정권이 넘어간 지 얼마나 되었다고, 부끄러워하지도 않고 저렇게 당당하게 또 이런 반민족적 범죄를 저지르는 것일까? 무더기 투표를 하는 저 사람들에게 못하게 항의를 해볼까?'도 생각했다. 그러나 생각은 정말 생각일 뿐이고, 나도 공범 같은 생각이 들어 가슴이 두근거리고 사지가 후들후들 떨려왔다.

'이 부정투표를 보고 세상에 알리면, 이 일이 바로잡힐까? 안 잡힐 거야. 내가 학교에도 사표내고 사업에도 실패해 어린 자식들과 아주 어렵게 살았는데, 이 엄연한 부정을 폭로하고 공무원도 못하게 되면 어쩌지? 3·15 부정선거 당시 전북 정읍에서 경찰 지서장이던 전○○ 경사가 자유당 정권의 부정선거를 과감히 폭로하고 상을 받기는커녕 오히려 파면되었다가 4·19 혁명으로 자유당 정권이 무너지고 장면 정권이 들어서자 경위로 일계급 특진시켰으나, 5·16 쿠데타로 군사정권이 들어서자 다시 파면돼 아주 어렵게 고초를 겪으며 산다는 이야기도 듣지 않았는가. 부정투표를 폭로하고 파면이라도 당하면 늙으신 어머니와 어린 자식들은 어떻게 될까? 이런 행동을 하다가 오히려 남들에게 저 자식, 아직도 배가 덜 고팠나보구나! 지천명의 나이에 아직도 정신 못 차리고 돈키호테 같은 짓이나 하고 있다니! 저 자식은 구제 못할 배냇병신이로구나! 하고, 뒤통수에 손가락질을 하면 어쩌지?' 하는 생각이 들어 비겁하게도 도저히 용기가 나지 않았다. 그래서 안 된다고 말리지도 못하고 멀리 창밖으로 시내만 쳐다보고 말았다.

그때부터 '이러고도 남들 앞에서 부끄럽지 않게 살려고 노력했노라고 자신 있게 나설 수 있을까?' 하는 생각에, 나 자신이 초라하고 매사에 자괴감이 생겨 괴로운 나날을 보냈다.

그 뒤 남향동 유지급 몇몇 인사들만 보면, 그때 무더기로 부정한 표를 양심도 없이 투표함에 마구 쑤셔넣던 생각이 나서 화가 났으나, 별도리 없이 속으로만 '이놈의 늙은이들아! 인간이 그렇게 사는 게 아니다! 그렇게 살고도 너희 자식들에게 존경받을 생각을 하느냐?'며 비겁하게 늙은 놈들 뒤에다 대고 욕만 해댔다. 그 뒤 그 부정투표를 했던 자들이 하나둘 세상 뜨는 것을 보면서 '그래! 얼마 살지도 못할 인생을, 그렇게 더럽게 살고도 저 자들은 후회조차 안 하고 사라져가는구나!' 하고 속으로 욕하는 것으로, 마음을 무겁게 짓누르던 부정투표 방관자란 죄를 스스로 속죄한다며 자위하곤 했다.

그때 생각만 하면 왜놈들에게 나라를 잃었을 때의 독립투사들이 생각났다. '독립투사들이 언제 자기 가족 생각하고 독립운동의 길로 나섰던가? 굶주리고 추위에 떨면서도 가족 생각은커녕 하나밖에 없는 목숨마저 초개처럼 버리고 왜놈들과 싸우지 않았는가!' 불의를 보고도 못 본 척한 것이 가족을 생각한 때문이었다고 스스로 합리화한 것이 비겁한 변명 같아 생각할수록 더욱 부끄럽고 괴롭다.

### 내 집에 큰 국기게양대를 세우고 국경일에 태극기 게양하다

우리 내외가 신덕철이라는 친구가 사준 집에서 환경미화 작업까지 열심히 하면서 행복하게 살고 있었다. 그런데 늘 무엇인가 빠진 느낌이 들었다. 곰곰 생각하니 집은 초라해도 대지가 4백여평이나 되는 넓은 곳에 살면서 국기게양대를 세우지 않은 것이 그토록 허전한 느낌을 갖게 했던 것이었다.

내가 어렸던 왜정 때는 경축일이면 온 동리가 일장기 물결을 이루던 기억이 떠올라 '우리는 왜 경축일이 돼도 태극기를 달지 않는 집이 이렇게 많을까? 이것은 아마도 우리 국민들이 조국에 대한 자부심과 애국심이 왜놈들보다 부족한 탓이 아닐까? 아니면 일본 놈들처럼 강제로 국기를 달도록 정부가 독려하지 않아서일까?' 하는 여러 가지 생각이 들었다. 그래서 '안 되겠다. 지금까지는 남의 집 셋방살이라 어쩔 수 없었지만, 친구가 사준 집이라 해도 지금은 그래도 내 집과 다를 바 없이 살고 있는 집이 있으니 내가 국기를 게양하는 모범을 마을 사람들에게 보이자. 이것이 교사의 양심을 행동으로 시범 보이는 것이겠구나' 싶어 그 길로 용접공을 불러 많은 돈을 줘가면서, 관공서에 있는 것에 뒤지지 않게 국기게양대를 높이 세웠다. 어려운 살림 속에서도 적지 않은 돈이 들었다. 한편으로는 '가족들이 먹고 싶어 하는 돼지고기라도 사다 실컷 먹을 일이지. 내가 왜 이러나?' 하는 생각도 들었으나 '가족들이 고기를 좀 덜 먹더라도 국기게양대를 세워 마을 사람들에게 애국하는 본을 보여야 내가 떳떳한 교사'라는 생각을 하고, 가족들이 환영하지도 않는 것을 똥고집을 부려 세웠다. 그 뒤부터 경축일이면 아침 일찍 일어나 제일 먼저 태극기를 게양했다.

우리 집 길 건너에 개척교회가 하나 생겼는데, 얼마나 규모가 작던지 목사도 없이 젊은 전도사 한 사람이 교회를 관리하고 있었다. 그런데 이 교회는 경축일이 돌아와도 태극기를 한 번도 달지 않으면서 매일 아침저녁으로 요란한 종소리만 울려댔다.

그래서 내심 '예수 믿고 죽어서 천당만 가면 되는 것이냐? 살아 있는 지금 나라를 사랑하고 역사를 존중하면서 이웃과 더불어 살아야 이것이 지상천국이지. 다음 국경일에도 태극기를 안 달면 왜 안 다는지 교회 전도사와 이야기를 해봐야겠다'고 마음먹었다.

시골 마을에서는 봄가을에 한 번씩 동리 사람들이 모여 장마에 밀려난 길도 함께 보수하고 길가 잡초도 뽑는 부역을 한다. 그런데 이 전도사는 단 한 번도 동리 부역을 나오지 않았다.

그래서 마음속으로 더욱 좋지 않게 생각하던 어느 날, 학교에서 퇴근 후 시내에서 친구들과 술을 먹고 집으로 돌아오다 이 교회 앞에 다다랐을 때였다. 문득 태극기 생각이 나 술 먹은 만용에 교회 문을 열고 들어가 "왜 당신은 국경일에도 태극기를 게양하지 않느냐? 당신은 도대체 어느 나라 사람이냐? 그렇게 애국심도 없는 사람이면 나는 당신이 전도도 할 수 없게 할 수 있다"면서 반공갈조로 술주정을 했다. 젊은 전도사는 내 나이를 감안해서인지, 술 취한 개로 생각해서인지 별 대꾸도 하지 않았다. 혼자 기염만 토한 꼴이었다. 그때 어떻게 알았는지 처가 쫓아와서 나를 집으로 끌고 갔다.

아마 그 전도사는 마누라에게 끌려가는 나를 보고 '헛소리를 떵떵거리고 해대더니 자기 마누라한테는 꼼짝 못하고 끌려가는구나. 수신제가치국평천하라 하던데, 저 사람은 제 집안도 다스리지 못하면서 애국 먼저 하려고 하는 망둥이 같은 사람이네? 하고 손가락질을 했겠구나!' 이런 생각이 미치니 부끄럽고 헤식은 웃음이 절로 나왔다.

그래서인지 나를 사귄 후 "신 선생님을 처음 보았을 때는 민족주의자나 보수주의자를 떠나 수구 꼴통인 줄 알았는데, 깊이 알고 난 저희들끼리는 신 선생님을 '유교적 사회주의자'라고 부른다"면서 껄껄대던 젊은 사람도 있었다.

이렇게 열심히 태극기를 게양하던 내가 차차 마음이 변하게 되었다. 1980년 자기 민족을 무차별 학살하는 공수 특공대들의 광주 학살을 지켜보면서, 국군의 날은 경축일 같지가 않다는 생각을 하고 태극기를 게양하지 않았다.

그 후부터는 내 나름대로 의미 있는 날을 정해서 1월 1일, 음력 설날, 삼일절, 광복절, 개천절, 한글날에만 태극기를 게양했다.

그나마 화성시로 이사하고는 국기게양대도 세우지 않았다. 내가 애국심이 식어서일까? 국기게양대를 다시 세워야겠다는 마음은 있으나, 지금 사는 곳도 '황해지구'로 지정돼 또다시 이사를 하게 된다는 소문이 돌아 그냥 살고 있다. 어머니가 나를 보고 역마살이 낀 팔자라고 하더니 그 팔자를 못 속여 늘그막에 자주 이사를 다니게 돼 국기게양대도 없이 그냥 살고 있다.

## 동사무소에서 근무하는 방위병들의 고질적 구타사건

　남향동사무소는 아주 허름한 2층 양옥 목조건물로, 1층은 동사무소가 사용하고 2층은 예비군 중대 사무실로 사용하고 있었다. 한편 동사무소에는 3명의 방위병이 병사담임 보조로 근무하고 예비군 중대에는 5명 정도의 방위병이 근무하고 있었다.

　그런데 중대장이나 부중대장이 술을 먹거나 심심하면 화풀이로 아래 위층 방위병들을 소집해 현역병보다 더 심한 기합을 주고 구타하는 일이 종종 있었다. 거기다 각 소대장이란 사람들도 술이라도 취하면 지나가다가 들어와서 공연히 행패 비슷하게 방위병들을 들들 볶고 갔다. 방위병들끼리도 현역병 못지않게, 아니 어느 면으로는 더욱 무식하고 무자비하게 저희들끼리 불과 며칠 일찍 입대한 것을 가지고 선후배를 따지며 이유 없이 기합을 주고 구타를 해댔다.

　그런데 내 밑에서 병사보조를 보는 방위병 중에 다른 방위병보다 나이가 좀 많은 방위병이 한 명 있었다. 이 사람은 2대 독자로 역전 대한통운에서 사무직으로 직장생활을 하다 결혼까지 하고는 좀 늦은 나이에 방위병이 된 사람이었다.

　그런데 어느 날, 이 사람을 선배 방위병이라는 자들이 2층으로 불러 신고를 받으면서 거만하다고 엉덩이가 구렁이 감은 것 같이 '빠따질'을 하고는 그 사람을 데리고 가서 순금 5돈짜리 결혼반지를 맡기게 하고 술까지 실컷 얻어먹었다는 소리를 들었다. 그 소리를 듣고 화가 나 2층으로 올라가 방위병들을 모아놓고 "야! 이 자식들아! 너희들이 고참이면 얼마나 고참이냐? 그리고 사람을 구타하고 술까지 빼앗아 처먹어? 너희들이 인마, 너희 입으로도 좆도 방위라면서 어디서 이런 못된 버릇을 배웠어? 너희들 헌병대에 신고해서 영창 좀 가볼래?" 하면서 처음에는 좀 격하게 야단을 치다가 나중에는 감정을 가라앉히고 "다시는 그러지 마라. 다 같이 불쌍하게 고생하는데 서로 돕고 살아도 어려운데 이래서 되겠느냐? 너희들도 다 집에서는 귀여운 아들들이 아니냐? 그리고 내 보조 박종기 방위는 결혼까지 한 사람인데 그렇게 하면 되겠느냐? 앞으로 그런 일이 또 있으면 용서 못해!" 하고 타이르고 말았다.

그런데 예기치 않은 일이 벌어졌다. 나한테 한 번 당한 일도 있고 해서 예비군 중대장은 나를 익히 잘 아니까 아무 말이 없는데, 오히려 직제에도 없는 부중대장 노릇을 하는 허성열이라는 사람이 내 밑 병사보조들을 불러 무슨 큰 잘못이나 한 것처럼 2층에서 기합을 주는 것이었다.

그래서 2층으로 쫓아가 "당신, 누구 마음대로 우리 방위 보조들을 기합주느냐?"고 따지면서 동 방위들을 보고 "야! 빨리 내려가서 동 근무나 잘해!" 하고 호통을 치니 부중대장 눈치를 보느라고 우물쭈물했다. 그래서 "내 말 못 들었어? 이놈들아! 너희들이 내 보조야, 중대근무자야?" 하고 다시 소리치니 동사무소 방위병들이 아래층으로 내려갔다.

일본 식민지 시절 왜놈 군대들이 저희 일본인들끼리는 그러지 않으면서 우리 한국 사람에게만 '조센징'이라고 비인간적 대우와 기합을 주던 무식하고 야비한 버릇을, 그게 뭐 좋은 거라고 해방된 우리 군대에서 그대로 물려받아, 군대에서는 무슨 평범한 일상사라도 되는 양 구타가 난무하더니, 이제는 현역도 못 되는, 그야말로 좆도 방위새끼들 사이에서도 비인간적인 구타가 성행하고 있는 것이었다. 이 일을 어쩌면 좋을꼬?

한국전쟁 중에 많은 청년들이 나라를 지키기 위해 군에 끌려갔다가 매를 맞아 불구자가 되는 일이 비일비재했다. 하기야 젊어서 돈 없고 빽 없어 강제 입대당하고, 날이면 날마다 개새끼같이 매를 맞는 게 일상이기도 했다. 그런데 이렇게 매를 맞고서도 오히려 "군대에서 때리지 않고 어떻게 통솔할 수 있느냐?"고 구타를 비호하는 자들도 부지기수니, 그런 꼴통들만 보만 참으로 어이가 없어지고 만다.

'제 귀여운 손자새끼가 제가 보는 앞에서 구타를 당해도 그런 말을 저렇게 쉽게 할 수 있을까?' 얼마 전 신문을 읽어보니 논산 육군훈련소에서 화장실이 더럽다고 중대장이라는 놈이 훈련병들에게 변기를 혀로 핥으라고 해서 큰 물의를 빚었다. 그때 내가 흥분해서 그 일을 성토하니까, 내 친구 되는 늙은 꼴통들이 "야, 인마! 군대에서 그렇게 안 하고 어떻게 통솔이 되느냐?"고 했다. 그래서 대꾸할 가치도 없는 놈이라 욕이나 한 바가지 하고 말았다. "야, 이 좆같은 새끼야! 네 손자나 군대에 가서 똥이나 처먹으라고 해라!"

그 일로 예비군 부중대장과 내가 주먹싸움까지 벌일 뻔했는데, 마침 그 곳에 있던 소대장들이 말려서 그냥 내려왔다. 그리고 며칠 후 중대장이 화해를 붙여, 서로 자기 소속 방위들만 지휘하고 남의 방위에 대해서는 앞으로 서로 간섭하지 않기로 부중대장과 약속을 하고 일단락이 되었다.

군기만 잡으면 위에서는 사고 나지 않고 통솔하기 편하니, 밑에서 구타를 하든 기합을 주든 말리지 않고 모르는 척 해버리는 높은 놈들이 더 더럽다는 생각을 늘 한다.

정신적으로 정훈교육을 잘 시켜 조국을 사랑하고 유사시에 민족을 위해 목숨 바치겠다는 정신교육을 해야지, 삼복날 개 패듯이 졸병을 패서 겉으로 일단 군기만 잡아놓으면 유사시에 전투 잘할 것으로 믿는 꼴통들이, 남의 집 귀한 자식 의문사를 당해도 나 몰라라 하던 것들이, 제 자식이 군대에서 사고를 당해야 그때서야 분해서 펄펄 뛰는 꼴이라니! 참으로 한치 앞도 내다보지 못하는 참새 대가리라 아니할 수 없다.

### 남향동 사무장과 싸우고 고화동으로 좌천되다

1996년 여름 전국에 대단히 큰 수해가 났다. 수원에서도 변두리에 산사태가 나고 시청공무원들이 비상근무에 들어갔다. 나는 하필 그 바쁜 때 발에 무좀이 얼마나 심했는지 사타구니에 가래톳이 생겨 걸음을 옮기기도 어려운 지경이었다. 하루만 병가를 하려고 하는데, 사무장이 수해지구로 비상근무를 나가고 없어서 동장에게 무좀 걸린 발을 보여주고 "도저히 걸을 수가 없으니 병원에 들렀다가 집에 가서 하루쯤 쉬겠다"고 보고했다.

퉁퉁 부은 발을 본 동장이 "아이쿠, 무좀이 대단하군!" 하면서 알았으니 빨리 병원에 가보라고 했다. 병원 가서 대충 응급치료를 받은 후 약을 바르고 집에 가서 누워있는데 동에서 병사 보조를 하는 방위병이 달려왔다. 사무장이 나를 빨리 불러오라고 했다는 것이다.

그래서 "발이 이런데 왜 오라 가라 하느냐? 가서 내일 출근한다고 해" 했더니, 방위병 말이 "지금 사무장이 술을 먹고 와서는 신 주사 찾아오라고 막 화를 낸다"는 것이다. 그래서 동사무소에 가서 사무장을 만나니 이 사람은 벌써 만취상태에 가까워 가지고 제정신이 아니었다.

그래서 '내일 올 것을 괜히 왔구나' 싶어 다시 돌아가려는데, 나를 보더니 자초지종을 알아보지도 않고 대뜸 반말로 욕을 했다. 그래서 "저게 미쳤나? 어디에 대고 욕지거리야? 근무시간에 술 취했으면 집에 가서 큰대 자로 자빠져 잠이나 자지, 관공서에서 술주정이야?" 하면서 상대조차 하지 않으려고 했다.

그래도 자기는 사무장인데 제 부하인 내가 막 반말을 하니까 뿔이 났는지 각목을 들고 때리겠다고 마구 덤벼들었다. 그래서 각목을 빼앗으려 했는데 외려 당하고 말았다. 각목을 마구 휘두르는 바람에 왼손 새끼손가락 뼈가 부러진 것 같아 도립병원에 가서 엑스레이를 찍어보니 정말로 뼈가 부러져서 손에 깁스를 해야 했다.

시청 감사실에서 어떻게 알았는지 피해자 진술조서를 받아 사무장을 징계하겠다고 나를 불렀다. 그래서 감사실에 가서 "이 손가락이야 별것도 아니고, 굳고 나면 깁스를 풀면 되니 사무장을 선처해 달라"고 오히려 내가 사정을 했다.

그런데 알고보니 이 사무장이 웬일인지 시청 사람들에게 미운 털이 단단히 박혀 있었다. 징계하고 싶은데도 핑계거리가 없던 판에 내 손가락 부러뜨린 걸 호기라고 본 것 같았다. 그 일을 기화로 징계처리하려고 나한테 고소를 하라고까지 종용했으니 말이다.

나는 그런 것도 모르고 극구 선처해 달라고 해서 이 사건을 끝냈다. 그러고 나니 사무장이 나에게 치료비라고 돈 봉투를 내밀었다. 그래서 "당신, 사람 웃기지 말고 도로 가지고 가서 애들 과자나 사 먹이고 앞으로 술버릇 좀 고치라!"고 말했다.

그 뒤 나는 상사와 다툰 책임을 물어 수원시 고화동(지금의 고등동과 화서동을 합친 구역)으로 전출되었다. 결과적으로 징계를 받을 뻔했던 사무장은 선처되고, 나는 도리어 하극상의 잘못을 저질렀다고 좌천을 당하는 것으로 일이 매듭지어져 버렸다.

### 민방위 업무로 강 계장과 싸우고 매원동으로 또 좌천되다

고화동은 그 당시 수원 18개 행정 동 가운데 인구가 제일 많은 동이었다. 동장은 최봉수(崔鳳洙)씨로 한국전쟁 때 HID 육군 대위 출신으로 공작차 북으로 몇 차례나 드나들었던 왕년의 용사였다는데, 지금은 오히려 선비같이 조용하고 직원들 업무가 밀리면 자기가 도와주곤 하는 아주 착한 사람이었다. 사무장은 내 또래의 정인채(鄭仁採)라는 사람이었다.

다른 작은 동들과 달리 고화동사무소에는 총무계장, 산업계장 등 계장이 두 사람이나 있었다. 내 업무는 민방위였다. 민방위 업무는 한 달에 한 번씩 민방위훈련을 하고, 민방위 대원들을 한 자리에 소집해 '민방위교육'이라는 이름으로 초빙강사를 통해 철저한 반공교육을 시키는 것이 주업무였다. 민방위 업무도 병사 업무처럼 누락자가 많아, 이들을 찾아 직권 편성하는 것도 주된 임무였다.

그때는 등화관제라고 해서 야간 민방위훈련까지 있었다. 각 가정마다 밤에 불빛이 새어나가지 못하게 하는 게 일이었다. 또 집집마다 관제등이라고 해서 전등 가리개를 만들어 시청 민방위과로 몇 퍼센트나 준비되었는지 그 실적을 수시로 보고하게 돼 있었다. 그래서 전 직원이 자기 담당 마을의 통·반장을 독려해 관제등을 준비하게 하고 그 성과를 보고받아 집계를 해야 했다.

다른 직원들은 자기가 맡은 마을의 관제등의 수를 보고해주는데 강○○이란 산업계장은 영 비협조적이었다. 기한 내에 보고를 해주지 않아 집계를 못 내서 시청 민방위과에 보고를 할 수 없게 되었다. 그래서 "강 계장님 한 사람만 등화관제 보고가 안 들어와 집계를 못 내니 속히 좀 통계를 보내주세요"라고 하니까, "제가 알아서 하면 되지, 나 하나 안 냈다고 보고를 못해? 아니 동서기 처음 해보나? 적당히 알아서 보고하면 될 것이지, 나 때문에 보고를 못하겠다는 것이야?" 하는 것이다. 처음에는 농담하는 줄 알고 다시 재촉하니 "귀를 처먹었나? 웬 말이 그리 많아, 씨발!" 하면서 반말지거리와 욕설을 하는 것이었다.

나보다 3살쯤 더 먹고 산업계장이기도 해서 나름대로 존중해주었는데 번번이 반말지거리를 서슴없이 해서 많은 민원인들 앞에서 정색을 하고 "너 지금 뭐라고 했어?" 멱살을 틀어잡고 벽에다 대고 킥킥 소리가 나도록 조지면서 "이 새끼, 씨발이라고? 이 새끼, 아주 묘한 새끼 아니야? 야! 이 새끼야! 나도 우리 집에 문패 달고 아이들 학교 보내는 가장이다. 네 눈에는 내가 어린애로 보이냐? 이 새끼가 사람대접을 해주니까 뵈는 게 없냐? 이 새꺄, 이런 꼴을 우리 아이들이 보면 애비 체통이 어떻게 되겠느냐? 이 좆같은 새끼야!" 하면서 몰아붙였다.

동장이 나오면서 "신 주사, 왜 이래? 동민들이 보는 데서 이러면 돼? 그 손 놓고 이리 들어와!" 하며 나무라는 바람에, "내가 너 두고두고 지켜볼 거다. 네가 보기는 내가 우습게 보일지 몰라도 나도 당당히 공채로 시험보고 들어온 놈이야. 너같이 좆도 아닌 공화당 쫓아다니며 선거운 동하고 빽으로 들어온 줄 알아, 이 새끼야!" 하며 손을 놓고 물러났다.

그때는 동사무소에 컴퓨터도 없던 시절이라 주민등록증 한 장도 일일이 손으로 쓰던 시절이었다. 그래서 등·초본 한 장 떼는 데도 줄을 서서 보통 한 시간은 기다려야 했다.

그런데 이 강 계장이란 놈은 사무실에 나와서 하는 일도 별로 없이 책상에 앉아 담배나 꼬나물고 있다가는 서류 떼러 오는 사람들 중에 아는 사람이라도 오면 쫓아가서 "왜 왔느냐?"고 엉겨 붙어, 순서에 아랑곳없이 자기가 직접 뒷구멍으로 처리해주고 담뱃값이나 받는 것이 주요 일과인, 그렇게 치사한 인물이었다. 그러던 놈인지라 평상시에도 더럽게 생각했는데 '너 오늘 잘 걸렸다' 싶어 버릇 한 번 고치려고 그런 것이었다.

내가 일을 벌이자 몇몇 동료직원들은 "신 주사가 우리 대신 잘해냈다"고 좋아했다. 퇴근길에 대폿집으로 데리고 가 술까지 사 주는 거였다.

그 뒤 강 계장을 만날 때마다 독기를 품은 눈으로 째려보았더니 싸울 수도 없고 죽을 노릇이었던 모양이다. 견딜 수가 없었던지 시청 총무과에 가서 고자질해 나는 매원동(원천동과 매탄동)사무소로 또 좌천되었다.

후에 교사복직 시험을 치르고 다시 학교로 가게 돼 시청에 인사하러 다니다, 원수는 외나무다리에서 만난다더니 시청 정문 앞에서 강 계장과 마주쳤다. 그러자 강 계장이 어색한 표정으로 오래간만이라고 손을 내미는 것이었다.

무슨 큰 원수라고 손을 안 잡을 수도 없어 손을 잡았다. 모든 감정은 그것으로 깨끗이 씻어버리고 학교로 떠났다. 그 후 강 계장은 매산동장, 신안동장도 지내고 정년퇴임을 했다는 소식을 들었다.

### 매원동에서 만난 협객 같은 정종세와 초록은 동색이 되다

매원동으로 발령을 받고난 뒤, 억울하다는 생각이 들어 사실 밤잠을 설쳤다. 수원시 총무과에 가서 우리 두 사람의 사건에 대해 자초지종을 이야기하고 '왜 직무유기한 강 계장이 인사 조치되지 않고, 오히려 내가 매원동으로 인사 조치됐느냐고 항의를 할까?' 생각도 해보았으나, '가재는 게 편'이란 속담을 생각하고 아무 말도 하지 않고 '그래 어느 동이면 어떠랴? 다 같은 동이지' 하는 생각으로 매원동으로 부임했다.

나보다 젊은 사람들은 공채로 합격한 사람들이라 그런대로 공무원 자질이나 실력이 있는 편인데, 내 또래로 좀 나이가 든 공무원들은 거의 전부 알음알음 빽으로 공무원이 된 사람들이라고 해도 틀린 말은 아닐 것이다. 같이 근무하면서 겪어보니 사무 능력도 부족하고, 공무원으로 영 적합하지 못한 사람들이 태반이었다.

나야 객지인 수원에 와서 공채로 공무원이 되었으니 강 계장처럼 시청 총무과에 빽이나 배경이 있을 수 없었다. 그래서 아야 소리도 못했다. 하지만 '강 계장처럼 꼴 보기 싫은 놈하고 같이 지내느니 오히려 잘 되었는지도 모르겠다'고 하며 생각을 접었다.

매원동으로 부임해보니 동장이 나보다 3살쯤 많은 송정섭(宋政燮) 씨였다. 그가 내 이력서를 보더니 "경력이 대단히 화려하신데요? 앞으로 잘해봅시다" 하고 반가이 맞아주었다.

매원동에 근무하면서 정종세(鄭鍾世)라는 사람을 만났다. 키는 좀 작은데, 잘생긴 인물하며 성격이 남자다워서 비위에 거슬리면 아래 위도 없는 사람이었다. 옛날 평동에서 사무장이 삐딱하게 논다면서 동사무소 창고로 끌고 가서는 문을 걸어 잠그고 두들겨주었다는 이력을 가진 친구였다. 그런데 내가 부임하자 이 친구가 먼저 와서 형이라고 부르면서 매사 친절히 대해주었.

나이야 내가 더 많지만 시청 공무원 경력은 그 친구가 더 많아서 형

소리를 할 것까지는 없을 텐데 싶었는데, 나중에 알고보니 나에게서 동질감을 느꼈던 것 같다. 내가 자기처럼 남향동에서 사무장과 싸우고, 고화동에서는 계장을 때리고 매원동으로 쫓겨 왔다는 소식을 듣고 자기와 같은 성질의 사나이로 친근감이 생긴 모양이었다.

이 친구는 술을 먹으면, 취하지 않은 상태에서도 박영서 사무장에게 "쫀쫀한 새끼"라고 사사건건 시비조로 나왔다. 그래서 어느 날 박 사무장이 나보고 "나도 신 주사와 나이가 비슷한데, 정종세가 신 주사 보고는 깍듯이 형, 형 하면서, 나만 보면 이유 없이 지랄을 하니 사무장을 계속 해먹으려면 당수라도 배우든지 해야지, 이거 어디 사무장 해먹겠느냐?"고 푸념을 하기도 했다.

동장은 개인적으로는 대단히 착하고 매사에 원만하고 무난한 사람이었다. 그러나 육군 병장 출신으로, 아마 제대하고 국회의원을 8선인가 한 이병희(李秉禧) 공화당 의원 선거 때 열심히 선거운동을 하고 그 공로를 인정받아 동장으로 배치받았다는 이야기를 동리 사람들에게서 들은 적이 있다.

수원 18개 동장들 가운데 그렇지 않은 분도 더러 있는지 모르지만, 아마 대개 그런 과정으로 동장이 된 사람이 많았다고 생각하고 있다. 그래서 회식 자리에서 술 취한 것처럼 농담 비슷이 "동장도 시험 봐서 하기로 하자"며 동장을 쳐다보면 별로 반가워하는 얼굴이 아니었다.

그런대로 가족 같은 분위기 속에서 잘 근무하는데, 처가 위암 말기라는 하늘이 무너지는 판정을 받아 병원으로 전전하게 되었다. 그러자 동장이 시청 총무과에 찾아가 나의 가정 사정을 참작해서 우리 집에서 한 발자국이라도 가까운 동회로 보내달라고 해 신안동(신풍동과 장안동을 합친 행정 동)으로 발령을 받았다.

### 5·18 광주학살 소식 듣고 맹아학교 동창과 전화로 다투다

신안동사무소에 근무할 때 집에서는 처가 돼지를 길렀다. 하지만 실패해 걷어치우고 말았다. 그런데 돼지파동을 겪으면서도 약삭빠른 사람들은 앞을 내다보는 혜안을 가졌는지, 그때 버리다시피 한 어린 새끼 돼지를 싸게 사다 기른 양돈업자들이 있었다. 그 사람들은 다음 해에 돼지 값이 천정부지로 뛰는 바람에 파동으로 본 손해를 복구하는 건 물론, 떼돈을 벌기도 했다.

돼지파동으로 혼쭐이 난 우리는 돼지를 다시 기를 밑천도 없을 뿐더러 돼지를 보기만 해도 겁부터 나서 돈사는 헛간으로 사용하면서, 2백여평의 텃밭에 처가 어머니와 같이 열심히 채소를 가꾸었다.

그 즈음 미 대통령 카터의 방한이 예정돼 있었다. 유신 독재정권을 더욱 공고히 해줄 것이라는 우려로 민주화운동 세력이 연일 카터 방한 반대시위와 농성을 이어갔다. 이에 따라 박정희 정권은 더 폭압적인 대응으로 일관했다. 그리고 카터는 한국을 다녀갔다.

카터 방한 전부터 대내외적으로 압박을 받아오던 차에 박정희 정권이 카터의 방한을 계기로 한숨을 돌렸는지는 모르겠다. 하지만 박정희 정권에 곧 어둠의 그림자가 드리워지기 시작했다.

카터가 방한한 약 한달 뒤인 8월초에 터진 YH 사건 때문이었다. 가발제조업체인 YH무역 여공들이 신민당사에서 농성을 시작하자, 며칠 후 새벽 경찰이 무차별 강제진압에 나서면서 한 여공이 옥상에서 추락사하는 일이 벌어졌다. 의문사의 하나로 남은 이 사건으로 시국이 그야말로 뒤숭숭해졌다. 사건이 가져온 파장은 대단했다. 야당 및 여러 민주화운동 세력이 함께 들고 일어나면서 반유신투쟁에 나서는 계기가 되었던 것이다. 결국 이는 10·26 사태를 부르는 도화선이 되었다. 시국은 점점 더 끝이 안 보이는 안개정국으로 변해갔다.

마침내 유신 박정희 독재정권이 무너지고, 해가 바뀌면서 급기야

1980년 5월 18일, 계엄을 선포한 신군부세력이 광주에 공수특전부대들을 투입해 수천 명의 광주 시민을 총칼로 무자비하게 살육한다는 소식이 언론의 통제를 뚫고, 어찌어찌해서 내 귀에까지 들어왔다.

'세상이 어떻게 돌아가든 나와 무슨 관계가 있느냐?'고 생각하는 사람의 귀에는 광주의 학살 소식이 안 들린 모양인지, 수원도 그저 평상시와 같이 겉으로는 평온하기만 했다. 그런데 내 귀에는 왜 광주학살 소식이 잘 들려오던지! 그날 소식을 듣고 퇴근하면서 얼마나 울분이 치밀던지 대폿집에서 홀로(평상시에는 혼자서는 술을 먹지 않았음) 술을 마셨다. 주위에 함께 울분을 토로할 사람은 없고, 속으로 끓어오르는 울분을 참을 수가 없었다.

하지만 술로도 마음이 진정되지 않았다. 어딘가 울분을 터뜨리지 않고는 도저히 배겨낼 수가 없었다. 밤늦게까지 술을 먹다가 서울 국립맹아학교 사범과 동창 이자영(李子榮)에게 전화를 걸었다. 당시 그는 연무국민학교에 근무하고 있었다.

"지금 광주에서는 공수부대 군인들이 시민들을 공산당의 사주를 받은 폭도로 몰아 마구 학살을 한다는데, 나만 당하지 않으면 된다고, 편히 두 다리 뻗고 자면 그게 사람이냐? 야! 빨리 나와라!" 하고는 혼자 술 먹고 있는 술집 위치를 가르쳐주었다. 그러나 함흥차사였다. 잠자는 친구 입장은 생각하지도 않고 예의도 없이, 결국 술의 힘을 빌려 빨리 나오지 않는다고 전화에 대고 "이 자식아! 세상이 아무렇게 돼도 너만 편하게 잘 먹고 잘 살라!"고 욕을 해댔으니 철딱서니가 없었는지, 원래 광기가 있었는지 나도 잘 모르겠다. 아마 그때 울분을 삭이지 못해 잠시 이성을 잃었나보다.

그 후 한동안 그 친구는 나와 말도 안 하고 길에서 만나도 본 척도 안 하고 지냈다. 이제 다 늙어 살날도 얼마 남지 않은 처지로, 서로 직장에서 정년퇴직을 하고 인생을 정리할 때가 돼서야 우연히 화서동에서 만나 반갑게 다가가니 이 친구도 30여년이 지난 일이라 반갑게 맞아주었다.
 그러나 웬일인지 옛날 같은 살가운 정은 없었다. 그동안 이 친구는 예수교에 심취해 아들은 목사가 되고 그 자신도 참된 교인이 되었는지, 광신도가 되었는지 잘 모르겠으나, 그렇게 잘 먹던 술도 안 먹고, 내 입장에서 보면 좀 심심하고 단조로워져서 옛날 같은 재미있는 정이 잘 솟아나지 않아 참으로 섭섭했다.

### 신안동사무소에서 지켜본 삼청교육대의 무법천지

 박정희 대통령이 부하인 김재규 장군에게 시해되었다는 충격적인 뉴스를 들었을 때다. 이제는 그 암울하던 유신 독재정권이 무너지고 이 나라에도 민주주의가 오는가 싶었다. 민주주의를 갈망하는 민중의 데모가 세상을 뒤덮었다. 뒤이어 민심은 자꾸 뒤숭숭해지고, 12·12 사태가 일어나 나라를 지켜야 할 군인들이 야밤에 수도 서울 한복판에서 서로 총질을 해대는 일이 벌어졌다. 육군참모총장 정승화 대장이 정치군인 전두환 계엄사령관의 부하들에게 끌려가 고문을 받는 하극상의 반역 사건이었다. 또 이어서, 나라를 지켜야 할 군인들이 무고한 시민들을 학살하는, 광주학살을 저지르고야 말았다.
 그리고 정치군인들이 정권을 불법 탈취한 것을 속이고 국민들을 겁주기 위해, 박정희가 5·16 쿠데타를 일으킨 후 국토건설단이라는 것을 만들어 불법으로 젊은 사람들을 깡패로 몰아 마구 잡아가던 것을 그대로 본받아, 이번에는 이름만 바꿔 삼청교육대라고 하면서 법치국가에서는 도저히 상상할 수도 없는 만행을 저질렀다.
 신군부는 계엄령을 선포하고 자기들 눈에 거슬리는 사람들은 하루아침에 깡패라는 죄명을 씌워 재판도 없이 마구잡이로 잡아가기 시작했다. 자기가 왜 잡혀가는지 이유도 모른 채 끌려간 사람들은 ABC 등급으로 분류돼 징역보다 못한, 인간으로서는 차마 입에 담을 수도 없는

인권유린을 당하면서 고된 훈련과 노역에 시달리며 몇 달씩을 살아야
했다.
 계엄사에서 몇 명씩 잡아들이라는 명령이 전국에 떨어져 경찰과 계
엄군이 책임량을 달성하기 위해 혈안이 되다시피 했다. 옛날에 사소한
일로 남과 다툰, 아주 작은 전과만 있어도 "당신 나 좀 봅시다" 하고 끌
고 가면 그만이었다. 무슨 영문인지도 모르고 경찰서로 끌려가 심사받
고 삼청교육대로 넘겨졌다.
 그때 내가 근무하던 수원 신안동 관내는 불법 술집이 아주 많은 천
변가(서울에 유명한 미아리 술집 같은 집단촌)에 유흥주점이 몰려있는 곳이 있었다.
그곳에서 동리 반장을 하면서 목수 일로 먹고사는 사람이 있었는데, 어
느 날 이 반장의 처가 이웃 술집 여주인과 사소한 싸움을 했다.
 그것을 본 반장이 우선 자기 처한테 화를 내며 왜 좋은 밥 처먹고 이
웃과 싸움질이냐고 따귀를 한 대 올려붙이고 나서, 분이 안 풀리는지
술집 여주인에게도 사소한 욕을 했다. 물론 남에게 욕을 먹고 그냥 참
고 있을 만한 술집 여주인이 아니었다. 그래서 싸움이 시작됐는데, 이
술집 주인이 종로파출소에 고소를 해 이 반장이 파출소로 끌려갔다. 하
지만 우리 동사무소 측에서 그가 그런 사람이 아니라고, 동장과 통장들
이 연대로 신원을 보증해 풀려났다.
 그런데 그 '책임량'을 채우려고 어느 형사가 그때 싸운 일을 가지고
이 반장을 다시 끌고 갔다. 불행 중 다행히 심사과정에서 C급으로 분류
돼 그 비인간적이고 고된 훈련과 노역을 2주일만 받고 돌아왔다.
 전국 각 고등학교에서도 담임교사들 보고 불량 학생 중 몇 명씩 잡
아 보내라는 책임량이 떨어졌다. 사랑하는 제자들을 차마 자기 손으로
삼청교육대로 보낼 수 없어 사직한 선생이 있는가 하면, '골머리 아픈
불량 학생 버릇 고칠 때가 바로 이때구나' 하고 신바람 나게 자기 제자
를 삼청교육대로 보낸 교사들도 있었다. 이렇게 아무 죄도 없고, 왜 삼

청교육대에 끌려가야 하는지도 모르는, 깡패라고 제대로 된 깡패도 아닌 피라미 같은 사람들만 무더기로 잡혀갔다.

수원에서도 조직깡패의 거물 두목급은 삼청교육대에도 끌려가지 않았다. 윗선에서 미리 정보를 줘서 도망시켰기 때문이다. 충남 조치원 출신으로, 수원의 어떤 조직깡패 두목이었던 어느 인사는 얼마나 거물이었든지, 삼청교육대로 끌려가기는커녕 그놈이 부친상을 당하자 수원의 많은 유지들, 심지어 경찰서장과 검찰청 몇몇 검사들까지 문상을 했다는 소문이 수원에서 파다하게 퍼질 정도였다.

내가 잘 아는 어떤 놈은 젊어서 멋으로 가슴에 호랑이 문신을 했다. 하지만 이놈은 호랑이 문신은 했을망정 남과 싸움은커녕 성품이 아주 여성 같고 얌전한 편이었다. 그런데 대중목욕탕에 갔다가, 문신한 놈들을 잡아 책임량을 채우려고 올무 놓고 기다리는 토끼 사냥꾼 같은 형사에게 끌려가서 재판도 없이 B급 판정을 받고는 석 달 정도 삼청교육대에서 호되게 당하고 돌아왔다.

훗날 내가 교사로 복직해 용인 두창국민학교에서 근무할 때, 학교에 청부로 취직한 이○○씨라는 사람이 있었다. 군에서 제대한 그가 자전거에 물건을 싣고 소매상을 찾아다니며 목장갑 도매를 할 때였다고 한다. 하루는 다른 날보다 매상이 좋아 같이 장사하는 친구와 포장마차에서 소주를 한 병씩 나누고 나오는데, 군인이 달려들어 "이 새끼들아! 지금이 어느 때인데 빨리 집에나 가지, 대낮에 술 처먹고 왜 길에서 어물거리느냐?"고 이유 없이 욕지거리를 해댔다. 군대도 이미 제대했으니 나이도 자기들이 더 많은데 어린 새끼가 뭐 이렇게 놀아, 하는 생각이 들어 홧김에 "이 새끼! 네가 군바리면 다냐? 어린 새끼가 왜 욕이냐?"고 겁 없이 대들다 그 군인이 구둣발로 조인트를 까고 끌고 가서 삼청교육대 밥을 2주간 먹고 나왔단다. 그러면서 자기도 삼청교육대 출신이라고 자랑삼아 이야기를 하곤 했다.

둘째 아들 종헌이가 수원고등학교 2학년인가 다닐 때인데, 학교에서 돌아와 하는 말이 수업시간에 담임이 학생들 보고 "삼청교육대에 끌려가는 깡패 새끼들은 재판할 것도 없이 태평양 바다 속에 던져 죽여야 된다"고 하더라면서 "아버지, 정말 삼청교육대에 가는 놈들은 죽여 버려도 되는 거예요?" 하고 물었다.

그래서 "아무리 죄를 지었어도 법치국가에서 법 절차에 따라 재판을 거쳐 잡아가야지, 무조건 마구잡이로 잡아가면 그게 어디 법치국가로 볼 수 있느냐? 그 교사가 무슨 과목을 가르치느냐?"고 물어 보니 역사 교사라고 했다.

마음속으로 '철학도 없는 사람이 고등학교 교사라니, 언제쯤 교사들이 사랑하는 제자에게 마음속에서 우러나는 존경을 받을 수 있는 날이 올까?' 하는 생각을 해보았다.

### 신안동에서 내 대신 연탄가스를 마신 염상덕 총무

신안동사무소에 근무하던 중 1979년 10대 국회의원 선거가 실시되었다. 그때 북문농협에 투표소가 마련돼 있었다. 투표를 하지 않은 사람들을 찾아다니며 투표 독려도 하고, 온 종일 선거 사무로 시간을 보내야 했다. 무사히 선거도 잘 끝났겠다, 저녁엔 선거 종사자들에게 수고했다고 인사도 전할 겸 자축하는 의미로 대폿집에서 통장들과 술자리를 벌였다.

그날은 내 숙직날이었다. 그런데 술 먹느라고 이를 까맣게 잊고는 통장들과 술타령을 하다가, 아내의 병 치료를 위해 얻어놓은 연무동 천변 집으로 돌아가 처와 같이 자고 여느 때와 같이 아침에 출근을 했다.

그런데 새벽에 난리가 났다. 내가 숙직하러 오지 않으니까 총무 일을 보던 염상덕(廉相德)이라는 사람이 '어차피 선거 사무도 밀린데다, 신 주사는 처가 위암이니 마음 놓고 간병하게 대신 숙직을 하자'는 마음으로 나를 찾지도 않고 숙직을 했다고 한다. 그런데 새벽에 잠이 들었다가 그만 연탄가스를 맡고 혼수상태가 된 것이었다. 염 총무가 그래도 죽지는 않을 팔자였는지, 동사무소 바로 옆에 살던 동장이 그날따라 아침 일찍 동사무소로 나왔는데, 대문도 잠겨 있고 아무리 불러도 숙직 근무자가 나오지도 않아 불길한 예감에 담을 넘어 들어와 숙직실 문을 열어보니 염 총무가 이미 정신을 잃고 사경을 헤매는 것이었다.

염 총무를 살리게 되느라고 그랬는지 마침 경기 도립의료원이 바로 지척이라 응급차로 긴급히 수송해 해독을 시킬 수 있었고, 저녁이 되자 정신을 차리고 눈을 떴다. 조금만 늦었으면 생명을 잃을 뻔했다는 의사의 말을 듣고 '동장이 새벽에 동사무소에 가지 않았으면 어떻게 되었을까?' 하는 생각이 들어 정말 아찔했다.

정말로 동장도 고맙고 염 총무가 기적적으로 살아난 것도 고맙고, 그때는 세상 모든 게 다 고마울 따름이었다. 신앙을 모르고 살아온 나였는데도 나도 모르게 저절로 하나님 소리가 입 밖으로 새어나왔다.

그렇게 아슬아슬하게 생명은 건졌는데, 숙직실 방바닥이 얼마나 뜨거웠던지 둔부에 아주 크게 화상을 입은 상태였다. 연탄가스에 중독돼 자기 살이 타는 것도 모르고 정신을 잃었던 것이다.

염 총무는 둔부 화상치료 때문에 오랜 고생을 하면서도 나한테 원망 한마디 안 했다. 그래서 더욱 미안했다.

그 후 서로 만나지도 못하고 지내다가 2006년인가 수원시장 선거 때 열린우리당 염태영(廉泰永) 후보 사무실에서 만나 "내가 염상덕씨에게 진 미안한 죄를 다 못 갚으면 내 다음 대에라도 갚으라고 유언을 하겠다"고 농을 거니 염상덕씨는 빙그레, 사람 좋게 소리 없이 웃기만 했다.

# 네 번의 결혼과
# 자식들 성장 이야기

## 24. 나의 자식들과 결혼 이야기

### 셋방을 전전할 때 시골집을 사준 친구의 잊지 못할 은혜

어느 날 수원시 매향동에서 어묵공장을 크게 운영하는 양동환 사장이 예비군 중대장과 함께 찾아왔다. 그 사람 부인은 남문시장에서 어묵 총도매상을 하고 있었다. 중대장이 술 한잔하자며 술집으로 유도해 별 생각 없이 따라가 몇 순배 술을 마시고 나니 중대장이 양 사장의 고민거리를 털어놓았다.

내용인즉 "양 사장 친동생이 송탄에서 어묵공장을 해 돈은 많이 벌었는데, 병역기피자라 어떻게 구제 좀 할 수 없느냐?"는 것이었다. 그래서 "지금 몇 살이냐?"고 물어보니 나이가 많아 이미 자동으로 병역이 면제돼 있어 아무런 처벌을 받지 않고 신분 회복을 시킬 수 있는 사람이었다. 그래서 내가 병무청에 가서 수속을 해 이 사람의 모든 병역 문제를 회복시켜 주었다. 그런데도 병역법을 모르는 양 사장 형제들은 나에게 신세를 진 것으로 알고 대단히 고마워했다.

양 사장 집에는 아주 연로하신 부친이 계셨는데, 이 분은 서예가로 그야말로 선비형인 분이었다. 그런데 양 사장은 딴판이었다. 한량기가 많아 저녁만 되면 방석집에 술 먹으러 다니는 것이 일과인 사람이었다. 매일같이 나를 불러내 데리고 다녔다. 내가 다른 술꾼들보다 술집 분위기 잘 맞추지, 유머감각 있어 술판 흥 잘 돋우지, 술 맛나게 잘 놀지, 그러다보니 술판에 내가 없으면 술 맛이 안 난다고 다른 사람을 시켜서라도 술 먹을 때는 꼭 나를 불렀다.

이렇게 술친구가 되어 친하게 지내다보니 내가 집도 없이 셋방을 산다는 것까지 알게 되었다. 그런데 양 사장이 별로 비싸지 않은 집이 나왔다며, 수원시 영통구 이의동에 있는 대지 400평짜리 한옥 농가를 소개했다.

그 집에는 80살 넘는 내외가 살고 있었는데, 큰아들이 서울 서대문구청 총무과에 근무하면서 노부모를 서울로 모시느라 그 집을 처분한다고 하니 셋방살이하지 말고 그 집을 사서 이사하라는 것이었다. 그런데 집을 살 만한 여유가 없어서 해군 군의학교 시절부터 아주 친하게 지내던 신덕철이라는 친구에게 별 생각 없이 그 집 얘기를 했더니, 서울 서초동에서 단무지 사업을 하던 이 친구가 "얼마면 사겠느냐?"고 묻는 것이었다. "자세히는 모르지만 한 100만원 정도면 살 수 있을 것 같다"고 하니까, "그 정도면 내가 살 수 있을 것 같다. 거기서 돼지도 치고 밭도 가꾸면 어머니 소일거리도 생겨 얼마나 좋아하시겠냐? 한 번 흥정을 붙여 보라"며 자기 일처럼 기뻐했다. 그래서 양 사장을 앞세워 85만원에 그 집을 샀다.

물론 등기는 그 친구 앞으로 된 집이었지만, 친구 말대로 거의 내 집처럼 살았다. 돼지우리 여섯 칸과 사료창고 한 동을 꾸미고, 가축시장에 가서 중돼지 30마리도 구입했다. 그렇게 집값까지 모두 100만원을 들여 집 없는 설움을 면하게 되었다.

이렇게 해서 새집으로 이사를 오자, 어머니도 기뻐하시면서 내 집인

듯 즐거운 마음으로 각종 꽃과 비싼 나무도 사다 심으시는 것이었다. 집 앞에 있던 낡은 우사를 헐고 그 자리에 아담한 방도 한 칸 들였다. 열심히 돼지도 기르고 텃밭도 가꾸느라 몸은 고되지만, 아주 즐겁게 살았다.

그런데 한 달쯤 지나자 돼지콜레라가 퍼져 석 달 넘은 중돼지들이 하루에 한두 마리씩 죽어나갔다. 한 번에 다 죽으면 차라리 좋으련만, 몇 마리라도 구할까 하고 약을 사다 먹이고 매일 주사도 놔봤지만 끝내는 다 죽어버리고 말았다. 돼지콜레라에 걸리면 구할 길이 전혀 없어 100퍼센트 폐사된다는데도 혹시나 하고 고생만 하다 아무런 보람도 못 찾고 모두 폐사하고 말았다.

콜레라가 다른 돼지들에게 전염되지 않게 하려면 죽은 돼지를 모두 땅속 깊이 묻어야 했다. 나는 직장에 나가야 되기에 이 일을 동리 사람들에게 인건비를 주고 부탁했다. 그런데 나중에 알고보니 이 사람들이 일당은 일당대로 받고 돼지는 자기들이 가지고 가서 잡아먹었다.

어느 날 낯선 아주머니 한 분이 집 앞에서 서성거리기에 "누굴 찾으세요?"라고 물어보니, "이 집에 오면 죽은 돼지를 얻어다 먹을 수 있다고 해서 왔다"고 했다. 그 말을 들으니 '아무리 무지몽매한 사람이기로서니 이걸 말이라고 하느냐?'는 생각에 화가 치밀어 "당신 지금 불난 집에 부채질하러 왔느냐? 썩 꺼져! 이 멍청한 여편네야!" 소리치고 들어왔다.

등 뒤에서 그 아주머니가 "참 별꼴이네? 안 주면 그만이지, 괜히 성질을 내고 그러네?" 중얼거리며 가는 소리가 들려, 다시 호통을 칠까 하다가 길이 아니면 가지 말라던 성현 말씀이 생각나 '저런 무식한 여자하고 무슨 이야기를 하나? 내가 참아야지' 싶어 그만두었다.

친구가 사준 집에 살면서 1997년 8월, 수원 창룡국민학교에서 정년을 맞았다. 40여년의 공직생활을 마감한 것이다. 퇴직금을 연금이 아니라 일시불로 받으니 처가 집이나 짓고 살겠다고 염치없이 친구에게

"그 땅 중에 110평짜리 한 필지를 우리에게 팔라"고 부탁하자, 그 친구는 두 필지 중 작은 필지를 팔면서 "아주머니가 열심히 사시겠다는데 그 정도 청은 들어드려야지요. 공시지가만 내고 집을 지으세요" 해서 그 땅을 사 30평짜리 집을 짓고 살았다. 그리고 4년쯤 지나자 그 동리에 광교신도시가 들어서 마을 전체가 철거되었다.

이주 보상비는 그런대로 후하게 받았다. 그 보상금으로 화성시 정남면 귀래리로 이사를 갈 수 있었고, 귀래리 집은 대지 160평에 건물은 30평 정도 된다. 그 집에서 우리 두 식구는 노후에 집 걱정 안 하고 편안히 살고 있다. 그때 그 친구가 우리에게 그 땅을 팔지 않았으면 우리는 지금쯤 시내 어느 아파트에서 대단히 어렵고 답답하게 살고 있을 터인데, 친구의 후의가 고마울 따름이다. 이렇게 살게 해준 신덕철군의 신세를 평생 잊어서는 안 되리라 다짐하곤 한다.

그런데 덕철이는 일반 생활에서는 더 없이 좋은 친구인데, 역사와 사회 현상을 보는 눈은 아주 달라졌다. 만나서 정치토론을 하다보면 의견 충돌이 자주 일어난다.

어느 날인가 우리 집에서 저녁을 먹는데, 이웃집 조씨 이야기가 나왔다. 조씨 얘기란 이주 직전에 있었던 얘기다.

이주 보상을 받고 이곳을 떠날 판인데, 조씨가 "염소를 20마리 정도 사서 넣으면 보상비를 더 받는다"고 처에게 말하는 것이었다. 그 소리를 솔깃하게 들은 처가 그에게 염소를 사다 달라고 부탁을 했다. 그런데 며칠 되지 않아 이 염소들이 비실비실하더니 몇 마리가 죽어버렸다. 사실 염소를 보니 털에 윤기도 없고 시원찮은 놈이 반도 넘는 것 같았다.

그 일이 속이 상해 덕철이에게 그 말을 했더니 첫 반응이 "그놈 전라도 놈이지?"였다. "그래! 전라도 놈인데, 그런 소리를 왜 하느냐?"고 반문하니까, "전라도 놈들은 다 그렇지!" 하기에 "그놈이 나쁘지, 전라도 놈이 나쁘냐? 어디 가서 다시는 그리 말하지 말라. 그런 소리 다른 데서

하다가 너만 무식한 놈 취급받는다"고 말하다가 의견이 충돌돼 언성까지 높아졌다. 참았으면 좋았을 것을 "그렇게 전라도 놈이 싫은 놈이 너는 왜 사위를 둘씩이나 전라도 사람을 얻었느냐?"고 소리를 쳤다. 그 친구는 내 말에 화가 몹시 났던지 말도 않고 우리 집 문을 박차고 나가버렸다. 이 사건이 50여 년 친하게 지내던 덕철이와의 마지막 이별이 되고 말았다.

전라도와는 아무 상관도 없이 순 경기도 토박이면서 왜 전라도를 두둔하다 좋은 친구를 버렸는지 짚다 보면 '나도 참 한심한 놈'이란 생각이 든다. '이러면 안 되지. 사과의 전화라도 해야지!' 하고 손을 전화기로 뻗었다가도 또 의견충돌이 생길까봐 겁이 나서 연락도 하지 않고 살고 있다. '내가 너무도 옹졸하구나!' 하고 생각할 때는 스스로 서글퍼지면서 당장 전화통에 손이 갈 것 같으나, 이 작은 행동이 왜 이렇게 어려운지 정말 모르겠다.

분단된 조국에서 동서로 갈라져 서로 미워하고 증오하는 마음이 왜 생겼을까? 자기들 이권을 지키기 위해 정치지도자라는 자들이 우매한 민중을 세뇌한 탓이 아닐까? 누군가 '민중은 돌과 같아 새끼줄에 묶어 끌면 끄는 쪽으로 따라온다'고 하던 말이 새삼스레 떠오른다.

### 첫 번째 아내 이종원과 합의이혼을 하다

사내자식으로 창피한 소리 같지만, 직업도 없이 방황하다보니 처가 어린 자식들과 살아보겠다고 술집도 하고, 보험설계사도 하며 뛰어다니는 것을 보고도 말리지 못했다.

그래서 공무원으로 발령받고 난 뒤 처에게 처음 한 말이 "이제부터 내가 시청에 공무원으로 나가면 최소한 가족들이 굶는 일은 없을 것이니 이제 당신은 집안에서 살림이나 하면서 아이들이나 잘 간수하라"고 일렀다.

그런데 처는 쥐꼬리만한 공무원 봉급으로는 우리 가족 생계가 어려우니 자기도 부식비라도 벌어보겠다는 핑계로, 내가 시청에 출근하고 나면 집안일과 아이들은 어머니에게 맡기고 밖으로 계속 나다니다가 내가 들어오기 직전에 집으로 돌아오는 것이었다.

남자와 다를 것 없이 여자도 한 번 밖으로 나다니다 보면, 답답해서 집안에서 살림만 하지는 못하는 것 같다. 어머니가 이런 것을 나에게 고자질할 분도 아니고, 무척이나 마음고생을 하셨을 것이다.

돼지가 콜레라로 매일 죽어 나가는데도 남의 일인 양 거들떠보지도 않고 나 몰라라 밖으로 나가버렸다. 가정은 이미 마음에서 떠난 사람 같았다. 그렇게 지내던 어느 날, 술이 취해 몸도 제대로 가누지 못하고 들어와 가족들 앞에 쓰러졌다. 그래서 내가 싫은 소리를 하니까 화를 내고 나가서는 1주일씩 집에 들어오지 않고 친구들 집으로 다니며 지냈다.

'이렇게는 살 수 없다. 이혼을 해야겠다'는 생각을 하고, 어디서 지내고 있나 수소문을 해보니 안양에서 음식점 허드렛일을 하고 있었다. 마음속으로 '이 여자가 이제 무엇인가에 홀렸나보구나. 그리도 자존심이 하늘을 찌르듯 강해 남에게 지지 않는 사람이 남의 식당 설거지라니? 제 집과 가족을 놔두고 이럴 수가 있을까?' 하는 생각을 하고 음식점에서 불러내 "당신 왜 이러느냐? 누구 망신시킬 일 있느냐? 집에 가서 우리 해결하자. 만일 내 말 안 듣고 계속 이렇게 나돌면 당신과 못 살겠으니 이혼하고 당신 마음대로 살아보라"고 했다.

그런데 그 말에 일말의 망설임도 없이 "좋다! 이혼을 하자!"고 선뜻 대답을 하는 것이었다. 그래서 "그럼, 내일 일죽면사무소에서 1시에 만나서 이혼하자!" 하고 헤어졌다. 서로 누굴 원망하면 무엇을 하겠는가, 소경 개천 나무라지. 다음날 본적지 면사무소에서 합의이혼 수속을 밟았다. 당시는 두 사람이 합의만 하면, 양쪽에서 증인 한 사람씩만 세우고 즉석에서 이혼이 이루어지던 시절이었다.

이혼을 못하게 하려고 집안 6촌 되시는 신승복(辛承福) 형님이 두 사람을 다방 구석에 앉혀놓고 설득시켜보려고 무던히 애를 썼지만, 둘이 한 치의 양보도 없자 자기로서는 도저히 어쩔 수 없다고 그만두셨다.

첫 번째 처 이종원(李鍾元)은 나와 2남 1녀를 낳고 18년을 같이 살았다. 그 사람 인간성이 나쁘다거나 질 떨어지는 행동을 하는 것도 아니었다. 그런데 백년해로를 못하고 불행히 생이별하게 된 것은 서로의 성격이 너무도 강했기 때문이라는 생각을 한다.

그 사람은 부모님들이 그저 죽지 않고 살아난 것만을 다행으로 생각하고, 어떤 잘못도 나무라지 않고 오냐오냐 하면서 키운 여파가 컸다. 누구든 그 사람에게 "당신이 잘못했다"는 소리를 해봐야 참고 새겨듣지 못하는 성미였다. 끝까지 자기주장만 고집하는 성격 때문에 나와 매사 충돌하다가 끝내 이별의 잔을 들었다. 지금도 생각해보면 한 사람이라도 좀 현명하고 인내심이 있었다면 이혼이라는 아픔까지는 가지 않았을 것이다.

이 사람은 처음 우리 집으로 시집온 지 1년도 못 돼, 고향에서 할아버지와 사소한 일로 말다툼을 했다. 그때까지 할아버지의 외동 며느리인 어머니는 평생 한 번도 할아버지에게 거역해본 적이 없었다. 그런데 갓 시집온 손자며느리가 매사에 자기주장을 내세우자, 속이 무척이나 상하고 황당했던 모양이다. 그래서 할아버지의 주특기인, 방문 걸어 잠그고 침묵시위를 하셨다. 외출에서 돌아온 어머니가 며느리를 보고 "나는 30년을 할아버지와 살았는데, 그래 너는 손자며느리가 되어 노인 비위도 하나 못 맞춰 드리느냐?"고 책망의 말씀을 하니 이번에는 또 어머니께 말대꾸를 했다.

그래서 내가 "어른들한테 잘못했다고 한마디만 하면 될 것을 가지고 웬 말대답이냐?"고 소리를 쳤더니, 남편마저 자기를 나무라는 게 화가 났는지 자기 성질을 못 이겨 방으로 뛰어 들어가 "절에 들어가 중이 되겠다"면서 자기 손으로 머리를 깎으려고 했다. 그래서 가위를 빼앗고 따귀를 때렸다. 그러자 나도 모르는 사이에 큰아들을 들쳐 업고 용인 친정집으로 가버렸다. 그래서 나도 한 성질 하는지라 '안 되겠다! 네 마음대로 해라!' 하는 심정으로 찾아가지 않았다.

그러자 어머니와 동네 어른들이 "기르던 개가 나가도 일단 찾아는 보는 법이다. 가면 어디로 갔겠느냐? 친정집으로 갔겠지. 네가 찾아가서 어서 데리고 오라"고 했다. 어른들 성화에 못 이겨 처가로 가서 "사흘 안에 안 오면 너와 나는 끝장이니 알아서 하라!"고 일러놓고 집으로 돌아왔다.

그 후 사흘 만에 처가 어른이 처를 데리고 와서는 "철이 없어 그랬으니 용서해주라"고 했다. 이렇듯 우리 두 사람은 성질이 서로 불같아 휘지 못하고 부러지는 꼴이었다.

이제 생각하면 부부지간에는 그저 참는 것밖에는 그보다 좋은 약이 없는 것 같다. 그래서 요즘엔 '부정한 짓이 아닌 다음에야 그저 매사 생각해보고 인내하고 살자'는 마음으로 성질을 한껏 죽이면서 편안하게 살고자 노력하고 있다.

18년이나 2남 1녀의 부모로 같이 살았는데, 젊은 날 어려운 살림에 고생도 많이 했는데, 지금이라도 어디에서 잘 살았으면 좋으련만 들리는 소리로는 그렇지도 못한 것 같으니 때로는 측은지심마저 생겨 괴롭다.

지금도 간간이 처남 되는 이종호(李鍾鎬)에게서 그 사람 소식은 듣고 있다. '그때만 해도 젊은 혈기로 내가 참지를 못했구나' 하고 생각하면 인간으로서 연민의 정이 되살아나기도 한다. 옛 어른들이 "조강지처(糟糠之妻)를 버리는 놈은 천벌을 받는 법"이라고 했는데 '내가 정말 조죽을 먹으면서 가난하던 시절을 같이 살던, 그야말로 조강지처를 버린 놈이로구나!' 하는 생각이 들기도 해 지금 그 죄업을 씻고 가야겠다는 마음으로 살고 있다.

### 무속인이 되어 곁을 떠나간 두 번째 처 황복수

내가 이혼을 했다는 소식을 듣고 연천군에 사는 누님이 중신을 섰다. 그 동네 황복수(黃福壽)라는, 3살 먹은 딸을 데리고 친정어머니 집에 와서 혼자 사는 젊은 과수였다. 누님은 "그 여자가 너무 젊고 예뻐서 동생한테 시집올까 모르겠네, 일단 와서 선을 봐라" 했다. 그래서 연천군 청산면 초성리 누님 집으로 가서 선을 보니 누님 말처럼 젊고 외모가 내게 과분한 편이라는 생각까지 들 정도였다.

여자의 어머니는 초성리 학담이라는 마을에서 어린 4남매를 데리고 남의 집 농사 품도 팔고 노동도 하면서 남편도 없이 아주 어렵게 살고 있었다. 그 어머니가 누님네 배 밭으로 품을 팔러 왔을 때 누님이 "내 동생이 이혼하고 혼자인데 따님도 남편 없이 사는 사람이면 내 동생과 선을 보이자"고 하니, "동생을 몇 번 보았다"면서 자기 딸을 설득해 선을 보게 한 것이었다.

그 딸은 선을 보기 전에는 "남자가 나이가 많아 싫다"고 하다가 선을 보고는 "시집을 가겠다"고 해 그 길로 같이 살기로 하고 우리 집으로 데리고 왔다.

누님과 매형님은 "처녀는 아니지만 기왕에 같이 살려고 마음먹었으면 머리를 얹어주라"고 했다. 하지만 나는 "새삼스럽게 무슨 결혼식을 하느냐? 그냥 혼인신고나 하고 살면 되는 것이지" 하고 반대를 했다. 그래도 매형은 "그런 것이 아니다. 결혼식을 올려야 서로 믿음이 더 생겨 잘 살게 된다"면서 자꾸 결혼식을 하라고 권했다.

고민을 하다가 같이 근무하는 남향동사무소 김제한(金濟漢) 사무장에게 상의하니 사무장도 "결혼식을 하는 게 좋겠다"고 하면서 결혼식 장소까지 주선했다. 그래서 남수동 포교당에서 불교식으로 결혼식을 올렸다.

결혼식이 끝나고 집으로 들어왔는데 이 여자가 가지고 온 옷이 맨

한복뿐이었다. 그래서 "당신 술집에 다니다 나에게 시집왔지?" 하고 물어보니까, "어떻게 아느냐?"고 의아해했다. 그래서 "나는 척보면 아는 사람이다. 그러나 기왕에 남들 앞에서 떠벌리고 결혼식까지 했으니 과거사는 상관하지 않겠다. 그러니 앞으로 옛날 술집 다닌 티 내지 말고 착실히 살라"고 일렀다.

어머니는 생활력이 강하고 천성이 부지런해 잠시도 쉬지 않았다. 그래서 250평 텃밭에 야채를 골고루 길러서는 매향동시장에 노점을 얻어서 팔았다. 어머니가 그렇게 버는 것이 우리 어려운 살림에 꽤나 보탬이 되었다. 세 아이들 학용품이나 용돈은 어머니가 전부 감당하셨다.

그런데 이 여자는 집에 가만히 있으면 "머리가 아프다"고 하다가도, 어머니가 "네가 집에 있기 답답하면 시장에 가서 이것을 팔겠느냐?"고 하면 언제 머리가 아팠느냐면서 시장으로 달려 나가는 것이었다. 이 여자가 나보다 15살 어린데다가, 술집으로 나돌던 버릇이 있고 집안일에 어설프고 익숙하지도 못해서 그러려니 하고 '시간이 지나면 차차 안정이 되겠지' 하면서 살고 있었다.

그런데 어느 날 어머니가 동사무소로 찾아와서 "애비야! 집에 좀 가보거라!"고 해 집에 가보니 아무도 없었다. 어느 남자가 와서 어린 자식들에게 협박조로 "내가 이 아이의 아버지인데 이 여자를 데려가지 못하게 하면 가만히 안 있겠다"고 하고 데려갔다는 것이다.

화가 났다. '이런 여자와 안 살아도 그만이다. 하지만 이렇듯 뒤처리도 못하는 여자와 결혼식까지 올렸다니!' 생각이 거기에 미치자 창피하기까지 했다. '가만 두면 안 되겠다'는 생각뿐이었다. 이 여자가 군포 어디에서 어린애 아비와 살았다는 소리를 어렴풋이 들은 기억이 나서 동네 이름만 생각하고 그 동사무소 관내를 잘 아는 직원을 동원해 그 집을 찾았다.

방문을 열어보니 두 사람이 추운 방에서 오들오들 떨고 있었다. 하지만 인정이고 자시고 그럴 기분이 아니었다. 두 사람을 끌어내어 안양경찰서 직할 파출소로 데리고 갔다. 포교당에서 촬영한 결혼사진을 경찰에게 증거로 내보였다. 두 사람을 간통죄로 구두 신고하고 임시 유치시키려고 하자, "집이 수원이면 수원까지 자기들이 차를 잡아 준다"면서 수원경찰서로 직접 가서 고소하라고 했다.

그래서 할 수 없이 수원경찰서로 와서 다시 결혼사진을 보이고 간통죄 고소 의사를 밝히면서 "내일 정식으로 간통과 협박죄로 고소장를 제출하고 고소인 진술을 할 테니 이 사람들을 임시 유치시켜 달라"고 얘기를 했다. 막 경찰서에서 나오려는데 숙직 중이던 해군 친구 고성향이가 "남자는 유치시키고 여자는 데리고 갔다가 내일 데리고 오라"고 하는 것이었다.

처를 경찰서 앞 여관으로 데리고 가서 내용을 물어보았다. 그 여자 대답이 "그놈이 애 아버지라 어떻게 할 도리가 없어서 그랬으니 잘못했다. 그 사람은 직장을 하루 빠지면 사흘 결근 처리 한다. 그 사람을 구속시키면 직장까지 잃으니 용서해주면 다시는 안 올 것이다. 당신한테 시집오기 전에 술집에서 만난 사람으로 애가 생겨 살림을 시작했다. 그 사람이 돈벌이를 못해 매일 굶다시피 살았다"면서, 첩질 한다고 자기 어머니가 "나이가 많아도 공무원인 당신에게 시집을 가라고 해 시집을 왔는데 아이 때문에 어쩔 수 없이 이렇게 되었다"고 했다.

그래서 홧김에 "이 미친년아! 네 나이가 몇 살인데 행동을 그렇게 해서 내 망신을 시키느냐?"며 귀싸대기를 한 대 때리고 생각하니, 앞으로 어떻게 했으면 좋을지 막막하고 또 여자가 불쌍한 생각도 들어 다음날 그 남자에게 "고소를 취하해주겠으니 다시는 내 앞에 얼씬거리지 않겠다는 각서를 써라"고 해서 각서를 받고 여자를 데리고 집으로 돌아왔다.

그 뒤로도 '또 이혼을 하면 많은 사람들 앞에서 결혼식까지 한 게 우습게 되고, 이럴 수도 저럴 수도 없다'는 생각으로 참 고민스러운 나날을 보내고 있었다. 그런데 그 후 이 여자는 시도 때도 없이 머리가 아파 죽겠다고 하더니, 하루는 "신기가 생겨 무당이 될 팔자이니 우리 집에 부처님을 모시게 해달라! 나는 내 몸에 신이 들어 부부 관계도 신이 하라고 시키지 않으면 못하기 때문에 자기보다 젊고 예쁜 여자를 얻어주겠다"며 자기는 무당으로 살겠다는 것이었다.

그러자 내가 직장에 간 사이에 어머니가 그 여자한테 잘 알아듣도록 "너는 애비하고는 도저히 살 수 없는 팔자다. 너는 꼭 무당을 해야 하고 애비는 공무원인데 어찌 같이 살 수 있겠느냐?"고 설득해 자기 스스로 떠나가게 했다.

그 여자와는 그렇게 이혼을 했다. 혼인신고도 하지 않았으니 이혼이랄 것도 없지만, 그렇게 떠나보냈다. 무당이라 해도 큰 무당도 못 되고 큰 무당 밑에서 자질구레한 심부름이나 할 식견밖에 안 되는 것을 너무나 잘 알기에, 어디에서 고생이나 하지 않고 늙어 가는지…… 간혹 그 여자 생각을 하면, 뭔가 얹힌 것처럼 마음이 무거워진다. 부처님 말씀에 옷깃만 스치고 지나가도 인연이라는데, 그래도 단 얼마간이라도 부부란 이름으로 살았는데, 고생하고 떠돌아다닐 것 같아 늘 측은지심이 생겨 마음이 그리 편치 못하다.

### 위암으로 젊은 나이에 세상을 등진 세 번째 처 공애영

옛날 백암국민학교 시절, 용인 백암면의 각 학교를 다니며 아모레 화장품 월부장사를 하던 박철수씨가 있었다. 그는 나이가 꽤 많은 남자였는데, 내가 신기 내린 여자와 이혼하고 혼자 외롭게 산다는 것을 장평국민학교에서 같이 근무하던 구자관 선생한테 듣고 중신을 서겠다고 찾아왔다.

"좋은 신붓감이 있으니 용인 공용버스 정류장 앞, 2층 ○○다방으로 오후 1시까지 나오라"고 했다. 그래서 중매쟁이 박씨와 약속한 장소로 찾아갔다. 이 사람은 중매를 아주 잘 서기로 정평이 난 사람이었다. 결혼을 성사시키기 위해 거짓말도 적당히 섞어서 하고 허풍도 치면서 나중에는 어떻게 되든 간에 결혼만 성사시키면 된다고 생각하는 그런 사람이었다.

그렇게 해서 다방에서 공애영(孔愛泳)이라는 여자를 처음 소개받았다. 가만 보니 아주 조신한 것이 아무리 보아도 여자다워 첫눈에 나의 마음을 사로잡았다. 처음에 성남으로 출가를 했는데, 남편이 생활력이 없는 아주 무능한 사람이어서 결국 합의이혼을 하고, 국민학교에 들어갈 정도의 딸 하나를 데리고 친정으로 왔다고 했다. 용인군 남사면을 구역으로 맡아 아모레 화장품 월부 판매를 하면서 아주 힘겹고 외롭게 살고 있었다.

그런데 중매인 박씨가 공애영을 앞에다 놓고, 내가 홀아비 된 지 5년이 넘도록 혼자 살았다느니, 머리가 남달리 비상해 이 나이에도 공무원 공채시험에 합격했다느니, 내 집도 아닌 집을 내 집이라느니, 거짓말을 섞어 허풍을 떨었다.

맞선을 보는 공애영이 보기가 낯간지럽고 민망해서 "박 사장님! 우리가 아이들도 아니니 우리끼리 이야기를 나누겠다. 지금부터는 우리에게 맡기고 혼사 문제는 내일 만나 결론을 말씀드릴 테니 내일 만나자"고 인사를 해 쫓다시피 돌려보내고 둘이서 이야기를 계속했다.

얘기를 나누다보니 이상하게도 처음 만난 사람 같지가 않았다. 오래된 지기라도 만난 것처럼 마음이 아주 편했다. 그래서 "나는 무당이 되려던 여자와 헤어진 지 반년도 안 되지만, 늙은 어머니와 어린 자식 3남매 때문에 도저히 혼자 살 수 없어서 또 장가를 들려고 한다. 결혼도 한 번 실패한 게 아니고 이번이 세 번째다. 지금 사는 집도 내 집이 아니고, 친구가 살라고 사준 집이라 세는 안 내고 내 집처럼 산다"고 모든 것을 솔직히 이야기했다.

그러자 이 말을 들은 여자가 솔직해서 좋다며, 언니가 수원 연무동에 사는데 같이 가서 언니와 형부도 만나보자고 했다. 그래서 함께 수원으로 가서 인사한 뒤 결혼하기로 마음먹고 그 길로 우리 집으로 같이 가서 어머니께도 인사를 드렸다.

그 후로 공애영은 스스럼없이 우리 집에 드나들면서 결혼 준비를 했다. 그런데 내가 "두 번째 결혼할 때 떠들썩하게 포교당 절에서 결혼식을 한 지 반년도 안 돼 또 결혼식을 한다는 게 나로서는 동리 사람 부끄러워 도저히 안 되겠으니 서운할지 모르지만 당신이 이해하라"고 설득해서 결혼식은 안 올렸다.

그냥 날을 잡아 시내 조그마한 식당에서 여자 측 친척과 가족, 그리고 우리 측에서는 친구들만 몇 명이 모여서 피로연만 간소하게 치렀다. 신혼여행 대신 온양온천에 가서 하룻밤을 자고와 그 길로 살림을 시작했다. 그런데 공애영은 밥을 아주 조금밖에 먹지 않았다. 그러면서 식후에는 갖가지 소화제를 꼭 먹었다. "그렇게 먹고 어떻게 생활을 하느냐?"고 걱정을 하면 자기는 속이 좀 좋지 않아 그렇게 먹어도 사는 데는 걱정이 없으니 아무 걱정을 말라면서 나보고만 많이 먹으라고 했다.

그리고 항상 '노루모산(제산제)'을 복용했다. 그래서 처음에는 소화가 잘 안 되나 보다 그렇게 생각했으나 계속 음식을 못 먹기에 반강제로 경기도립의료원으로 데리고 가 검진을 받았다.

도립의료원 의사는 몇 가지 검사를 하더니 남문에 있는 모 병원으로 보내 엑스레이를 몇 장 촬영하게 했다. 그 병원에서는 엑스레인 사진을 주면서 "다시 도립병원 내과로 가보라"고 했다. 그 순간 의사의 안면에 그늘이 지는 것을 보았다. 그래서 공애영을 먼저 나가 있으라 하고 의사에게 "사실대로 말해 달라. 그래야 내가 현명한 처신을 할 수 있다"고 조르니까 의사는 "이미 위암 3기를 넘어 말기"라고 했다. "그러면 어떻게 되는 것이냐?"고 물으니, "이제 이 환자는 완치하기 어렵다. 내과의사 지시에 따르라"는 것이었다.

　다시 엑스레이 사진을 가지고 도립병원 내과에 가자 의사가 진찰을 끝내고 공애영이 없는 자리에서 머리를 좌우로 흔들며 "입원해도 고칠 수 없으니 집으로 데리고 가서 맛있는 것이나 많이 해주고 환자를 즐겁게 해주라. 그게 최선의 방법"이라고 했다. 그 소리를 들으니 하늘이 내려앉는 기분이 들고 눈앞이 캄캄해졌다.

　그래서 "앞으로 얼마나 더 살 수 있느냐?"고 물어보니, "길게 살아봐야 넉 달 정도밖에는 살 수 없을 것 같다"고 했다. 그 소리를 듣고 소리 죽여 울면서 도립의료원에서 나왔다. 아내에게는 눈물을 안 보이려고 땅을 내려다보며 집으로 왔다. 그리고 어머니에게는 사실대로 말씀드리고, 주위 사람들에게는 처가 위암이라는 사실을 숨겼다.

　그 좋아하는, 친구들과 술 먹는 일도 일절 끊었다. 동사무소 근무가 끝나면 곧바로 오토바이에 처를 태우고 파장동 포도밭, 팔달산 서장대, 서호 딸기밭 등으로 다니면서, 물론 개통철학이지만 내 나름대로 인생철학이 깃든 많은 이야기도 들려주었다.

　서로 만나 부부로 정든 지 겨우 반년을 넘긴 시간인데도 얼마나 마음이 저린지 '이 사람이 몇 달만 있으면 저세상 사람이 된다'는 게 도저히 믿어지지 않고 꿈을 꾸는 것만 같았다. 그래서 처가 식구들에게도 '위암이라는 것을 처에게 알리지 말자'고 단단히 일러놓고 '혹시 오진은 아닐까?' 하는 생각으로 서울 고려병원, 원자력병원 등지로도 진찰을 받으러 다녀봤으나 마찬가지였다.

　내가 동사무소에 출근하고 나면, 처는 누가 보아도 병색이 깊은 얼굴로 집 앞에 나와 양지에 쪼그리고 앉아 햇빛을 쏘이곤 했다. 지나던 사람들의 눈길을 끌 만큼 상태는 나빴다. 개중에는 "젊으신 분이 어디가 몹시 아픈가 보네요?" 하고 친절히 접근하는 사람도 있었다. "음식을 소화시키지 못해 기운이 없어 힘이 든다"고 대답하면, "그런 것은 어디

가면 금방 고칠 수 있다"고 소개한다. 이런 사람들은 백이면 백, 시퍼렇게 마른 강아지에 달라붙는 진드기같이 불쌍한 병자에게 달라붙는 나쁜 사람들이다.

저녁에 내가 퇴근해 오면 낮에 있던 이야기를 하면서 "낮에 어떤 사람이 얘기해준 곳에 한 번 가봤으면 좋겠다"고 해서, 다 소용없는 일인 줄 알면서도 위암이란 것을 숨기기 위해 다음날 데리고 가 그 돌팔이 치료를 받게 하고 집으로 돌아오곤 했다.

이름 있는 모 제약회사로 가보라는 말을 듣고 찾아가, "새로 만든 암 치료약인데 이 약을 쓰면 나을 것"이라고 해 '이만한 이름 있는 큰 회사에서 파는 약이면 나을 수도 있겠구나!' 하고 그 약을 받아가지고 나오면서 마음이 뛰는 희망을 품어보기도 했다.

"조치원에 있는 아주 작은 시골 약방인데, 못 고치는 병이 없으니 찾아가보라"는 소개도 있었다. 말도 안 된다는 생각이 들었으나, 환자가 가보고 싶어 하니 '얼마나 살지도 모르는 사람, 마음을 위로할 수 있다면야' 하고 또 가봤다. 소용없는 일이었다.

나중에 안 일이지만, 병색이 든 환자를 병원에 소개해주고 커미션을 받아먹는 진드기 같은 인간들에게 속은 거였다. 그런 인간이 얼마나 많은지, 병든 사람들 피를 빠는 것 같아 분노가 끓었다.

그렇게 시간은 무심히 흘러 처의 병세는 내가 보기에도 나날이 깊어지고 '이제 이 사람이 이 세상에 머무를 날도 얼마 남지 않았구나!' 하는 생각이 들면 잠을 이룰 수 없었다. 도저히 현실 같지 않아 '꿈을 꾸고 있는 게 아닌가?' 하고 내 몸을 꼬집어보기도 했다.

어느 날인가 병원에서 시키는 대로 집으로 데려가자니 본인은 '죽으러 가는구나!' 하고 생각할까봐 할 수 없이 서울 오류동 조경환(曺瓊煥) 내과로 데려가서 원장에게 부탁을 했다. 조경환 내과 원장은 소사의 김영식 선배와 국민학교 친구로, 전부터 좀 아는 사이였다.

그래서 이 사람에게 위암 말기라는 것을 숨기고 입원을 시켜 달라고 사정을 했다. "이 병원에서 완치해서 나가겠다는 것이 아니니 조 형이 매일 소화제나 주고 포도당 주사나 한 번씩 놔주다가 운명이 다할 시간이 임박하면, 이 병원에 누를 끼치지 않고 수원 도립병원으로 데리고 가서 장례를 치르겠으니 도와 달라. 저렇게 젊은 나이에 불쌍하게 죽어가는데 잔인하게 '너는 위암으로 머지않아 죽는다'고 말하면 얼마나 비인간적이냐? 그러니 조 형이 어려워도 좀 도와 달라"고 졸라 조경환 내과에 약 2개월 입원을 시켰다.

병원에 가서 간병할 사람도 없고 해서 내가 수원에서 오류동까지 오가면서, 틈틈이 환자의 뒷바라지를 하고 심지어 똥 걸레까지 빨았다. 그런데 그 더러운 처리를 하는데도 하나도 더러운 것을 몰랐으니 정이란 게 참 위대하다는 생각뿐이다.

그렇게 수원과 오류동을 오가다보니 내 몰골이 해골같이 되었던 모양이다. 그걸 보고 수원시 신안동장을 비롯해 온 직원이 "도장이나 사무실에 맡기고, 오류동 병원에 가서 환자나 돌보라"고 강제로 밀어냈다.

인간의 참된 정이 귀중하다는 것을 이때 난생 처음 느껴봤다. 동두천 사는 누님 이외에는 소사에서는 가족도 나 몰라라 하는데, 동사무소에서는 이런 배려를 했던 것이다. 아마 학교에서 계속 근무하는 중에 이런 일을 당했더라면 그런 도움은 받지 못했을 거라는 생각을 했다.

그렇게 약 두 달을 오르내리며 간병을 하는데도 오류동 병원에서 4km밖에 안 되는 소사에 사는 큰형님과 형수님, 그 많은 조카들은 한 번도 병문안을 온 적이 없었다. 그러면서도 형이라는 정신적 철부지는 "조강지처라면 맨발로라도 가보겠지만 조강지처도 아닌데 뭘 하러 가느냐?"고 어린아이만도 못한 무책임한 말을 하더라는 소리를 들었다.

당장 뛰어가서 한바탕 하고 싶었으나 어머니 말씀 때문에 참았다. 그래도 둘째조카 신종성(辛宗星)이는 서울에서 부산으로 대형화물차 운전을 하는 바쁜 와중에도 몇 번씩이나 찾아와 걱정을 하며 위로하곤 했다.

　많은 조카들 중에 그 조카만 그래도 나를 삼촌으로 생각하고 사사로운 일도 의논하곤 했다. 나는 운명적으로 고독을 타고났다는 말을 많이 듣고 살았는데, 아마도 그 말이 정말 맞는다는 생각이 들 때가 간혹 있다.

　말이 통하고 철학이 깃든 깊은 이야기라도 나눌 둘째조카는 40살도 못 살고 뇌출혈로 내 앞에서 유명을 달리했다. 하기야 그 많은 조카들이 장가를 들고 시집을 갔지만, 다 늙어가는 놈의 치사한 소리 같지만, 나는 삼촌이라고 양말 한 짝 얻어 신어본 적도 없고 조카며느리 될 사람한테 절 한 번 받아본 적도 없으며, 조카사위 된 사람에게 인사 한 번 받아본 적도 없다.

　조카사위들한테 처 할머니 되는 어머니도 인사를 받지 못했는데 내가 언감생심이지, 무슨 절을 받기를 바라겠는가? 그야 조카사위 잘못일까? 부모들 잘못이지! 창피한 내 집안 멍석 깔 사정이 어디서부터 꼬였는지, 어디가 잘못된 것인지? 도저히 이해할 수가 없다. 조카사위 되는 사람들은 길에서 만나도 서로 누구인지도 모르고 지내는 형편이 되었다.

　그런데 반대로 처의 친척들은 사방에서 뻔질나게 병문안을 왔다. 처 보기도 창피하고 부끄러웠다.

　얼마 후 오류동 조경환 원장이 "환자의 생이 얼마 남지 않은 것 같다. 이런 말 하기 미안하지만 수원 도립의료원으로 옮기는 게 좋겠다"고 해 "조 형이 미안하기는! 그 동안 내가 조 형 신세를 많이 졌지!" 하고 소사 윤덕원(尹德源)(옛날 연예대에서 노래를 잘 불러 같이 전방으로 공연을 다니던 친구)이라는 옛 친구의 개인택시를 불러 수원 도립의료원으로 옮겼다.

　그때 소사의 옛 친구 홍순모(洪淳模)가 조경환 원장에게 "그 동안 내 친구의 궂은일을 잘 봐주어서 고맙다"고 양담배 한 보루를 주고, 부천에서 국회의원을 하던 안동선(安東善)이라는 친구도 홍순모의 말을 듣고 함께 달려와 택시비용을 대주고 돌아갔다. 그렇게 많은 사람들에게 신세를 지면서 도립의료원으로 데리고 와서 입원을 시켰다. 그리고 1주일도 안 돼 처는 영영 돌아올 수 없는 길로, 내 곁을 떠나갔다.

처와 처음 만나 결혼식 대신 부부로 함께 산다는 것을 지인들에게 알리고 시내에서 아주 조촐하게 피로연 상을 차려 친지와 벗들에게 인사한 날부터 하루도 다르지 않고, 꼭 1년이 되던 바로 그날, 잊을 수 없는 처는 경기대학교 밑 수원시 이의동 공동묘지에 묻혔다.

**처를 먼저 보낸 뒤 우울증에 시달리다.**

아내를 잃은 후, 우울증이 나를 괴롭히기 시작했다. 사실 우울증이라는 병이 있는지도 몰랐다. 그저 매일 몸이 무겁고 괴로워서 펜을 들어 사무를 보려고 해도 손가락 하나 움직일 수 없이 괴로웠다. 내과병원을 몇 군데나 찾아가서 진찰을 받아보았으나 의사들은 아무 이상이 없다고 했다.

그래서 어느 병원에서 정밀검사를 부탁했더니 한 의사가 내 말에는 아랑곳하지 않고 "내가 하는 말 나쁘게 생각지 말고 용인에 있는 정신병원에 가서 진찰을 한 번 받아보라"고 권했다.

'이 사람이 미쳤나? 내가 정신이 멀쩡한데 왜 정신병원을 가! 가고 싶으면 제 놈이나 가지!' 하며 마음속으로 매우 불쾌했다. 그때만 해도 무식해서 정신신경과에는 미친 사람들이나 가는 곳으로 알 정도였기 때문이었다. 몸은 괴롭고 아프고, 의사 말을 안 들을 수도 없고, 할 수 없이 마음을 돌려먹고 용인정신병원으로 가서 진찰을 받아보았다.

그런데 무슨 의사가 진찰 기구라고는 백지 한 장과 볼펜 한 자루뿐이고, 병을 진찰한다면서 내가 살아온 과정을 풀어놓도록 아주 부드러운 분위기로 끌고 갔다. 마치 옛날 다정한 친구와 함께 같이 지내며 즐겁던 이야기를 나누는 듯했다. 이야기는 주로 내가 하고 의사는 간단히 묻고 이야기를 들어주는 게 전부였다. 그런데도 의사에게 속마음을 탁

털어놓고 이야기를 하고 나니 그렇게 시원할 수가 없었다.

이야기가 다 끝나자 "아내의 사망이 초기 우울증에 걸리게 했다. 처를 많이 사랑했나보다. 사랑하는 사람을 잃고 나면 성격이 자상한 사람들이 우울증에 더 잘 빠진다. 약을 1주일 치 지어주겠으니 빠뜨리지 말고 잘 먹어보라. 이 약을 먹으면 오히려 더 까부라지고 잠이 쏟아지고 정신이 몽롱해져 비몽사몽이 될지도 모르는데, 그래도 아무 걱정 말고 열심히 먹으라"고 했다. 그래서 집으로 돌아와 약을 먹고 잠이 들었다.

그런데 내가 얼마나 잠에 취했던지 어머니가 걱정이 되어 "야, 애비야! 무슨 잠을 그렇게 깊이 자느냐? 잠을 자더라도 밥이나 먹고 또 자라!"고 깨워 밥상을 머리맡에 디밀어놓으면 잠결에 미친 사람처럼 밥을 먹고 또 그 자리에서 쓰러져 깊은 잠에 빠지곤 했다.

그렇게 그 약을 다 먹고 나니 내가 언제 우울하고 괴로웠었냐 싶게 정말로 몸이 하늘로 날아갈 것 같았다. 그 후로 나는 정신병원을 신뢰하고 기분이 조금만 이상해지고 심적으로 갈등이 생겨도 정신과 의사를 찾아간다.

친지나 친구들이 우울해 해도 정신과 의사를 찾아보라고 권한다. 그러면 아주 불쾌하게 받아들이고 "내가 미쳤냐? 왜 정신과를 가느냐?"는 사람들이 참으로 많다. 하지만 나는 지금도 우울한 생각이 들면 정신과를 찾아간다. 그러면 신기하게도 머리가 맑아진다.

**지금까지 30년을 해로한 네 번째 아내 진경자**

세 번째 처와 사별하고 우울증에 시달리며 공무원 생활을 하는데, 친족과 친구들에게서 중매가 들어오기 시작했다. 나는 남들처럼 연애를 잘하는 편은 못 된다. 연애를 하려면 아무래도 거짓말을 조금은 해야 하고, 그러자니 낯간지러운 것 같아 골치 아픈 연애에 열정을 쏟기보다는 좋은 친구들과 어울려 술 먹고 좌담하는 것을 즐기는 편이다.

그런데 이상하게도 결혼을 남보다 많이 해서 그런지, 연애가 아닌 결혼을 하려고 생각하는 상대와 마주 앉으면 재미로 연애하려 할 때와는 정반대로 마음이 편하고 나도 모르게 이야기가 술술 절로 나왔다.

왜 그럴까 생각해보니 상대방에게 조금도 거짓말을 하지 않고, 있는 그대로 편하게 말을 하기 때문이었다. "나는 집도 한 칸 없이 친구가 마련해준 남의 집에서 산다", "교사를 그만두고 조그마하게 사업이라고 벌였다가 실패하고 어린 자식들과 연로하신 어머니와 아주 어렵게 살고 있다"는 구차한 이야기, "지금은 다시 공무원 시험에 합격해 그럭저럭 어린것들과 밥은 굶지 않고 산다"는 둥, 별로 자랑거리도 안 되는 이야기를 기탄없이 하는 데 오히려 상대방이 호감을 갖지 않았나 생각해본다.

그때만 해도 인심이 그래도 순수해서 돈만 보고 상대를 선택하지 않고 인간적인 호감도로 짝을 찾던 시절이라 그랬는지, 이종원과 황복수도 나와 헤어지면서 나에게 욕을 하거나 위자료 따위를 요구하지는 않았다. "나와는 같이 못 살아도 어머니와 어린것들하고는 잘 살라"고 위로의 말을 하고 헤어졌다. 공애영이도 죽음이 임박하자 눈치를 챘는지, 자기 손톱과 발톱을 깨끗이 깎고 나서 "짧은 삶이었지만 그간 고마웠다"는 말을 남기고 영원한 이별을 했다.

하루는 이강복(李康福)이라는 옛 동료를 만났다. 고화동에 근무할 때 강 계장 혼내주는 것을 보고 자기가 하고 싶은 것을 신 주사가 속 시원히 했다고 좋아하며 친절을 많이 베풀어준 동료였다. 그 뒤 나는 매원동으로 그는 영화동으로 헤어졌는데, 이 동료가 내가 처와 사별했다는 소문을 듣고 중신을 서려고 수소문하다 영화동에서 통장 일을 보면서 부동산중개업을 하던 박만원(朴萬遠)이라는 사람에게 내 결혼문제를 부탁해, 세 사람이 인사차 술자리를 했다.

그 자리에서 내가 이야기도 잘하고 재미있는 말도 많이 하니까, 박 통장이 내 유머에 반해서 "아무 걱정 하지 말라. 내가 이미 서울 연희동에 아주 좋은 신붓감을 봐두었다"며 아주 적극적으로 중신을 섰다.

그런데 나는 공애영의 죽음이라는 충격 때문인지 별로 장가들 생각도 나지 않아 선뜻 대답도 못하고 지냈는데, 차차 공애영의 충격도 희미해지고 연로하신 어머니가 어린 손자들 뒷바라지하는 것이 죄스러워 박 통장이 일러준 주소만 들고 서울 연희동으로 찾아갔다.

진경자(陳京子)는 별로 결혼할 생각도 안 하고 있는데, 박 통장이 하도 내 자랑을 하면서 추켜세우고 졸라대는 바람에 도대체 어떤 사람인가 호기심이 생겨 한 번 만나보는 것도 괜찮겠다는 생각이 들어 반응낙을 했다고 한다.

진경자는 첫 결혼에서 아기를 낳지 못해 이혼을 했다. 경남 마산 이모의 절친한 친구인 홍일원(洪一源) 변호사네 연희동 집 살림을 돌봐주며 이혼의 충격을 달래고 있었다.

홍 변호사의 부인은 남편이 돈이 많으니 부동산에 손을 대기 시작해 수원 박만원 부동산과 연결이 되고, 그래서 박 통장이 연희동 집에 드나들면서 진경자라는 여인을 알게 돼 나한테 소개까지 한 것이었다.

찾아가보니 진경자는 부잣집이 모여 있는 연희동 넓은 집에서 혼자 나를 기다리고 있었다. 박 통장은 진경자를 소개할 때 자기가 살아보기나 한 것처럼 "신부될 사람이 얼마나 살림을 잘하고 잘생겼는지 신 주사에게는 호박이 넝쿨째 굴렀다. 내가 혼자라면 볼 것도 없이 장가를 들겠다. 신 주사는 처복이 있다"는 등 허풍을 떨었다. 그래서 마음속으로 '아주 미인인가 보다' 기대가 잔뜩 부풀었는데 막상 만나보니 첫눈에 확 들어오기는커녕 웬일인지 촌닭 같다는 생각이 들었다. '박 통장이 중신하면서도 땅이나 집 소개하는 것처럼 허풍을 떨었구나!' 그러면서 옛날 어머니한테 들은 중매쟁이 이야기가 생각났다.

옛날 어느 마을에 매파가 처녀를 중신하려고 총각 집으로 찾아와서 처녀네 집이 호의호식하면서 집안도 몇 대째 그 지방에서 행세하는 남들이 부러워하는 양반집인데, 단 한 가지 흠을 잡자면 좀 먼 것이 흠이라면서 멀지만 않았으면 그런 자리는 이 집에서 감히 꿈도 꾸지 못하는 자리라고 허풍을 떨어댔다.

총각의 어머니가 매파의 허풍 떠는 소리를 듣고 흐뭇해서 호의호식하고 반명(班名) 있는 집이면 되었지 멀면 대수냐? 멀면 가마타고 가면 되겠지 했는데, 알고보니 '먼 것'이 '길이 먼 것'이 아니라, '눈이 먼 것'이었단다. 예나 지금이나 매파들은 아주 허풍을 잘 떨고 더러 거짓말도 해야 되는 법인가 보다.

"내가 박 통장이 소개한 신용승이라는 사람"이라고 인사를 하고 자리에 앉아 찬찬히 보니 모양은 다소 촌스러운데도 그 여자 앞에 놓인 《리더스 다이제스트》라는 월간 잡지가 눈에 띄었다. 그 당시 지식인들이 많이 읽던 바로 그 잡지가 방금 보다가 놓은 듯이 앞에 놓여 있었다.

그래서 '아, 이 여자가 겉으로는 촌스러워도 내면으로는 교양을 갖췄나 보다'고 생각하며 말을 걸어봤다. 역시 보통 여자들과 달리 말하는 품이 아주 조용하고 자연스러웠다. 무식은 면한 것 같고 교양도 좀 갖춘 것 같아 내 주특기인 수다가 시작되었다. 그러면서 우리는 처음부터 아주 오래된 사이처럼 허물없이 한 2시간 정도의 긴 대화를 나누었다.

진경자는 "한 달쯤 시간을 주면 서울에서 모든 일을 정리하고 연락을 하겠다"더니, 정말 한 달쯤 후에 "정리가 끝났다"고 해 같이 살기로 날짜를 잡아 우리 집으로 데리고 와 어머니께 인사드리고 한 가족이 되었다.

신안동사무소에서 내 결혼 소식을 듣고는 부산을 떨었다. 내 의견은 들어보지도 않고, 동장과 통장들, 마을금고 직원들, 예비군 간부들이 10월 27일 강원도 낙산사에서 내 결혼식도 올려주고, 동사무소 친목 야유회도 하기로 준비를 끝내고 관광버스도 몇 대 예약을 했다. 그런데 공교롭게도 그 전날, 박정희 시대의 종막을 고한 10·26 사건이 발생해 세상이 뒤숭숭해져 도리 없이 결혼식도 못 올리고 그냥 혼인신고만 하는 것으로 이성지합(二姓之合)을 맺었다.

### 처가 부업으로 시작한 양돈사업, 돼지파동으로 실패하다

우리는 이렇게 결혼해 수원시 이의동 집에서 살림을 시작했다. 우리 집에는 돼지를 기르다 돼지콜레라 때문에 실패했던 여섯 칸짜리 돈사가 있었다. 우리 부부는 그 양돈장을 소독하고 청소해 양돈을 다시 시작했다. 나는 동사무소에 출근하고 처가 집안 경제에 도움을 주겠다고 시작한 것이었다. 처음에 돼지 5마리로 시작한 것이 그럭저럭 늘어나면서 모돈(母豚)과 종자돈(種子豚)을 합해 많이 늘어났을 때는 100마리도 넘게 늘어났다. 그래서 처는 돼지 기르는 데 재미를 붙였다.

그러던 중 유례없는 돼지파동이 전국에 몰아닥쳤다. 이 돼지파동은 우리나라 양돈 역사상 전무후무한 대파동이었다. 정부에서도 양돈업자들을 구해주기 위해 법을 어기면서까지 나름대로 안간힘을 썼다. 허가 없이 아무 곳에서나 돼지를 도살해도 어떤 제재도 가하지 않고 눈을 감아줄 정도였다. 그만큼 돼지 사육농가들이 피를 보았다. 양돈농가에서 새끼돼지들을 트럭에 싣고 와서 서울 동리 골목에 산 채로 버리고 달아나는 기현상이 신문에 보도되기도 했다.

그때 하필 우리도 돼지가 많은 수로 늘어났었다. 그래서 동리에서 사흘이 멀다 하고 150근짜리 규격돈(規格豚)을 잡았다. 동리 사람들에게 품삯을 주고 돼지를 잡아달라고 부탁하고, 비계는 다 버리고(언제부터 비계를 안 먹고 살코기만 먹었는지) 살코기만 한 근에 300원씩, 그것도 외상으로 동리 사람들에게 팔았다. 파동 전으로 치면, 새끼돼지 1마리 값도 안 되니 계속 잡을 수도 없고 그냥 어디다 버릴 수도 없고 난감하기만 했다. 돼지파동이 진정될 때까지 그냥 기르자니 사료값을 감당할 수도 없고, 150근이 넘으면 규격돈이 아니라고 장사꾼들은 그나마 한 근에 100원밖에 주지 않으니, 그야말로 돼지가 살림에 보탬이 되는 게 아니라 원수덩어리로 변했다.

돼지를 잡아달라고 품삯을 주는데도 혼자는 못 잡는다고 둘이 잡아야 한다고 한다. 울며 겨자 먹기로 두 사람이 잡으라고 하면 그 사람들 일당이 돼지 반 마리 값이었다. 그러니 돼지 잡는 사람들만 좋은 일 시키고, 나는 애써 키워 외상으로 푼돈이나 주워 담는 꼴이었다.

그렇다고 달리 도리가 없으니 마당에 연탄불을 피워놓고 돼지를 잡는데, 일당을 받고 잡으면서도 소주를 사달라고 했다. 속이 썩어가면서도 참고 소주를 사다주면 돼지고기를 팔기도 전에 동리 사람들이 모여들어 자기들 마음대로 맛있는 부위만 골라 구워먹었다. 돼지 1마리에 세 근 정도 나오는 갈매기살은 쇠고기 못지않게 아주 맛있는 부위인데, 나에게는 알려주지도 않고 저희들끼리 술안주로 먹어치웠다.

나중에 갈매기살이 쇠고기보다 맛있다는 사실을 알고부터는 "우리 어머니가 갈매기살을 좋아하시니까 갈매기살은 먹지 말라"며 거의 빼앗다시피 해서 어머니와 아이들도 맛을 볼 수 있었다.

내가 아무것도 모른다고 같은 이웃에 살면서 측은지심이 생기는 것이 아니라 '이때다' 하고 자기들 이익만 챙기는 것을 보고 도시 인심보다 오히려 설익은 농촌 인심이 더 야박하다는 것을 그때 알았다. 옛날에는 시골 사람들은 도시 사람보다 순박하다고 했는데 지금은 오히려 농촌 사람들이 순박하기는커녕 더 야박하고 이기적이란 생각이 들었다.

하여간 시퍼렇게 마른 당나귀 잡아 귀 떼고 거시기 떼면 남는 게 없다는 식으로, 돼지를 팔아봐야 인건비 떼고 소주 값 빼고 나면 정말로 손에 들어오는 돈이 없었다. 계속 잡아야 할지 말아야 할지 진퇴양난(進退兩難)이었다. 그런 판에 외상값도 안 내고 꿀꺽 삼키는 얌체들도 꽤나 있었다.

내가 돼지파동으로 고민하는 것을 안 신안동 김중배(金重培) 동장님이 통장들에게 부탁을 해놓고 "부지런히 잡아다 우리 신안동 통장들에게 팔아달라고 부탁하라"기에 동장에게 정말 고맙게 생각하고 돼지를 잡아다 통장들에게 맡겼지만, 역시 파동 전 새끼돼지 반 마리 값도 못 건졌다. 정상적일 때는 산 채로 저울에 달아 600g에 3,000원을 받을 수 있었다. 그런데 인건비까지 주고 잡은 돼지고기 시세가 통장들한테 사정사정해서 팔아봐야 살코기만 600g에 200원 정도였기 때문이다.

나중에 동사무소에 사직서를 내고 학교로 떠나자, 이 돼지고기 외상값마저 떼어먹는 통장들도 있었다. 매일 만나던 사람들끼리도 떠나고 나면 외상값을 떼어먹는 판이니 참 세상 인심 고약하고, 인간이란 것이 이렇게 추하다는 생각이 들어 입맛이 씁쓸했다.

### 남 앞에 나서기 싫어 문화방송 출연도, 효부상도 거부한 처

영등포국민학교를 졸업하고 헤어져 한국전쟁의 아픔도 거치고 각자 생업을 위해 뿔뿔이 헤어져 30년 넘게 바쁘게 지내던 국민학교 동창생들이 어느 선생님 아드님 결혼식에서 한자리에 모였다. 그 자리에서 우리도 이제 많이 살았고 앞으로 살날도 얼마 남지 않았으니, 앞으로 한 달에 한 번씩이라도 만나보면서 서로 소식도 나누고 어려운 일이 있으면 돕고 살자고 누군가 제의를 했다. 동창들이 모두 동의해 임시 회장으로 송조영군을 뽑아 한 달에 한 번씩 모임을 갖기로 했다.

이후 주로 영등포 일대의 음식점을 돌며 친목도 다지면서 정겹고 즐거운 시간을 보냈다. 잠시나마 일상을 잊고 맘껏 과거에 취할 수 있는 자리였다.

그러던 중 "이번 여름에는 음식점에 모이지 말고 우리 수원 집에 모이는 건 어떠냐? 마침 똥개도 길러놓았으니 똥개 한 마리 잡아 복들이를 하자"고 내가 제안해 그해 여름은 우리 집에서 복들이를 했다.

복들이를 하던 동창들이 우리 집 사정을 알게 되었다. 동사무소에서 말단 공무원을 하며 가난하게 사는 나에게 시집 와서 연로하신 시어머니 모시고, 아직 초·중학생들인 어린 전실 자식들 보살피며, 더욱이 불치의 병으로 고생하는 둘째아들 종헌이 뒷바라지에 양돈까지 하고 있는 처에 대해서 자세히 알게 된 친구들이 "이만하면 방송에 내보내도 되지 않겠느냐?"고 자기들끼리 의논을 했다.

그때 동창생 중에는 MBC 광고부 상무로 근무하던 최재홍(崔在弘)이라는 친구가 있었다. 방송국과 협의해보니 그 정도면 방송을 하겠다고 합의했다면서 그 친구가 처에게 준비를 시키라고 연락을 해왔다.

처에게 그 말을 전하니 처는 깜짝 놀라면서 "당신! 누구 망신시킬 일 있느냐?"며 펄쩍 뛰었다. 아무리 좋은 말로 설득해도 한사코 거절해 할 수 없이 동창들에게 "너희들이 내 처 문제를 마음 써주는 것은 고마우나 평양감사도 나 싫으면 안 하는 것이라는데, 본인이 극구 반대하니 없던 것으로 하자"고 도리어 내가 미안하다고 사정을 하면서 없던 일로 하고 끝냈다.

이런 일도 있었다. 수원에서 해마다 열리는 화홍문화제 때 18개 동별로 한 사람씩 효자 효부를 선정해 시상하고 부상으로 100만원 정도씩 적지 않은 돈을 주는 행사가 있었다. 이의동사무소에서는 이의동 몫으로 내 처를 효부로 선정했다. 그런데 처는 "내가 무슨 효부냐? 시어머니와 같이 살면서 오히려 시어머니 사랑을 입고 사는데 내가 뭘 잘한 게 있다고 효부상을 받느냐? 싫다"고 했다. 그러자 동장이 직접 우리 집으로 찾아와서 "앞으로 더욱 효도를 잘하라고 우리 동에서 추천했으니 아무 말 말고 상을 받고 앞으로 더욱 시어머니께 효도하라"고 권했으나, 그래도 싫다고 극구 사양했다.

그러자 기왕 우리 동 몫으로 돌아온 것을 왜 다른 동으로 보내느냐는 집단이기주의를 발동하더니, 우리 마을 어느 젊은 며느리에게 효부상을 주었다. 그 집은 80세 되는 시부모와 100세 넘은 시할머니가 있는 집이었다. 그 집은 한마당 안에서 부자가 집도 따로 짓고 살 뿐 아니라, 자식 며느리와 세 노인이 조석도 따로 해먹는 집이다.

게다가 효부상을 탄 며느리의 남편인 그 집 큰아들과 그 아버지 권씨 노인은 젊은 날 경영하던 인쇄소를 작은아들한테 넘겨준 것 때문에 부모자식 사이가 틀어져 있었다. 이 큰아들은 출근 때도, 매일 시내로 나가는 아버지는 태우지 않고 중학생 자식만 태우고 출근했다. 그 바람에 아버지는 매일 혼자 따로 시내를 나갔다. '아버지가 할아버지한테 그렇게 행동하는데 그 중학생 자식은 아버지를 어떻게 생각할까? 저러고 나서 늙으면 자식한테 무슨 꼴을 당할까?' 하고 생각해보았다.

그리고 아들 내외가 효도를 잘해서 노인들이 장수하신 것도 아닌 것 같은데 세 노인이 장수하신다고 그 며느리에게 효부상을 주자, 주위에서 많은 사람들이 이상하다며 "이건 아닌데?" 하고 머리를 갸우뚱하고 뒤에서 수군거리는 것이었다. 이런 일을 보면서 집단이기주의도 우리 역사 발전에 참으로 암과 같은 존재라는 생각을 해보았다.

### 내 자식 3남매 중 장남 종암이

아이들의 생모인 이종원과 합의이혼을 하고, 세 자식을 무책임하게 할머니에게 떠맡기게 된 것은 순전히 두 사람 다 참을성이 없고 남에게 지기 싫어하는 강한 성격 때문이었다.

한 사람이라도 인내심을 갖고 참고 살았더라면 세 자식이 한창 감수성이 예민하던 시절에 부모 이혼이라는 슬픈 경험은 하지 않았을 것이다. 그렇다고 후회하지도 않았다. 운명론자는 아니지만 그래도 나는 그저 운명이려니 하고 체념을 할 수 있었다. 그렇지만 어린 자식들은 마음에 깊은 상처를 입었다. 게다가 애비가 여러 번 결혼을 했으니, 어린 자식들이 정서불안이 아닌 것이 오히려 비정상인지도 모른다.

그런 생활 속에서 장남인 종암(宗岩)이가 고등학교 진학할 때가 되었다. 그래서 "고등학교 어떻게 할 거냐?"고 물어보니, "실업계로 가겠다"고 했다. 자기 생각에도 집안이 대학 갈 형편이 못되는 것을 잘 알고 선택하는 것이라 생각하면서도, 속으로는 애비로서 무책임하게 '네 인생, 네 뜻대로 살아라. 내가 애비로서 뒷바라지도 제대로 못하는 주제에 자식보고 이래라 저래라 간섭할 처지도 아니다'라는 생각이 들었다.

어느 날 종암이 중학교 친구 어머니가 동사무소에 볼 일이 있어 왔다가 "종암이는 어느 학교에 보내느냐?"고 묻기에, "실업계로 간다. 실업계 고등학교 입학원서는 나중에 접수해도 된다"고 했더니, 그 아주머니가 아니라면서 자기는 오늘 담임을 만나보고 오는 길인데 자녀들이 어느 학교에 지원할 것인지 오늘 학부형 면담을 했다고 하는 것이었다.

시계를 보니 이미 4시가 가까워 오고 있기에 서둘러 수원중학교로 종암이 담임을 찾아갔다. 그런데 담임은 종암이 성적표를 보여주면서 "종암이 성적이 뒤에서 2등"이라면서 "종암이는 고등학교를 안 간다고 했다"는 것이다.

종암이 성적에 대해 듣고 나니 나도 영등포국민학교 졸업할 때 꼴찌로 2등을 하고 성남중학교 시험을 봤는데, 그때가 생각나서 속으로 웃었다. '꼴찌로 2등 같은 것은 애비를 안 닮아도 될 일인데……' 하고 씁쓸하게 웃었다.

애비가 몇 번씩 재혼을 하고 가정환경이 불안정하니 무슨 공부를 제대로 할 수 있었겠나. '우리 집 교육환경을 그리 만든 것은 바로 이 애비다. 그렇다고 고등학교야 어떻게 안 보낼 수 있겠느냐!'는 마음으로 면담을 하려는데, 내 뒤에도 면담을 기다리는 학부모들이 줄을 길게 서 있는 것을 보고 "학교 앞 다방에서 기다리겠으니 퇴근길에 좀 뵙자"고 말씀드리고 다방으로 가서 기다렸다.

커피 한잔씩 마시고, "선생님! 종암이가 중학교를 졸업하게 되었는데 이제껏 한 번도 찾아뵙지 못해 죄송합니다. 이제부터 애비노릇 좀 하고 싶은데, 술이라도 한잔 대접하고자 하니 부담 느끼실 것 없이 술이나 한잔합시다" 하며 방석 술집으로 모셨다.

거기서 종암이 고등학교 입학문제를 꺼내자 "죽산상고 정도면 몰라도 수원시내 학교는 어렵다"고 했다. 그래서 우리 집의 그간 사정을 자세히 설명하고 "수원을 벗어나서는 도저히 학교에 다닐 수 없는 형편"이며, "종암이 생모와 이혼을 해서 종암이가 사춘기에 받은 충격" 등을 자세히 설명하면서 "종암이가 가정 사정 때문에 조금 정서불안을 느끼는 듯하지만, 이제부터라도 가정이 안정되고 정서가 안정되면 그렇게 못하는 공부는 아닌 것 같다"고 말했다.

그러자 "종암이가 공부를 못하는 것이 아니라, 정서불안으로 도무지 수업에 관심이나 학습의욕이 없는 것 같더라"고 동의하며, "합격여부는 반신반의하지만, 그럼 수원공고라도 원서를 써보자!"고 했다.

그래서 "반신반의가 아니라, 내가 애비인데 시험이라도 보게 해야 되지 않겠느냐?"고 말씀드렸다. 그러자 "종암이가 결석계를 자주 가지고 오는데, 그때마다 한문 글씨체가 명필인 아버지가 자식 교육에는 어떻게 이렇게 관심이 없을까? 하며 속으로 아버지가 참 나쁜 사람이라고 생각했다. 알고보니 가정 사정이 공부할 수 없는 환경이었는데, 담임이 그런 걸 몰랐으니 오히려 선생으로서 종암이에게 미안하다. 가정환경 때문에 공부는 잘 못했지만, 장담하건대 종암이는 절대로 나쁜 짓 하고 삐뚤어지지는 않을 것이다. 내일 종암이를 학교로 보내라. 수원공고 입학원서를 써주겠다"고 했다.

수원공고 합격 발표를 하는 날, 종암이가 합격했을 것 같은 생각은 없지만 그래도 궁금해 동사무소에서 조바심하고 있는데 종암이가 자기 친구들과 함께 걸어왔다. 그때 내 첫마디가 "너, 떨어졌지?"였다. 그런데 종암이가 당당하게 "아녜요. 합격했어요" 하는 것이다. 또 웃을 수밖에 없었다. 옛날 나도 성남중학교 합격하고 집으로 달려갔을 때,

어머니의 첫 마디가 "너, 떨어졌지?"였기 때문이다.

얼마 후 종암이가 수원공고 1학기 성적표를 가져왔는데 이놈 성적 순위가 이십 몇 등이었다. 그래서 또 한 번 웃었다. 애비도 영등포국민학교 졸업 성적은 반에서 꼴찌로 2등이었지만, 중학교 1학년 1학기말에는 반 석차가 23등이었기 때문이다. '그 애비에 그 자식 아니랄까봐 어쩌면 공부하는 것도 꼴찌 애비를 닮을까?'

수원에서 단종 건축면허를 가지고 건축업을 하던 고향 친구 이범대(李範大)를 찾아가 종암이 취직을 부탁했다. 그래서 종암이는 낮에는 그 건축회사에서 사환 비슷하게 건축 일을 배우며 돈을 벌어 용돈을 하고, 밤에는 수원공고 건축과 야간에 다녔다.

나중에 종암이가 건축업을 했는데 그때의 경험이 정신적, 기술적으로도 그렇고, 대인 관계에 큰 밑천이 되었을 것 같다. 애비라고 쳐다봐야 강 건너 절터고, 어려서부터 비빌 언덕도 믿을 곳도 없었으니, 스스로 이 어려운 사회를 헤쳐 나가는 나침반 같은 힘이 되었을 것이다.

### 교육행정직으로 근무하다 요절한 둘째 종헌이

둘째 종헌(宗憲)이는 수원 수성중학교를 다녔다. 2학년 때 어느 날 아침에 갑자기 다리가 아파서 학교에 못 가겠다고 울상을 지었다. 그래서 "넘어졌느냐? 아니면, 친구들과 싸웠느냐?"고 물어봐도 아니라고 했다.

종헌이뿐 아니라 우리 아이들 3남매는 누구와 싸워 부모 속을 썩인 적이 한 번도 없다. 그래서 동리 사람들에게 "신 선생님네 아이들은 늘 착하고 정직하다"고 칭찬을 받으며 자랐다.

그런 종헌이가 갑자기 다리가 아파서 학교를 못 간다니 놀랍고도 걱정이 돼 택시를 타고 경기도립병원으로 데리고 가서 진찰을 받았더니, 의사가 하늘이 무너지는 선고를 했다.

이 병은 쉬운 말로 하자면 '뼈가 배합 잘못한 시멘트 블록처럼 경직

되고 푸석푸석해서 쉽게 허물어지는 병'이라며 현대의학으로도 치료할 수 없는 불치병이라면서 "집으로 데리고 가서 잘 돌봐주는 것이 최선"이라는 것이었다. "통증이 오면 진통제나 먹이라는 것밖에 다른 도리가 없다"고도 했다. 정말로 너무나도 기가 막혔다. 하늘이 내려앉는 기분이 이런 것이리라.

"이런 병이 왜 우리 종헌이에게 찾아왔느냐?"고 물어보니, "이 병은 서양 사람들이 많이 걸리는 병인데, 어쩌다 동양인도 간혹 걸리는 때가 있다"며 "하필 불행하게 이 학생이 걸렸다"고 했다.

"앞으로 어떻게 되는 것이냐?"고 물으니까 "단정할 수는 없지만, 평생 휠체어를 타고 사는 수도 있고, 아주 불행한 경우에는 발을 절단해야 할 수도 있다. 잘 되면 이대로 좀 힘들지만 그냥저냥 살 수도 있으므로 의사로서도 뭐라고 말할 수 없다"고 했다.

종헌이를 집으로 데리고 와서도 도무지 믿어지지가 않았다. '이건 오진이지? 이렇게 멀쩡한 종헌이가 이게 말이 되느냐고?' 하면서 다시 몇 군데, 좋다는 정형외과를 찾아가 보았다. 하지만 결과는 한결같았다. 그런데도 종헌이는 힘들어 하면서도 스스로 걸어서 학교에 다니곤 했다.

어렵게 수성중학교를 졸업하고 수원고등학교에 합격했다. 힘겹게 2학년까지 다니더니 자기가 어떤 불치병에 걸린 것을 짐작하는지 "힘들어서 학교에 다닐 수가 없으니 집에서 공부해 검정고시로 대학을 가겠다"고 했다.

그래서 "아픈데 어떻게 하겠느냐? 네 마음대로 해라. 너는 몸이 아프니 공부 열심히 해서 한의과대학을 졸업해 네 건강 네가 챙기면서 살아가라"고 자퇴를 허락했다.

그 뒤 대입 검정고시에 합격한 뒤 한의과대학 시험을 보았지만 떨어졌다. 책을 좋아하는 종헌이는 집에서 책이나 보며 라디오와 친구하며 지내다가, 어느 날 경기도 교육위원회 행정공무원 시험을 보겠다고 했다. 그래서 속으로는 '합격한다 해도 그 몸으로 공무원 생활하기는 어려울 텐데' 의문이 들면서도 "그래! 한 번 해보라!"고 격려해주었더니 떡하니 공무원 시험에 합격을 했다.

종헌이는 오산교육청 관리과 학원 담당으로 발령을 받고 근무하게 되었다. 몸이 성치 못한데도 교육행정공무원으로 근무하게 되자 종헌이 새어머니가 오산 시내에 방도 마련해주었고, 그렇게 한동안 아무 탈 없이 근무를 잘하는 듯했다.

그러던 어느 날이었다. 다리가 너무 아파 손수 택시를 불러 동수원병원에 입원했다는 연락이 왔다. 우리 부부는 즉시 동수원병원으로 달려갔다. 하지만 난치도 아닌, 불치병이었다. 얼마간 입원을 하고 여러 가지 검사만 하고는 또 퇴원해 다시는 땅을 밟아보지도 못하고 침대에 누워 지냈다. 몸은 식물과 가까웠으나 정신은 멀쩡해서 책과 신문, 텔레비전을 보면서 살아가는 것이 전부가 되었다.

그러면서도 선거 때가 되면 누이동생 정화에게 누구에게 투표해야 할지도 알려주고, 인생에 대한 좋은 이야기도 들려주는 자상한 오라비였다. 그때부터 종헌이는 자기 스스로 대소변 처리도 못하고, 어머니와 누이동생, 그리고 할머니의 도움을 받으며 살았다.

어느 날 도립병원 검사실장 강응태(姜應泰)한테서 종헌이 문제로 연락이 왔다. 강 실장은 해군군의학교에서 만난 친구였다. 그 친구를 찾아가니 "서울 한양대학병원에 류마티스 경직 관절병의 새 치료법이 도입돼 종헌이 병을 잘 볼 수 있을지도 모르겠다. 소개장을 써줄 테니 한 번 데려가 보지 않겠느냐?"고 했다. 물에 빠지면 지푸라기도 잡는다는데 이 얼마나 반가운 소리겠는가. 그래서 소개장을 가지고 경기도립병원 앰뷸런스로 한양대병원에 데려가 입원을 시켰다.

한양대병원에서는 정밀검사만 하는 데도 한 열흘쯤 걸렸다. 별로 검사하는 것도 없이 시간만 낭비하는 것처럼 느껴져 기분이 별로 좋지 않앉다. 그런데 종헌이 담당전문의는 얼마나 친절한지 그 의사를 보면서 정말 놀랐다. 이런 의사라면 종헌이 병을 고칠 수도 있을 것 같다는 믿음이 생겨 "종헌이 병을 완치할 수 있겠느냐?"고 재차 물어보았더니, 자기는 최선을 다할 뿐이라며 "종헌이 무릎 두 곳과 발목 두 곳을 절단해 인공 뼈를 넣어보겠다"고 했다.

그래서 "그렇게 절단하면 휠체어라도 타고 살 수는 있느냐?" 물어보니까 "그건 장담할 수 없고, 다만 최선을 다한다"고만 했다. 집에 와서 곰곰 생각해보니 '한 곳도 아니고 네 곳이나 뼈를 절단하고도 휠체어를 타고 살지 말지인 데다가 의사는 그저 최선만 다한다고 하니 종헌이가 실험용 아닌가? 환자를 그렇게 실험용으로 써먹으면서도 치료비는 2천만원이나 든다니! 환자 쪽 부담이 2천만원이면 의료공단에서 지급하는 돈까지 병원에서는 1억원을 받는 것 아닌가? 그런데도 환자는 죽음보다 더 무서운, 뼈를 자르는 고통을 받고도 사람 구실을 못 할 수도 있다는 것 아닌가? 그렇다면, 이 의사가 지나치게 친절했던 것도 수양된 인격에서 나온 행동이 아니라, 환자를 돈벌이로 생각해 백화점 상인이 물건 팔기 위해 손님을 친절하게 대하는, 그런 친절 아닌가?' 하는 생각이 꼬리를 물었다.

생각이 거기까지 이르자 지금까지 가졌던 신뢰심이 사라졌다. 그렇게 믿음이 가지 않아 "종헌이를 퇴원시키겠다"고 하니 의사의 행동이 딴판이었다. 그렇게 돌변할 수가 없었다. 아주 냉철한 가을 독사를 보는 느낌이라고나 할까? 그래서 '역시 사람을 바로 보았구나! 큰 병원조차 환자를 돈벌이로 생각하는 게 틀림없구나!' 하며 이런 세태에 서글픔이 밀려왔다.

도립병원 구급차가 도착해 종헌이를 먼저 태웠다. 그런데 병원 업무과로 가서 입원비 청구서를 받아보고는 하도 어이가 없어 '이거 꿈을 꾸는 게 아닌가?' 하는 생각이 들었다. 속된 말로 '이것은 병원이 아니라 시장 바닥에서 야바위를 당한 느낌'이었다. 4인실에서 열흘쯤 지냈는데 병실비가 1급 호텔 숙박비만큼 됐고, 특진비도 엄청나게 청구되어 있었다.

그래서 화가 나서 난리를 피웠다.

"내가 지금 자식 병도 고치지 못하고, 죽이려고 집으로 데리고 가는 판인데 이게 무슨 부당한 청구냐? 이럴 바에야 병원을 하지 말고 차라리 호텔업을 하지 그러느냐? 병원이라면 최소한 히포크라테스 선서는 지켜야 하는 거 아니냐? 완전히는 지키지 못한다 해도, 어느 정도 준수할 노력이라도 해야 되지 않느냐? 이거 아무래도 안 되겠다. 방송국에 알려야겠다. 나도 공무원으로 이 세상을 상식적으로 사는 사람이다. 나같은 사람에게 이럴진대 세상 물정 모르는 농사꾼들에게는 얼마나 부당한 청구를 하겠느냐?"

그렇게 날뛰며 떠들어대니까 병원 업무과장이라는 사람이 나에게는 어쩔 수 없다고 느꼈는지, 같이 간 영등포국민학교 동창생 김경제(金敬濟)를 붙잡고 "병원비 반을 깎아주겠다"고 흥정을 한 모양이었다. 그래서 친구가 "병원비를, 반을 깎아주겠단다. 그러니, 그만 가자!"고 했다. 그 소리를 전해 들으니 더욱 성질이 났다. 그래서 "야! 내가 더럽게 병원비나 깎으려고 이러는 줄 아느냐?" 하면서 더욱 화를 내니, 친구가 제발 자기를 봐서라도 그냥 가자고 말렸다.

마지못해 종헌이를 데리고 집으로 돌아오는데 '이제는 정말 이놈을 죽이러 가는구나!' 하는 생각이 들어 눈물이 앞을 가렸다. 종헌이가 볼까봐 차창 밖으로 눈을 돌리고 속으로 얼마나 흐느꼈는지 모른다. '이 길이 종헌이가 다시 못 올 길'이라고 생각하니 병원들의 부당한 행태에 더욱 분노가 치밀어 서럽고 슬펐다.

종헌이 소변은 그런대로 쉽게 받아낼 수 있었다. 하지만 대변은 받아내기가 여간 힘든 게 아니었다. 그래서 내가 침대를 손수 만들고, 항문

있는 곳에 변 받을 구멍을 만들어서 눕혔다. 종헌이는 이렇게 침대에 누워 10년을 반식물인간으로 살다가, 죄 많고 한 많은 애비를 버리고 영영 내 곁을 떠나갔다.

다른 사람들은 국민학교 아이들이 불행히 죽어도 상청을 차리고 야단법석이던데, 슬픔에 혼미해가는 나를 본 큰아들이 "아버지는 집에 가만히 계시라"면서 자기 친구들을 동원해 조촐히 장례를 지내고 돌아왔다.

얼마 뒤부터 새어머니 꿈에 종헌이가 자주 나타나자 "종헌이가 서른 살이 넘도록 결혼도 못하고 저세상으로 가는 바람에 몽달귀신이 되어 구천을 헤매는 것 같다"면서 수원 광교에서 살다 교통사고로 요절한 어느 처녀를 찾아 혼백 결혼을 시켜주었다. 그러자 새어머니 꿈에 종헌이가 나타나지 않았다. 수원 봉녕사에 두 혼백을 봉안했다. 그 김에 한국전쟁 때 국민방위군으로 돌아간 작은형님의 혼백까지 함께 봉안했다.

아내는 지금까지 매달 초하루와 보름날이면 어김없이 그 절에 찾아가 작은형님과 종헌이 영혼을 위로하고 온다. 그러나 나는 한 번도 따라가지 않았다. 절에 가면 종헌이 생각이 나서 더욱 괴로워질 것 같아서였다. 그러면서 자기가 낳은 자식도 아닌데, 처가 그렇게 정성을 쏟는 것을 보고 그저 마음속으로 고맙기만 할 따름이다.

### 공무원으로 재직하다 연천으로 시집간 딸 정화

셋째 정화(貞華)는 3남매 중 공부를 가장 잘하고 매사 노력형이다. 정화도 성격이 애비를 닮은 면이 많아 부당한 것을 보면 모르는 척 해도 될 것을 꼭 짚고 넘어가려 한다. 고집도 센 편이고, 맑은 물에 물고기가 잘 안 꼬이는 것처럼 정직하고 남에게 폐 끼치는 일을 아주 싫어해 친한 사람이 별로 없고, 남들과 쉽게 사귀지도 못하는 성품인 것 같다. 그러면서도 정화는 무서워서인지, 아니면 원래 착해서인지 아버지 말을 잘 들어주는 편이었다.

공부를 곧잘 하던 정화가 고교 진학을 결정해야 할 무렵이었다. "작은오빠는 몸이 좋지 않으니 한의학과에 보내 한의사를 만들어야겠는데, 네가 보다시피 우리 집 형편이 너까지 대학 보낼 능력이 없지 않으냐? 그러니 수원농업고등학교 원예과에 들어가서 꽃 기르는 법이나 잘 배워라. 그러면 네가 대학 가는 대신 꽃가게를 차려주겠다. 어떻게 하겠느냐? 정화야, 여자로 원예학과를 졸업하고 꽃집을 차리면 얼마나 좋겠느냐?"고 감언이설로 순진한 정화를 설득해서 수원농고에 입학시켰다.

그런데 정화가 공부를 얼마나 열심히 하는지 전 학년에서 2등을 했다. 부모 잘 만났으면 인문계로 가고, 대학도 가서 얼마든지 자기 희망과 꿈의 날개를 펼 수 있었을 텐데, 못난 애비 때문에 모든 꿈을 접고 농업학교로 간 것 같아 미안할 뿐이었다. 정화가 농업학교 원예학과를 졸업하자, 약속대로 의왕시 경부국도 길가에 땅 15평을 세로 얻어 비닐하우스 식으로 꽃가게를 차려주었더니 처음에는 재미있다는 듯 열심히 잘했다.

그런데 막상 장사라고 시작해보니 돈은 별로 벌지도 못하고 일은 힘든데, 엎친데 겹친 격으로 의왕시 동사무소 공무원들이 무허가라며 기한을 지정해주면서 그때까지 자진 철거하지 않으면 자기들이 철거를 해버리겠다고 통보를 해왔다.

정화는 세상 물정도 모르고, 겁도 나고, 꽃 장사가 보통 힘든 장사가 아니라 "꽃가게를 못하겠다"고 했다. 가엾기는 했지만 별 수가 없어 "꽃가게 못한 것을 애비한테 원망하지 말고 마음대로 하라"고 해서 꽃집을 그만두었다.

그 뒤 집에서 작은오빠하고 말동무나 하면서 지내더니, 작은오빠가 "여자는 공무원을 하는 게 세상 살기 수월한 법이니 공무원 시험이나 보라"고 해, "공무원 시험을 보겠다!"면서 매일 아침 도시락을 싸들고 경기도립도서관으로 공부를 하러 다녔다.

그러던 중 경기도 9급 지방공무원 시험공고가 났다. 경기도 지방공무원 시험은 경쟁률이 얼마나 센지 합격하기가 아주 어려웠다. 그런데 그 시험은 각 시·군에서 주관하는 게 아니라, 경기도청 고시계에서 주관을 했다. 마침 옛날에 수원시 남향동사무소에 같이 근무하던 홍동표(洪東杓)씨가 경기도청 고시계 차석으로 근무하고 있었다. 그래서 "내 딸이 어느 시·군에서 시험을 치러야 경쟁률이 낮아 쉽게 합격할 수 있겠냐?"고 물었다. 마지막 날 홍씨가 "포천군이 제일 약하다"고 알려주기에 포천군에 응시원서를 접수하고 시험을 치렀는데, 합격발표가 있기도 전에 홍씨한테 전화가 왔다. 홍씨는 "정화가 포천에서 수석으로 합격했다. 그렇게 실력이 좋은 줄 알았으면 수원시에서 시험을 봐도 될 것을 잘못했나 보다"고 아쉬워했다.

그리해 9급 지방공무원으로 포천군 영중면사무소에 첫 발령을 받고 공무원 생활을 시작했다. 당시 포천에 인접한 연천에는 내 누이 내외가 배나무 과수원을 하며 살고 있었다. 그런데 연천군 보건소에 다니던 고종사촌 언니들이 정화한테 전곡에서 공무원을 하는 지영철(池榮哲)이라는 사람을 소개시켜주었던 모양이다. 둘이는 연애를 했고, 드디어 우리 집으로 인사까지 하러 왔다. 정화가 데려온 영철이를 보더니 처가 오히려 첫눈에 반해서 "당장 결혼을 시키자!"고 했다. 그래서 나도 동의하고 서둘러 결혼을 시켰다. 두 사람은 같은 지방공무원으로 살면서 외손녀 민지(愍智)와 도연(度緣)이를 두고 아주 모범적으로 살고 있다. 애비로서 늘 고마울 따름이다.

서글픈 얘기지만, 이렇게 자식 셋이 모두 부유하지 못한 애비 사정을 생각해서 그 흔한 학원 한 번 못 다니고 대학은커녕 전문대학도 가지 않는 바람에 교육비는 안 들었으니, 우리 부부 노후생활이 곤궁은 면한 형편이긴 하다. 자식들이 늘 고맙고 미안할 따름이다.

자식들이 대학에 다니지 않은 것이 우리 부부에게 해준 최고의 효도라고 생각한다. 애비는 몇 번씩 결혼을 하면서 자식들 사춘기에 힘들게 했는데도 3남매는 단 한 놈도 남들에게 욕 한 번 먹지 않고, 학교나 파출소에서나 한 번도 부모들 오라 가라 한 일 없이 잘 자라주었으니 그저 자식들이 고마울 뿐이다.

사위 지영철이는 그 뒤 방송통신대학을 졸업했고, 딸 정화는 뒤늦게 경희사이버대학에서 공부를 하고 있다. 부모 된 마음으로 가슴이 찡하도록 고맙다.

종헌이가 부모보다 먼저 세상을 떠난 것은 어쩔 수 없는 운명으로 받아들인다. 나머지 두 놈이라도 정직하고 행복하게 살았으면 좋겠다. 자식 손자들이 별 탈 없이 부모 속 썩이지 않고 고맙게 자라서 자기 몫을 잘하고 살아주는 걸 보면서 나는 '아이를 더 낳을 걸, 괜히 산아제한을 했구나!' 하며 후회를 한다.

**싫었던 박정희 정권의 산아제한에는 앞장서고 늙어 후회**

나는 박정희 정권이 참 싫었다. 국민의 생명과 재산을 지켜야 할 신성한 군인의 본분은 저버리고 온 국민이 곤히 잠든 새벽에 탱크를 앞세워 한강을 넘어 총칼로 합법적인 민주정부인 장면 정권을 전복시킨 군사반란 정권이었기 때문이다. 나는 박 정권 18년 내내 박 정권을 비판하고 살았다.

그러면서도 유독 박 정권의 산아제한 정책은 남보다 앞장서서 적극 홍보하고 스스로 실천했다. "자원이라고는 작은 땅덩어리밖에 없는 나라, 그나마도 국토는 허리가 동강 나 반 토막밖에 없는 손바닥만한 땅에서 아이들만 자꾸 낳아 제대로 먹이지도 가르치지도 못하는 것은 부모로서 무책임한 일이며, 아이들에게 죄를 짓는 것이다"라며 남들 앞에서도 열변을 토했고, 셋째 정화를 낳고는 자진해 안성보건소에 찾아가 정관수술을 받았다. 고향 친구 김윤호도 설득해 수원 최보원 산부인과에 가서 정관수술을 시켰다.

정관수술을 받으라고 설교(설득)를 하면 "어디에 사는 아무개는 정관수술을 잘못 받아 지금 사내구실도 못한다. 그리고 힘을 못 쓴다더라. 나는 정관수술은 안 받겠다. 너도 받지 마라!"며 도리어 정관수술을 말리는 친구도 있었다.

그러면 "정관수술 받고 사나이구실을 못하는 사람이 어디 사는 누구냐? 말해보라!"고 언성을 높였다. 제대로 확실히 말하는 사람이 없었고, 모두 누구한테 들었다고 했다. 그래서 "이 자식아! 그런 걸 유언비어라는 거야! 선거 때만 되면 잘 생각해보지도 않고 만날 공화당만 찍는 놈이 박 정권에서 정책적으로 하는 가족계획 사업에는 왜 그렇게 협조를 안 하느냐? 이게 앞뒤가 맞는다고 생각하느냐? 나는 의사와 대화를 충분히 하고 수술했는데, 의사 말이 수술하고 나면 아이가 생길까 걱정하던 생각이 없어져 오히려 성생활이 더욱 즐겁고 활성화된다고 했다. 막상 정관수술을 해보니 그 말이 맞는 말이더라" 하며 정관수술을 정말 열심히 권했다.

가난한 생활에 아이들이 자꾸만 생기는 것은 싫고, 정관수술을 하자니 정력이 떨어질까 두렵고, 그래서인지 자기가 수술하지 않고 자기 처에게 수술을 시키는 친구들을 보고 아주 이기적인 놈이라고 생각하기도 했다. '여자들이 수술하는 것보다 남자가 하는 수술이 얼마나 간편한데 여자에게 그 어려운 수술을 시키다니! 일심동체라는 부부지간에도 이렇게 이기적이니! 인간이란 참으로 이기적인 동물이로구나!' 하는 생각을 했다.

정관수술을 하려고 할 때는 이런 일도 있었다. 안성보건소 가족계획 지도요원인 여자 공무원을 따라, 일죽면에서 정관수술을 받겠다는 몇 사람과 함께 안성도립병원으로 가려고 군청에서 보낸 자동차를 타고 일죽면 장터를 조금 벗어났을 때였다. 그런데 밭을 매던 어떤 여인이 호미를 든 채 차 앞으로 뛰어들더니, 자기 남편이 정관수술을 하려고 차에 탄 것을 어찌 알았는지 차를 막고 몽니를 부리면서 "수술하려면 나를 죽이고 가라!"고 소리치며 나댔다. 그 바람에 기어이 그 남편을 내려놓고 가야 했다.

내 처도 그 여인처럼 창피한 것도 모르고 몽니를 부려줬다면 나도 자식을 더 낳을 수 있었을 텐데, 지금 생각하면 가족계획 사업에 협력한 것이 내 생애 제일 후회스러운 일 중 하나라는 생각이 든다.

박 정권의 독선과 국민 위에 군림하는 비민주적 권력행사가 마음에 안 들어 한 번도 박 정권에 투표하지 않고 비협조적으로 살아온 놈인데, 가족계획은 왜 그리도 앞장서서 협조했는지 지금 생각해도 알다가도 모를 일이다.

가족계획을 안 한 친구들은 자식이 보통 대여섯 명이나 되는데, 지금 보면 은근히 샘이 나기도 한다. 나이가 들수록 '자원이라고는 사람밖에 없는 나라에서 자식이라도 많이 낳아야 한다'는 생각이 더욱 절실해진다. 또 '제가 먹을 것은 다 제가 가지고 태어난다'는 옛 어르신들의 말씀이 틀린 말이 아니었구나 하는 생각도 한다.

지금도 젊은 사람들이 자식을 하나 아니면 많아야 둘밖에 낳지 않는 것을 보면 '자기밖에 모르는 이기적인 사람이 아닌가?' 하고 생각할 때가 있다. 아주 똑똑하고 훌륭한 여자들이 40이 넘도록 시집을 가지 않고 홀로 사회활동을 하면서 사는 것을 보면 웬일인지 마음이 씁쓸하다. 어서 결혼해 자식을 많이 낳으면 얼마나 좋을까? 우리 조상들은 부귀다남(富貴多男)을 으뜸으로 가르치셨는데 역시나 우리 조상님들이 현명하셨다는 생각이 든다.

# 다시 교직에 복직하다

## 25. 시골학교로 부임하여

**교직으로 복직하다**

　신안동에서 근무할 때다. 우리 사회가 산업화되면서 수도권인 경기도로 젊은 인구가 기하급수적으로 유입되고 있었다. 그에 따라 자연 국민학교 숫자가 늘어나고, 학교가 자꾸 늘어나니 교사가 턱없이 부족한 상태가 되었다. 오죽하면 경기도 교육위원회에서 국민학교 교사 자격증을 소지한 사람들이 주위에 있으면 교사로 복직하도록 권고하라는 공문을 내려 보낼 정도로 다급한 판이었다.

　1978년부터 1980년까지 내리 3년이나 경기도 교육위원회에서 국민학교 교사 복직시험을 치렀다. 교사 자격증을 소지하고도 교사생활을 하지 않던 사람들이 전국에서 교사임용시험을 보기 위해 경기도 교육위원회로 수백 명씩 모여들었다. 자격증을 가진 사람들은 시험을 보기는 보는데 말이 복직시험이지 합격여부를 가르는 시험이 아니라, 내용적으로는 결격사유만 없으면 순번을 주는, 교사임명 순번 시험이었다.

　그 당시 옛날 학교 동료나 친구들이 찾아와 "엄연히 교사 자격증이 있는데 교사로 복직을 하지 왜 똥서기를 하느냐?"며 자격증 들고 빨리 학교로 오라고 채근한 일이 한두 번이 아니었다.

그러나 임용고시 첫 해인 1978년에는 지난 날 교사생활이 정말로 지나치게 경직됐던 생각이 나서 교사로 가는 게 영 싫기만 했다. 게다가 먼저 간 처의 위암투병 때 보여주던 시청 동료들의 고마운 마음 씀씀이가 생각나 이대로 시청공무원으로 지내는 것이 더 좋겠다는 생각이 나를 지배했다. 그래서 학교로 가라는 친지나 친구들의 권유를 뿌리치고 교사시험을 보지 않았다.

1979년도에도 마찬가지였다. 주위에서 모두들 자기 일이나 되는 것처럼 내가 임용고시를 보지 않는 것을 안타까워하면서 학교로 가라고 권했다. 그때쯤 되니 나를 생각하는 친지나 친구들의 마음을 무시할 수가 없었다. 어머니도 교사가 되는 것을 원하셨다.

그래서 교사임용시험을 보고 합격하여 경기도 교육위원회에 등록을 하러 갔다. 경기도 교육청 학무과에 가니 여자 장학사가 군대 근무 중 탈영으로 구속된 문제를 제기하며 이게 어떻게 된 사유냐고 묻는 것이었다. 사실 그렇잖아도 교사로 갈까 말까 망설이는 판이었다. 이미 사면돼 교사를 했던 과거가 있는 사람을 새삼스럽게 왜 지금 와서 그 불명예스러운 일을 들추나 하는 생각에 기분이 나빠서 장학사에게 "지금 변명하기도 싫고, 내가 등록을 포기하면 될 게 아니냐" 하고 그 자리에서 등록을 포기하고 돌아와 다시 동사무소에서 근무를 했다.

교사임용시험이 마지막이던 1980년도에는 주위의 지인들과 우리 가족까지 학교로 가는 게 좋겠다고 강권하는 판이었다. 싫다고 너무 고집을 부릴 수도 없고⋯⋯ 갈등이 심해지는데, 어찌 보면 전두환이 결정적인 도움을 주었다. 바야흐로 전두환 정권이 들어서려고 무고한 사람들을 재판도 없이 삼청교육대로 마구 잡아가는 꼴을 동사무소에서 그냥 지켜보고 있어야만 했다. 자괴감이 밀려들었다. 이게 어디 법이 있는 합법정부인가? 하는 생각이 들고, 정부에서 무능 공무원을 추려낸다고 각 동에까지 몇 사람을 퇴출시키라는 오더가 떨어지고, 이렇게 시국이 불안하니 동서기를 하고 있자면 앞으로 군부의 앞잡이 노릇을 안 할 수 없겠다는 생각이 드는 것이었다.

그래서 자존심이 상해 '에이, 더러워서 똥서기도 앞으로는 더욱 못해 먹겠구나! 차라리 학교에 가면, 그래도 이래라저래라 하는 독재정권의 더러운 간섭은 행정공무원보다는 덜 받겠지' 하는 생각이 들어 '그래, 학교로 돌아가자. 그러면 조용히 어린이들이나 열심히 가르치면서 모든 세상사에 대한 괴로움을 잊고 살 수 있겠지' 하는 마음으로 교사임용시험을 치렀다.

교사임용시험에 합격해 경기도 교육위원회에 가서 등록을 하니 이번에는 장학사가 군 탈영 문제를 거론도 않고 등록을 받아주었다. 그렇게 해서 1980년 9월 20일, 용인 원삼면 두창리의 6학급짜리 아주 작은 두창국민학교 교사로 부임했다. 장평국민학교에서 퇴직하고 9년 만이었다. 1980년에 마지막 교사임용시험이 끝났으니 내가 그때 임용고시를 보지 않고 그대로 행정공무원을 고집했다면, 아마 거의 필연적으로 젊은 나이에 축출되었을 게 뻔하다. 그런 생각을 하면 인생의 운명은 찰나에 결정된다는 어느 상업광고의 말이 맞는 것 같다.

그때 교사로 갔기에 교육계에서 새로운 열정을 태울 수 있었다. 학교로 가라고 권해준 지인들이 지금도 참으로 고맙다.

### 처의 수술 문제로 두창국민학교 홍 교장과 싸우다

기름 한 방울 나지 않는 나라에서 나 같은 사람이 자가용을 탄다는 것은 웬일인지 잘못된 것 같다는 생각에 나는 평생 자가용을 가져보지도 못했고 운전면허증도 없다.

수원시 이의동에서 용인 원삼면 두창국민학교까지 대중교통편으로는 도저히 통근할 수는 없는 거리라 학교 숙직실에서 자취를 했다. 토요일이면 집으로 왔다가 다시 월요일은 아침 6시부터 서둘러 수원역 공용 버스 터미널에서 용인 원삼면을 돌아 백암으로 가는 첫 버스를 7시경에 타고 정말로 힘들게 학교출근을 하고 있었다.

그렇게 몇 달을 근무하고 있는데, 어느 날 교무실에서 교감이 수원 집에서 전화가 왔다고 불러 교무실로 달려가 전화를 받아보니 처가 울먹이고 있었다. '집에 무슨 큰일이 생겼나?' 하는 생각이 들어 "왜 우느냐? 울지 말고 자세히 말해보라"고 해서 얘기를 들어보니, 배가 몹시 아파서 수원 성빈센트병원에서 진찰을 받았다고 했다. 그런데 의사가 "여자들한테 흔히 생기는 병이긴 한데, 뱃속에 혹이 너무 크게 자라 대수술을 받아야 한다"고 했다는 것이다.

남편도 옆에 없어 간호해줄 사람도 없고 자기 혼자 어찌할 바를 모르겠다며 전화통에 대고 울고 있는 것이다. 그런데 그때 교장은 본가인 용인시 이동면에 사적인 볼 일을 보러 가고, 교감이 학교를 지키고 있기에 전군표(全君杓) 교감에게 사정을 이야기했다. 사정을 들은 전 교감이 "학급일은 내가 알아서 하겠으니 어서 가서 사모님 수술이나 잘 받고 오라"고 했다.

그래서 고맙다는 말부터 드리고 병가 처리는 일단 수원으로 가서 돌아가는 형편을 보고 하기로 하고 성빈센트병원으로 향했다. 그리고 의사를 만나 수술하기로 결정하고 입원을 시켰다.

그런데 병원에서 간병할 가족이 있어야 한다고 했다. 연로하신 어머니는 어린 손자들 3남매 학교 뒷바라지하기도 힘들고, 또 간병사 제도가 있는지도 모르는 시절이라 할 수 없이 내가 간병을 하기로 했다. 사흘 만인 월요일에 '처를 간병하기 위해 병가를 내야겠다'는 마음을 먹고 출근하는 길인데, 용인 버스 정류장에서 홍성표(洪誠杓) 교장을 만났다. 홍 교장도 용인 이동면 집에서 출근하는 길이었다.

그래서 다가가 인사를 했다. 그런데 어처구니가 없었다. 생각이 조금이라도 있는 사람이라면, 내가 학교를 비운 것이 마음에 들지 않고 화가 나더라도 '환자의 수술경과가 어떠냐? 많이 걱정되었겠다' 하고 빈말이라도 안부 먼저 물어보는 것이 순리일 텐데, 환자의 상태나 수술 결과에 대해서는 일언반구 한마디도 없이 저녁 굶은 시어미 상판을 해가지고 한다는 첫 마디가 "당신 마음대로 학교를 비워놓으면 그 반 아이들은 누가 가르치느냐?"면서 힐난조로 말하는 것이었다.

그렇잖아도 처의 수술로 심신이 피곤하던 차에 교장이라는 사람이 그렇게 몰인정하게 나오자 화가 치밀었다. 그래서 사람들이 많은 버스터미널에서 "뭐요? 내가 언제 내 마음대로 학교를 비웠어? 당신이 없으니, 그럼 교감선생님께 허락받으면 됐지? 당신이 없으면 당신 집에까지 가서 허락을 받아야 돼? 그리고 교사들이 사정이 생겨 근무를 못하면 교장이라는 사람은 뭘 하는 것이냐? 교장이라는 사람들은 사적으로 학교를 마음대로 비우면서, 교사는 자기 가족이 수술을 하게 되었어도 집에 대해서는 아무 생각도 말고 그저 학교 근무를 해야 되는 것이냐? 나는 당신이 학교를 비웠으니 교감선생님에게 허락받고 처의 병간호를 하러 갔다 왔는데, 정히 당신이 그리 못마땅하면 나는 병원으로 가니 교육청에 가서 내가 무단으로 근무지 이탈했다고 보고를 하든지 말든지 당신 마음대로 하시오" 하고 그 길로 병원으로 되돌아와 버렸다.

돌아와서 아무리 좋게 생각하려 해도 분이 안 풀렸다. 옛날 장평국민학교에서 같이 근무한 수원 서호국민학교 류근형(柳槿馨) 선배 생각이 나서 그 선배를 찾아갔다. 사정을 들어본 류 선배는 "이야기를 들어보니 내가 생각해도 분하다. 저녁 때 용인군 오병호(吳炳鎬) 장학사를 같이 만나 상의하자"고 했다. 그래서 저녁에 류 선배와 같이 오 장학사를 만나 그간의 일을 말했다. 오 장학사는 "신 선생 말을 들어보니 나도 그렇게 처리해서는 안 된다는 생각이 드는데, 그래도 절차는 밟는 것이 좋겠다. 공무원은 1년에 20일은 연가를 낼 수 있다. 내일 즉시 학교로 가서 1년 치 연가를 내고 사모님 간병을 하는 것이 좋겠다"고 했다.

이튿날 아침 우선 연가 신청을 하러 학교 교문을 들어서는데, 교장이 헐레벌떡 달려 나오면서 "그래, 사모님 수술은 잘 되었느냐?"고 하고는 나를 교무실로 데리고 가서는 "즉시 연가 처리를 하지 말고 아침에 수업을 마치고 오후에 병원 가서 간병을 하면 안 되겠느냐?"고 물어왔다.

'이 교장이 왜 갑자기 마음이 살갑게 변했나?' 하고 생각하니 '오 장학사가 전화를 했구나!' 싶었다. '그래, 개도 짖는 놈을 돌아본다더니, 그 말이 사실이구나!' 생각하면서 "그렇게는 도저히 할 수 없다. 열흘간의 병가원을 내야겠다"고 했다. 결국 열흘의 연가를 내 집사람 간병을 하고, 아직 몸이 완전히 회복되지도 못한 상태에서 퇴원을 시키고는 죄송스럽지만 연로한 어머니에게 맡기고 다시 학교로 돌아와 정상근무를 했다.

그러면서 신안동사무소 근무할 때 생각이 났다. 그때 같이 근무하던 동 직원들은 내 도장을 빼앗고 "신 주사는 어서 병원으로 가 처 간병이나 잘하라"고 했었다. 그 생각이 목울대를 뜨겁게 했다.

### 홍 교장을 두둔하던 두창국민학교 청부와도 싸우다

두창국민학교에는 1934년생으로 나이가 나보다 한 살 적은 정백현(鄭佰賢)이라는 사람이 청부(학교 잡무를 처리하는 사람)로 근무하고 있었다. 그곳 토박이인 그는 술을 즐기는 정도를 넘어 어찌 보면 술 중독이 되지 않았을까 할 정도로 시도 때도 없이 술을 먹었다.

정씨는 한국전쟁 전에 서울에 올라가서 중동중학교를 다니다가 한국전쟁 통에 고향으로 내려와서는 그 길로 부모를 따라 농사를 지으면서 두창학교에서 아주 오랫동안 청부로 근무하고 있었다. 인쇄도 발달되지 않아 아이들 시험지도 순전히 필경으로 하던 그 시절에 정씨는 선생님들보다 필경을 더 잘했다.

  학교에서 아주 오래 근무하다보니 학교 사정은 아무리 작은 것도 다 꿰뚫고 있었다. 그래서 이 사람은 학교에서 교장만 빼고는 교감이나 교사들의 심부름은 공적 심부름이라도 자기 마음대로 기분 내키는 대로 하고 싶으면 하고 하기 싫으면 안 하고, 모든 근무가 엿장수 가위질하는 것 같았다.

  옛날 초임지에서 근무할 때는 청부들이 이러지 않았는데 왜 이렇게 변했을까? 어이없고 이상하다고 생각했다. 나중에 안 일이지만, 그 당시만 해도 학교 청부들은 전근이라는 것도 없이 한 곳에서 붙박이로 근무하기 때문에 학교 사정을 잘 알뿐 아니라, 치사한 교장들이 작은 공금 빼먹는 것까지 심부름을 시키니 교장의 비행도 잘 알고 있었다. 그리고 교사들이라고는 매일 같이 근무하다보니 인격적으로 별로 존경심고 안 들고, 그러다보니 그야말로 안하무인이 돼 오히려 젊은 교사들이 피곤해 수업시간에 잠깐 앉아서 수업을 하다가도 청부가 창가로 지나가면 벌떡벌떡 일어날 정도였다. "신참 선생들이 앉아서 수업한다"고 교장에게 고자질할까봐 그런 것이었다.

  학교 분위기가 이 정도니 신참 교사들이 시험지 좀 등사해달라고 부탁하는 것조차 그리 쉽지 않은 편이었다. 게다가 교무실에 들어와서는 교사들 수업하는 것까지 잘 가르치느니 못 가르치느니 평가를 해대기 일쑤였다. 그래도 교장이나 교감이 아무 말을 안 하는데, 감히 어느 누가 "교사들 수업은 참견 말고, 청부면 청부답게 당신 할 일이나 잘 하라!"고 할 사람이 있겠는가! 그러니 자연 교권은 땅에 떨어질 대로 떨어지고 말았다.

  나의 전직이 수원시청 공무원이었다는 것을 알고 정씨는 나를 '선생님'이라고 부르지 않고 꼭 '신 주사'라고 불렀다. 다른 학교에서는 있을 수 없는 법인데 교장이라는 사람도 못들은 척하고 교감이란 사람은 언감생심 청부 일에 끼어들지도 못하는 판이니 청부라는 사람이 어린이들이나 동리 학부형들 앞에서 선생님들에게 안하무인으로 행동을 했다.

내가 복직교사라고, 교사로서 신념이 없는 사람이라 교직을 버리고 퇴직했다가 먹고살 수 없으니 할 수 없이 다시 먹고살려고 복직했다는 식으로 아주 무시하는 분위기가 역력하고, 그래서 공공연히 냉대를 했다. 용인교육장이라는 사람도 학교에 장학 순시 나와서 여러 교사들 앞에서 복직교사 비하 발언을 했다. 불쾌했지만 내색하지 않으려 했다. '한 귀로 듣고 한 귀로 흘리자'는 마음으로 꾹 참고자 애를 썼다. 하지만 그런 때는 '그냥 시청에서 근무할 것을 공연히 복직해서 존경스럽지도 못한 사람들에게 멸시를 받는구나' 하고 후회하기도 했다.

그렇게 복직교사라고 왕따를 당하고 지내는데, 정씨가 나를 대하는 꼴은 참으로 참기 어려울 만큼 불쾌했다. 그래도 원래 태생이 매사에 계급적이거나 차별을 싫어하고, 인간은 누구나 평등하고 차별 없이 살아야 한다는 생각으로 살던 터라 '그래 너와 내가 같은 또래라 직책을 떠나 응석 벗을 하자고 하는 것이겠지' 싶어 탓하지도 않고 친구처럼 대해주려고 노력하며 지냈다.

또 '교직을 떠난 9년 동안 학교도 참 많이 변했구나. 하기야 10년이면 강산도 변한다는데, 이렇게 눈부시게 빨리 변해가는 세상에 학교라고 변하지 않을 수 있겠느냐? 선생을 보고 청부라는 사람이 이렇게 차별 없이 대할 수 있는 세상이 왔으니 하기야 잘 돼 가는 것인지도 모를 일이지. 같은 사람끼리 서로 평등하게 존경하는 것이야 좋은 일이지. 그 동안 학교도 많이 개혁되었구나. 이것이 역사의 진보로구나. 오히려 참 잘 되었다'고 마음속으로 긍정적인 생각을 하면서 지내고 있었다.

그런데 처의 수술을 끝내고 학교에 출근한 지 며칠째 되는 날이었다. 마침 그날이 봉급날이었다. 교사들이 방과 후에 회식을 한다고 했다. 병가내고 간병을 하느라 여러 교사들에게 폐를 끼친 것 같다는 생각도 들어 정씨보고 "백암장에 가는 편에 내 봉급에서 쇠고기 닷 근 정도 사다 달라"고 하니, 그러지 말라며 "우리 학교는 봉급날이면 다 같이 추렴해서 고기를 사다 회식을 하니 신경을 끄라"고 했다.

선생이라는 사람에게 대하는 말씨도 청부로서 지나치다는 생각이 들었지만 '그저 화목하게 지내다 임기 끝나면 집 가까운 수원 학교로 전근 가면 되겠지' 하고 마음속에 담지 않았다.

그리고 방과 후, 교장은 일찍 집으로 가고 정씨가 백암장에서 사온 쇠고기로 숙직실에서 교감과 교사들이 모여 불고기 파티를 했다. 그런데 교사들은 조용한데 오히려 정씨가 껴 앉아 주인 행세를 했다. 장평국민학교나 백암국민학교에서 근무할 때는 교사들 회식 자리에 청부라는 사람이 언감생심 합석할 생각을 안 했는데, 격세지감이랄까? 그 사이 학교 분위기가 이렇게 바뀐 것이다. 그래도 '역사는 이렇게 진보하는 것인지도 모르겠구나' 하고 긍정적으로 마음을 먹었다.

그런데 정씨가 나를 보고 "신 주사는 왜 학교 일을 교육청에 가 떠들어서 우리 학교가 문제 많은 학교로 낙인찍히게 하느냐?"고 힐난조로 말하는 것이었다. 그래서 불쾌한 생각이 들고 더는 참을 수도 없어서 "정씨는 정씨 일이나 잘하면 되지. 학교 일에는 상관하지 말라!"고 정색을 했다. 그러자 교감이 공기가 이상해지는 것을 보고 나에게 눈을 찡긋하면서 다른 이야기로 분위기를 돌려놓았다.

며칠 뒤 숙직실에서 저녁을 지으려고 쌀을 씻고 있는데 정씨가 술이 취해 숙직실로 들어왔다. 그래서 별 생각 없이 "정씨, 술을 많이 드셨나 본데 오늘은 집에 가서 편히 주무세요. 숙직은 나 혼자해도 되니까요" 하니, "당신이 뭔데 교육청에 가서 함부로 입을 놀려 우리 학교 망신을 시키느냐"면서 또 막말로 나왔다.

그래서 쌀 씻던 바가지를 부뚜막에 내려놓고 멱살을 움켜잡아 부엌 바닥에 내동댕이치면서 "야, 이 새끼야! 너, 보자보자 하니까 나를 뭐로 보고 반말로 술주정을 하는 거야? 너, 이 새끼! 그래도 나이깨나 처먹었다고 사람대접을 해주니, 이 자식이 영 사람대접도 못 받을 놈 아니야? 그래 잘 되었다! 오늘 내가 네놈 버릇 좀 고쳐주겠다!" 하고는 학교 옆 마을에서 하숙을 하며 저녁을 먹고 있는 교장에게 달려갔다.

교장을 보고 "당신 청부를 어떻게 다루기에 정가가 내 숙직하는 데 와서 행패를 부리는 것이오? 이놈의 학교는 위계질서도 없고, 청부가 교사 위에 앉아있으니 교장인 당신이 가서 책임지라!"고 소리를 쳤다. 교장이 밥 수저를 놓고 부랴부랴 숙직실로 달려가 "정씨! 왜 이래? 술 먹었으면 집에 가서 자!" 하고 큰소리로 나무랐다. 그러자 나에게는 술주정을 하던 정가가 교장 말에는 아무 소리도 못하고 어슬렁거리며 자기 집으로 돌아갔다. 교장이 "술이 취해서 그랬으니 신 선생이 참으라"고 했다.

그래서 "술 취한 놈이 내 앞에서는 건주정을 하고 교장 앞에서는 저렇게 얌전하냐? 술 취해서 아무 감정 없이 하는 행동이면 얼마든지 너 그럽게 봐주겠는데, 이번 일은 내가 교장선생님과 다툰 것을 보고 청부라는 놈이 건방지게 교장선생님에게 충성하느라고 역성들고 참견하려 드는 것이니 도저히 묵과할 수 없다. 교육청에 가서 꼭 짚고 넘어가겠다"고 말하고 일어나는데, 교장이 붙들고 매달리면서 "이 일은 내가 다 잘 처리하겠으니 나를 보고 참으라"고 했다.

다음날 수업을 끝내고 용인교육청으로 가서 그간의 사정을 보고했지만, 교육청도 그저 이런 불미스러운 일이 밖으로 새어나갈 것만 걱정을 했다. 근본적인 대책을 세울 생각은 안 하고 그저 내 앞에서만 사건을 조용히 끝내려고 했다. 그러더니 약 1주일 뒤에 장학사와 학무과장이 우리 학교로 진상조사를 나왔다. 먼저 내 출근부부터 조사를 하기 시작했다.

그러면서 나보고 "이 일을 문제 삼아 외부로 확대되면 신 선생도 인사조처를 해야 하니 그냥 신 선생이 참으라"고 했다. 그래서 우리학교에서 돌아가는 교장과 청부, 그리고 교사들과의 불편한 관계를 낱낱이 알려주고 "나를 인사 조치해도 이 사건만 잘 해결되면 관계없으니 정씨에게는 좀 가혹한 것 같지만 사표를 받아라. 나는 이 학교를 떠나면 그만이지만 교육대학을 졸업하고 처음으로 교사가 돼 부임해오는 초임교사들이 교감보다도 정씨를 더 무서워하는 정도로 위계가 무너지고 교권이 땅에 떨어지면 되겠느냐? 이 학교가 있는 한 계속해서 부임해오는 신출내기 선생님들을 생각해서도 정씨의 사표를 꼭 받아야 하겠다"고 말했다.

그때 학무과장이라는 사람이 "신 선생님이 참아라. 이 일은 우리가 잘 처리하겠으니 우리에게 맡겨 달라! 정씨가 사표를 내면 그 사람 생계에도 문제가 생기는데 그러면 무엇이 좋겠느냐? 내가 수원에서 술 한잔 사겠다"며 너털웃음으로 어물어물 넘기려고 하면서 어떻게든 사건이 확대되지 않기만 바라고 떠나갔다.

다음날부터 정씨는 우리 교실 쪽으로는 지나가지 않고 나와 마주치는 것도 고의적으로 피했다. 그렇게 지내다가 어느 날 내가 수업을 끝내고 교무실로 가는데, 정씨가 계면쩍은 얼굴로 손을 내밀면서 "신 선생! 내가 미안하게 되었으니 그만 잊어 달라"고 했다.

그래서 정씨의 손을 뿌리치며 "이 사람 이거, 아주 정신 나간 사람 아니야? 당신이 정말로 잘못했다는 생각이 들면, 무릎을 꿇고 빌어도 시원치 않은데, 뭐? 악수를 하자고 당신이 먼저 손을 내밀어? 이 손 치워, 이 사람아! 당신은 악수할 때 윗사람이 먼저 손을 내밀어야 아래 사람이 두 손으로 공손히 잡는 예절도 몰라?" 하고 교장에게 가서 "정씨가 나에게 사과를 하는 것이냐? 혹 교장선생님이 나에게 빌라고 시켰느냐? 이 사람이 아직도 자기 잘못을 뉘우치지도 못한다"고 화를 냈다.

그런데 그때 같은 원삼면 내에 청계국민학교라고, 우리 학교와 비슷하게 작은 6학급짜리 시골학교가 있었는데, 그 학교에 나와 비슷한 나이에 나처럼 복직교사로 같은 해에 부임한 교사가 있었다. 그 선생님 이름은 기억나지 않으나, 그 학교에 자기보다 나이도 꽤나 어린 청부에게 학교의 손수레를 수리해오라고 심부름을 시키다가 의견충돌이 생겨 결국은 청부에게 매를 맞는 큰 불상사가 생겼다.

그 소리를 듣고 내가 그 선생에게 내가 청부와 다툰 이야기를 들려주면서 "그런 청부 놈들은 이번 기회에 우리 같은 선생들이 버릇을 고쳐주어야 한다. 그게 우리 중년 교사의 의무다. 당신도 그 청부를 이번 기회에 절대 용서하지 말고 버릇을 고치라!"고 말해주니, 이 선생은 "청부에게 맞았다는 것이 소문나면 나도 좋을 게 없다. 그냥 참겠다"고 했다.

그래서 '때린 청부보다 매를 맞고 참겠다는 그 선생이 더 더럽고 추하다'는 생각이 들어 마음속으로 '예끼! 이 똥물에 튀길 간도 쓸개도 없는 지렁이 같은 놈아! 네가 그러고도 순진한 어린이들에게 정의롭고 예의 바르게 자라라고 가르칠 수 있냐? 아이들에게 무지개 같은 꿈을 심어주어야 할 교사라는 사람이 그러고도 아이들에게 무슨 꿈을 심어주고 무엇을 가르치겠느냐? 그래, 그저 선생이라고 순진한 어린 것들에게 사지선택형이나 가르쳐라! 왜 이런 일이 자주 발생하는지는 알기나 하느냐? 교육장이란 사람이 공공연한 장소에서 복직교사를 교육관이 없는 사람들이라고 비하하는 말을 하고 다니니 청부들까지 우리 복직교사를 우습게 보는 것이야. 똥인지 된장인지 찍어 먹어보지 못 하면 구별 못하고, 노여움도 분노도 무엇인지 모르는 무지렁이 같은 놈아!' 하고 마음속으로 욕을 하고 말았다.

그런데 그 후 교장 하숙집 주인 말을 들어보니 내가 그 학교에 부임하기 전에 "정씨가 술을 먹고 무슨 일인지 운동장에서 전 교감 멱살을 잡고 욕을 마구 했다"는 이야기를 들려주면서 "정씨가 선생님들에게 너무 잘못하는 일이 많다"고 했다. 그래서 "왜 진작 알려주지 않고 이제야 말씀을 하시느냐?"고 하고는 어찌할까 망설이다, 지난 일까지 내가 다시 꺼내어 문제를 삼아 평지풍파(平地風波)를 일으키면 무엇하겠는가 싶어 못들은 척하고 말았다.

우리 교육계 현장 분위기가 대동소이하던 시절이었다. 보수 권위주의에서 진보하기 위한 과도기였는지도 모르겠다는 생각도 해본다. 10개월의 고통과 뼈를 깎는 산고를 겪어야 어린 생명이 더욱 값지고 귀중한 법이라는데, 진보하는 과정에서 나타나는 작은 부작용이라고 생각하며 마음에 위안을 삼았지만 분노는 가라앉지 않는다.

### 이념이 투철해 북한보다 일본을 응원하던 중학교 반공교사

두창국민학교에 근무하는 동안 토요일에 집으로 왔다가 일요일을 가족과 함께 하고, 월요일 새벽이면 버스 속에서 졸면서 다시 학교로 가는 생활이 반복되었다. 수원을 떠난 버스가 원삼면 원삼중고등학교를 지나 약 5km쯤 더 가야 두창국민학교에 도착하게 돼 있다.

어느 월요일 새벽이었다. 집에서 일찍 나와 새벽잠이 밀려들어 마냥 졸리기도 해서 의자에 등을 대고 잠을 청하는데, 버스가 출발하고 얼마쯤 지났을까? 그때까지 아나운서의 열띤 목소리가 북한과 일본의 축구경기를 중계하고 있었다.

그런데 뒤에서 자갈밭에 마차 지나가는 시끄러운 소리로 북한선수들에게 욕을 해대는 인사가 있었다. "저 빨갱이 새끼들! 져서 준결승전에도 못나가야 한다"면서 일본선수들을 응원하는 소리가 들려왔다. '내가 무엇을 잘못 들었나?' 내 귀를 의심하고는 다시 정신을 가다듬고 들어보았다. 그런데 잘못 들은 게 아니었다. 더욱 놀라운 것은 털썩거리는 소리까지 들리는 거였다. 이 사람이 엉덩이를 들썩이면서까지 일본을 열나게 응원하는 게 분명했다. "그래, 그래, 슛, 아이쿠! 야, 북한 빨갱이 놈들! 기를 확 꺾어라!" 하며 계속 일본선수들을 열렬히 응원하는 것이었다.

그래서 '도대체 무엇을 하는 사람이 저렇게 시끄럽게 떠드는가?' 하는 생각에 뒤를 돌아다보니 왜소한 체구에 나이는 한 40살을 넘겼을까, 중년에 가까운 사람이었다. 그래도 '좀 조용히 하라'고 하기도 그렇고 속으로만 '원, 별 거지발싸개 같은 놈도 다 있네, 저 자식이 반공 선봉장쯤 되는가 보다'고 생각하고는 다시 눈을 감고 잠을 청했다. 하지만 라디오에서는 축구중계와 해설이 계속되고, 그 난쟁이 똥자루만하게 왜소한 그 중년의 사내는 잠시도 가만히 있지 못하고 일어났다 앉았다, 열이 나서 박수도 치고 소리도 치고, 갖은 발광을 다 떠니 도저히 잠을 이룰 수가 없었다.

그때는 전두환 정권이 국민들에게 강압적으로 겁을 주고 구정치인들이 부패했다고 정치정화법이란 것을 만들어 자기들 마음에 안 드는 정치인들의 정치행동을 일절 금지시키고, 법치국가라면서 깡패들이라고 재판절차도 거치지 않고, 정신을 확 뜯어고친다면서 삼청교육대에 잡아다 족치는 공포의 시대였다.

'이 친구가 세상이 무섭고 또 국가보안법을 의식하고 저러나? 애국심이 많아서 저러나? 빨갱이들에게 자기 아버지가 맞아죽은 원수라도 져서 저러나?' 이런저런 생각을 하면서 가고 있는데, 버스가 원삼중고등학교 앞에 와서 정거하니 그 중년의 사내가 중학교 교사들과 함께 내리는 것이었다.

그래서 '교사의 수준이 저 정도는 아니겠지? 아마 중학교에서 일하는 청부아저씨이겠지?' 하고 생각하면서 기사 아저씨에게 "아까 축구시합 중계할 때 열심히 응원하던 사람이 무엇하는 사람이냐?"고 물어보니 원삼중학교 교사라는 것이다. '중고등 학생들이 당신에게서 반공교육은 철저히 잘 받겠구나!' 하고 생각하니 웬일인지 기분이 씁쓸했다.

아무리 분단된 나라지만 혈농어수(血濃於水), 피는 물보다 진하다는

데, 북쪽도 내 형제 내 동포라는 생각에 앞서 저렇게 원수처럼 생각해 아무 이념도 없는 축구경기조차 자기 동포를 저주하듯 하면서 일본선수들 편을 들다니……. 저런 교사에게 무슨 역사의식을 배울 수 있을까.

따뜻한 봄날, 정원수를 손보는 할아버지에게 국민학교 1학년 손녀딸이 "북쪽 가지는 다 잘라버리세요" 하더란다. 할아버지가 "북쪽 가지는 왜 전부 잘라야 하느냐?"고 물어보니, "할아버지! 북쪽은 전부 나쁜 놈이니 전부 잘라야 해요"라고 대답을 했다는 시를 읽은 기억이 나 '교사라는 사람이 영리하고 똑똑한 국민학교 어린이 정도의 수준'이라는 생각을 해보았다.

'저런 교사들이 사춘기 중학생들에게 무슨 꿈을 길러주고 철학을 가르칠까?' 마음이 영 편치 않았다. '우리의 소원은 통일, 꿈에도 소원은 통일이라면서, 그리고 우리는 하나라면서, 저렇게 북쪽의 내 동포를 적개심으로 가득 찬 시선으로 바라보면서 교육시키는 교사들이 있는 한 우리의 통일은 언제나 오려나? 참으로 우리 교육현장이 어딘가 잘못돼도 한참 잘못 되었다.' 이런 생각을 하면서 두창국민학교 앞에서 버스를 내렸다.

우리가 교육현장에서 철없는 어린이들에게 얼마나 왜곡된 민족 증오의 반공교육을 아무런 죄책감도 없이 시켰는가! 하는 생각을 하면서, 정렬이라는 전직교사가 쓴 '남북'이란 시를 다시 상기해보고자 그대로 옮겨본다.

남북

몇 그루 나무
울안 과목을 전지하고 있을 때
1학년짜리

손녀가 쫓아와 하는 당부
할아버지
북쪽 가지만 전부 끊지
왜?
이북은 전부 나쁜 놈이니까
할 말이 없구나.
할아버지로도
교단에 반평생을 바친 선생으로도
불쌍한 핏줄들아
너희들은
이제 한 그루의 꽃나무에도
남북이 있구나.
가늘게 떨리는 북쪽 가지 끝
낮달이 파르르 떨고
한 마리 철새는 북에서 남으로 날아오고 있다

**수지국민학교에서 김대중 전 대통령을 책자로 악의적 비방**

이렇게 용인 두창국민학교에서 2년 반이란 길고도 짧은 세월을, 마치 10년같이 지루하고 힘들게 볼 것, 못 볼 것 다 보면서 지내고, 드디어 우리 집에서 편히 통학할 수 있는 용인군 수지면 수지국민학교로 전근을 했다.

수지국민학교는 12학급이나 되고, 우선 교장이 너무 착하다고 할까? 무능하다고 할까? 관리자인 교장이나 교감한테 스트레스는 받지 않고 근무할 수 있는 학교였다.

같은 학교인데도 관리자 한 사람의 인품이 두창국민학교와는 마치 지옥과 천당 차이 같았다. '이렇게 교장 한 사람의 성품이 학교 분위기를 180도로 바꾸어 놓을 수도 있구나' 하고 생각하니, 교사의 열정을 북돋기는커녕 오히려 수업 의욕과 정열만 싹둑 잘라내는 자질 없는 교장들이 도처에 널린 현실이 뼈아프게 다가왔다. 그런 교장들이 하루바삐 교육계에서 밀려나야 학교가 민주화되고 학교 행정이나 수업이 정상으로 개혁되어 갈 것이란 생각을 했다.

수지국민학교 장(蔣) 교장선생님은 마음이 부처님 같고, 시간이 나면 매일 농부처럼 학교 실습지에서 농작물 가꾸는 것이 일과였다. 그런데 옛말에 며느리를 많이 얻어보니까 '착한 며느리는 곰 같고 똑똑한 며느리는 여우같다'더니 우리 장 교장은 너무 착하다 못해 남에게 무능하다는 소리를 듣기 딱 좋은 분이었다. 그리고 교사생활을 하시는 분이 어쩌면 그리 역사의식이 없는지 이상할 정도였다.

정치판은 걷잡을 수 없이 어수선한 가운데, 1985년 2월 12일 12대 국회의원 선거를 앞두고 있었다. 국내에서는 이미 1983년 김영삼 야당총재가 23일간 단식투쟁을 해 흩어진 야권의 결속을 일정 정도 다져가는 상황이었고, 국외에서는 미국에 망명 중이던 김대중씨가 "조국에서는 온 국민이 독재타도와 민주주의를 위해 들고 일어나는데, 나 하나만의 일신의 안일을 위해 미국에서 편히 지내는 것은 국민을 배반하고 역사를 거스르는 일"이라면서 "조국에 돌아가 국민과 함께 12대 선거를 지휘하겠다"며 귀국길에 올랐다.

그때 미국의 많은 상하 양원 의원들이 말렸다. 필리핀에서도 베그니노 아키노가 마르코스의 1인 독재에 저항하다가 7년 반 동안 옥고를 치르고, 또 미국 망명생활 3년을 청산하고 독재에 신음하는 필리핀 국민과 함께 독재에 저항하기 위해 그리운 고국으로 돌아오다 독재자 마르코스의 하수인에 의해 마닐라 공항에서 암살을 당했는데, 김대중씨가 가는 길이 아키노와 비슷하다며 한국으로 돌아가면 암살당할 수도 있으니 귀국하지 말라는 것이었다. 하지만 미국 국회의원들의 만류도 뿌리치고 "아키노처럼 공항에서 죽는 한이 있더라도 온 국민이 염원하는 민주회복을 위해 나는 돌아간다"면서 죽음을 각오하고 귀국한 김대중 씨의 귀국에 힘입은 양대 민주화 세력이 민추협을 결성하니 민주화 세력이 총결집돼 선거에 임했다.

야당의 결집을 두려워 한 전두환의 민정당(민주정의당) 정권은 김대중의 귀국을 막고 야당의 분열을 꾀하기 위해 야비하고 비열한 선거 부정을 서슴없이 저지르려고 음모를 꾸미던 때였다.

그때 나는 겨울방학을 맞아 집에서 책이나 보며 지내는데, 학교에서 비상소집이 내렸다고 해 급히 학교로 달려갔다. 교무실에 들어서니 교장이 중앙의 교장 자리에 앉아있고, 양쪽으로 교사들이 자기 자리에 앉아서 교장이 왜 소집했나 궁금한 표정으로 바라보고 있었다.

장 교장이 책을 한 권 들고 큰 소리로 읽어나갔다. 겉표지 색깔이 사료 부대 종이 색 비슷한 작은 책이었다. 그런데 내용이 참 가관이었다. 김대중씨는 서자 출신이고, 나라를 분열시키고 야당 총재를 하면서 많은 재산을 모아 외국에 은닉했다, 심지어 김대중이는 원래 빨갱이니 이런 놈이 미국에서 돌아오는 것은 나라를 망치려고 하는 짓이라면서 열을 올렸고, 이렇게 이루 말로 다할 수 없는 야비한 악담과 모략, 그리고 날조된 얘기를 계속 읽어 내려갔다. 마주 앉은 교사들을 바라보는데, 내 인상이 잔뜩 꾸겨진 것을 보고 교사들이 내 마음을 알았다는 듯 윙크를 보내기도 했다.

교장의 책 읽기가 끝난 뒤, 나는 자리에서 벌떡 일어나 큰 소리로 외쳤다. "아니! 이 김대중이란 놈이 이렇게 나라를 망쳐먹을, 아주 나쁜 빨갱이 놈이면 잡아다 죽여 버려야지! 왜 죽이지 않고 전두환 대통령 각하는 뭐하고 있는 거야? 전두환 대통령이 이렇게 부정부패한 나라를 정의가 강물처럼 흐르는 나라로 만들겠다는데 김대중이 같은 빨갱이를 잡아 죽이지 않으면 되겠어?"

그리고는 "교장선생님! 그 책 좀 보여주세요. 이런 훌륭한 책을 어느 출판사에서 만드느라고 수고를 하셨는지? 이런 좋은 책을 좀 많이 구해다가 김대중이 같이 나쁜 새끼를 잘 모르는 무식하고 불쌍한 사람들에게 나누어주는 게 우리가 애국하는 길이겠네요. 선생님들, 안 그래요?" 하면서 교장이 읽다가 책상 위에 놓은 책을 집어 들려고 하니, 교장이 책을 빨리 다시 집으면서 "신 선생! 이 책은 함부로 가져갈 수 없어요. 선생님들에게 다 읽어드리고 즉시 소각하고 교육청에 보고하라고 했어요" 하는 것이다. 하도 어이가 없어서 교장에게 바른 소리 좀 드릴까 하다가 '마음씨 착한 저 교장이라고 이런 짓을 하고 싶어서 할까? 쌍말로 세상 잘못 만나고, 목구멍이 포도청이라고 정년도 멀지 않은 분이 어쩔 수 없어서 저러겠지? 하기야 독재시절엔 다 불쌍한 피해자인데……' 하고 생각하니 도리어 측은한 마음이 생기고 '다 세상 잘못 만난 탓이지' 하고 체념하고 말았다.

그때 이 일이 우리 수지국민학교에만 있던 일일까? 모르긴 몰라도 전국 초·중·고등학교, 안 그런 학교가 없다는 생각이 든다. 민주화가 되면서 그때 일을 교사들에게 상기시키면 듣는 사람들이 잘 모르는 것 같은 표정을 지었다. 정말 생각이 안 나는지? 생각이 나는데도 부끄럽던 과거사라 들추기 싫어서 그러는지? 나와 아무 상관없는 일이라고 분노조차 안 하는 것인지? 도무지 이해할 수가 없다.

하긴 그런 불법을 보고도 어린이들을 교육하는 책무를 진 교사라는 사람들이 분노하지 않았는데 지금에 와서 무슨 기억이 나겠는가? 그때 저항은 못할망정 분노도 없었으니 벌써 어느 세월이라고, 다 잊어버린 것이 오히려 정상이겠지.

'슬픔도 노여움도 없이 살아가는 자는 조국을 사랑하고 있지 않다'는 러시아의 시인 네크라소프의 시구가 새삼스럽게 떠오른다.

## 26. 처음으로 도시학교에서 겪은 교사생활

### 도시학교인 수원 창룡국민학교로 부임하다

　수지국민학교에서 이렇게 2년간, 김대중씨가 빨갱이라는 일본 놈들 훈도시 같은 유치하고 허무맹랑한 소리도 들어가면서, 아무런 의욕도 없이 무료하게 교단을 지키다 드디어 우리 집 가까이 있는 수원 창룡국민학교로 부임하게 되었다. 경기대학교 운동장을 통해 걸어서 마치 산책하듯이 창룡국민학교로 출퇴근을 하게 되니 정말로 심신이 즐거웠다.
　그런데 이 학교는 내가 부임하던 해에 생긴 신설학교로 아직 교사조차 완공되지 않은 상황이었다. 방과 후에도 잡무가 무척 많았다. 교장으로는 이천교육청 학무과장을 지냈던 이근환(李根換)이라는 사람이 부임했는데, 일 욕심 하나만은 남에게 뒤지지 않았다. 개인적으로 상대해보면 대단히 똑똑한 편이고 인간 됨됨이도 그리 나쁠 것 같지 않은 분위기를 풍기며 어느 모로는 상냥한 것 같으면서도 아주 독선적이고 몰인정한 사람이었다. 그런데 좀 같이 지내고보니 때와 장소 가리지 않고 자기 잘났다고 우쭐대면서 겸손이란 찾을 길이 없고 오직 자기애(自己愛)에 빠져 덕은 갖추지 못한 교장이란 생각이 들었다.
　창룡국민학교는 집에서 가깝기는 했으나 신설학교라 5, 6학년이 없었고, 4학년까지 모두 17학급으로 도시학교 치고는 아주 작은 학교였다. 영화국민학교와 연무국민학교에 다니던 아이들 중 집이 창룡국민학교에서 가까운 아이들을 흡수 통합해 새로 학급을 편성하면서 개교를 했다.
　신설학교라 할 일은 많은데, 남자교사는 중년을 넘긴 사람들이 대부분이고, 젊은 선생들은 대개 여선생들이었다. 그래서 중년의 남선생 몇 명이 학교 환경 가꾸기를 한다고, 퇴근시간이 지나도 해가 떨어지기 전까지는 나무심기, 담장 쌓기, 페인트칠하기 등 일용잡급직 노동자보다

더한 노역을 하고 해가 져서 어두워져야 퇴근을 했다.

교내 정리를 하기도 버거운데 교문 밖 한길까지 어린이들을 데리고 다니면서 매일 쓰레기나 휴지를 줍고, 코스모스를 구해다 길가에 심고, 학교인지 군대병영인지 구별하기 어려울 정도였다. 교장이 퇴근을 해야 교사들이 퇴근을 하고, 다음날 아침 8시 이전에 출근해 매일같이 직원조회를 했다. 그렇게 늦은 퇴근을 하면서도 꼭 직원종례도 했다. 어쩌다 종례가 없는 날도 있긴 했는데, 그날은 교장이 개인적 볼 일이 생겼거나 술 좋아하는 교장에게 술자리가 생겼거나 한 날이었다.

이렇게 나이 많은 남선생들이 해질 때까지 운동장에서 여러 가지 노동을 하니, 여선생들은 여선생들대로 미혼이 아닌 다음에야 어서 퇴근해 집에 가서 가족들 식사준비도 해야 되는데 얼마나 속으로는 힘든 학교생활이었을까?

나는 4학년 3반을 맡았다. 그런데 4학년 2반 여선생이 어느 날 나한테 하는 말이 "선생님! 나는 아침에 학교 정문에 들어서면 공연히 가슴이 두근두근 뛰고 불안하고 괴로워서 죽을 지경인데, 퇴근하려고 교문을 한 발짝만 나서면 내가 언제 불안했느냐는 듯이 마음이 편해져요" 하는 것이었다. 그래서 "선생님, 그러다 큰일 나요. 빨리 정신과를 찾아보고 치료하세요. 그냥 두면 심각한 상태가 올 수도 있어요"라고 한 적이 있다. 이 여선생은 아주 얌전하면서 여성답고 교양도 잘 갖춘, 어느 모로 보나 아주 훌륭한 선생이었다.

그런데 교장이 문제였다. 교장은 직원조회 때마다 어느 여선생이든 꼭 한 사람씩 모욕적으로 힐난을 했다. 그러니 이 여선생뿐 아니라 심장 약한 여러 여선생들이 아무런 이유도 모르게 가슴이 마구 뛰는 정신질환의 초기 증세를 보이게 된 것이 아닐까 생각했다. 1980년대 말까지도 이렇듯 독선적인 교장을 만나면 학교 분위기는 그야말로 군대병영보다도 살벌했다.

지금은 학교에 출근부라는 것이 없어졌지만, 출근부가 있던 그 시절에 오죽하면 출근부를 교장실 교장 책상 앞에 갖다놓고, 그것으로도 모자라 그 옆에 대학노트를 하나 더 놓고 출근시간을 적게 했다. 그러면 당당히 제 시간에 출근했어도 누군가는 꼴찌로 출근하는 선생이 있게 마련이다. 교장은 직원조회 석상에서 꼴찌로 출근한 교사를 불러 사정없이 힐난조로 "선생은 왜 매일 꽁지로 출근하느냐"고 닦달을 한다. 교장실 정면 액자에는 교훈이랍시고 융화, 친목, 협동이라고 써서 걸어놓고는 액자 보기 민망하지도 않는지 이렇게 교사들에게 친목과 협동을 저해하는 줄 세우기로 경쟁을 시켰다. 그러니 교사들끼리 융화, 친목이 되겠는가? 소위 군대에서 군기 잡는다고 부당하기 짝이 없게 운동장을 돌린 뒤, 늦은 사람은 또 돌게 하는 것처럼, 줄을 세워 동료들 간의 화목을 깨게 하는 것과 다를 바가 없는 것이다.

아침부터 다른 선생들 앞에서 이런 모욕적인 대우를 받으니 그 선생이 교실에 가서 즐거운 마음으로 어린이들과 수업이 되겠는가? 그 선생도 감정을 가진 인간일진대, 독선적인 교장에게서 이런 모욕적 대우를 받고 성현이 아닌 다음에야 어린이들에게 마음에서 우러나는 사랑이 솟아나겠는가?

아침부터 기분이 상한 교사는 교실에 들어가서 애꿎은 어린이들에게 화풀이를 하는 악순환이 되풀이되는 것이 인지상정이 아닐까? 이런 교장들일수록 교사들에게 술 잘 얻어먹고 생일날이면 별로 차린 음식도 없이 꼭 자기 집으로 교사들을 초대하곤 한다. 그러면 교사들이 교장 생일이라는데 빈손으로 갈 수 있나?

교무실에 앉아 자기가 없으면 교육계가 당장 망가지기나 하는 것처럼 자기 자랑이나 늘어놓으면서 자기 같은 교장이 세 사람만 있으면 교육계가 달라진다는 둥, 뒤에서 입을 삐죽이는지도 모르고 헛소리로 큰 소리나 쳤다. 게다가 교무실 분위기나 위축시키는 게 교장의 하루 일과였다고 해도 과언이 아니다. 아주 훌륭한 교장들도 많을 텐데, 죄송한 넋두리를 한 것 같다.

## 촌지를 밝히면서 땅에 떨어진 교사의 권위

처음 교사생활을 시작한 곳은 순박한 농촌이라 그랬는지 아이들이 말 그대로 순진무구했다. 얼마나 순수한지 만나면 그저 즐겁고 사랑스러웠다. 아이들이 교사한테 매를 좀 심하게 맞고 집에 가서 부모에게 매 맞은 것이 억울하다고 말해도 부모는 "네가 얼마나 선생님 말씀을 안 들었기에 매를 맞았느냐"면서 오히려 자기 자식을 혼낼 정도로 순박했다.

그런데 교사로 복직한 지 10년쯤 흐르자, 도시 학부모들의 인심이랄까 정서가 농촌학교에 근무하던 시절과는 많이 바뀌고, 아이들도 교사를 보는 눈이 아주 확연하게 달라졌다.

젊은 날 시골에서 대하던 학부모들은 아주 순수하고 어린이들도 정말로 순박해서 선생님을 보는 눈빛에도 존경심이 실렸었는데, 도시 아이들은 겉으로 매우 똑똑하기만 했지, 왠지 어딘가 순수함이 없어 시골 아이들처럼 정이 잘 붙지 않았다. 나도 아이들에게 정을 쏟아보려고 노력해봤으나 그리 쉬운 일이 아니었다.

시골학교에 근무할 때는 학부모들이 교사를 존경하는 모습으로 대해다보니 어린이들도 자연스럽게 스승을 존경하며 따랐다. 그런데 도시학교에 와서 학부모들을 만나면 돈 봉투나 내밀면서 으레 첫 말로 "우리 아이가 반에서 몇 등이냐?"고 물었다. 그러면 마음속으로 이런 어머니와 대화를 나눌 의욕이 없어 모른 척, "무슨 등수를 알고 싶으시냐? 씨름 등수냐? 달리기 등수냐?"고 역으로 물어보기도 했다.

도시학교에 와 근무해보니 학교를 찾는 분들은 대개 어머니들인데, 하루는 아버지가 찾아왔다. 어린이 문제로 상의를 하던 중 "이 아이는 공부보다는 다른 쪽으로 지도해주는 게 좋을 것"이라고 말했더니, 그

아버지가 "그럼 선생질이나 시킬까요?" 했다. '이 아버지 말처럼 해먹을 것 없으면 선생질이나 하는 것쯤으로 생각하는 세상이 왔나보구나. 이 세상이 왜 이렇게 변했을까? 이 책임이 우리 교사들에게는 없다고 당당히 말할 수 있을까?'

왜 이럴까? 학교에서나 가정에서나 사회가 자라나는 어린이들에게 인성교육에는 소홀하고 오직 공부, 공부 하면서 인지교육만 시킨 결과는 아닐까? 아무리 인성교육을 하려고 해도 나 혼자만으로 어렵겠구나 하는 패배적인 생각이 들어 서글프다.

이렇게 직업에 자긍심 없이 지내던 어느 일요일, 집에서 가족들과 함께 시간을 보내고 있는데 어느 노부부가 누구를 찾는지 우리 집 앞으로 오락가락하며 서성거렸다. '저 노부부가 길을 잃었나?' 궁금해서 내가 "누구 찾으시느냐?"고 물어보았다. 그러자 "경기대학교에 다니는 아들을 보려고 대구에서 올라왔다가 아들도 못 만나고 점심때가 돼 밥을 사먹으려고 해도 밥 사먹을 곳이 없어서 아직까지 점심을 먹지 못했다"고 했다. '오후 3시쯤은 되었는데 노인들이 이제껏 점심을 걸렀으면 얼마나 시장하실까?' 하는 생각이 들어 "이 동리는 보시다시피 식당이 없으니 우리 집으로 들어오시라"고 해 처가 점심을 지어드렸다.

몹시 시장했던지 노부부가 점심을 아주 맛있게 들고 밥값을 내놓는 것을 "우리 집은 밥장사를 하는 집이 아니니 돈을 안 받겠다"고 하니, 이 노인이 어머니를 보고 "배고픈데 밥을 잘 먹었다. 아드님이 무엇을 하는 사람이냐?"고 물어서, 어머니가 "학교 선생을 한다"고 하니까, "아! 그러냐? 어쩐지 선생질을 하는 사람이라 좀 남다르다"고 했다.

'선생질'이라고 할 때 '질'은 그리 좋은 데 쓰는 말이 아닌데, 이 노부부가 배움이 적은 분이라 그런지, 아니면 교사들의 인격이 어느새 이렇게 '질'로까지 땅에 떨어졌는지? '설마 공밥 먹고 나쁜 뜻으로 그런 말을 한 것은 아니겠지?' 하고 속으로 웃고 말았다.

### 창룡국민학교에서 만난 미진아 제자 윤동식을 아들로 선포

창룡국민학교 4학년 3반 담임을 맡고보니 첫인상이 용인 시골학교에서 담임한 어린이들보다 겉으로 보기에 대체로 똑똑하고 영리한 어린이들이라는 생각이 들었다. 그런데 자세히 관찰해보니 옛날 장평국민학교 때 만난 어린이들보다 영리한 게 아니라, 영악하다고 해야 했다.

광교산 밑, 하광교 마을에 살며 영화국민학교를 다니다 우리 학교로 온 윤동식(尹東植)이라는 어린이가 있었다. 이 아이는 집안이 참 불우했다. 아버지도 안 계시고 홀어머니하고 사는데, 그 어머니란 분이 첫눈에 보기에도 뭔가 좀 부족한 듯한 느낌이 드는 분이었다. 그렇게 가난한 집안에서 태어난 동식이는 학교 오는 날보다 안 오는 날이 더 많았다. 그래서 영화국민학교에서 함께 전학 온 아이들에게 "동식이가 왜 학교에 오지 않는가?" 알아보니, 이 아이가 한글도 잘 모르고 구구단도 못 외우고, 옷도 늘 남루한데다 말도 또릿또릿하지 못하고 어수룩하니까 우리 반 아이들이 소위 '왕따'를 시킨 것이었다.

그러니 학교에 와봐야 흥미도 없고, 선생도 눈길 한 번 주지 않으니 자연히 학교에 오는 도중에 어디선가 혼자 놀다가 그냥 집으로 가는 날이 많은 것이었다.

어머니를 만나봐야겠다는 생각을 했으나, 교육청에서 '학부모에게 촌지나 받고 폐를 끼친다'고 가정방문을 금지시키던 시절이라 가정방문도 할 수 없고 '어떻게 하면 동식이가 학교에 흥미를 느끼게 해줄까?' 생각하는데, 어느 날인가 뜻밖에도 동식이가 교실에 와서 한쪽 끝 책상에 쪼그리고 앉아있었다.

그래서 "야, 동식이가 왔구나? 그래 잘 왔다. 나는 요사이 동식이가 학교에 안 와서 어디 몸이라도 아프지 않나 대단히 걱정을 했다"고 반 어린이들이 다 듣게 큰소리로 말했다. 그리고 "야, 동식아, 이리 나와 봐" 하고 교단 앞으로 불러내 세워놓고 "얘들아! 이 동식이가 나하고 어떤 사이인지 아느냐?"고 물었다. 그러자 어린이들이 어리둥절한 표정으로 눈만 껌뻑였다. 한 녀석이 "걔요? 윤동식이에요" 하고 소리쳤다.

그래서 "이놈아, 얘가 윤동식인 줄 누가 모르느냐? 동식이가 나와 무슨 관계가 되느냐, 이것을 물었지. 너희들이 잘 모르는 것 같은데 동식이가 내 수양아들이다. 너희들은 그것도 아직 몰랐느냐? 그러니 앞으로 내 수양아들을 못살게 구는 놈은 내가 용서할 수 없다. 잘 생각해보아라. 자기 아들 못살게 구는데 어떤 아버지가 가만히 있을 수 있겠느냐? 그러니 앞으로 우리 동식이를 잘 데리고 놀면 그 사람은 내가 다음에 꼭 신세를 갚아주겠다"고 거짓말을 했다.

우리 반 어린이들이 정말로 곧이들었는지 그 후부터는 동식이를 절대 '왕따'시키지 않고, 동식이도 공부는 제대로 못해도 학교에 재미를 붙이고 열심히 오면서 침울하던 표정이 차차 사라지고 많이 명랑쾌활해지면서 4학년을 무사히 넘기고 헤어졌다.

몇 해 후, 어느 날 학교 근무를 마치고 집으로 돌아오는데 우리 집 대문 앞에 어떤 늠름한 체격의 청년이 기웃거리는 것이었다. 그래서 "누구를 찾느냐?"고 물으니, "선생님! 안녕하세요? 저 모르시겠어요? 제가 윤동식입니다" 하면서 꾸벅 인사를 하는 것이다. 얼마나 반갑던지 "동식아! 너 몰라보게 자랐구나! 어른이 되었구나! 반갑다. 어서 들어가자!" 하고 데리고 들어왔다.

방으로 들어온 그의 손에는 음료수 두 박스가 들려 있었다. 그래서 "앞으로는 이런 것은 갖고 오지 않아도 된다"고 말하고 "그래, 지금 무엇을 하느냐?"고 물어보았더니, "대형 트럭을 몰고 전국으로 다니면서 닭을 실어 나르는 운전기사를 한다"고 했다. 급료를 물어보니 상당한 대우를 받고 있었다. 벌써 "장가도 들고 홀어머니 모시고 잘 살고 있으며, 내일이 스승의 날이라 선생님을 찾아왔다"고 했다. '못난 자식이 효도한다'더니 그 말이 윤동식이를 두고 하는 말 같았다.

### 스승의 날 찾아뵌 5학년 때 담임 박경환 선생님

윤동식이 찾아온 이튿날은 스승의 날이라고, 우리 반 아이들에게서 분에 넘치는 대접을 받았다. 옛날 시골학교에서 보낸 스승의 날과는 행사 분위기가 달라도 너무 다르고 화려하다고나 할까? 50명이 넘는 어린이 중에서 아주 불우한 결식아동 몇몇만 빼고 나머지 아이들이 빠짐없이 선물 한 가지씩을 들고 와서는 내 책상 앞에 갖다놓았다. 가슴에는 카네이션을 달아주고, 더러 잘 사는 집 어머니들은 좋은 식당에서 교사들 대접도 했다.

그런데 어쩐지 즐겁기는커녕 '나는 이 나이 되도록 은사를 찾아뵌 적이 있었나? 동식이처럼 어수룩해보이던 제자도 스승의 날이라고 나를 찾아왔는데, 스승의 날이라고 아무 생각 없이 대접을 받고 있으니 양심도 없는 놈 아닌가?' 하는 생각이 들었다.

그날은 수업도 없어 그대로 집으로 돌아가면 됐다. 그래서 바로 어제 찾아왔던 동식이를 고맙게 생각하고 '나도 내 은사님들을 찾아뵙는 게 교사라는 사람이 지켜야 할 도리겠구나' 생각했다.

막상 은사들을 찾아뵈려고 하니, 원래 학교라고는 별로 다녀보지도 못해 은사래야 찾아뵐 수 있는 은사가 두 분밖에 없었다. 성남중학교에서 만난 은사님들은 어디에 살고 계신지 알 길이 없었고, 찾아뵐 분이래야 영등포국민학교 5학년 담임 박경환(朴景煥) 선생님과 6학년 담임 신직수(申稙秀) 선생님, 이렇게 두 분뿐이었다.

그런데 신직수 선생님은 그때 이미, 검찰총장을 시작으로 박정희 정권에서 법무장관을 거쳐 중앙정보부장으로 계신 거물급이라 찾아뵙기도 그리 녹녹한 일이 아니고, 또 '나 같은 놈이 찾아가야 바쁘신 분 공연한 폐만 되겠지?' 하는 지레짐작으로, 5학년 담임 박경환 선생님만 찾아뵙기로 마음먹었다.

영등포시장에서 삼화페인트 상회를 하신다는 소문을 들은 생각이 나서 무턱대고 영등포시장으로 향했다. 시장에 가서 아무 페인트 가게나 들어가 물어보자, 원체 오래도록 영등포에서 사신 분이라 문래동에서 삼화페인트를 하신다며 자세히 약도까지 그려주었다.

박경환 선생님은 화성 병점이 고향이고, 젊은 날 신부가 되려고 신학대학에서 공부하다 중도에 무슨 사정인지 신학교를 접고 해방과 함께 국민학교 교사가 되어, 영등포국민학교에서 나와 사제지간의 연을 맺은 분이었다. 가톨릭 신자로 마음씨도 고우시고 연세는 나보다 10살 위이신 분으로 술도 퍽 즐기셨다.

한국전쟁 당시 인민군이 서울을 점령했다가 미 해병대들이 9·18 인천상륙을 한 뒤 북으로 후퇴하고 전선이 북으로 올라가 경인선이 좀 한산해졌을 무렵, 박 선생님께서 영등포에서 인천으로 가시는 길에 소사에서 한 번 뵌 적이 있었다. 그때는 난리 통이라 변변한 대접도 못해드리고 겨우 설렁탕 한 그릇으로 서운하게 보내드려야 했다. 그 후 30년도 더 지나 마음먹고 찾아뵙자 감회가 남달랐다.

선생님을 찾아뵙자 그렇게 기뻐하실 수가 없었다. 반가워하시는 선생님 가슴에 카네이션을 달아드렸다. 우리 반 아이들이 달아준 카네이션 중에서 제일 좋은 것으로 준비한 것이었다. 내가 어린이들에게 스승 대접을 받던 기쁨보다 내가 은사님 가슴에 꽃을 달아드리는 기쁨은 몇 배 더 기쁘고 행복했다.

선생님과 나는 문래동 어느 분위기 좋은 술집에서 한껏 흥겹게 술이 취해 스승의 날을 값지게 보냈다. 쉰 줄로 접어들어 반백이 된 내가 박 선생님께 말끝마다 "선생님!"을 찾으니 옆에 앉아있던 술집 여인이 "이 분은 삼화페인트 사장님인데, 왜 사장님으로 부르지 않고 선생님으로 부르냐?"면서 의아하게 물었다.

그래서 "국민학교 때 은사님"이라고 하니, 아가씨들이 '이렇게 각박해가는 세상에 이런 중늙은이가 무슨 은사를 찾나?' 하는 듯 희한한 표정을 지으며 "아하, 그래서 박 사장님 가슴에 카네이션 꽃이 달렸네요" 하면서 '지금 같은 세상에 이런 사람들도 있구나' 하는 눈빛으로 우리 두 사람을 번갈아 보더니 "같이 늙어가는 분들끼리 이렇게 술을 하시는 것이 참 보기 좋다"고 했다. 좋은 그림은 어디서 누구의 눈으로 보아도 역시 아름답게 보이는 것 같다.

박 선생님을 찾아뵌 것이 계기가 돼 우리 영등포국민학교 2회, 6학년 1반 동창생들이 소규모 동창회를 만들어 한 달에 한 번씩 모여 즐거운 시간을 갖게 되었다. 자주 모이는 동창이라고 해봐야 한 10명 정도밖에 되지 않는다. 서창석이는 한국전쟁 때 국군으로 입대했다가 1사단에서 전사하고, 나를 그리도 못살게 굴며 남의 닭서리 시키던 현종술(玄鍾述)이는 인민군으로 끌려가 희생되었다는 소식도 듣고, 나머지 동창들은 지금은 어디서 무엇을 하며 늙고 있는지 도통 알 길이 없다. 눈감으면 보고 싶은 얼굴들인데…….

### 국민학교 동창생 반○○이 양담배 피운다고 따귀를 치다

영등포국민학교 동창 소모임을 만들어 즐거운 시간을 보내고 있던 어느 날, 술을 거나하게 먹고 자리가 거의 끝날 무렵 동창 중 한 놈인 반○○이 뒤늦게 들어와 앉으면서 양담배를 꺼내 물었다.

다른 동창들은 양담배를 피우면 피우나보다 하며 아무렇지도 않게 흘려보냈는데, 수양이 좀 덜된 내가 기어이 사고를 치고 말았다. "야! 너, 왜 우리 담배도 좋은데 양담배를 피우느냐?" 술 한잔 걸친 김에 삐딱하게 시비를 거니, 이 친구가 "아들이 피워보라고 한 갑 사다주었다"면서 은근히 자식 효도 자랑까지 늘어놓더니 "맛이 어떤가 해서 피워본다"고 아무렇지 않게 대답을 했다.

그래서 "이 자식이 아주 효자 두었네. 야! 이 자식아! 젊은 놈들이 아무런 역사의식도 없이 양담배를 피우라고 사다주면 나잇살이나 처먹은 네놈이 양담배 피우면 안 된다고 타이를 일이지, 자식이 주는 거니 공짜라고 좋아라, 입이 헤벌레 해가지고 널름 널름거리며 받아 피우냐? 이 설사 똥 묻히고도 빨지 않은 걸레 같은 새끼야! 그래, 우리가 한국전쟁 통에 코쟁이들한테서 양담배 안 얻어 피웠냐? 그래, 이 새끼야! 양담배 맛을 몰라 피우냐? 이 쪽발이 훈도시 같은 자식아! 우리가 난리 통에 양놈 꿀꿀이죽도 먹어봤잖아, 이 새끼야! 너 같은 놈을 양키들이 무어라고 하는지 알아? 얼빠진 사카하치 보이라고 하는 거야!" 하면서 보기 좋게 따귀를 한 대 올려붙였다. 사실 더 오래 전엔 양담배 피우는 걸 단속한 일도 있었지만, 당시 사회적 분위기로도 양담배 피우는 게 떳떳한 일은 아니었다. 더구나 있는 놈들이나 은밀하게 피웠으니 곱게 보일 리가 없었다.

그렇더라도 매 맞은 놈 입장에서는 자다가 홍두깨 맞은 격이지 가만히 있겠는가? 이놈이 "여기, 잘난 애국자 새끼 났다"면서 덤벼드니 그 자리에 있던 동창들이 뜯어말려 싸움은 하지도 못하고 흐지부지 끝났다.

그 후 몇 달간 그 친구가 "용승이 보기 싫어서 모임에 안 나오겠다"면서 나오지 않았다. 그래서 "술 먹고 그랬는데 좆 달린 자식이 어린아이새끼마냥 삐쭉하기는. 내가 그렇잖아도 미안하게 생각하고 있으니 그러지 말고 나오라고 하라"고 동창들에게 말해 다시 나오게 되었다. 철부지 적 동창이 좋기는 좋은 것 같다. 객지 벗에게 그렇게 했더라면 영영 남이 되고 고소도 당할 수 있었을 텐데.

이 친구는 영등포 자기 동리에서 실속도 없는 감투를 얼마나 좋아하고 많이 썼는지 명함을 받아보니 한 10가지도 넘었는데, 장(長) 자리 감투는 하나도 없고 모두 '부(副)' 자가 붙어 있었다. 서울 금천구 잘살기 운동 부위원장, 청소년 선도위원회 부위원장, 새마을 지도위 부위원장, 뭐 이런 식이었다.

아마 그놈이 나가는 모임들에서 안 붙여주면 골치 아프고 해서 할 수 없이 모두 '부' 자를 붙여주는데도 자기가 잘나서 주는 줄로만 알고 목에 깁스를 하고 저 잘난 멋으로 사는 놈 같다.

언젠가 안양에서 동창 이지호(李志浩)군의 아들이 음식점을 차리고 아버지 친구들을 초대하는 자리에도 그놈이 참석을 했다. 그런데 이놈 가슴에 10개도 넘게 훈장이 주르륵 달려있었다. 그래서 "나는 해군에서 5년이나 복무를 하고도 훈장이라고는 하나도 받아보지 못했는데, 네가 한국전쟁 때 무슨 공훈을 그리 많이 세웠기에 훈장이 그리 많으냐?"고 물어보려고 다가가니 다른 동창들이 눈치를 채고 나를 꾹 찌르면서 가만히 있으라고 해 "나는 훈장을 한 번도 받아보지 못했는데" 하며 뒤로 물러앉았다.

다른 동창 녀석이 나보고 "야, 이놈아! 네가 군대생활 한다고 탈영이나 밥 먹듯이 하고 다닌 놈인데, 골 비었다고 너한테 훈장을 주느냐? 네놈이 김일성이 목 따러 갔다 왔느냐? 전투를 해봤느냐? 무엇을 잘했다고 훈장을 주느냐? 그래, 무공훈장이라도 하나 주랴? 너한테 훈장을 주면 지나가던 개도 훈장을 줘야겠다. 이 새끼야!" 하면서 대신 응수를 했다. 입으로는 이렇게 욕을 퍼부으면서도 눈으로는 나를 보고 찡긋하면서 "야! 이래봬도 이놈은 한국전쟁 때 인민군들 수없이 죽였어. 자식! 잘 알지도 못하면서" 하고 너스레를 쳤다.

'맑은 물에 고기가 꼬이지 않는 법인데 나도 이제부터라도 친구들 앞에서 이래도 응 저래도 응, 하는 황희정승 같은 처세를 하면서 살까보다. 타인에게 아주 편안한 사람이 돼야지.' 그렇게 마음먹자, 조선 초기 이방원의 시조가 생각난다.

   이런들 어떠하며 저런들 어떠하리
   만수산 드렁칡이 얽혀진들 어떠하리
   우리도 이같이 얽혀 백년까지 누리리라

그 말 같지 않은 시구를 생각하고 이제부터 모나지 않은 사람으로 살자고 자주 다짐하면서 살아가지만, 원래 어머니 뱃속에서 타고나온 배냇병신인지 그 더러운 성질 잘 못 고치고 모난 돌 정 맞을 짓만 골라 하면서 살고 있다. 참으로 걱정스럽다.

### 중앙정보부장이 되신 나의 6학년 은사 신직수 선생님

영등포국민학교 6학년 담임으로 나를 졸업시켜주신 신직수 선생님은 1927년 3월생이니 나보다 6살밖에 더 많지 않은 아주 젊은 분이었다. 선생님은 충남 서천에서 태어나 전주사범학교를 졸업하고 우리 영등포국민학교로 첫 교사 발령을 받고, 낮에는 우리를 가르치고 밤이면 아마 단국대학 법학과에 다닌 것으로 알고 있다.

그러던 중에 한국전쟁이 일어나 고등고시 사법과가 아니라, 피난지인 부산에서 군 법무관시험에 합격했다. 이후 박정희가 사단장으로 있던 육군 5사단에서 법무참모로 근무했다. 그래서 강직하던 신 선생님이 박정희 전 대통령과 만나는 계기가 되었다. 그때는 각 참모들이 군수품을 도둑질해 치부하고 후생사업이다 뭐다 하며 국토방위보다는 돈벌이에 눈이 벌게 날뛰면서, 심지어는 고달프고 배곯은 사병들의 주식, 부식까지 층층으로 내려오면서 착복하던 시절이었다.

그렇게 착복한 것을 혼자 다 먹지 않고 사단장에게 진상을 하는데, 신직수 법무참모는 비교적 청렴해 사단장인 박정희 장군이 오히려 쌀을 보내주곤 했다는 이야기가 우리 동창들 간에 지금도 전해지고 있다.

박정희 장군의 눈에 들어 5·16 군사쿠데타를 일으킨 박정희가 국가재건최고회의라는 기구를 만들어 의장이 되면서 권력을 장악하자, 명동에서 변호사 생활을 하던 신 선생님을 법률고문으로 발탁했고, 박정희가 대통령이 되자 우리 역사상 유례없이 36세의 젊은 나이에 11대 검찰총장으로 임명해 7년 6개월이라는 최장수 검찰총장을 지냈다.

그 후 법무부장관, 7대 중앙정보부장을 거치면서 인민혁명당 조작사건의 책임자라는 악명을 남겼으며, 박정희가 살해되고 사회적 격변기를 거쳐 민주화가 이루어진 뒤에는 서울 논현동에서 일양합동법률사무소 대표 변호사로 지내다가, 당신이 조작해 젊은 나이에 억울하게 먼저 간 이수병을 비롯한 8명의 사형수들 곁으로, 명암이 엇갈리는 생을 마치고 2001년 9월 9일 세상을 등지셨다.

신 선생님은 박정희라는 사람과 연이 닿지 않았더라면 평범한 법관으로 약자 편에 서서 아름다운 이름을 후세에 남길 수도 있는 소양을 갖춘 분인데, 어떻게 하다 박정희를 만나 독재자의 하수인으로 살다 갔는지 생각할수록 아깝다는 생각이 든다.

신문을 통해 신직수 선생님이 돌아가셔서 서울 삼성병원에서 장례를 치른다는 부고를 접하고는 인혁당 조작사건으로 죄 없는 사람들을 억울하게 죽인 생각을 하니 조문을 해야 옳은지 잠시 망설였다. 철없는 시절의 은사님으로 가슴속 존경의 대상이던 선생님이 마지막 가시는 길인데도 선뜻 가서 뵈어야겠다는 생각이 나지 않고 망설여진 것이었다. '독재정권에서 마음껏 누리신 분인데 나 같은 놈 하나 안 간다고 그게 대수랴' 하는 생각도 들었다.

하지만 생각을 고쳤다. '날아가는 새도 떨어뜨린다는 권력을 가졌던 중앙정보부장을 지내실 때 은혜를 입어서 찾아가는 게 아니라, 그래도 몇 분 안 되는 은사님 중 한 분이고, 지금 가시는 길이 선생님 마지막 가시는 길인데 가서 조문의 예를 올리는 것이 사제지간의 도리 아니겠는가?'

그래서 빈소로 찾아갔다. 그런데 거기서 또 한 번 놀라운 광경을 보았다. 신 선생님이 박정희 독재정권에서 야당 탄압과 민주화 투쟁의 불길을 끊은 반민주적이고 반민족적인 일에 앞장섰던 사람인데, 놀랍게도 알 만한 야당 투사들이 그리도 많이 조문을 하고 있었다. 좀 이상하다는 생각을 했다. 그러나 다시 생각해보니 이상한 일만도 아니었다.

'망자는 모든 것을 다 털고 가는 길이니 생전 원한은 다 잊고 너그럽게 용서하는 게 남은 사람의 도리이지.' 그렇게 잠시나마 옹졸했던 생각을 털어버렸다.

선생님이 박정희 정권에서 승승장구할 때는 찾아뵐 생각을 하지도 않았지만, 야인이 되어 서울 논현동에서 일양법률사무소를 하고 계실 때는 스승의 날을 택해 두 번 찾아가 뵌 적이 있다. 결국 그것이 선생님과의 영원한 이별이 되었다.

빈소에 찾아가보니 조의금은 일절 사절하고, 국화꽃 한 송이를 망인 영전 앞에 놓고 큰절도 생략한 채 묵념으로 조의를 대신하는, 아주 간소하면서도 엄숙한 분위기의 조문이었다.

내 중학교 진학문제로 어머니가 학교에 오신 일이 있었다. 이른 아침이었던지라 운동장에서 아침조회를 하는 것을 볼 수 있었다고 한다. 안효원(安孝源) 교장의 훈시가 길어지자 다른 선생님들은 똑바로 서있지 못하고 몸을 비비 틀며 자세를 흩뜨리는데, 신직수 선생님은 한 자리에서 움직이지 않고 지루한 훈시가 끝날 때까지 부동자세로 꼿꼿이 서서 계시는 것을 보셨다고 한다. 두고두고 "신직수 선생님은 품행방정(品行方正)한 선생님"이라고 칭찬하시는 이야기를 들었다.

### 신직수 선생님과 제자 반○○과의 전시 호연(好緣)

한국전쟁이 치열하게 벌어져 압록강까지 진격했던 국군들이 중공군의 개입으로 다시 후퇴를 하기 시작하던 1·4 후퇴 때 국군 5사단도 중공군의 포위망에 걸려 많은 장병들이 인민군의 포로로 잡혔다.

가슴에 커다란 훈장을 줄줄이 달고 친구 아들 개업 집에서 가진 친구들 모임에 나왔던 반○○도 5사단에서 사병으로 전투에 참가했다가 포로가 되었다. 같이 포로가 된 장교들은 신분을 감추려고 계급장을 떼고 장교가 아닌 사병 행세를 하는데, 반○○이 인민군에게 이를 모두 밀고해버렸다. 그래서 장교 출신들은 인민군들에게 신분을 감추었다는 이유로 많은 시달림을 받았다. 그런데 얼마 후 전황이 다시 바뀌면서 치열한 전투가 벌어지는 틈을 타 국군 포로들이 탈출을 했다. 이후 그들은 무사히 부대로 귀환을 했다.

하지만 문제가 발생했다. 이 친구가 인민군에게 밀고해 큰 어려움을 겪었던 동료들이 잠자코 있지 않았던 것이다. 결국 "반 일병이 군사정보를 적에게 누설했다"고 고발해 5사단 헌병대에서 조사를 받아 군법회의에 회부되고 말았다.

그때는 한창 치열한 전투가 진행된 전시라 이적행위는 볼 것도 없이 즉결처분을 당하던 때였다. 그런데 군법회의에서 놀라운 상황이 벌어졌다. 마침 재판을 담당했던 분이 신직수 선생님이었던 것이다. 재판기록을 훑어보던 신직수 법무참모가 반 일병의 이름을 기억하고는 혹시나 하고 불러보니, 아니나 다를까 영등포국민학교 시절 자기 제자였다. 그래서 선생님이 손을 써 저승사자 앞에까지 갔다가 사형을 면하고 방면돼 군으로 복귀할 수 있었다는 것이었다. 이 이야기를 다른 동창에게서 들었다.

그 이야기를 듣고보니 영등포국민학교 시절의 일화가 생각났다. 성적표를 받아든 이 친구가 성적을 속이려고 신직수 선생님 도장을 몰래 새겨 찍고는 부모에게 보이고 다시 선생님께 성적표를 냈는데, 선생님이 이상한 생각이 들어 도장을 자세히 살펴보니 자기 이름의 한자가 잘못되어 있었다. 한자를 잘 모르는 이놈이 '식' 자와 '직' 자를 구별 못하고 '직(稙)'에서 한 획을 뺀 '식(植)' 자로 새겨 찍은 것이었다.

그래서 선생님이 "너, 이 도장 누가 새겨주었느냐?"고 물어보니 잘못했다고 용서를 빌었으면 덜 혼났을 터인데, 이놈이 그래도 "제가 안 새겼다"고 시치미를 떼다가 혼쭐검이 나고 말았다. 선생님이 식 자와 직 자를 칠판에 크게 쓰고 설명하면서 "이놈아! 네놈이 끝까지 나를 속이려고 하느냐"고 호통을 치셨다. 신 선생님이 몹시 화가 나 우리 앞에서 따귀를 때리던 생각이 지금도 난다.

나도 그런 생각이 나는데, 신 선생님이 그놈 이름을 어찌 잊을 수가 있겠는가. '생사가 오가는 그 전장 속에서도 잘났든 못났든 제자라는 생각을 해준 덕에 그놈이 목숨을 부지했구나!' 하는 생각이 든다.

사람 운명이라는 것이 아주 작은 것으로도 바뀐다는 생각을 했다. 백두산 천지를 향해 내리는 빗방울도 바람이 어느 쪽으로 부느냐에 따라 압록강으로도 흐르고 두만강으로도 흐르면서 동해와 서해로 완전히 갈라지듯이, 이 친구가 만일 5사단이 아니었다면 지금쯤 한국전쟁의 희생물로 이 세상 사람이 아닐 수도 있겠다는 생각이 든다. 사람의 운명이란 게 마치 살얼음판 걸어가는 것 같다.

### 제자 성추행하고 교회 목사로 떠난 손 선생

여름방학을 맞아 집에서 쉬고 있다가 학교일도 궁금하고 잡무 처리할 일도 있고 해서 나선 길이었다. 교무실에 들어서려는데 우리 반 여자 반장 배경숙(裵敬淑)이 어머니가 학교에 와있었다.

"어떻게 학교까지 오셨느냐?"고 인사를 하니까 오히려 의아한 눈으로 나를 바라보며 "선생님은 아무것도 모르세요?" 하고 도리어 반문을 했다. 그래서 "잘 모르다니요? 그 동안 학교에 무슨 일이 있었습니까?" 하니, 학교 건물 뒤편으로 나를 이끌었다.

그러곤 하는 말이 "학교에서 손○○ 선생이 4학년 여자 아이들을 10명도 넘게, 숙직실 이불을 개어 얹어두는 어두컴컴한 다락으로 데리고 가서 성추행을 했다"는 것이다. 그래서 오늘, "어머니들이 교장에게 항의하러 모인다"고 했다.

"어떻게 할 것이냐?"고 물으니, "학교에서 해결 안 하면 교육청까지 가서 항의를 하겠다"고 한다. 그래서 "참 잘들 생각하셨다. 이런 일은 쉬쉬하고 덮으면 안 된다. 이것은 하나의 정신병인데 다른 학교로 전근시키면 다른 학교에서 또 이런 일이 없다고 누가 장담하느냐? 내 자식만 안 당하면 되지 남의 자식들까지 우리가 알 게 뭐냐 하는 생각은 정말로 나쁜 이기주의적 발상이다. 이 일은 꼭 교육청에 알려 다시는 어린아이들이 피해를 입지 않도록 하는 게 어른들의 책임이다"라고 경숙이 어머니에게 진언을 해드렸다.

성추행 피해 학생 학부모 중에는 다른 학교 부부교사도 있었는데, 우리 학교 교장이 이 사건 때문에 그 부부교사를 불러 응원을 청했다. 그냥 묵과해선 안 되겠기에 그 교사에게 "같은 교사로서, 치부를 숨길 게 아니라, 이런 일은 세상에 알려 다시는 반복되지 않도록 해야 하지 않느냐? 교사가 수업을 잘하고 못하는 것은 그 사람 능력이지만, 이런 사건을 저지르는 것은 정신병이 아니냐?"고 강하게 말했다.

그런데 이 선생이 교장에게 매수를 당했는지, 그야말로 군자처럼 마음이 너그러운 사람인지, 태도가 영 어정쩡했다. 그러더니 "나는 모르겠다. 교장이 알아서 잘 처리하겠지. 나까지 관여하지 않아도 되겠다"면서 돌아가고 말았다.

결국 어머니들도 교장이 "내년에 다른 학교로 전출시키겠으니 나만 믿고 한 학기만 좀 참아 달라"고 설득하자 그 사건에서 손을 떼고 말았다. 이렇게 불똥이 자기에게까지 튈까봐 걱정한 교장이 이 사건을 덮어버리니, 손 선생 인책은커녕 완전 유야무야되고만 셈이었다. 그 뒤 손 선생은 2학기에도 또 어린이 성희롱 사건을 저질렀는데, 교장은 이번에도 쉬쉬 덮어버렸다.

다음해 교장은 나와 손 선생을 수원 변두리 서호국민학교로 전출시켰다. 나는 교장에게 대들어 하극상을 했다는 '죄 아닌 죄' 때문이었고, 손 선생은 어린이 성희롱의 책임을 물은 것이었다. 내가 창룡국민학교에 근무한 지 1년 만의 일이었다.

나와 같이 서호국민학교로 전근한 손 선생은 야간에 서울에 있는 모 신학대학을 다닌다고 하더니, 2년 뒤에 교사직을 사직하고 서울 ○○교회 목사가 되어 목회를 하러 서울로 떠나갔다.

그런데 서호국민학교를 떠나면서 손 선생은 가난한 어린이 2명을 선정해 수여하는 장학금을 만들어놓고 떠났다. 그때 '참으로 알 수 없는 것이 사람의 마음이로구나. 정말로 선과 악은 동전의 양면이라더니, 아무리 생각해도 알다가도 모를 일이다. …… 나 같은 사람은 어린이 성희롱은 못한다. 그렇다고 불우한 어린이 장학금을 만들 수 있나? 술에 물 탄 듯 물에 술탄 듯, 그저 그런 놈이구나!' 하고 자조했다.

**경기대학교 학생들의 데모를 보고 생각 없이 욕하던 교사들**

창룡국민학교에 근무하던 해에는 대학생들의 데모가 심했다. 우리 학교 옆에 있는 경기대학교도 마찬가지였다. 매일같이 "독재타도! 광주학살 원흉 처단!"이라는 구호가 대학 캠퍼스를 메아리쳤다. 그래서 학교와 그 주위가 대단히 어수선했다.

데모를 진압하기 위해 경찰들이 쏘아대는 최루탄이 비 오듯 쏟아지고, 바람에 날린 그 최루탄 가루는 수업하고 있는 우리학교 교실로 눈처럼 날아들었다. 아이들이 그 독하디 독한 가스를 마시고 여기저기서 기침을 해대고 눈물을 흘리니 햇볕이 제법 따가운 초여름 날씨에도 창을 꼭꼭 닫아걸어야 했다.

아이들은 더워서 공부를 못하겠다고 울어대고, 참으로 수업하기가 난감했다. 경기대학교 학생들이 사흘이 멀다 하고 데모는 하지, 아이들을 생각하면 정말로 걱정스러웠다. 그렇게 데모가 심해지자 교사들이 창밖으로 내다보면서 욕을 해댔다.

"부모들이 죽어라 고생하면서 학교에 보내주니 하라는 공부는 안 하고 데모만 하냐! 공부하기 싫으니 매일같이 교문 밖으로 뛰어나오는 거지! 참으로 너희 놈들 부모님들이 불쌍하다."

대학생들의 극렬한 데모로 수업하기 힘들고, 사실 어린 국민학생들이 콜록콜록 기침을 해대고 눈물을 흘리는 것을 보면서 교사로서 속도 상할 것이다. 하지만 조금만 깊이 고민해보면 이렇게 생각할 수도 있지 않을까? '저 대학생들은 수업도 제대로 못 받고 비 오듯이 쏟아지는 최루탄 속을 왜 저렇게 뛰면서 목이 쉬어라 독재타도를 외쳐야 하나?', '나라를 지켜야 할 직업군인들이 국방의 의무는 저버리고, 역사의 순리를 따르지 않고 권력을 탐해 무력으로 정권을 찬탈하고 광주학살을 저질러서 대학생들이 저렇게 불의에 저항하는 것 아닌가?'

'그래, 대학생들이 그런 불의를 보고도 분노하지 않는다면, 그 사회를 살아 움직이는 사회라고 볼 수 있을까? 대학생들이 이런 잘못된 사회를 보고도 침묵을 지키며 자기 공부만 한다면, 그런 대학생들에게 무슨 희망을 걸 수 있을까? 저 대학생들이 최루탄이다 물대포다 맞아가면서 저렇게 자기 몸도 생각하지 않고 데모를 하는 것은 젊음이 살아있다는 정의감이 아닐까?'

이렇게 생각하면 이 시대를 살아가는 대학생들도 시절 잘못 타고 태어난 희생양이란 생각이 들기도 한다. 그런데 명색이 지식인이라는 교사들은 한치 앞도 생각하지 않고, 광주에서 민중을 학살하고 정권을 틀어잡은 직업 군인들이 두려워서인지, 아니면 몰라서인지, 일언반구 항변도 하지 않고(어쩌면 하지 못하고) 대학생들을 매도하고 욕만 하고 있으니 한심스럽기까지 했다. 설사 욕은 하지 않더라도 자기와는 아무 상관없는 일로 치부하고 침묵을 지키고 있다니!

불의가 판을 쳐도 지식인이라는 사람들조차 침묵하는 것을 미덕으로 생각하는 것은 도대체 무슨 까닭일까?

경기대학교 앞에서 장사를 하는 소시민들이야 생계를 먼저 생각해서 속이 상하니까 학생들에게 욕을 할 수도 있을 것이다. 하지만 어린이들을 지도해야 할 지식인이라는 교사들이 대학생들을 욕하는 것은 참 슬펐다. '슬픔도 분노도 모르는 사람은 조국도 민족도 사랑하지 않는다'는 시구가 또다시 떠올랐다.

'어린이들이 정의니 희생이니, 사랑이니 협동이니, 동료의식이니, 공동체의식이니 하는, 인간다운 교육을 언제나 받을 수 있을까? 그저 사지선다형 시험지에서 정답만 잘 써내게 가르치면 훌륭한 교사라고 생각하는 게 아닐까?' 하고 생각하니 씁쓸하다.

### 일제고사를 새내기 교사들 탄압용으로 이용하는 악질 교장

수원이라는 대도시에 처음 들어와 연무동 산자락에 새로 생긴 창룡국민학교에 부임했을 때, 왜 그리 일제고사도 많이 보고 무슨 시험은 그렇게 다달이 치르던지! 앞으로 훌륭한 동량으로 키워야 할 어린이들을 인성이고 뭐고 다 제쳐놓고 오로지 성적순으로 줄 세우기를 하고 있었다. 무지개 같은 꿈을 꿔야 할 국민학교 어린이들인데, 학교에서는 '시험! 시험!' 하고, 집에서는 어머니들이 그저 '공부! 공부!' 하면서 밀어붙이는 형국이었다.

시험 때가 되면 어린이들만 걱정하는 게 아니라, 담임교사들도 여간 걱정이 아니다. '우리 반이 이번 일제고사에서 꼴찌는 하지 않았을까?' 채점하면서 전전긍긍하는 판이다. 그래서 교직을 시작한 지 얼마 되지 않은 초년 교사들은 혹시 자기 반이 꼴찌를 해 교장실로 불려가지 않을까 걱정이 이만저만 아니다.

그런데 나는 좀 달랐다. '나이도 많이 먹었고, 교장 승진을 비롯한 모든 욕심을 버리고 산사에서 수양하는 고승의 마음처럼 세상 잡사 다 잊고, 앞으로 남은 기간 그저 어린이들만 성심껏 지도하고 즐겁게 살다가 때가 되면 교사직을 후회 없이 떠나리라.' 이렇게 마음먹었기에 '내가 젊은 교사들 걱정을 덜어줘야겠다'는 생각을 했다.

그래서 일제고사를 본 뒤 교사들끼리 채점을 해서 통계를 내고 학급을 등수로 가릴 때, '자기 반이 꼴찌는 아닐까?' 불안해하는 젊은 교사들에게 "너무 걱정하지 마라. 우리 반이 꼴찌가 되게 하겠다"고 위로하고는 "그 대신 성적 차이가 너무 많이 나지 않도록 하라"고 해 시험 때마다 우리 반을 꼴찌로 조작해서 시험답안지와 채점표를 교감 책상에 갖다놓았다.

그리고 시험 관리로 교사들을 옥죄려는 관리자들을 속으로 가볍게 생각하면서 "교감선생님! 원래 내가 머리가 나쁜데 나이까지 먹고보니 어린이들을 잘못 지도해 우리 반이 또 꼴지를 했네요. 교감선생님 뵙는데 면목이 없습니다. 교장선생님께 죄송하다고 잘 말씀 좀 해주세요" 했다.

시험 결과를 받아본 교장도 매번 그냥 넘어갔다. 우리 반이 또 꼴찌를 했어도 나를 불러 책망을 해봐야 내 성질이 워낙 나빠 윗분에게 잘 대드는데다, 나이도 먹을 만큼 먹은 사람을 불러 힐책할 수도 없고, 말은 청산유수라 어찌 할 수 없었던 것이다. 그러니 꼴찌를 한 나를 제쳐놓고 다른 교사들을 나무랄 수는 없지 않은가? 그렇게 해서 시험이 끝나도 그냥 넘어가곤 했다.

우리 학년 다른 반 교사들은 교장실에 불려가지 않아도 되니까 내가 그렇게 성적 통계를 조작하는 것을 아주 좋아했다. 하지만 우리 반 아이들은 일제고사 때마다 우리 반이 꼴찌를 하자 아주 서운하게 생각했다. 그리고 아이들이 집에 가서 "이번에도 우리 반이 꼴찌를 했다"고 어머니에게 이야기를 하면, 우리 반 젊은 어머니들이 모여서 "담임이 나이가 많아서 젊은 선생들을 따라가지 못해 매번 꼴찌를 한다"며 뒤에서 마구 내 흉을 봤다. 그러나 나는 가슴에 손을 얹고 생각해봐도 양심에 하나도 부끄럽지 않았다.

교사들이 편한 마음으로 어린이들을 성심껏 지도하도록 뒷받침을 해주어야 좋은 교장이라고 할 텐데, 교장실에 앉아 콧구멍이나 후비면서 '어떻게 하면 교사들을 달달 볶아 자기에게 벌벌 기게 만들까?' 연구하는 교장들을 흔히 볼 수 있었다. 그런 교장들 때문에 젊고 훌륭한 인재들이 우리 교육계로 몰려오지 않고, 교사가 인기 없는 직업이 되는 게 아닐까? 하는 생각이 자주 든다. 아! 꼴통들아! 새 바람이 불게 길 좀 비켜주라.

### 수업시간에 정치 비판하고 경찰에 끌려간 재수 없는 교사

전두환 정권은 반정부 인사들을 사찰하면서 작은 실수만 있어도 올가미를 씌워 마구 체포하던, 앞이 안 보이는 독재정권이었다. 가는 곳마다 보안사 요원들이 눈을 부릅뜨고 사찰도 했다. 그때 수원 어느 여자고등학교 교사가 수업시간에 정치적인 말실수(?)를 했다. 이를 수업 중에 들은 어느 여학생이 자기 친구들에게 "경찰이 더 세지, 선생이 더 세냐? 저 선생 이상하다"고 불평을 하면서 중얼거렸단다. 이윽고 아버지에게 밀고까지 했다. 그 교사는 결국 그 다음날 경찰서로 연행되었는데, 알고보니 그 여학생 아버지가 경찰서 정보계 형사였단다.

그래서 그 해 겨울방학에 교육청엔 비상이 걸렸다. 유능하다는 교사 몇 명을 선발해 날치기로 안보 반공교육을 강습시킨 후 반공교육 강사로 만들어, 수원교육청에서 지정하는 학교에 시내 초중고 교사들을 모아놓고 교육을 하게 했다. 그러면서 강사들도 믿을 수 없는지 강당에 녹음기까지 설치했다. 물론 교사들은 그 반공 안보 강의를 의무적으로 들어야 했다.

강의 요지는 "수업을 하면서 교과서에서 벗어난 말은 절대로 하지 말고 그저 죽은 듯이 교과서 내용대로만 수업을 하라"는 것이었다. 그런 강의를 듣고 나오면 '세상이 어떻게 돌아가는가? 교사가 학생들을 의식해 말조심, 몸조심을 하면서 수업을 해야 하는 세상이 되었단 말인가? 내가 왜 그 많은 직업 중에 하필 교사가 되었을까?' 너무도 서글프고 가슴만 답답해졌다.

그런데 한편으로는 '내가 국민학교 교사가 된 것이 얼마나 다행인가? 고등학교 교사가 됐더라면 학생들이 광주학살을 물어올 때 뭐라고 대답해줄 수 있을까?' 하면서 중고등학교 교사들에게 마음속으로 위로를 보내며 내 처지를 자위했다.

그리고 저녁 때 동료들과 초라한 대폿집에 가서 술을 마시며 괴롭고 서글프고 답답한 마음을 달랬다. '이 술집에서 술 먹고 있는 저 사람들 속에도 혹시 보안사 요원은 없을까?' 생각하니 술맛도 떨어지고 먹었던 술이 확 깨어버리기도 했다. 함부로 분노를 터뜨릴 수도 없고 그저 애꿎은 술잔만 비웠다.

술집에서 나와 수원 화서동 사거리에서 우연히 장재성 선생을 만났다. 그는 고등학교 국어교사였는데, 장평국민학교가 있는 용천리가 고향인 사람이었다. 그와는 내가 그 장평국민학교에 근무할 때부터 알고 지내는 사이였다.

반가운 마음에 술이나 한잔하자며 대폿집으로 들어가 허물없는 사이라고 생각하고 "장 선생님! 나는 국민학교 코흘리개들하고 수업하느라고 별로 걱정할 것도 없고, 아까 강사가 한 말처럼 그저 교과서나 앵무새처럼 조잘대면 되겠지만, 장 선생님은 고등학교에서 그것도 국어를 가르치다가 말실수라도 할까봐 걱정이 돼 마음 놓고 수업을 할 수도 없겠다"고 위로하는 마음으로 한마디 했다.

그런데 이 장 선생은 뜻밖에도 어리둥절한 표정을 하면서 "아니? 왜 수업하기가 어렵다고 생각하느냐? 수업은 원래 교과서에 있는 대로 하면 되지 않느냐?"고 정색을 하는 것이었다. 그래서 "고등학생들은 알 것은 다 알 텐데, 5·18 광주 사건이라도 물어오면 어떻게 대답을 해야 하느냐?"고 되물으니, "교과서에 없는 것은 대답하지 않으면 되지 않느냐?"

고 도리어 내가 이상하다는 듯한 반응을 보였다. 고향사람이라고 반가워서 같이 술잔을 기울였다가 그런 말을 들으니 화가 치밀었다. 그리 취하지도 않은 술맛마저 확 떨어졌다. 그래서 자리를 박차고 나와버렸다. 집으로 돌아오면서 하늘에 무수히 떠있는 별빛을 보고 허공을 향해 나의 애창곡인 미국민요 '콜로라도의 달밤'을 흥얼거렸다. 참으로 외로웠다.

### 나이 70 때까지 노래를 두려워하게 만든 '음치'라는 말

나는 남들처럼 학교를 많이 다니지 못했다. 그런데 그 짧은 학창생활을 돌이켜봐도 초, 중, 고등학교에서 음악수업을 받아본 기억이 별로 없다. 그래서 나중에 국민학교 교사가 된 뒤에도 음악 수업은 못하고, 다른 반 교사와 교환 수업을 했다.

지금도 옛날 장평이나 백암의 제자들을 만나면, 사제 관계를 떠나서 다 같이 늙어가는 친구처럼 술자리를 갖는다. 그런 경우 노래방까지 함께 가보면 직업 가수 못지않게 노래를 잘 부르는 제자들도 있다. 그러면 '저 사람들이 나 같은 교사를 만나서 음악도 제대로 배우지 못했을 텐데, 참으로 타고난 소질인가? 노래를 저렇게 잘 부르다니!' 하며 매우 고맙고 흐뭇해한다.

음악을 제대로 가르치지 못한 미안한 생각이 들면 "내가 자네들한테 죄를 많이 졌는데, 그 중 하나가 음악수업을 못한 것"이라고 사과도 한다.

제자들을 때린 생각은 나지 않는다. 하지만 혹시 젊은 혈기로 감정이 실린 구타를 하지는 않았는지? 그런 매를 들었다면 지금이라도 말해주면 좋겠다. 혹여 그랬다면 '그건 교사가 아니라 마부'라는 생각을 가지고 있으므로 진심으로 사과해 죄를 씻고 남은 생을 홀가분하게 정리하고 싶기 때문이다.

한국언론재단 연구이사 정운현 선생이 고 조문기(趙文紀) 선생님 장례식 장소에서 가르쳐준 말처럼 제자들도 이제 60살이 불원한 사람들이니, 이제는 남은 생을 사제지간이 아니라, 서로 나이를 잊은 '망년우'(忘年友)로 함께 가고 싶다는 생각이 든다. 어느 제자라도 나에게 밉고 서운한 마음이 조금이라도 남아있다면 다 털고 가고 싶다.

내가 성남중학교 재학 당시 봉은사로 소풍을 간 적이 있는데, 담임선생님은 하기 싫다는 노래를 억지로 시켜놓고는 막상 마지못해 노래를 부르자, "음치 아니냐?"고 망신을 줬다. 그때 친구들 앞에서 받은 부끄러운 상처가 평생 '내가 음치가 아닌가?' 하고 남 앞에서 노래 부르기를 두려워하게끔 했다.

성인이 되고 배우생활을 할 때도 노래를 많이 하는 악극단 배우는 가급적 피하고 순 연극만 하는 극단만을 고르곤 했다. 어디서나 연극 잘한다고 칭찬을 받고, 관객이 많이 모일수록 신명이 나는 성격인데도 노래만은 영 자신이 없었다. 흥겨우면 그저 나 홀로 흥얼거렸지 남들 앞에서 마음껏 노래를 불러보지는 못했다.

얼마 전까지도 남들에게 끌려 간혹 노래방에라도 가면, 남들이 부르는 노래를 들으면서 분위기 깨지 않고 흥이나 돋우려고 노력하면 했지 막상 내가 마이크를 잡고 노래하는 법은 거의 없었다.

그런데 언제부턴가 술만 취하면 '콜로라도의 달밤'을 비롯해 젊어서 배운 여러 노래를 집에서 흥얼거리게 되었다. 재미있는 것은 그럴 때마다 처가 "당신, 감정을 잘 잡고 노래를 참말로 잘 부른다"고 했다. 뭐 그냥, 아내가 내 비위 맞춰주는 말이거니 했다.

그러다가 평화재향군인회 운영위원회 회의가 끝나고, 그날은 왜 그랬는지 거기에 참석했던 사람들이 돌아가면서 노래를 부르게 되었다. 젊은 날에 성악을 공부했다는 윤영전(尹永典) 평화재향군인회 감사가 먼저 아주 멋지게 명곡을 부른 다음, 내 차례가 되었다. 잠시 망설일 수밖에 없었으나 처가 매번 감탄하던 일도 생각나고, 늘그막에 두려울 게 뭐가 있냐 싶어 숨을 가다듬고 '콜로라도의 달밤'을 조심스럽게 불렀다.

그런데 거기 있던 분들이 감탄하는 눈초리로 박수를 치고 "그렇게 잘 부를 줄 몰랐다"는 놀라운 표정들이었다. 특히 전문가라 할 수 있는 윤영전 선생이 "아주 노래를 잘한다!"고 칭찬을 했다. 윤 선생은 내 노래가 "음정이 좀 고르지 않은 곳도 있지만 감정 처리가 대단하다"면서 격려를 아끼지 않았다. 음치의 망령에 70년 넘게 갇혀 지내던 나를 음치에서 해방시키는 순간이었다.

지금은 즐겁거나 마음이 울적할 때 '콜로라도의 달밤'을 자주 부른다. 어려서 음치라는 선생님의 무책임한 말 한마디가 나를 주눅 들게 만들어 남들 앞에서는 노래 한 번 신바람 나게 불러보지 못하고, 70년 넘게 스스로 음치라고 생각하면서 살았으니! 장난으로 무심결에 던진 돌에 골통을 맞은 개구리처럼 평생을 음치의 틀에 갇혀 산 셈이었다.

음치에서 해방된 지금은 주책도 없이 마치 어린애처럼 누가 나에게 노래를 시키지 않나 하고 도리어 바라는 마음을 갖게 되었다. '몸은 80살을 바라보는 나이지만, 마음은 어린애를 벗어나지 못하는 철부지로구나!' 하고 피식 웃는다.

### 교장과 다투고 1년 만에 변두리 서호국민학교로 좌천되다

신설학교인 수원 창룡국민학교로 전근을 했을 때 이근환(李根煥) 교장도 함께 부임했다. 그런데 이 교장은 이천교육청 학무과장 출신으로, 소위 유능한 교장답게 교사들을 가정도 없고 인권도 없는 사람들처럼 몰아쳤다.

당장은 고생하더라도 내일의 희망을 걸 수 있으면 힘도 생기고 일이 힘든 줄도 모르는 법인데, 사실 그때 나는 별다른 희망이 없었다. 앞으로 교장을 할 것도 아니고 희망이라고 해봐야 그저 어린이들이나 잘 가르치고 봉급 받아 가족들과 쌀 꾸러 다니지 않고 사는 게 희망이라면 희망이었다. 교사 봉급을 가지고는 자식들 대학교 보낼 형편도 되지 않고, 불치의 병에 걸린 둘째 종헌이만 생각하면 애비로서 절망적이기만 해서 온몸에 힘이 저절로 빠지는 참인데 무슨 희망이 있어 생활에 활기가 있고 힘이 솟았겠는가?

그때 내 나이 벌써 50대 후반, 남은 생에 큰 희망도 없이 그저 그날그날을 아무 희망도 뜻도 없이, 죽을 수 없어 살아가자니 정신적으로 피폐해가고 몸도 따라서 쇠약해져서 오십견이란 어깨 못 쓰는 병까지 얻은 상태였다. 그러다 우울증도 동반해 좋은 것이라고는 아무것도 없고 매사 무기력하게 지내고 있었다. 그래서 그때 내 모습이 70살을 넘은 것처럼 겉늙어보였던 모양이다.

창룡국민학교에 근무하면서 내일에 대한 뚜렷한 희망도 없이 정신적으로 늘 허탈하고, 세상은 독재가 한창 기승을 부리고, 아침 신문을 보면 세상은 온갖 부정으로 얼룩지니 정말로 속이 상해 작은 일에도 예민해지는 그런 생활을 할 때라 수업이 끝나면 심신이 괴로웠다.

그러던 중 하루는 정규 수업을 끝내고 오후 3시쯤 숙직실에서 잠깐 누워있었다. 그런데 그때 '저 사람이 어떻게 교감이 되었을까?' 하고 모든 선생들이 뒷공론을 할 정도로 무능한 장길근(張吉根) 교감이 숙직실 문을 열고 들여다보았다. 교감에 대한 예의로 몸을 일으키는데 교감이 아무 말도 없이 도로 문을 닫고 돌아가는 것이었다. 그래서 도로 자리에 누웠는데, 그 당시 최고 학년인 4학년 여자 어린이가 오더니 "선생님! 교장선생님이 교장실로 오시래요" 하고는 문을 닫고 갔다.

그래서 '별꼴 다 보겠네! 피곤해서 잠깐 누워있는 것이 못마땅하면 교감답게 왜 숙직실에 누워있느냐고 자기 선에서 문제를 해결하지 별것도 아닌 일을 가지고 교장한테 쪼르르 달려가서 아이들처럼 고자질을 했나 보구나' 싶어 몸을 일으켰다.

교장실 문을 열고 "교장선생님! 부르셨습니까?" 하니, 교장이 자리에 앉으라는 말도 없이 다짜고짜 "신 선생! 당신 왜 근무시간에 말도 없이 숙직실에서 잠을 자는 거야?"라고 힐난조였다. 그때 정신적으로 아주 예민하던 시절이라 그랬는지 참을성 있게 좀 침착하게 대응하지 못하고 "뭐요? 그럼 앞으로 화장실에 가면서도 꼭 교장선생님께 보고를 드리고 갈까요?"라고 내뱉고 말았다. 그러고 나서 화살을 교감에게 돌렸다. "당신! 교감이라는 사람이, 내가 몸이 좀 아파 숙직실에 잠시 누워있으면 교감인 당신 선에서 '왜 누워있느냐? 어디 몸이라도 아프냐?' 하고 당신이 알아서 처리하지! 평생 애들하고만 생활하다보니 이 양반이 다시 애들이 되었나? 애들처럼 뭐 이런 소소한 일까지 교장선생한테 일러바치기는! 당신하고 같이 생활하자니 나까지 애가 되는 것 같아 참 더러워서 이 짓도 못해먹겠군!" 하고 치받았다.

그리고는 "교장선생님! 내가 숙직실에서 근무시간에 잔다고 교육청에 가서 보고하고 나를 아무 데로나 전출시키시오! 당신네들은 내가 마음에 안 들고, 나도 당신들과 함께 살다가 어린애 될까봐 같이 근무 못하겠으니 나를 제주도로 보내든지 당신들 마음대로 교육청에 상신하시오! 그럼 나도 아무 말 안 하고 보내주는 대로 가겠시다" 하고 교장실 문을 박차고 나오려는데, 교장이 나를 보고 "거기 좀 앉으라"면서 "신 선생은 아무래도 더 큰 학교로 가서 근무를 해야겠다"면서 달랬다.

하지만 대꾸도 않고 교장실을 나와 버렸다. 다시 숙질실로 들어가 청부를 시켜 "학교 앞 구멍가게에 가서 소주 한 병과 오징어 한 마리를 사오라!"고 해서 혼자는 안 먹는 술버릇을 깨고 홀로 술을 먹고 있으니까 다른 선생들이 퇴근하자면서 "그래도 교장인데 신 선생님이 참고 미안하다고, 교장 체면을 세워주라"고 했다. 그래서 "이번 일은 내가 알아서 할 테니 어서 퇴근들 하라"고 이르고 술만 먹고 있는데 청부 아저씨가 "교장도 퇴근하지 않고 있다가 7시 넘어서 퇴근을 했다"고 일러주어 나도 일어나 집으로 왔다.

다음 해, 두 사람들이 나에게는 일언반구도 하지 않고, 어린이를 추행한 손○○ 선생과 같이 4년 임기도 못 채운 상태에서 수원 서호국민학교로 전출을 시켰다. '어린이를 추행한 교사나 교장에게 항의한 교사나 다 같은 죄의 동열로 생각해서 같은 학교로 쫓았구나!' 하고 생각해 보니 '하기야 그 시절에는 어린이 성추행보다 하극상이 더 무서운 죄였었지' 하는 생각이 들었다. '그나마 지금은 민주주의니 무엇이니 하는 세상이니 그만했지, 조선시대 같았으면 온전히 학교생활이라도 할 수 있었겠나' 싶어 고쟁이에 무성 방귀 새나오듯 자꾸 헛웃음만 나왔다.

## 27. 각양각색의, 내가 본 교사들의 백태

### 교장 발령을 빨리 받기 위해 술과 성을 상납하는 교감

자칭 유능하고 독선적인 이근환 창룡초등학교 교장 밑에서 신설학교라는 명분으로 50살이 넘은 중년 교사들이 학교인지 병영인지 구별할 수 없는 생활을 한 지도 반년이 훌쩍 지났다. 어느덧 가을바람이 선선히 옷깃을 스치는 2학기로 접어들었다.

이 교장은 아주 유아독존(唯我獨尊)적이고 자만심(自慢心)이 가득해 자기 아니면 학교가 망해버릴 것처럼 생각하는 사람이라 그 밑 교사들은 그야말로 죽을 지경으로 근무를 해야 했다. 교사가 아니라 이건 막노동자나 다름없었다. '초기 교사생활도 이렇게 어렵지는 않았다' 싶었다.

그렇게 지옥 같은 학교생활을 하다가 2학기로 접어드니 이 교장이 자기가 생각해도 이제는 학교 꼴이 제자리를 잡았다고 생각했는지, 2학기부터는 교장이 좋아하는 술집으로 드나들기 시작하면서 퇴근길이면 학교 앞 대폿집에서 교장과 50대 중년 선생들이 자주 모여 술을 먹곤 했다.

그러던 어느 날도 시내 술집에서 교장을 중심으로 중년 선생들이 모인 술판이 벌어졌다. 퇴근길에 교장과 시내에서 한잔한다고 해 나도 술을 즐기는 사람이라 생각 없이 따라갔다.

우리가 모인 술집은 지금은 사라진, 우리 시대 마지막 방석 술집이었다. 모인 사람들은 교장과 교감, 그리고 우리 학교에서 좀 나이가 든 편인 50대 후반의 평교사 넷, 이렇게 6명이었다. 여급 2명도 합석을 해 간간이 음담패설과 함께 선생들의 교장을 향한 비굴한 아부 아니면, 학교 안에서 있었던 그저 별 볼 일 없는 이야기를 주고받으면서 술이 한 판 돌아갔다.

그런데 낌새를 보니 어쩐지 이 술자리가 순수한 술자리 같지 않다는 생각이 들었다. 자리를 뜨고 싶은 마음이 간절해 어떻게 하면 좋을까 망설이다가 잠깐 화장실로 들어갔는데 김상규 선생이 내 뒤를 따라 들어왔다. 김 선생은 대뜸 "신 선생, 오늘 우리가 먹는 술이 무슨 술인지 알아요?" 하고 물었다.

그래서 아예 모르는 척 "퇴근길에 우리 늙은 선생들끼리 단합대회로 친목하자는 술자리겠지!" 하니, 김 선생이 "그게 아니고 저 김 선생이 교장 나가고 싶어 교장에게 술 진상을 하는 것"이라고 했다. "김준관 선생은 목포사범 출신으로, 교장 자격은 취득했으나 교장의 근무평점을 좋게 받아야 교장으로 승진할 수 있어서 오늘 날을 잡아 술 좋아하는 이근환 교장에게 술을 대접하는 것"이라는 게다. 긴가민가했지만 그 소리를 들으니 술맛이 싹 가시고 오장이 뒤틀렸다. 그래서 "나는 그런지도 모르고 친목으로 먹는 술인 줄로만 알았는데, 이 술 더러워서 못 먹겠네. 나는 안 먹고 가렵니다" 하니, 김 선생도 "나도 못 먹겠다"고 따라 나왔다.

다음날 학교에 출근해 어제 술자리 소식을 같이 나온 김○○ 선생에게 들어보니까 그 술집 여급을 모텔까지 데려다가 잠자리까지 진상했다고 했다. 그 소리를 듣고 교장 얼굴을 쳐다보니 교장은 언제 그런 일이 있었냐는 듯이 논어 읽고 수양하는 공맹(孔孟)같은 얼굴로 의젓이 앉아있었다. '하긴 영웅호걸은 주색을 즐긴다던가? 이 교장도 잘 나고 남보다 똑똑해 남이 받지 못하는 그런 특별하고 색다른 성 대접까지 받겠지?' 하고 말았다.

## 오히려 다른 기관보다 더 부패했던 교육계

우리나라가 외세의 힘으로 해방이 되다보니 온통 세상이 제대로 되지 않고 친일파들이 각 분야에서 민족에 대한 사과나 아무런 반성도 없이 도리어 모든 기득권을 한 손에 움켜쥐고 떵떵거리고 잘 먹고 잘 사는 세상이 되었다. 우리 교육계만 독야청청(獨也靑靑)할 수는 없겠지만 그래도 교사들은 성인을 상대로 먹고사는 직업도 아니고, 어린이를 미끼로 부정을 저질러서는 안 되는 것인데, 우리 학교도 권력기관인 검찰, 경찰, 세무서 못지않게 부패해가는 것을 보면서 서글프기만 했다.

애초에 교육자가 되려고 할 때면 누구나 돈 많이 벌겠다는 생각은 없이 교육계로 들어섰을 터인데, 어찌해 신성해야 할 학교조차 이런 몰골이 되었는지 정말 모르겠다.

해군 친구인 고성향(高成鄕)이가 수원경찰서 조사계장으로 있었다. 그 친구가 나보고 술자리에서 하는 이야기가 자기 아들이 연무국민학교에 다니는데, 담임교사가 가정방문이라고 학부형인 자기를 찾아왔기에 술을 사 먹이니까 취해서 하는 말이 "형사들한테 공술을 얻어먹는 사람은 수원에서 자기밖에 없다"고 자랑을 하더란다.

며칠 후 경찰서에서 퇴근하는데, 그 선생이 술이 많이 취해 길에서 비틀거리는 걸 보고 자기가 민망해서 피해버렸다면서 "너, 이 자식아! 너도 학부형들한테 공술이나 얻어 처먹지 마!" 하면서 내가 경찰들에게 공술이나 얻어먹은 것처럼 욕을 했다. 그러면서 "자식 생각해서 큰마음 먹고 술을 사주었더니 제가 잘나고 좋아서 사주는 것으로 착각한다"며 "공술이나 얻어먹고 추태까지 부리는 선생"이라고 혀를 내둘렀다.

옛말에 새 망신은 굴뚝새가 시키고, 어물전 망신은 꼴뚜기가 시킨다더니 교사 망신을 시키는 교사가 없는 것은 아니다. 이런 것은 그저 "앞뒤 생각 말고 공부만 잘해! 그저 출세만 하면 돼!" 하면서 교사와 학부모 모두가 영어, 수학만 잘하면 되지 역사고 윤리고 도덕 같은 것은 상급 학교에 가는 데 별것이 아니라며 등한히 하는 데서 생기는 부작용이라고 생각한다.

나도 학교에 근무하면서 참스승으로, 진실한 교사로, 어린이들을 바르게 기르겠다는 철학을 가지고 지도했는지 반성해보면, 조금은 부끄러워지기도 한다. 어린이들에게 감동의 이야기 한 번 들려주지 않고 그저 지식만 열심히 가르치는 학원 강사와 진배없는 건 아닌지 교사들이 되돌아봐야 할 것이라고 생각한다.

하긴 학교 교사가 유능한 학원 강사보다 무능하리오! 우리는 지식을 파는 강사가 아니라, 어린이들을 곧고 바르게 그리고 조국도 사랑할 줄 알고 나보다 불우한 이웃도 사랑할 줄 아는 사람으로 키우는, 인성교육을 하는 전문 직업인이라는 약한 자긍심의 줄이라도 힘들지만 놓지 말았으면 하는 것이 내 작은 소망이다.

### 서호국민학교 거물 교장 구자혁

창룡국민학교에서 1년이 왜 그리 길고 지루했는지. 교사라는 직업을 별로 후회한 적은 없었는데, 그 학교에서는 교사직을 택한 나 자신을 원망까지 해보았으니 얼마나 지옥 같은 생활이었는지 짐작할 수 있으리라. 공직에서 독선적인 상관을 만나면, 행복한 근무가 아니라 지옥 같은 생활의 연속이라는 것을 실감했다.

군대생활을 4년 11개월 동안 했지만, 지금 생각하면 그보다 더 지루했던 때가 당시의 학교생활 1년이었다. 항상 우울한 상태로 살았다. 이렇게 지옥 같은 창룡국민학교 생활을 끝내고 하극상 사건의 죗값을 치르기 위해 수원 변두리 학교인 서호국민학교로 좌천을 당했다.

이 학교에서는 구자혁(具滋爀) 선생을 교장으로 모시게 되었다. 구 교장은 내가 옛날 첫 교사 발령을 받기 위해 경기도 교육위원회를 찾아갔을 때 거기서 학무과장을 하던 분이었다. 당시 경기도 교육위원회는 광화문, 지금의 미 대사관 옆에 있었다.

구 교장은 우리 경기도 교육계에서는 아주 거물 교장으로 인정을 받으면서도 부하 직원들의 사정을 일일이 잘 보살펴주는 인정이 많은 분이었다. 그래서 구자혁 교장과 지낸 짧은 기간은 내 생애 처음으로 정말 즐겁게 근무를 했다. 이렇듯 관리자 한 사람의 생각과 철학이 교육현장을 밝게도 만들 수 있고, 아주 힘들고 어렵게도 만들 수 있다는 것을 뼈저리게 맛보았다.

구자혁 교장은 창룡국민학교 이 교장과는 너무도 대조적인 성품을 지닌 분이었다. 그래서 수원시내에서 구 교장이 있는 학교에 근무하고 싶어 그 학교로 내신을 내는 교사들이 넘쳐났을 정도다. 교장 한 사람의 지도력이 그토록 학교에 많은 영향을 끼칠 줄 몰랐다.

창룡국민학교는 집에서 걸어가기 좋을 만한 거리였던 반면, 학교에 들어서면 수업할 의욕을 잃고 온 종일 정신적으로 시달리면서 지냈으나, 집에서 걸어 다니기에는 거리가 멀어 오토바이로 출퇴근을 한 서호국민학교는 학교에 들어서면 정신적으로 행복감을 느끼면서 수업시간도 아주 즐거웠다.

내가 거쳐 온 작은 농촌학교에는 연례행사처럼 장학지도라는 게 있었는데, 그것은 사실 장학지도가 아니라 교사들의 그 작은 자존심만 할퀴며 교사들의 근무를 감시하던, 일제 강점기 총독부 학무과에서 하던 사학지도와 같았다. 장학지도 날짜만 잡히면 수업은 뒷전이고 어린이들이 양초 토막과 들기름, 아주까리기름 등을 가지고 와서 교실과 복도 바닥이 반들반들 윤이 나게 종일 걸레질하고, 손재주가 있는 고학년 어린이들은 선생이 시키는 대로 그림도 그려서 뒷벽에 붙이고, 교실 창문 커튼은 뜯어서 좀 잘사는 집 어린이들한테 빨아오게 하고, 교사들은 모든 장부를 정리하고, 평상시 입지도 않던 정장양복에 넥타이까지 매고 며칠씩 수선을 떨었다.

그런데 서호국민학교는 교육청에서 장학지도를 나온다고 해도 여느 날과 다름없이 그저 수업만 하면 됐다. 교장이 장학지도라는 것에 전혀 신경을 쓰지 않았기 때문이다. 나조차 '이 학교가 도대체 장학지도를 받는 학교인가?' 의문스러울 정도였다.

그러나 엄밀히 말해 구 교장이 신경을 쓰지 않는 게 아니었다. 장학지도를 혼자 감당했을 뿐이었다. 장학지도를 하는 날, 수원교육청에서 나온 장학사가 교장에게 인사하러 교장실에 들어가면 교장 단독으로 장학지도를 받는 형식이다. 구변 좋은 구 교장이 장학사를 앞혀놓고 이야기를 시작하면 그뿐이었다. 장학사가 자리를 뜰 수 없게 만들어놓고 시간을 죽이면서, 장학사가 다른 장학지도를 못하게 교장실에 잡아놓는 셈이었다.

덕분에 교사들은 장학지도라고는 받지도 않고, 몇 시간 후에 장학사가 전교 선생님들을 교무실로 불러놓고 "선생님들, 수고 많이 하셨다"는 의례적인 인사를 하고 돌아가는 것으로 그날의 장학지도는 끝이 난다. 장학지도를 어린이 교육에 조금도 도움이 되지 않는, 하잘 것 없는 것으로 생각해왔던 나조차도 장학지도가 그렇게 쉽게 끝나자 '선생질 오래 하다보니 이런 희한한 장학지도도 있구나!' 하고 놀라움을 금치 못했다.

장학사 하면, 장학지도합네 선생님들 앞에서 마치 원나라 칙사가 우리 조정에서 막무가내로 떼를 쓰는 것처럼 권위를 부리는 게 일반이었다. 장학지도라는 것이 끝나면 몇 명 되지도 않는 교사들은 교문까지 몰려가 장학사 등에다 대고 정중하게 송별인사를 드리고, 교장과 교감이 장학사들을 모시고 술집에 가서 칙사 대접을 하면서, 교장은 장학사

주머니에 얼마의 촌지도 넣어주는 것이 관례였기 때문이다.

그래서 수업을 전폐하다시피 하고 청소만 시키면, 아이들이 "선생님! 아주 높은 사람들이 우리 학교에 오시지요?" 하면서 빤한 눈치를 보였다. 어린이들 보기 민망하고 자존심이 상하는 일이 아닐 수 없었다. 어린이들에게 이런 질문을 받고 나면 더욱 창피해 신바람 나는 수업을 할 수 없었다. 특히 선생님들 말을 잘 따라오던 어린이들 앞에서 '장학사가 선생님보다 높아 설설 기는구나!' 하는 인식을 심어주니 어린이들이 자기 담임을 존경하고 따라줄까? 이 관료적이고 보수적인 교육현장이 언제나 고쳐질까? 씁쓸한 마음만 든다.

서호국민학교에서 2년간 구 교장과 근무하는 동안은 단 한 번도 잡무를 하느라 늦게 퇴근한 일이 없다. 다른 학교에서는 교장이 퇴근하지 않으면 교감과 교사들은 으레 아무 할 일도 없으면서 퇴근을 못하고 서성거렸다. 하지만 이 학교에서는 퇴근 시간만 되면 교무주임이 "교장 선생님이 빨리들 퇴근하시랍니다" 하고 퇴근을 당연시했다.

어쩌다 전날 부득이 학교 일로 한 시간이라도 늦은 퇴근을 하면, 다음날 교무주임이 "어제 한 시간 늦게 퇴근하셨으니 오늘 그 한 시간을 돌려드리랍니다. 오늘은 4시에 퇴근하시고 밖에 나가 다른 학교 선생님들 만나면 절대 일찍 퇴근했다고 말하지 마시고, 특히 여선생님들은 시장에 가서 장보지 마시랍니다. 자, 어서 퇴근들 하세요" 하고는 자기부터 퇴근을 한다.

학교마다 권위의식이 팽배하던 그 시절에 이런 교장도 계셨다. 30년은 앞서간 민주 교장이란 생각이 들고 지금은 어느 곳에서 어떻게 살고 계신지, 그 후 한 번도 찾아뵙지 못해 인간적인 빚을 진 것 같다.

지금이라도 찾아뵙고 싶은데, 연세가 높으셔서 아직도 살아계시긴 한지? 생각할수록 훌륭한 교장이셨는데…… 빈 마음으로라도 구자혁 교장선생님의 행복하고 즐거운 노년을 간절히 기원한다.

### 3대 악질 소리 듣던, 훌륭한 홍성철 교장

자상하고 존경스럽던 구자혁 교장은 정년퇴임으로 그 해 가을에 떠나가고, 후임으로 용인교육청 관내에서 3대 악질 소리를 듣는다는 홍성철(洪性撤) 교장이 부임해온다는 소리가 들렸다.

학교 분위기가 어수선하고 홍 교장과 함께 근무한 경력이 있는 교사들이 여기저기 모여서 걱정스러운 얼굴로 수군거렸다. 그래서 '좋은 교장 만나서 2년은 참 즐겁고 꿈을 꾸듯이 행복하게 잘 지냈는데, 그 행복은 신혼의 단꿈처럼 지나가고, 만나는 사람이 그래 용인교육청 관내에서 3대 악질이라니 좋지 못한 상관 만나는 것이 팔자소관인가 보다' 하고 생각했다.

게다가 '창룡국민학교에서 독선적인 교장을 만나 1년 만에 하극상 때문에 이 학교로 쫓겨 왔는데, 앞으로 어떻게 내 불같이 급한 성격을 누르면서 학교생활을 해야 하나?' 생각하니 온몸의 힘이 쫙 빠지는 느낌이 들었다. 그렇다고 목구멍이 포도청인데 교사생활을 또 집어치우기도 어렵고, 속으로 걱정만 하면서 여름방학을 보냈다.

9월 들어 새 학기가 되자 홍성철 교장이 부임해왔다. 나는 속으로 '그저 찍히지 않게 죽은 척 몸조심을 하면서 조용히 눈치를 보면서 요령껏 지내자' 했다. 그러면서 한편으로는 '저 교장의 악질적인 본성이 왜 드러나지 않는가? 이땐가? 저땐가?' 오히려 궁금해 좀이 쑤셨다. 그런데, 한 학기가 다 지나도록 다른 독선적인 교장들처럼 한 번도 부당한 지시를 내리거나 선생님들을 이유 없이 볶아대는 일이 없었다.

이상한 일이었다. '이상하다? 용인의 3대 악질이라는데 무슨 악질이 저럴까?' 그래서 그 동안 내가 직접 홍 교장을 지켜본 결과를 토대로 곰곰이 생각해보았다. 홍 교장은 교사들에게 부당한 권위를 내세우거나 독선적 행동을 하는 사람이 아니었다. 이 분은 직원회의 자리에서나 개별적인 자리에서라도 한 번 당신이 내린 지시는 수첩에 꼭 적어놓고 반드시 확인을 하는 분이었다. 잘 처리를 못했으면 그때 또다시 지시해 꼭 이행하도록 철저히 확인을 했던 것이었다. 그러니 당하는 입장에서는 능히 피곤하게 생각할 수 있었다.

그리고 이 분은 공적인 일에서만 그렇게 깐깐했지 개인적으로는 인간적으로 아주 훌륭하신 분이었다. 부하 교사들에게 금품을 밝히거나 공술이나 얻어먹는 그런 치졸한 짓은 전혀 안 하는 분이었다. 그래서 선비처럼 대단히 훌륭한 분이란 생각이 들었다. 명절 때가 돼도 교사들을 집으로 초대하는 법도 없고, 금전과 관련된 이야기는 절대 꺼내지 않아 교사들에게 금전적 부담을 주는 일이 결코 없는 청렴하신 분이었다.

한 학기를 조심스럽게 지켜본 내 눈에는 홍 교장이 전혀 악질이 아니고, 오히려 청렴한 선비였다. '저런 분을 3대 악질이라고 뒷말을 하는 교사들이 오히려 부족한 사람들이고, 그 사람들의 안목이 자기중심적이었구나' 하는 데까지 생각이 미치자 '그래서 이기적인 평가를 했구나' 하는 판단을 할 수밖에 없었다.

사적으로 술이나 사 주면 좋아하고, 공적으로는 교사들을 차별하고 진실한 교사를 알아보지 못하고, 아부 잘하는 교사에게는 그저 매사 방관하는 교장을 착한 교장이라고 생각하는 교사들도 독선적인 교장 못지않게 문제교사라는 생각이 들었다.

그때는 전국교직원노동조합이 전국의 모든 학교마다 설립되어 교장과 교감들이 전교조 가입을 저지하려고 눈에 불을 켜고 날뛰던 때였다. 그래서 우리 서호국민학교에서도 전교조에 가입한 교사들과, 전교조에 가입은 하지 않았으나 지지하는 교사들이 종종 모여 대책회의를 하곤 했다. 그런데 이때도 교장은 전교조 교사들을 심하게 다루지 않고, 그저 우리 학교에서는 전교조 활동을 안 했으면 하고 바라기만 했다. 어느 날 교장실에서 학교 일로 이야기를 하는 도중에 "박금배(朴今培) 선생이 우리 학교에서 어린이들을 제일 잘 가르치는데, 왜 전교조를 하는지 모르겠다. 저렇게 훌륭한 선생님들이 전교조 활동만 안 하면 좋겠는데 참으로 아쉬운 생각이 든다"고 하면서 섭섭해 했다. 그러면서 "신 선생도 전교조지?" 하고 물으셨다. 그래서 "교장선생님! 저는 용기가 없어 전교조에 가입은 못하고 매달 봉급날이면 일정한 금액을 후원하는 정도입니다"라고 대답했다.

그러자 "그래도 가만히 보면 신 선생과 전교조 선생들이 친한 것 같은데, 신 선생이 사회적으로나 학교 경력으로도 선배로서 불이익을 당하지 말고 전교조를 탈퇴하라고 잘 지도를 해봐요" 했다. 그래서 "글쎄요? 그 사람들이 어린이들 교육을 위해 전교조에 가입하는 것이 옳다고 생각하고, 그 신념으로 행동하는데 교장선생님이 못 말리시는 것을 제가 무슨 수로 말리겠습니까?" 하고 대답했다. 그러고 나서도 "참 이상한데? 한 사람씩 놓고 보면 대단히 훌륭한 선생들이 전교조를 하니, 전교조만 안 하면 좋겠는데……" 하고는 그만이었다.

하루는 학교수업이 끝나고 전교조 이수호 선생이 쓴 『일어서는 교실』을 읽고 있었는데, 그걸 보시더니 "신 선생은 왜 그런 책만 읽고 그래?" 하시기에 교장 앞에 내가 읽던 책을 디밀면서 "아니, 이 책이 어때서요? 교장선생님도 시간 나면 한 번 읽어보시고 판단해보세요. 얼치기 사이비 교인들일수록 중만 봐도 설레발을 치는 것같이, 보지도 않고 불온한 책처럼 대하지 마시고 한 번 읽어보시면 전교조에 대한 선입견이 달라지실 텐데요?" 하고 말씀드렸다.

책임감 강한데다 부정부패와는 거리가 멀어도 한참 거리가 먼, 훌륭하고 자상하신 모범 교장인데 어쩌다가 3대 악질 소리를 들으셨는지 의문이 아닐 수 없었다. 교사라는 지성인들도 독선적인 것과 자기 직무에 충실하기 위해 매사 확인과 책임을 다하는 것을 구별하지 못하고, 근무하기 좀 피곤하다고 자기들 멋대로 3대 악질이라고 욕을 해대니 '교사라는 사람들이 이래서는 안 되는데' 하는 생각을 떨칠 수가 없었다.

욕을 많이 먹으면 오래 산다는데, 억울한 욕을 많이 드셨으니 오래오래 사셨으면 좋으련만 그렇지 않았으니 아쉽기만 하다. 정년퇴임을 하신 얼마 후 댁으로 찾아가 뵈니 가벼운 치매증상을 보이고 계셨다. 이후 얼마 살지도 못하고 하늘나라로 떠나셨다. 이렇듯 직무에 충실하고도 욕만 많이 먹고 떠나셨으니 욕 값으로라도 홍성철 교장선생님은 좋은 곳으로 가셨으리라고 믿고 싶다.

**교과전담제가 시작되니 해방된 기분이었다**

처음으로 존경할 수 있는 두 분의 교장선생님을 만났던 서호국민학교에서 4년 임기를 마치고 다시 집 가까이에 있는 창룡국민학교로 전근을 하였다.

그 무렵 우리나라 국민학교에도 교과전담제라는 것이 도입돼 음악, 미술, 체육, 자연 과목을 전담하는 교사가 생겼다. 교과전담 교사는 보통 학급 담임을 맡지 않는, 새내기 교사들이 주로 맡게 돼 있었다.

그런데 학기 초 학급담임을 배정하면서 나를 교과전담 교사로 발령을 내는 것이었다. "신 선생님은 연세도 있고 하니 이제 교과전담을 하시면서 좀 편안하게 지내라"고 나를 생각하는 듯 생색을 내면서 "어느 과목을 전담하겠느냐?"고 마치 고양이 쥐 생각하듯 말했다.

중견 교사들이 담임을 맡지 않고 한가하게 교과전담이나 하는 것은, 그 당시 분위기로는 웬일인지 무능한 교사 소리를 듣는 것 같은 생각이 들었다. 젊은 초임교사로 메우고도 전담 교사가 부족하니 자연 무능 교사로 찍히거나 교장 마음에 들지 않는 교사, 또 교과전담을 희망하는 교사로 메우는 것이 보통이었다. 그런데 나이가 그 학교에서 제일 많고, 교장이 다루기 물렁물렁하지 않고 항상 까칠까칠한 나를 교과전담 교사를 시키자니 조금은 조심스러워하는 눈치였다.

한편, 속으로는 '교과전담을 하면서 어린이 독서실이나 꾸며 독서교육이나 잘 해보자'는 생각이 들었으나, 내가 생각해보아도 교과전담 과목으로 자신 있게 할 수 있는 과목이 하나도 없었다.

사실 내가 아이들에게 잘 가르칠 수 있는 과목은 도덕 과목밖에 없다는 생각이었다. 그런데 교과전담제에 도덕 과목은 없으니 도리 없이 교장에게 떼를 썼다. "이제 나이도 많고 정년도 가까워오니 교과 담임을 하긴 하되, 고학년 도덕을 전담하게 해 달라."

그때 교장은 처음에는 "도덕은 교과전담제에 해당되지 않으니 제 마음대로 도덕 교과를 배정할 수는 없다"고 했다. "그러면 도리 없네요. 내가 담임을 맡아야지. 학부모들이 나이 많은 나를 자기 아이 담임시켰다고 싫어하더라도 담임을 맡아야죠"라고 했다.

그러자 교장이 "그러지 말고 미술을 맡아서 적당히 시간을 때우면 되지 않느냐?"고 나를 달랬다. 그래서 그때다 싶어 "내가 국민학교 다닐 때는 일제 강점기인데 그때 '수신(修身)'이라고, 지금의 도덕시간에 해당하는 그 시간은 으레 일본인 늙은 교장이 전담하다시피 했다. 나는 일본교장한테 배운 수신시간이 참 좋았고 지금도 기억이 생생하다. 그런데 기왕에 어린이들을 잘 지도하기 위해 교과전담이 생겼으면 어린이들을 위해서라도 자기가 잘 가르칠 수 있는 과목을 전담해야지, 교육 현장의 형편은 생각하지 않고 문교부 방침만 좇아 미술을 가르치면서 아이들에게 너희들끼리 그림 그리라고 하고선 창밖만 보다가 한 시간 때우면 교사의 양심으로 말이 되겠느냐? 학급 담임을 주든지 내가 자신이 있는 도덕 교과를 전담하게 하든지 양자 간에 교장선생님이 택일해주시라"고 말했다.

그리고 다음날 교장은 아침 직원조회 석상에서 나에게 5, 6학년 도덕 교과 전담을 맡겨주었다. 문교부 방침에 없는 전국에서 유일한 도덕 전담 교사가 되지 않았나 생각한다.

이렇게 교육방침에도 없는 도덕을 억지로 전담하니, 그야말로 교육현장에서 지금까지 가져보지 못했던 새로운 열정이 어디서 생겨나는지 모르게 솟아났다. 그래서 수업시간이 즐겁고 교사로서 보람도 느꼈다.

  5, 6학년 각 여섯 반씩 열두 반, 고학년 어린이들과 수업을 하면서 내 가슴을 잔잔하게 울려주었던 책에서 예화를 들어가며, 인간이 올바르게 살아야 하는 덕목들을 가르쳤다. 특히 교육학 박사이면서 문교부장관을 지낸 오천석(吳天錫) 박사가 엮은 실화모음 시리즈물인『노란 손수건』이야기를 비롯해서, 타이타닉호의 최후에서 서서히 침몰해가는 뱃속에서 힘이 약한 아녀자들을 먼저 구명정에 태워 육지로 보내고 남자들과 선장은 악사들이 연주하는 음악소리를 들으며 침몰하는 그 배와 함께 서서히 사라져가는 이야기를 들려주면서 인간의 거룩하고 숭고한 희생정신이 얼마나 값진 것인가를 손짓 발짓 다해 온 정열을 쏟아 가르쳤다. 그러면 수업에 별로 흥미를 느끼지 못하던 아이들까지도 눈빛이 반짝반짝 살아나면서 교실 안은 물을 끼얹은 듯 조용해지곤 했다.

  나는 신들린 선무당처럼 입에 게거품을 물고 무아지경에 빠지는 수업을 했다. 이때가 교사로서 긍지와 행복을 가장 크게 느낀 순간이 아니었나 생각한다.

  그 학교에서 가장 나이가 많아, 내 또래는 다 교장을 하는데 나는 평교사로서 관리자도 못 되고 어린이들과 도덕 수업이나 했는데도 왜 그때가 교사로서 제일 행복했는지 나도 모를 일이다. 도덕수업 시간에 나는 교과서 중심 수업이 아니라 인간으로서 먼저 갖추어야 할 덕목들을 중심으로 내 마음대로 수업을 했다.

  그러면 아이들도 도덕시간에 재미를 붙이는 것이 초롱초롱한 눈빛을 통해 훤히 내 가슴으로 다가왔다. 나는 그들의 눈빛에 힘을 받아 더욱 미친 듯이 수업에 빠져들곤 했다. 그리고 가능한 한 우리의 위대한 역사 인물들을 소개하고, 그런 어린이 책을 사서 보도록 권하기도 하면서 "학교에 오가는 길에 가까운 거리는 될 수 있는 대로 걸어 다녀라.

버스로 두 정거장 거리도 안 되는 가까운 거리를 버스를 타고 다니는 것은 부모님들의 힘을 덜어드리는 것이 아니며 옳은 일이 아니다. 나이 많으신 분들이 힘들게 짐을 들고 걸어가시면 남의 할아버지, 할머니라고 모른 척하지 말고 나의 할아버지 할머니라고 생각하고 꼭 짐을 들어다드려라. 옳은 일을 하고 나면 얼마나 기쁘고 행복한지 느껴본 사람만이 알 수 있다. 버스 속에서 노인들에게 자리를 양보해드려야 한다. 멀리 가는 시외버스에서도 꼭 자리를 양보하라는 것은 아니다, 양보하는 게 더 좋겠지만 아주 먼 여행길에는 양보할 수 없는 경우도 있으니 탓하지 않겠다. 하지만 시내버스에서는 자리가 비어있어도 절대로 자리에 앉지 마라! 그것이 착한 행동이고, 또 너희들같이 한창 자라는 사람들은 서서 가는 것이 몸에도 좋은 것이니, 아주 작은 일이지만 꼭 실천을 해라. 그래서 이다음에 어른이 되면, 잘난 사람이 아니라, 훌륭한 사람이 돼서 나와 다시 만나자! 나보다 가난하고 힘없는 아이들에게 힘자랑 하지 말고, 다 같은 사람이니 사랑으로 대해야 한다. 나보다 공부 잘하고 힘 센 사람에게는 아양 떨기 좋아하면서, 나보다 힘없고 가난한 친구에게는 함부로 대하는 사람은 진정으로 용기 있고 훌륭한 사람이 아니라 동물과 가까운 사람이다. 아무리 공부를 잘해도 착한 행동을 못하는 사람은 절대 훌륭한 사람이 되지 못한다. ……" 등등, 헤아릴 수 없이 많은 인성교육에 힘을 쏟아보니 '정말로 교사보다 좋은 직업도 없구나!' 하는 자긍심이 생기고, 마음이 뿌듯해지고, 자연 행복감에 젖어들었다.

 교직을 떠난 지 10년이 지난 지금도 그때를 생각해보면, 도덕 전담 교사로서 어린이들과 함께하며 인성교육에 온 정열을 쏟던 그 시절이 유독 잊히지 않고, 교사생활 속에서 가장 아름답고 행복한 추억으로 남아 아직까지도 이 늙은 가슴을 설레게 한다.

### 졸업 때 교육장상 받게 해줬다고 생색내는 담임교사

고학년 도덕 교과 담임을 맡아 행복한 교사생활을 하고 있던 차에, 그런대로 1년이 지나 6학년 아이들이 졸업할 때가 되었다.

수업일정도 다 끝나고 졸업생들은 중학교 배정문제와 졸업식 준비로 한창 바쁠 때인데, 졸업생 어머니들이 6학년 담임선생들과 교감, 그리고 6학년 교과 담임을 했다고 나까지 포함해서 거하게 시내 음식점에서 술대접을 했다.

한창 술판이 무르익었나 싶은데, 6학년 담임 중 한 사람이 술이 얼큰히 취해 속물의 본색을 드러내기 시작했다. 학부모들도 옆에 있는 자리에서 우등을 하고 교육장상까지 받은 어린이 어머니를 향해 "내가 밀지 않았으면 교육장상을 어떻게 받겠느냐? 내가 힘써서 교육장상을 받았는데 이렇게 시시하게 술을 사느냐?"며 추태를 부린 것이다. 저런 사람을 학교 교사라니, 차라리 학원 강사라면 모르겠는데, 그 꼬락서니를 보니 얼굴이 후끈 달아오르고 부끄러운 생각이 들어 한마디 하고 싶었으나 꾹 참고 말았다. 교장은커녕 교감도 못된 처지에 아무리 나이 차이가 있더라도 같은 평교사 입장이니, 나서봐야 주제넘게 생각할 게 뻔했다. 게다가 합석했던 교감조차 말리지 않는데, 절이 싫으면 중이 떠나라고 이런 술자리에 합석한 내 자신이 서글퍼서 화장실 가는 것처럼 빠져나와 집으로 오고 말았다.

'이렇게 철딱서니가 없고 염치를 모르니, 이런 교사들이 어린이들의 인성교육에 얼마나 보탬이 될까?' 생각하니 침통하기만 했다. 이런 교사들 때문에 교사들의 권위가 땅 밑으로 떨어진 것만 같았다.

교사 수가 많다보니 일부 몰지각한 교사들도 있지만, 진정으로 어린이들을 사랑하고 열정을 다해 지도를 하는 교사도 많이 있으니, 참된 교육은 그 분들에게 기대를 걸어보기로 마음먹었다.

### 교사가 되어서는 안 될 성품의 정○○ 교장

비교적 무난하던 현윤길 교장은 평탄하게 정년퇴임을 해 창룡국민학교를 떠난 후, 연무동에 있는 한독빌딩이라는 4층 건물에 사무실 한 칸을 얻어 서예교실을 여셨다. 방과 후에 찾아오는 어린이들의 한문과 서예를 지도하면서 노후를 건강하게 지내고 계셨다.

현 교장 후임으로는 나보다도 나이가 몇 살 적은 정○○ 교장이 부임했는데, 새 교장이 부임하기도 전에 학교에서는 정○○ 교장 이야기가 마치 어릴 적 듣던 괴담처럼 떠돌았다. 다른 학교에서 정 교장과 같이 근무한 경험이 있는 몇몇 교사들이 주로 퍼뜨리는 괴담은 "이제 우리 학교는 분위기가 180도로 확 달라질 것이다", "정 교장처럼 독선적이고 돈만 바라는 교장도 별로 보지 못했다"는 등, 정말로 걱정스럽고 정 떨어지는 더러운 소문이 교무실 안을 흉흉하게 떠돌았다.

두 분의 교감도 함께 부임했다. 이어 학년마다 학급 담임이 배치되고 나에게는 아무 말도 하지 않고 계속 도덕 교과 담임을 맡게 했다. 그렇게 무섭고 독선적이라던 교장이 교육방침에도 없는 도덕 교과를 순순히 전담하게 할 줄은 생각도 못하고 속으로 괜한 염려만 한 셈이었다.

나중에 안 일이지만, 정 교장은 착하고 만만한 선생들에게는 아주 무서울 정도로 권위주의적이고 독선적이지만, 잘못 건드리면 달려들 것 같은 교사는 쓸데없이 건드리지 않겠다는 심산인지, 슬쩍 피해가는 아주 약삭빠르고 좀 야비하고 비겁한 사람이었다.

우리 학교에 부임하기 전에 대충 교사들의 성향을 사전 조사해 내가 이름난 반골이라는 걸 간파한 듯싶었다. 진급도 바라지 않고 교장, 교감도 이미 포기한 채 평교사로 정년을 마치려고 마음먹은 사람이라 공연히 잘못 비위를 건드렸다가는 낭패를 보기 십상이라는 것까지 염두에 두고 있는 게 분명해보였다. 교육장이고 학무과장이고 가리지 않고 대드는 사람이라는 것을 교감들을 통해 미리 알고 부임해, 전임 교장이

하던 방침대로 내가 도덕 전담을 그냥 하도록 놔두었던 것이다. 우는 아이 젖 주고, 사나운 개 돌아본다는 꼴이 되었지만, 나는 그런대로 골치 아픈 교장과 부딪치지 않고, 도덕 전담 교사를 그대로 계속하게 된 것을 다행으로 생각했다.

정 교장과 거의 동시에 함께 부임한 두 분의 교감은 공교롭게도 평산 신씨로 같은 종씨였다. 한 사람은 정 교장의 마음을 어찌나 잘 읽고 비위를 잘 맞추는지, 교장의 눈에 들어 무난하게 근무를 잘하다가 고향인 충남에 다녀오던 길에 교통사고로 순직을 했고, 다른 교감은 장님이 눈을 감고 만져봐도 알 정도로 순한, 천생 순둥이로 그저 착하기만 한 분이었다. 그러니 정 교장이 교사들이 있는 자리고 학부형들이 보는 자리고 가리지 않고 노골적으로 구박하기 일쑤였다. 얼마나 주눅이 들었는지 교사들 관리 감독도 제대로 못했다. 결국 교장의 구박을 못 이기곤 공포에 질려 정신착란 증세까지 보이고 말았다. 다행이라면 다행인 것은 얼마간 휴양을 한 뒤, 다른 학교로 전근 발령을 받고 떠날 수 있었다.

정 교장은 명절 때가 되면 별로 차린 음식도 없이 교사들을 간접 방식으로 자기 집으로 초대해, 가기 싫은 교사들까지 억지로 선물꾸러미를 들고 교장의 빌라를 다녀가게 만들었다. 나중에 어느 교장에게 들은 이야기니 믿을 만한 것이 될지는 모르지만, 지금 데리고 사는 부인도 젊은 날 교감 시절에 초임 여교사를 강제로 자기 처로 만들어 데리고 사는 것이라는 둥, 도박을 좋아한다는 둥, 좋지 못한 소문이 끊이지 않고 따라다녔다. 그리고 교장으로 빨리 승진한 것을 보면 비교적 윗사람에게는 잘 보이는 재주도 있지 않았나 하는 생각도 든다.

그때 이○○라는 교무주임이 있었는데, 이 사람은 윗사람 비위를 얼마나 잘 맞추는지 옆에서 보기 민망할 정도로 처신을 했다. 그 결과로 현 교장이 교무주임으로 발탁해주었다고 뒤에서 수군거리는 판이었다. 학교에서의 승진 절차는 2급 정교사 다음 1급 정교사를 거치고, 그 다음은 주임교사를 거쳐 꼭 교무주임을 해야만 교감으로 승급하고, 이후 교장이 되는 게 순서이다. 그래서 진급하고 싶은 교사들은 서로 교무주임을 하려고 쌍심지를 켠다.

이 교무주임도 빨리 교감으로 진급하자면 교장에게 잘 보여 근무평점을 '수'를 받아야 하니 어떻게든 해보겠다고 그 모양이었다. 그의 됨됨이는 다른 데서도 드러났다. 전임 현윤길 교장이 학교 가까운 한독빌딩에서 서예학원을 차리고 계신 것을 빤히 알면서도, 이 교무주임은 한사코 나 몰라라였다. 종종 다른 교사들과 그 건물 지하 음식점에서 회식을 하면서도 1층에서 쓸쓸히 계신 현 교장을 한 번도 부르는 법이 없었다. 저희들끼리 먹고 마시고, 학교에 와서는 그 무서운 현직 정 교장만 아주 잘 받들어 모셨다.

### 그 무섭다는 정○○ 교장 밑에서 제일 편한 근무를 하다

사실 정○○ 교장이 부임하고 나서는 학교 분위기가 무섭다 못해 살벌했었다. 예전에 이 학교에 근무할 때 이근환 교장과 다투고 서호국민학교로 쫓겨 갔던 생각이 떠올라 은근히 긴장이 되고 걱정도 되던 나날이었다.

그런데 막상 정 교장과 근무를 해보니 나는 오히려 다른 교장들 때보다 더욱 편안하게 근무를 할 수 있었다. 다른 교사들에게 정 교장은 마치 영화 '쿠오바디스'에 나오는 독재자 로마황제처럼 변덕이 심해 비위 맞추기가 어렵고 무서운 교장이었다. 하지만 웬일인지 나에게는 일체 간섭하는 법이 없고, 내가 좀 실수를 해도 지적을 하기는커녕 오히려 다른 선생님들 앞에서 감싸주기까지 했다.

다른 교사들은 수업이 끝나고 사적인 볼 일이 있어도 정 교장에게 외출계를 신청하면 얼마나 꼬치꼬치 캐고 드는지 허락받기 싫어서 외출을 안 하고 마는데, 나는 교장이나 교감에게 외출한다고 말도 하지 않고 외출했다가 시간에 쫓겨 전화 한 통화 못하고 집으로 돌아가도 정 교장은 '왜 말 없이 무단으로 외출을 하느냐?'고 말하는 적도 없이 그냥 모른 척 해버렸다.

이근환 교장과 싸우고 서호국민학교로 전출 당했던 이야기를 듣고 나와 부딪치기 싫어서, 똥이 더러워 피하지 무서워서 피하느냐는 생각으로 아예 나를 피해가기로 작정을 했나보다 싶기도 했다. 내가 외출 허락도 받지 않고 무단히 나가는 것을 더러 교장에게 밀고하는 치사한 교사도 있긴 했는데, 그러면 교장은 "그 분은 원로교사인데, 우리가 대접해야지 누가 대접하느냐? 당신들은 늙지 않느냐?"고 오히려 나무라는 바람에 그 후 다시는 나의 행동을 고자질하는 교사도 없어졌다.

그런데 나를 대하는 걸 보면 너그러운 처신을 할 수도 있을 것 같은 분인데, 교감이나 다른 교사들에게는 왜 그리도 살벌하고 무서운지, 아무리 생각해봐도 모를 일이다. 어쨌든 나는 정 교장과 한 번도 충돌하지 않고 가장 편하게 창룡국민학교에서 임기를 마치고, 용인군 수지면 대지국민학교로 떠났다.

### 교사와 어린이들 줄 세우기를 위한 일제고사의 패악

내가 학교에 근무할 때는 웬 놈의 시험이 그리 많은지. 학급 자체로도 시험을 자주 보지만 학교행사로 월말고사·기말고사를 보고, 1년에 한 번쯤 교육청은 관내 모든 학교에서 일제고사를 치르게 했다. 그러니 국민학교 어린이들이 시험 때문에 얼마나 시달리고 열을 받겠는가.

소위 교사라는 나도 교육현장에서 벌어지는 시험지옥을 지켜보고 있노라면 어린것들이 얼마나 애석한지 가슴이 찡한데, 어린이들이야 그 마음이 어떻겠는가. 한창 꿈을 키워야 할 때 시험의 노예가 돼 학급에서 공부를 좀 잘한다는 아이들도 공부와 시험에 치여 산다. 좋은 책 한 권도 변변히 읽지 못해, 장래의 아름다운 꿈도 무지갯빛 희망도 모르고 국민학교를 졸업한다.

　더구나 사람으로 태어나 사회생활에 기본이 되는 도덕이나 윤리, 부모에 대한 효도, 형제 우애, 애국심, 소외된 이웃을 함께 걱정하는 측은지심 같은 덕목은 하나도 제대로 배우지 못하고 중학교로 간다.

　이렇게 쩍하면 일제고사를 치러 어린이들한테서 무엇을 얻고자 하는지 도무지 이해할 수가 없다. 말이 좋아 인성교육이지 인성교육에 힘을 쓰는 교사들은 찾아보기조차 매우 힘든 것이 우리의 교육 현실이다. 만일 지식교육보다 인성교육에 힘을 쓰는 교사가 있으면, 그 교사는 교장에게 칭찬을 듣는 것이 아니라 오히려 꾸중을 듣는 것이 보편화된 현실이니 말이다.

　그 당시 일제고사는 독선적인 교장들이 휘두르는 횡포의 칼날이었다. 꼴지 반 담임이 교장실로 불려가서 "아이들을 어떻게 가르쳤으면 그 반이 꽁지를 했느냐?"고 호되게 당하고 나온다. 자기가 평교사 적에는 자기 학급이 늘 1등만 했는지, 한 번 물어봤으면 하는 생각이 들 정도였다.

　그러니 어린이들뿐 아니라 교사들도 '일제고사 노이로제'에 걸렸다. 그래서 아주 비열한 교사가 비교육적 처사를 생각해내기도 했다. 일제고사를 보는 날, 교실 칠판 앞에 가는 철사 줄을 매고 빨강, 파랑, 노랑, 흰색 등 네 가지 색깔의 빨래집게 20개를 걸어놓고는 아이들에게 힌트를 주는 것이었다. 보통 국민학교 시험은 20문제를 내는 것이 보통인데, 첫 번째 빨래집게가 빨간색이면 1번 문제 정답이 1번이고, 파란색이면 2번, 노란색이면 3번, 흰색이면 4번 하는 식으로 아이들과 미리 짜고 치는 고스톱처럼, 마치 노름판 야바위꾼과 다를 게 없이 시험을 치르게 했다.

　이렇게 속임수 시험을 보니 당연히 그 반이 1등을 한다. 그런데 한번은 평균점수 차가 너무 나자 교장이 의심을 품고 뒷조사를 해 부정이 밝혀지고 말았다. 교사라는 사람이 순진해야 할 어린것들에게 이렇게 부정시험 보는 법이나 가르쳤으니 이 아이들이 후에 자라서 그 교사를 훌륭한 교사라고 존경할까? 장담컨대 아니라고 생각한다.

이 어린이들이 넓은 들판같이 보호막도 없는 사회에 첫발을 내딛고 힘이 들 때, 정직하게 살겠다는 생각보다는 오히려 남을 속이더라도 이익을 좇아 살아가려 하지 않을까? 순수해야 할 어린 시절 교사 한 번 잘못 만난 것이 그 어린이 일생에 얼마나 무섭고 나쁜 영향을 끼치겠는가! 그러면서 자기는 젊은 사람들이 도덕이나 질서를 잘 안 지키는 것을 보면서 요즘 젊은 사람들은 '윤리도 질서도 안 지킨다'면서 욕하고 한탄하겠지?

국민학교 적에는 담임이 제일 훌륭한 교사인 줄로만 알고 공부하던 어린이들이 철이 든 후엔 그런 교사들을 어떻게 생각할까? 한치 앞도 내다보지 못하고 그런 부정을 아이들에게 가르쳐주고 양심의 가책도 느끼지 못하는 이런 교사가 왜 생길까? 아마도 그놈의 일제고사도 한 몫을 하지 않았을까? 일본의 어린이들은 유치원에서부터 도덕과 공중질서, 남에 대한 배려 같은 덕목을 배운다는데, 우리는 유치원에서부터 영어교육에 몰입하고 국민학교에 가서 배워도 될 한글을 가르치니, 일본 어린이와 우리 어린이들의 인성교육이 비교가 되겠는가?

남산에 있는 안중근 의사 기념관에서 안내원으로 지내다 불행히도 교통사고로 생을 마친 지인에게서 들은 얘기다. 일본의 중학생들이 수학여행을 와서 기념관을 돌아보는데, 조용히 필기장을 들고 안내자의 설명을 들으면서 착실히 기록을 하더란다. 참으로 기특하다는 생각이 들었는데, 반면 우리 중고생들은 필기하며 설명을 듣는 학생들을 찾아보기가 힘들 뿐 아니라, 저희들끼리 마구 떠들고 낄낄거리며 난장판을 이루는 게 보통이라 걱정스럽다고 했다.

언젠가 신문에서 한 주부가 쓴 칼럼을 읽었는데, 그 분은 일본 대사관에 근무하는 남편을 따라 몇 년간 일본에 가서 산 경험이 있었다고 했다. 일본에서 쇼핑을 하다가 자세히 보면, 백화점 앞에서 데굴데굴 몸부림치며 어머니에게 떼를 쓰는 아이들은 90%가 우리나라 어린이들이더란다. 일본 어린이들은 어머니가 "남들이 보는 데서 이러면 되느냐?"고 조용히 한마디만 하면 어머니 앞에 똑바로 서는 것을 많이 보았다고 했다.

우리 어린이와 일본 어린이가 왜 이렇게 다를까? 유전자의 차이일까? 나는 우리 학교에서 어린이를 시험으로 내모는 것과 어머니들의 가정교육이 문제라고 생각한다. 날이 갈수록 더욱 입시 지옥과 시험으로 줄 세우기만 하는 게 우리 교육 현실이니 어린이들이 언제 어떻게 꿈을 키우겠는가! 하물며 소외된 친구들을 끌어안고 함께 살아가기는 하겠는가?

또 한 가지, 우리는 해방 후 새 나라를 세울 때 친일파를 척결하지 못했다. 친일파들이 모든 권력을 잡아 기득권을 누리고 있으니, 어린이들이 우리의 현대사를 깊이 알면 알수록 친일파들의 치부가 드러나기 마련이다. 이를 우려해 어린이들에게 우리의 역사를 제대로 가르치지 않는다. 역사를 모르는 어린이들이 불의를 보고 분노할 것을 기대하는 건 나무에 올라가 고기를 찾는 격인지 모른다. 어린이들에게 제발 시험, 시험, 하지 말고 우리의 역사를 바로 가르쳐야 한다는 생각을 자주 하게 된다.

### 보이스카우트 복장으로 정신지체아를 성폭행한 모범 교사

1993년 3월 1일, 용인 대지국민학교로 발령을 받아 부임하고보니 7학급짜리 소규모 학교였는데, 교무실 분위기가 들뜬 듯이 어수선하고 교사들끼리 모여 앉아 무엇인가 수군거리며 귓속말을 하고 있었다.

처음에는 이상하다는 생각을 했으나, 내용을 알고보니 교사로서 하늘이 부끄러운 어린이 성폭행 사건이 이 학교에서 일어났기 때문이었다. 5학년짜리 정신지체 어린이를 김○○ 선생이 성폭행을 했다는 것이다. 그는 나이도 나와 엇비슷해 초로에 접어든 선생이며, 딸도 수원

시내에서 국민학교 교사로 근무하고 있었다.

 그 선생은 수원에 살면서도 다른 선생님들보다 일찍 출근해, 어울리지 않게 보이스카우트 복장으로 갈아입고 누가 시키지도 않는데 젊은 교사들을 제쳐놓고 교문에 나와 어린이들을 위해 교통정리를 도맡아 하는 열성을 보였단다.

 그래서 젊은 교사들은 물론 교장도 아주 훌륭한 교사로 지목해 모두들 존경하고 아끼는 선생이었다고 했다. 그런데 어린이 교육에 열정이 도가 넘쳤는지, 자기 반 5학년짜리 정신지체아를 성폭행하고 학부형의 고발로 수지파출소에 입건이 되었다. 그런데 가해자 진술조사를 받다가 화장실에 잠시 다녀오겠다고 양해를 구하고 빠져나와 그 길로 잠적해버렸다.

 자연 용인경찰서까지 발칵 뒤집혔다. 그래도 교사 신분이라 도주하리라고는 전혀 예상치 못하고 신사적으로 피의자 진술조서를 받다가 파출소가 날벼락을 맞은 것이었다. 죄 없는 용인경찰서 수사과장이 문책을 당하는 지경에까지 이르게 되었다.

 사건이 이쯤 되자 며칠을 어디에 숨어 지내다가 그제야 슬그머니 수지파출소로 돌아와 자수를 하고 다시 조사를 받았다.

 그런데 어찌된 일인지, 그런 엄청난 사건의 피의자가 구속도 파면도 당하지 않고 경기도 연천군에 있는 전방 벽지학교로 전출되는 경미한 처벌로 일단락이 지어졌다.

 하여간 어느 직장에서나 단체생활을 하면서 남달리 유난을 떨면서 나서기 좋아하고 남보다 튀기를 좋아하는 사람이 엉뚱한 일을 저지르는 것을 흔히 보았다. 교문에 나가 교통정리를 하는 것까지는 좋은 일이지만, 손자까지 있는 나이라면 좋은 일은 웬만하면 후배 젊은 교사들이 할 수 있게 양보하면서 나이답게 살아갈 일이지, 그런 처지에 보이스카우트 복장까지 했다니 좀 생각해볼 만하지 않았을까?

처음에는 학부모들도 아침 일찍 출근해 솔선수범하면서 학부모들과 같이 어린이들을 위해 교통정리를 하는 이 선생을 모범교사라고 추켜세워 칭찬이 자자했다. 그런데 얌전한 고양이 부뚜막에 먼저 올라간다는 속담처럼 학부모와 교장, 그리고 동료교사들 머리 위에 메가톤급 날벼락을 떨어트린 셈이었다.

제대로 된 사회라면 이런 이야기를 들으면 '어떻게 그런 일이 있을 수 있느냐?'고 깜짝 놀랄 뿐만 아니라, 먼저 구속부터 시켜놓고 철저하게 조사를 한 후, 그 교사를 파면하는 게 정당한 수순이라고 생각한다. 그리고 자기 어린 자식에게 이런 파렴치한 사건을 저질렀는데, 뉘라서 어느 학부모가 이런 범죄를 용서할 수 있겠는가! 그런데 호랑이 담배 피우던 시절 이야기도 아니고, 지금부터 십육칠 년 전 이야기다.

나는 그런 일이 생길 때마다 일관되게 주장하는 것이 있는데, 어린이들에게 공부를 잘 가르치고 못 가르치기는 것은 그 선생의 재주나 능력이라고 볼 수 있지만, 다 성장하지도 못한 어린것을 성폭행이나 성추행 하는 것은 범죄 이전에 일종의 정신질환으로 봐야 한다는 것이다. 그런데 명색이 교사라는 허울을 쓴 정신질환자가 어린이들에게 평생 씻지 못할 무서운 상처를 입혔는데도 교장이나 관리자들이 오직 보신주의로 자기방어만 하는 것을 흔히 보았다.

자기 자리를 보전하기 위해 그런 사건을 남이 알까 쉬쉬하면서, 그렇게 파렴치한 죄를 저지른 정신질환자를 그렇게 너그럽게 훈방을 하면, 개과천선을 하는 것이 아니라 전출된 다른 학교에서도 또 똑같은 범죄를 저지른 것을 흔히 보았다. 이런 사람은 다른 곳으로 전출시킬 것이 아니라, 먼저 정신병원에 보내어 정신과 의사의 진찰을 받고 치료부터 시켜야 한다. 다시는 그런 일이 없을 것이라는 본인의 확약과 정신과 의사의 진단이 첨부된 후에야 복직을 시켜야 한다고 생각한다.

### 능소화를 학교에 심고 교무주임에게 호통 당한 여선생

대지국민학교에 부임해 한두 달쯤 지나서 학교에 환경미화작업을 할 때였다. 안양 쪽에서 통근하는 어느 여선생이 학교 환경을 아름답게 꾸미고 싶은 마음에 자기 집에 있는 능소화(凌霄花) 꽃나무를 한 포기 가지고 와서 교문 앞에 심었다.

그런데 며칠 후 우연히 그 능소화를 본 이승철(李承鐵) 교무주임이 나한테 "이 꽃이 어디서 나서 교문에 심었느냐?"고 묻기에, "5학년 여선생님이 자기 집에서 갖다 심었다"고 말하니까 이 교무주임은 운동장에서 뛰놀고 있는 어린이를 시켜 "빨리 그 선생을 이리 나오라고 해!" 하고 소리를 치는 것이었다. 어린이가 운동장에서 교실로 뛰어가 수업 준비를 하던 여선생에게 "교무주임 선생님이 교문에서 부른다"고 하자, '무슨 일인가?' 어리둥절한 채 교무주임 앞으로 달려왔다.

그러자 교무주임이 "아니! 왜 이런 역적(逆賊)의 꽃을 학교에 심었느냐? 학교도 관공서인데 이런 역적의 꽃을 갖다 심으면 되겠느냐? 어서 다시 당신 집에나 갖다 심으라"면서 호통을 쳤다. 그 여선생은 학교를 위해 꽃을 자진해서 가져왔다가 칭찬은커녕 꾸중만 듣고 다시 자기 집으로 옮겨가려고 했다. 그래서 내가 그 여선생한테 "그 꽃, 우리 집에 갖다 심으면 안 되겠냐?"고 해 우리 집으로 옮겨왔다.

어느 무덥던 여름 강원도 강릉에 사는 해군동기생 정운기(鄭雲起)가 초대해 강릉에 며칠간 놀러갔던 적이 있다. 그런데 그때 토종닭을 백숙으로 만들어 여행객들에게 파는 간이음식점에서 백숙을 주문해놓고 익기를 기다리며 평상에 앉아 그 집 울타리를 바라봤더니 능소화가 아주 아름답게 활짝 피어 있었다. 나는 그 능소화를 본 게 그때가 처음이었다. 그래서 꽃이 얼마나 아름답던지 그 꽃 이름을 묻고 한 뿌리를 사자고 하니, 그 집 주인이 얼마나 돈독이 올랐는지 "한 뿌리에 40만원을 내라"고 했다. 그래서 '무슨 꽃 한 뿌리에 40만원이나 하는가?' 싶어 너무도 비싸서 그냥 돌아온 적이 있다.

그리고 여행에서 돌아와 처에게 그 이야기를 하니 우리 마을에도 능소화는 얼마든지 있다고 했다. 그래서 '강릉에서 만난 시골 아주머니가 백숙장사를 하면서 많은 도시사람들을 대하다보니 도시사람 뺨치게 지독하게 돈독이 들었구나!' 하는 생각이 들어 '그놈의 돈이 무엇이기에 순박하던 강원도 사람까지 이렇게 돈독이 들게 했나? 돈의 가치를 사람 위에 두는 물질만능주의가 순박하던 시골의 아낙네 인심조차 박살을 냈구나!' 하고 허탈한 마음이 되었다.

그 후 우연히 야사 소설을 읽다가 능소화에 담긴 비통한 이야기를 알게 되었다. 조선 선조 임금 때, 전주 출신 정여립(鄭汝立 1546~1589)이라는 사람이 있었다.

그는 어려서부터 독서를 많이 해 학문이 높은데다 인물이 훤칠해 장래가 촉망되던 인물이었다. 선조 3년에 문과에 급제해 벼슬길에 올랐다가 동서분당의 싸움에 동인과 서인 모두한테 배척을 받아 고향으로 다시 돌아와 대동계를 만들었다. 앞으로 일본의 침략이 있을 것으로 미리 내다보고 외침에 대비해 양반이나 상민, 노비를 가리지 않고 군사훈련을 시켰던 것이다.

그런데 이것이 당쟁만 일삼는 쥐새끼 같은 자들에게는 정여립을 모함하기 좋은 구실이 되었다. 그래서 서인 정객들이 "정여립이가 전주에서 양민을 모아 나라를 전복하려고 군사훈련을 하고 있다"고 고변을 했다. 그리고 정여립이 아들 이름을 옥남(玉男), 호는 거점(去點)이라고 지었는데 "아들을 왕을 만들려고 일찍부터 아들 이름을 옥남이라고 지었다. 옥(玉)에서 점을 빼면 왕(王)이 되고, 호를 '거점'으로 지은 것은 자식을 왕으로 만들기 위해 오래 전부터 음모를 꾸미고 역적모의를 한 증거다"라는 상소를 올렸다. 그 상소를 받아보고 깜짝 놀란 선조가 몸을 사시나무 떨듯 부들부들 떨면서 "역적 정여립을 지체 없이 잡아 올리라"는 엄명을 내렸다. 그래서 금부도사들이 군사를 몰고 정여립의 집에 당도해보니 이미 집은 텅 비어있고, 정여립은 가족을 데리고 산속으로 피해버린 뒤였다.

그런데 그때가 마침 더운 여름이라 정여립의 집 마당에는 많은 능소화가 울타리에 둘러 함박 피어있었다. 본래 능소화라는 꽃은 홀로 뻗어가지 못하고 다른 나무를 타고 올라가면서 꽃을 피우는데, 타고 올라갈 나무만 있으면 하늘 끝까지도 올라가는 성질을 가졌다. 그래서 정여립을 잡지 못하고 돌아온 금부도사가 임금인 선조에게 "정여립이 집에 능소화가 많이 피었다"는 보고를 했다. 그 보고를 받은 선조가 노발대발하면서 "하늘을 능멸하려 드는 역적의 꽃 능소화를 좋아하는 놈이니 역시 그놈이 역적질을 했구나!" 하고 탄식했단다.

그때부터 양반 선비, 벼슬아치 같은 계급의 사람들은 능소화를 역적의 꽃이라고 집안에 심기를 꺼렸단다. 역시나 옹졸한 정상배(政商輩)들은 꽃 한 송이를 보고도 아름답게 보는 능력을 잃고 역적의 꽃이라면서 정적 제거에 이용하려 했다는 걸 보니, 우리 정치판이 예나 지금이나 하나도 다를 게 없다는 생각을 하게 되었다.

능소화에 얽힌 얘기를 알게 되자 '이 교무주임이 조선의 태조 이성계의 후손인데, 조선이라는 나라도 반역으로 고려를 뒤엎고 세운 생각은 안 하고, 자기의 먼 조상이 세운 조선에 대해서는 역적질하는 것을 체질적으로 싫어해서 역적설과 연관된다는 능소화조차 그리도 거부하는구나' 하는 생각이 들어 씁쓸하기만 했다.

언젠가 교무실에서 우리 역사를 이야기하던 중 별 생각 없이 "이성계가 권력을 잡기 위해 위화도 회군을 하고, 그 군사력을 개성으로 돌려 쿠데타를 일으켜 고려를 강탈했다"는 말을 하자, 이 교무주임이 얼굴색이 갑자기 붉어지면서 "이성계가 왜 쿠데타를 했다고 생각하느냐? 그때 이성계가 조선을 세우지 않았으면 부패한 고려가 어떻게 되었겠느냐?"면서 목에 핏줄을 세우고 진한 침을 튀기면서 마치 이성을 잃어버린 사람처럼 싸우려들었던 생각이 나서 속으로 실소를 금치 못했던 일도 있었다.

'자기 할아버지나 아버지 이야기도 아니고 까마득한 선조들의 이야기를 가지고도 분명히 잘못한 것도 잘했다고 우겨대는 이런 정도의 수준으로 남의 어린것들을 지도한 선생도 있었으니, 일제 때 친일 부역을 한 자들의 후손이 선대의 부일에 대해 민족 앞에 선조를 대신해서 뉘우치기를 바라는 내가 너무 순진하구나!' 하는 생각이 들었다.

그런가 하면, 민족문제연구소 후원회원인 이윤(李潤) 선생은 당신의 할아버지가 일정 때 청원군수를 한 데 대해 할아버지를 대신해 공개석상뿐만 아니라, 방송국에서까지 "나의 할아버지가 일본 식민지 정책에 동조해 군수로서 민족에 끼친 죄업에 대해 대신해 사죄를 한다"고 했다. 그런 참된 용기를 보고 이윤 선생이 더욱 존경스러웠다.

### 착하고 선비 같은 대지국민학교 유석현 교장

용인 대지국민학교로 부임할 때, 나보다 2살 많은 유석현(劉錫鉉) 교장도 나와 함께 새로 부임했다. 나보다 3살 적은 교감은 인천사범학교를 졸업했는데도 교장들에게 잘 보이는 능력이 없어 아주 늦게 교감으로 승진한 분으로, 그저 착하기만 한 분이었다. 교무주임은 나보다 1살 적은 사람으로, 나처럼 중간에 학교를 그만두었다가 교사 임용고시를 치르고 다시 교직에 들어온 분이었다. 그러고보니 우리 학교는 60대 교사들이 많은데다가 여교사들까지 나이가 좀 많은 분들로 조직돼 마치 양로원 같다는 생각이 들었다.

그래서 나는 우리 학교를 "대지양로원"이라고 농을 하곤 했다. 그런데 교장은 생긴 외양부터 꼭 부처님 같은 분이었다. 겉을 보면 속을 알 수 있다고 성품도 부처님 같아, 7학급밖에 안 되는 작은 학교 분위기가 마치 단란하고 행복한 가정집 같았다. 한 마디로 열 받지 않고 아주 편안하게 어린이들을 가르칠 수 있는 분위기였다. 수원 창룡국민학교에서 독선적이고 비교육적인데다가 뇌물까지 밝히는 교장 밑에서 근무하다 아주 대조적으로 부처님 같은 교장과 근무를 하게 되니, 처음에는 오히려 믿기지 않고 '학교라는 곳이 이럴 수도 있는 것인가?' 하고 의아스러울 지경이었다.

오랜 교사생활을 하면서 이렇게 자유스럽게 근무해보기도 그리 흔치 않았는데, 유 교장은 학급 담임을 배정할 때도 교장실에 교사들을 모아놓고 아주 민주적인 방식으로 어느 교사 한 사람도 불만을 갖지 않게 배정을 했다. 그래서 나는 또 도덕 전담 교사를 지망했다. 그런데 7학급밖에 안 되는 작은 학교라 도덕 교과만 전담할 수가 없어서 미술까지 포함해 두 교과 전담을 맡게 되었다.

유 교장은, 수원 삼일상고 출신으로 나와 해군에서 만난 용환창(龍煥昶)이라는 친구와 수원 삼일중학교 동창이었다. 그리고 이득성(李得成) 씨라고, 수원에서 야당생활만 했기에 민주투사란 별명이 붙은 사람이 유 교장과 서울 농대 동창이었는데, 사실 이득성 선생은 나와 정치적 생각이 같아서 세상 이야기뿐 아니라 함께 술 먹고 울분도 서로 달랠 정도로 가깝게 지내는 사람이었다. 유 교장은 "두 사람이 그런 사이냐?"면서 그 후부터는 더욱 친구처럼 잘 보살펴주는 것 같았다.

## 28. 말년의 교사생활은 부끄러움이 너무도 많다

**종친회에서 주는 효자상을 욕같이 생각되어 거절하다**

1988년, 올림픽이 우리나라 수도 서울에서 열린다고 세상이 온통 들떠 있었다. 그때 고향 종친회장 되는 10촌 동생뻘 되는 사람한테 전화가 걸려왔다. "오는 일요일 고향 선산에서 조상님들 묘지 단장을 하면서 종친회도 하려는데 꼭 참석해주어야겠다"는 간곡한 전화였다.

원래 나는 종친회에서 많은 돈을 들여 묘소를 단장하고 제당을 짓는 것에 반대하는 편이었다. 돌아간 분들도 중요하지만, 종친회에 그런 돈이 있으면 살아 있는 사람, 예를 들면 우리 집안 중 가난하지만 공부를 잘할 수 있는 사람들을 뽑아 그들의 학업을 돕는 게 낫지 않겠냐는 것이 내 주장이었다.

우리 조상들 중 나라를 위해 큰 봉사를 했다든가, 아니면 일제와 목숨을 걸고 싸우다 돌아가셨거나 독립투사로 옥고를 치렀다든가 하는 분이라면 몰라도, 그저 평범하게 살다 돌아간 분들이니 비석을 세우려면 묘소나 잃어버리지 않게 아주 작은 표석만 세우면 된다는 게 내 의견이라, 좀 보수적인 우리 집안 어른들과 의견대립이 종종 있었다.

그러나 나도 후손임에는 틀림없는데, 내 의견과 다르다고 그런 큰 행사에 불참하기도 그렇고 해서 처와 함께 참여했다. 종중산에 도착해보니 벌써 많은 사람들이 모여 열심히 여러 조상님들 묘소를 단장하느라 아주 분주하게 움직이고 있었다.

그런데 회장이 나를 한쪽으로 데리고 가더니 "오늘 종친회에서 형님을 효자로 선정해 표창을 한다"고 했다. 나는 깜짝 놀랐다. 진작 전화로라도 그런 말을 했으면 참석하지 않았을 터인데, 참으로 난감했다. 그리고 "이게 무슨 소리냐? 내 의견도 듣지 않고 일방적으로 표창이라니, 이것은 안 되는 일이다"라고 거절한 뒤, 처에게 "사람들 모르게 이곳을 조용히 빠져나가자"고 이르고 사람들이 일하느라 바쁜 틈에 우리 부부는 남의 눈을 피해 그 곳을 빠져나왔다.

종중산을 빠져나와 버스를 탈 수 있는 오방리까지 도착하니 이미 점심때가 지나 있었다. 배가 아주 고파 죽산으로 가서 소머리국밥으로 허기진 배를 채우고 수원 집으로 돌아왔다.

몇 시간 후 소사에 사는 셋째조카 신종근이가 전화를 걸어 "표창장과 벽시계를 대신 받았는데, 시간이 없어 소사로 가져왔으며 시간이 나는 대로 갖다드리겠다"고 하는 것이었다. "표창장은 불살라버리고 우리 집엔 벽시계가 많으니 시계는 자네 집에 걸어놓으라"고 말했다.

 나는 한 번도 효자라는 생각을 해본 적이 없고, 오히려 지금도 어머니 생전에 효도를 다하지 못한 일을 생각하면 한스러워 가슴이 메어오는 사람인데, 내가 효도를 했다고 효자상을 받다니 말도 안 되는 것이다.

 집에서 기르는 강아지도 잠자리를 만들어주고 먹여주는데, 하물며 어머니와 함께 살아온 것 빼고 무엇을 어떻게 효도를 했단 말인지! 옛 고사에 의하면 70살 먹은 아들이 90살 먹어 정신이 혼미해가는 아버지를 기쁘게 해드리려고 색동옷으로 갈아입고 응석과 재롱을 부리는 시늉까지 했다는데……, 돌이켜보면 나는 어머니에게 많은 걱정만 끼쳐드렸지 한 번도 기쁘게 해드린 기억이 없는 부끄러운 놈인데 효자상이라니! 소가 웃을 부끄러운 일이다.

### 부끄럽게도 조상 제사 문제로 형님과 대판 싸우다

 형제 우애가 콩가루가 돼 남 앞에 얼굴 들기 정말로 부끄러운 집안 이야기를 이렇게 적어야 할 것인가? 많은 고민을 했다. 그러나 결론은, 만용인지 용기인지 사실대로 빠짐없이 적어나가지 않으면 이게 무슨 진정한 글이라고 할 수 있을까? 하는 생각에 부끄러움을 무릅쓰고 있는 그대로 솔직히 적어나가기로 마음을 먹었다.

 나는 총각 시절부터 결혼을 하고도 형수님이 어머니께 하는 모양새가 늘 못마땅해 어머니는 내가 모시고 살자고 마음먹었다. 그 뒤 실제로 우리 부부가 어머니를 계속 모시고 살았다.

 그런데도 조상님들 제사는 소사 형님 댁에서 지냈다. 남들은 명절이면 그리 밀리는 차를 타고 갖은 고생을 하면서도 부모를 찾아뵈려고 서울에서 부산이나 광주까지도 다녀들오는데, 1년에 두 번, 정초와 추석 명절이 지나가도 몇 년째 형님 내외분과 그 많은 조카들이 살아계신 어머니를 찾아오는 법이 없었다. 그렇다고 거리가 먼 것도 아니었다. 소사에서 수원까지는 차가 막히지 않으면 1시간이면 닿는 거리였다. 둘째조카 종성이만 바쁜 와중에도 가끔씩 할머니를 찾아 들르곤 했다.

그런데 젊은 날 그리도 총명하고 측은지심이 있으시던 어머니도 연로하시면서 정신력과 판단력이 차차 줄어들더니, 명절 때만 되면 "소사에서 왜 오지 않느냐?"고 애꿎은 우리 부부에게만 보채시는 것이었다. "해가 바뀌어도 어머니에게 전화 한 통화 없는 사람들을 왜 자꾸 기다리시느냐?"고 짜증스럽게 말씀드려도 조금 시간이 지나면 또 그 말씀을 되풀이하셨다.

어쩌다가 몇 년 만에 한 번 다녀가면 자랑 같지도 않은 큰아들 자랑을 친구 분들에게 어린아이처럼 늘어놓으셨다. 누군가 말했던가, 여러 자식 중에 부모님을 모시고 사는 자식이 전생에 가장 많은 죄업을 타고 태어난 것이라고. 그래서인지 평생을 함께 모시고 사는 자식의 고마움은 잠시 잠깐뿐이고, 1년에 한 번 돼지고기 근이나 들고 마지못해 찾아오면 그 불효한 자식을 오히려 아주 고맙다고 생각하실 만큼 어머니는 건강과 함께 판단력도 쇠퇴하시는 것 같았다.

속이 상하고 화가 났지만, 추석이 지나고 며칠 만에 어머니 성화에 못 이겨 소사 형님 집에 하기 싫은 전화를 했다. 그랬더니 미국 사는 셋째 딸이 소사에 다니러오는데, 그 딸과 함께 가려고 지체된다고 했다. 지금같이 교통이 편한 세상에 자기들 먼저 다녀가고 딸은 나중에 보내면 될 터인데, 전화를 하니 할 수 없이 몇 년 만에 오면서도 참 핑계 같지 않은 핑계를 댔다.

어쨌든 이튿날 형님 부부와 딸이 오겠다니 처에게 "형수가 오시면 당신이 좋은 말로 잘 상의해서 '어머니를 우리가 모시니 제사를 따로 소사에서 지내지 말고 사신 분과 돌아가신 분들을 다 합쳐서 제사도 우리가 지내겠다'고 해보라"고 일러놨다.

사실 형님 내외와 우리는 제사 문제로 갈등을 빚고 있었다. 처가 "우리 집에서 조상님들 제사를 지내도록 하자"고 제의할 때마다, 형수님 대답이 "뭐? 우리 제사 풍속이 제사는 큰집에서 지내야지, 그렇지 않으면 큰집이 좋지 않다. 그래서 부득불 제사는 소사에서 지내야겠다"는 것이었다. 그러면 처는 "형님네는 천주교 신자인데, 그런 거 따질 게 뭐가 있냐? 종교도 없는 우리가 조상 제사를 지내면 더 자연스럽지 않느냐?"고 말씀을 드리곤 했다.

처는 어려서부터 조상 제사에 아주 정성을 들이는 것을 보고 자란 사람이다. 나는 지금까지 부모님 제사를 나의 처처럼 정성들여 지내는 사람을 보지 못했다. 내 앞에서 먼저 요절해간, 불효한 작은자식 위패를 수원 봉영사에 안치해놓고 지금도 열심히 찾아다니며 제사를 지내는 사람이다.

그러니 부모 제사도 우리가 지냈으면 좋으련만 자기네가 큰집이라는 것을 강조하고, 살아계신 어머니는 몇 년씩이나 찾아뵙기는 고사하고 전화 한 통 안 하는 사람들이 왜 그리 제사는 고집을 하는지 알 수가 없었다. 자기들이 큰집인데, 남들이 어떻게 생각할까 싶어 아마 제사보다는 남의 이목을 생각하는 것 같았다.

다음날, 전화 약속대로 형님 내외분과 미국에서 산다는 셋째 딸, 세 사람이 돼지고기 두 근과 제일 볼품없는 귤 한 봉지를 사들고 점심시간쯤에 찾아왔다. 그래서 처는 옛날 아궁이가 있는 재래식 부엌에서 점심밥을 짓고, 형님은 안방에서 어머니와 무슨 이야기를 도란도란 나누고, 나는 내 방에서 피곤이 쌓여 요를 깔고 누워있었다.

그런데 부엌 쪽에서 여자들의 말소리가 좀 크고 거칠게 들렸다. 처가 밥을 지으면서 내가 시킨 대로 조상님들 제사 문제를 놓고 형수님한테

이야기를 한 모양이었다. 그래서 벌떡 일어나 소란스런 소리가 나는 부엌 쪽으로 귀를 기울여 들어보니, 형수님이 "자네가 이 집에 들어온 지 얼마나 되었다고 나에게 제사 문제를 가지고 이래라 저래라 하느냐?"고 큰소리를 하는데, 옆에 있던 딸년이 처를 보고 "네가 어디다 대고 손윗사람에게 이래라 저래라 하느냐?"면서 제 어머니 역성을 드는 것이었다.

그러자 처가 "너는 왜 어른들 말에 참견을 하느냐?"고 하니까, 조카딸이라는 것이 작은어머니로 인연이 얽힌 사람에게 "야! 이년아! 네가 나한테 어른 노릇을 하려고 하느냐? 이년이 한 번 뜨거운 맛을 봐야 하느냐?"고 하면서 감히 때릴 것 같이 덤벼들려고 했다.

그런데 어머니라는 사람이 그런 버릇없는 딸을 나무라지를 않았다. 그래서 방문을 박차고 나가서 "자식새끼들 교육을 이렇게 시켜도 되느냐? 부모라는 것들이 더 더럽지 않느냐? 너희들이 아이들 보는 데서 나를 얼마나 무시하고 사람대접을 안 했으면 자식새끼가 이 모양이냐?" 하고 그년을 낚아채어 던지니 마당에 나둥그러졌다.

너무 분을 참지 못해 눈이 뒤집히도록 이성을 잃은 내가 "이년! 너는 내 손에 죽어야겠다!"고 옆에 있는 삽을 번쩍 치켜들어 내려찍으려고 하니, 이년이 어렸을 때 소사에서 '내가 싸움질 잘하고 화나면 싸움판에서 물불 가리지 않는다'는 소리를 들으며 자란 년이라 이성을 잃고 날뛰는 내 행동에 겁이 나는지 마당에 발랑 자빠져서 두 손으로 싹싹 빌면서 "살려 달라!"고 했다.

나의 행동을 보고 놀란 처와 형수님이 나에게 매달리기에 삽을 놓고 안방에서 어머니와 이야기하는 형님에게 뛰어 들어가 "야! 이 새끼야! 너같이 사람 같지 않은 것들하고 대면도 하기 싫으니 어서 이 집에서 나가! 너, 이 새끼! 나에게 죽기 전에, 빨리 꺼져! 이 개만도 못한 새끼야! 야, 이 새끼야! 너, 말 잘했다. 너, 이 자식, 명근이 어미(세 번째 결혼해 위암으로 죽은 처)가 오류동 조경환 내과병원에서 죽음을 기다리며 2달씩이나 병상에 있을 때, 네가 형이라고 면회 안 오는 것은 네 마음대로 네 자유라고 하자! 뭐? 조강지처면 맨발로라도 찾아갔지만 오다가다 만난 것, 내가 무엇하러 찾아가느냐고 떠들고 다녔다면서? 야! 이 새끼야! 너는 그래서 조강지처와 그렇게 잘 살고 두 번씩 장가를 들었냐? 이 새끼야! 그래! 네 말같이 내가 팔자가 기구해서 오다가다 만났다고 치자! 그래도 그 잘난 장자라는 네 연놈이 하지 않는, 네 어머니 조석 수발들고 빨래도 해드리면서 살다 더러운 병들어 저세상으로 간 사람이야! 네 어머니를 네 그 잘난 맏자식 대신 돌봐주던 식모가 병들어도 인두겁을 쓴 사람새끼라면 그럴 수는 없는 것이야! 야! 이 새끼야! 마지못해 몇 년 만에 돼지고기 두 근 사고 귤 한 봉지 들고 오니, 너의 어머니가 돼지고기도 못 먹고 사는 줄 아느냐?" 하면서 그 돼지고기와 귤 뭉치를 형님의 가슴에 내동댕이치고 말았다. 그러곤 "이런 것이 먹고 싶어 어머니가 너를 기다리는 줄 알아? 이 새끼야! 너 같은 것도 자식이라고 보고 싶어 하는 것은 어머니가 정신이 혼미해지셔서 분별력이 없어지셔서 그러시는 것이야!" 했다.

옛날에는 13살 터울인 형 앞에서 술도 못 마시고 담배도 못 피우고 어려워하며, 그저 무조건 복종하던 내가 갑자기 이렇게 이성을 잃고 죽일 듯이 날뛰니 형님이라는 사람이 기겁을 하고 쫓겨가버렸다. 참으로 하늘 바로 쳐다보기 부끄럽다.

### 내가 잠든 사이에 어머니가 소사 큰집으로 납치되시다

한바탕 소란이 일었으니 그렇지 않아도 피곤하던 차에 더욱 피곤이 쌓여 내 방에 들어가 누었다가 깜빡 잠이 들었다. 처는 동리 부녀회 모임이 있다고 집을 비웠다. 그런데 잠결에 마당에서 소란스럽게 떠드는 소리가 들렸다. "이년, 어디로 갔어? 이년을 잡아 죽여야 돼!" 하는 여자 목소리도 들렸다. 그래 방문을 열어보니 그 조카딸년이 셋째와 막내

조카 놈까지 데리고 와서 내 처를 죽이겠다고 찾는 것이었다.

그래서 "이것들이 미친놈들이 아니야? 이 자식들아! 뭘 좀 자초지종을 알고 몰려다녀라! 이 새끼들!" 하며 셋째조카 놈 멱살을 잡으니 놈도 내 멱살을 같이 움켜잡았다. 그런데 멱살을 잡혀보니 나도 이제 많이 늙었나보다, 젊은 놈에게 잡힌 멱살을 도저히 풀 수가 없었다. 그러니 아까 잘못했다고 두 손으로 빌던 조카딸년이 나에게 손가락질을 하면서 "야, 이 새끼야! 네가 선생이냐? 너 같은 놈한테서 애들이 무엇을 배우겠니?" 하면서 행패를 부렸다.

그런데 처는 안 보이고 나를 더 어떻게 할 수가 없는지 씩씩거리면서 문밖으로 몰려나갔다. 봉변을 당하고 심신이 피로해 다시 내 방에 들어가 누워버렸다. 그러다 집안이 너무 조용해 이상한 생각이 들어 어머니 방문을 열어보니 어머니가 계시질 않았다.

내가 잠든 틈에 형님과 형수님이 택시를 불러 어머니를 모시고 소사 집으로 가고, 딸년이 수원에서 전화로 제 오라비와 동생을 불러 내 처를 혼내겠다고 몰려든 것이었다. 사람 같지 않은 제 동생 말만 듣고 생각 없이 우르르 몰려온 오라비라는 놈이 더욱 한심하고 참으로 어이없는 놈이란 생각을 했다.

어머니는 소사 집으로 납치되다시피 끌려가셨다. 수원 우리 집에서는 눈만 뜨면 텃밭에서 채소 가꾸고, 심심하면 동리 노인 분들과 이웃 나들이도 자유롭게 다니던 분이 소사 집에 강제로 끌려가서는, 그 여러 식구들 중 방이라고 2개를 쓰는데, 방 한구석에서 밖에는 나와 보지도 못하고 한 달인가 징역 사는 것보다 더 어려운 생활을 하셨다.

게다가 노쇠하셔서 혼미해지던 정신력은 더 떨어지고, 내가 어머니를 다시 모시러 가려니 또 그 지겨운 싸움이 될 것 같고, 고민하던 중에 인천 사는 둘째조카 종성이가 학교로 나를 찾아왔다. 생맥주 집에 마주 앉자 종성이가 하는 말이 "나는 삼촌을 보러 오면서 도무지 이럴 수가 있을까? 삼촌이 마음이 변했나? 나는 삼촌이 할머님께 효도를 누구 못 지않게 하셔서 삼촌을 존경하고 친구들에게 늘 자랑했는데, 삼촌이 할머니를 큰집으로 쫓아버리시다니 하도 믿어지지 않아 삼촌을 만나봐야겠다는 생각이 들어 찾아왔다"고 했다.

그래서 그날 있었던 일을 조목조목 자세히 설명을 해주니 "그럼 그렇지! 삼촌이 정신이 어떻게 안 되고서야 할머님을 큰집으로 보낼 분이겠느냐?"면서 자기 동생들이 잘못했다고 "자식들! 아버지들 다툼에 제 놈들이 가만히 못 있고 편을 가르냐?" 하더니 허허 웃으면서 "서운하지만 삼촌이 참으세요" 했다.

그래서 "자네도 알다시피 할머니가 온 종일 좁은 방에서 쪼그리고 앉아만 계시니 몸이 많이 상하실 것 같아 걱정인데, 우리 집으로 모셔 올 방법이 없다"고 하니, "제가 소사 집에 가서 할머님을 바람 좀 쏘이게 하겠다고 해 전곡 고모님 댁에 모셔다놓을 테니, 삼촌이 기회를 보아 다시 수원 집으로 모셔가는 게 좋겠다"고 했다. 그래서 "그리 하면 참으로 고맙겠다"는 말을 전하자, 종성이 조카는 돌아갔다.

그 후 얼마 있으니 전곡 누님 댁에서 전화가 왔다. "어머니를 모셔왔는데, 우리 집에서 한 달 계시게 한 뒤에 수원으로 모시고 가겠으니 어머니 걱정하지 말고 있으라"는 전화였다. 그 전화를 받고 안심은 됐지만, 어머니를 기다리기 급해서 가서 뵙고나 오자며 처와 같이 찾아가 어머니를 대하니, 그때 어머니가 얼마나 무서운 눈빛으로 보시던지 그 무서운 눈빛은 평생 잊지 못할 것 같다.

어머니를 그 작은 방 한구석에 앉혀놓고 "용승이가 어머니를 모시기 싫어 소사 집으로 데려가라고 내쫓았다"고 정신력이 쇠퇴해가는 분을 몇 달 동안 세뇌교육을 시켰는지, 젊은 날 그리 총명하시던 어머니가 그 말을 믿고 '내가 어머니를 쫓은 것'으로 생각하신 모양이었다.

이후 전곡 누님 집 넓은 마당과 배 밭을 오가면서 누님과 매형님의 설득으로 나에 대한 오해도 풀리고, 자유롭게 활동도 하시면서 건강도 차차 좋아져 수원 집으로 다시 돌아오셨다. 참으로 먼 길을 돌아오신 것 같다.

### 고혈압으로 요절한 둘째 조카 종성이

큰형님과 형수님은 가족과 자식에 대한 부모의 책임감이라고는 전혀 없고 생활력이 전무했다. 그러면서도 무책임하게 9남매를 낳았다. 형수라는 사람은 "남편이 돈 못 벌어온다"는 소리만 하며, 어쩌다가 어디서 쌀 한줌이라도 생겨야 자식들에게 죽이라도 쑤어 먹이고, 쌀이 없으면 그 많은 자식들을 굶기면서 어린 자식들을 방관했다.

종성이는 불행하게도 그런 큰형님 집에서 둘째아들로 태어났다. 그래서 부천 소사 남국민학교를 다니면서 월사금(명색이 의무교육이라면서 그 당시에는 국민학교도 매달 학비를 냈음)은 가난하다는 핑계로 단 한 번도 내보지 못했고, 수업하다가 집으로 쫓겨오기를 밥 먹듯 했다. 그렇게 담임 눈총만 받아가며 어렵게 국민학교를 졸업했다.

그런데 원래 총명한 머리를 가지고 태어난 터라, 5학년 때인가 부천군교육청에서 주최하는 웅변대회에 학교 대표로 참가할 정도로 똑똑해서 할머니가 특히 아끼고 사랑했다.

9남매 중 특출하고 영리하고 총명하게 태어났으나, 아버지의 생활력이 무능하고 집안이 지나치게 가난해 정규 중학교는 엄두도 못 내고 부천군 소사에 있는 공민학교를 졸업한 것이 그나마 받은 제도교육의 전부였다. 공민학교는 가정이 불우해서 중학교에 가지 못하는 아이들에게 중학교 과정을 가르치는 비정규 학교였다.

다른 친구들은 교복을 입고 고등학교에 다니는데, 그때부터 종성이는 가족의 생계를 돕겠다고 서울과 인천 사이를 오가는 시외버스와 경인선 기차를 따라다니며, 어린 나이에 부끄러움도 잊고 복숭아 장사를 하면서 부모 대신 많은 동생들을 먹여 살리려고 온 힘을 다했다.

그런데도 아버지라는 사람은 철이 없는지 또라이인지 민주당 경기도당 선전부장이라고 하면서 매일 나가 술에 취해 돌아와서는 남에게는 자랑거리도 못 되는 자랑을, 굶주리는 가족 앞에서 자랑이라고 늘어놓는 것이 일과였다.

남편이 그리 무능하면 아내 되는 사람이라도 나서서 어린아이들 죽이라도 먹이려고 온몸이 부서지게 무슨 일이든 하는 법인데, 이 집은 부창부수(夫唱婦隨)라고 부부 둘이서 똑같이 무능하고 무책임하기가 손발이 척척 맞았다. 그러니 어린 자식들이 얼마나 배를 주리고 고생을 많이 했는지 이루 말로 다할 수 없다.

가족과 잘 살기는 언감생심이고, 어린 나이에도 종성이는 부모 대신 돈을 벌어 어린 동생들을 굶기지나 않으려고 아직 다 여물지도 않은 여린 몸뚱이로 인천 앞바다를 메우는 노동판에서 등짐으로 돌을 나르는, 그 힘들고 고단한 노동을 마다 않고 했다.

그러나 그렇게 힘들게 3달을 노동한 대가는 노임보다 밥값이 더 많이 밀릴 정도였다. 그래서 더 일을 해봐야 돈도 못 벌고 몸만 망가지겠다는 생각이 들어 바닷물이 빠지는 야간을 이용해 친구들과 함께 맨몸으로 도망쳐서 집으로 돌아오기도 했다. 오히려 힘든 노동을 하고도 밀린 밥값을 갚을 길이 없었기 때문이었다.

친구들과 같이 경기도 양평 용문산 꼭대기 고압선 전기공사장에서 목수 보조로 잡일도 했는데, 여기서도 또 밥값만 밀리는 형편이었다. 변화무쌍한 산꼭대기 날씨인지라 자주 비가 내려 한 달이면 보름 정도밖에 일을 못해 벌어진 결과였다. 밥집에 도민증을 잡히고 밥을 먹었는데, 그때는 나이도 어리고 순진할 정도로 세상물정도 모르던 때라 도민증이 없으면 큰일 나는 줄로만 알고 주인이 잠든 새벽에 도민증을 훔쳐 가지고 집으로 도망쳐오기도 했다.

그 이후에도 마찬가지였다. 자식들 교육은커녕 제때 밥도 못 먹이는 부모를 대신해 동생들을 굶기지 않으려고 온갖 노동판을 찾아 전국 각지로 돌아다니다가 입영영장을 받고 군에 입대했다. 강원도 ○○지구에서 운전병으로 근무하는 중에도 어린 동생들 생각뿐이었다. 결국 자기처럼 학교에도 못 가는 것이 걱정돼 어떻게 하든지 빨리 돈을 벌어 동생들을 학교에 보내야겠다는 마음으로 월남전에 자원입대를 했다. 다행히 맹호부대 사령부 수송부 소속으로 사이공(호치민) 거리에 물을 뿌리는 일을 주로 하다가 1년 만기를 채우고 귀국해 제대를 했다.

그 뒤 1종 운전면허를 따고 맥주운송회사에 운전기사로 입사해 OB맥주를 대형화물차에 싣고 서울에서 부산, 광주, 대구 등 큰 도시로 운송하는 일을 했다. 위로 남자 3형제는 정규 중학교도 못 다녔는데, 밑으로 현미, 현옥, 현주 3자매는 종성이가 당당하게 부천 소명여자고등학교 입학금을 마련해, 자기는 못한 고등학교 공부를 시켰다.

그때부터 소사 집도 밥 굶는 일을 처음으로 면했다. 그렇게 한 5년간 대형차 운전기사를 하다가 친구의 고종 여동생과 결혼해 가정을 꾸리고 사랑하는 두 아들 병하, 승하를 낳고 남들처럼 가족의 재미도 느끼며 살았다.

그런데, 인천 삼광관광주식회사에 관광버스 기사로 옮겨 근무하다가 고혈압에 따른 뇌출혈로 사랑하는 젊은 아내와 어린 두 아들이 앞으로 살아갈 아무 여건도 만들어놓지 못하고, 39살 아직도 살날이 창창한 나이에 저세상으로 갔다. 원통해서 어떻게 눈을 감았는지 모를 일이다.

어느 날 서호국민학교에서 수업을 끝내고 잡무를 정리하고 있는데, 처가 다급하게 교무실로 전화를 걸어왔다. 주안 사는 둘째조카가 위독해 부천성모병원에 입원했다는 것이었다. 그래서 "어디가 어떻게 아파서 종합병원에 입원했느냐?"고 물어보니까 아침에 집에서 세수하다가 갑자기 뇌출혈로 쓰러져 구급차에 실려 응급실로 갔다는 것이었다.

그래서 학교에 전후 사정을 이야기하고, 우선 휴가를 받아 집에 가서 옷도 갈아입지 못한 채로 단숨에 병원으로 달려가보니 이미 종합병원에서도 손을 쓸 수가 없게 병이 악화되어 있었다.

그래서 종성이의 가장 친한 김주일이라는 친구에게 "왜 이렇게 되었는가?" 물어봤는데, 그 친구의 말이 "종성이는 평소에 '자식들은 크는데 관광회사에 다녀봤자 희망이 없다. 무슨 사업이든 내 사업을 해봐야겠다'고 했다"는 것이다. 그러다가 버스를 사서 관광회사에 지입하고 운전을 하면 수입이 좋다는 남의 말만 믿고 빚을 얻었다고 했다. 버스를 사서 지입을 했으나 말과 같이 사업이 안 되니 고민을 하다 뇌출혈로 쓰러지고 말았던 것이다.

종성이가 숨을 거두자, 인천 주안의 종성이 좁은 빌라에 종성이 남매들과 가까운 친구들이 모여서 쓸쓸하게 밤샘을 하며 장례에 대한 가족의논이 시작되었다.

그때 나는 그 무서운 돼지파동을 겪은 후 덩그러니 비어있는 돈사가 보기 싫기도 하고 '그런 엄청난 파동이 또 오기야 하려고?' 하는 일말의 기대도 있어서 수원 집에서 돼지를 다시 50마리 정도 기르고 있었다. 그래서 장례비용이라도 좀 보태주고 싶은 마음에 집에 전화를 걸어 "종성이 조카가 운명했으니 동리 사람들에게 부탁해 규격돈 한 마리만 잡아놓으면 사람을 보내겠다"고 일러놓았다. 그런 뒤 "제물에서 돼지고기는 사지 마라. 내가 수원 집에 전화를 해서 지금쯤은 돼지를 잡아놓았을 것이니 누군가 가서 싣고 오기만 하면 된다"고 전했다.

그런데 자기 어머니 옆에 앉아있던 인천 큰딸이 "그만둬요. 돈 주고 여기서 사면 되지. 인천에는 돼지고기가 없어서 수원까지 가서 돼지고기를 사오느냐?"고 반박을 했다. 누가 들으면 마치 내가 조카 장례에 와서까지 돼지고기를 팔아먹으려고 한 것 같은 말을 서슴없이 하는 것이었다.

내가 아무리 돈독이 올라도 조카 장례에서 돼지를 팔아먹을까. 내 나름대로 조카 장례에 큰 부조를 하려고 했던 것인데, 조카딸의 이런 싸가지 없는 말을 듣고 나니 그 길로 수원 집으로 돌아오고 싶은 생각이 들었다. 하지만 고인을 생각해서 눌러 참고 밤새 소주를 벗하고 장례날을 맞았다.

나는 "고향에 선산이 많으니 종성이 시신을 고향 선산으로 모시자"고 했으나, 형님네 가족들이 천주교 신자라 인천 천주교 공동묘지로 고집해 아무 말도 못하고 망인의 부모와 처의 뜻에 따랐다.

그러나 그 후 인천 변두리까지 자꾸 도시화되면서 그 천주교 공동묘지도 이전하게 될 처지에 놓였다. 그 많은 우리 고향 선산을 놔두고 천주교 묘지를 고집하더니, 이제는 망자가 편히 누워있을 안식처마저 없어지는 것 같아 마음이 애잔하다. '그리도 종성이를 영리하다고 귀여워해주던 고향 선산 할머니 곁에 누웠더라면 얼마나 좋았을까?' 하는 생각을 부질없이 해본다.

젊은 나이에 그리운 처자식을 버리고 외롭게 떠나는 망인의 마음을 하늘도 아는지, 그날은 새벽부터 웬 비가 그리도 구슬프게 쉬지 않고 내리던지. 우비도 없이 그 비를 맞아가며 볼에 흐르는 물이 눈물인지 빗물인지도 구별하지 못하면서, 부모와 처자식 그리고 그 많은 동생들의 뒷바라지만 하고 정작 자기 처자식에게는 빈손만 남겨놓고 짧게 살다간 망인의 발자취를 더듬었다.

망인이 하관되고, 흙이 덮이기 직전 관 위에 하얀 국화꽃 한 송이로 망인이 마지막 외롭게 떠나는 자리에 인사를 하고, 모든 사람들이 기도드리는 것을 보고 우비도 없어 옷이 흠뻑 젖어 초가을인데도 물에 빠진 쥐새끼 꼴을 하고 부들부들 떨면서 수원으로 돌아와 몸살로 앓아누웠다.

## 평생을 자신보다 시아버님을 위해 사신 어머님이 영면하시다

평생 좋은 음식 한 번 마음 놓고 못 잡수시고, 귀하고 깨끗한 옷 한 벌도 당신 몸에는 걸쳐보지 못하시고, 돌아가실 때까지 시아버지에게 일편단심 변치 않는 효도를 하시고, 자식들을 위해 불철주야 가리지 않고 당신의 연약한 몸을 도끼 삼아 살아가시던 어머니는 1988년 음력 8월 6일, 한가위 명절을 아흐레 남겨놓고 90살의 고단한 생을 접으셨다.

그날 저녁 우리 부부는 생전에 한 번도 사람이 운명하는 것을 본 적이 없어 우왕좌왕하면서, 어머니의 건강상태가 아무리 보아도 평소와 달라 큰 걱정에 휩싸여 있었다.

어찌해야 될지 도무지 알 수가 없어 양계업을 하며 염도 잘하는 길 건너 문병식(文炳植)씨를 찾아가 "어머니의 상태가 아무리 봐도 이상한데, 이런 일을 처음 당해 어찌해야 할지 몰라서 그러니 문씨가 좀 도와 달라"고 하니, 알았다면서 곧바로 뒤쫓아 와서 어머니의 상태를 보고는 "오늘 밤을 넘기지 못하시고 운명하시겠다. 칠성판도 준비하고, 빨리 가까운 일가 혈족들에게 알려야겠다"고 했다.

그래서 즉시 소사 형님 댁으로 전화를 드리고 시계를 보니 밤 10시경이었다. 그런데 전화를 받은 형수님이 전화에 대고 "걱정하지 말라!" 면서 자기가 유명한 점술가나 되는지 "어머니가 그렇게 쉽게 죽을 사람이 아니고, 내일까지는 괜찮을 터이니 염려 말고 가만히 있으라. 우리가 내일 가겠다"고 했다.

그리고 나서 1시간쯤 후에 어머니는 우리 부부밖에 없는 허전한 자리에서 운명하셨다. 나는 그때 왜 사람들이 '종신', '종신' 하는지 몸으로 체험했다. 부모가 마지막 가시는 자리를 지키다가 인생사 한이 많으셔서 감지 못하는, 부릅뜨신 눈을 내 손으로 조용히 쓸어 감겨드리자, 그간 어머니께 다하지 못한 불효가 가슴속을 후벼 파면서 만 가지 회한이 거센 파도처럼 밀려왔다.

그래서 어머니 시신 앞에서 정신없이 통곡을 했다. 그런데 이상하게도 한편으로는 가슴이 후련한 것을 느꼈다. 그 후련함은 내가 마지막 가시는 어머니를 종신해드렸다는 뿌듯함이었다. 아무리 살아계실 때 효도를 잘했더라도 부모 돌아가시는 길에 종신을 못하면, 그것은 팔자에 진정한 자식이 되지 못한다는 옛 어른들 말씀을 그날에야 전정으로 깨달았다.

나는 어찌하다 조부모님 종신 자리를 지켜보지 못한 것이 마음에 큰 빚으로 남아있었다. 그렇지만 어머니의 임종을 하게 된 것으로 위안을 삼고 살아간다.

형님 내외분은 어머니가 이미 돌아가신 다음날 오후 2시경에 오셨다. 그렇게 늦게 도착하고도 슬픈 기색도 미안한 표정도 찾을 수 없었다.

그날부터 조문객이 오기 시작하고 부천에서 평화민주당 경기도당 위원장인 안동선 의원과 평화민주당 수원시당에서 화환을 보내왔다. 그런데 당시 여당인 민주정의당 국회의원 남평우(南平佑) 의원이 화환을 보내와 명색이 교사생활을 하는 입장에서 야당 화환이 2개인데 여당에서 보낸 화환은 1개뿐이라 매우 곤혹스러웠다.

그때는 지금과 달라 이런 일까지 난처하던 시절이었다. 나는 사실 마음속으로는 민정당 국회의원 화환은 반갑지도 않았으나, 수원 변두리 시골 마을에서 김대중 빨갱이 당이라고 멸시하는 평화민주당이 화환을 2개씩이나 보낸 것은 고마우면서도 웬일인지 남들 눈이 의식됐다.

밤 9시경 어머니 빈청 앞에서 조문객을 맞이하고 있는데, 동리에서 민정당 마을 책임을 맡은 구역 책임자 되는 사람이 뛰어 들어오면서 "저 밑에 남평우 의원님이 오신다. 빨리 나와보라"고 했다. 그래서 "좀 조용히 하라. 국회의원이 오면 왔지, 상주가 마중을 나가라는 것이냐?"고 화를 벌컥 내면서 소리를 쳤다.

국민학교 5학년 때 담임선생님이셨던 박경환 선생님이 조문을 오시고, 용인 장평국민학교에서 내가 3학년 담임을 했을 때의 제자 6명이 조문을 와서 "우리는 교육 3대"라면서 함께 밤샘을 해주었다. 정말로 고마운 인연이었다. 그렇게 3일장을 치렀는데, 어머니 시신은 고향인 안성군 일죽면 고은리 앞, 우리 영월 신씨 문중 선산에 아버지와 합장으로 모셨다.

어머니는 40대 초반에 남편을 잃고 과수가 되시어 남편보다는 시아버지를 더 오랫동안 효도로 모시면서 살아오셨다. 어머니가 살아계실 때 "어머니 돌아가시면 아버지와 합장으로 모셔드리겠다"고 말씀드리면, "사람이 죽으면 저 부지깽이와 같이 되는데, 화장을 하면 어떻고 매장을 하면 죽은 사람이 알겠느냐? 내가 죽은 뒤 그저 너희들이 좋은 대로 하면 되는 것이지, 죽은 사람이 뭘 아느냐? 나 죽은 뒤 생각할 것도 없고, 너희들 잘 사는 것이나 보고 마음 편히 살다 죽으면 된다"고 하셨다.

그러던 분이 60대가 지나고 70대가 돼 가면서는 "그래도 사람이 죽은 뒤에는 묘라도 잘 써야 지나가는 사람들 보기도 좋고 자식들 눈에도 보기가 좋겠다"시며 화장해드릴까봐 은근히 걱정하시는 눈치였다. '그리도 여장부 같던 어머니가 차차 당신의 죽음이 가까워오니 마음도 몸과 함께 쇠약해지시는구나!' 하는 생각에 내 마음도 아려왔다. 어머니를 화장하지 말고 선산에 묻어달라고 직접 말씀은 안 하시면서도 화장을 싫어하시는 것이 역력했다. 그래서 "아버지 산소가 누가 보아도 양지바르고 명당자리라 어머니도 그곳에 합장으로 모셔드리겠으니, 저승 가셔서는 아버지와 못 다하신 정분을 나누시며 잘 사시라"고 말씀드렸다.

그러면 "나는 너의 아버지라는 사람을 조금도 존경하지 않는다. 너희 8남매를 어떻게 낳고 살았는지 나도 모르겠다"면서 "지금 같으면 너희 아버지와 살지 않았다. 절대로 너희 아버지와 합장하지 말라"고 하셨다. 그 말씀은 술과 친구나 좋아하셨지 평생 책 한 권 읽지 않으시던 아버지에 비해 평생을 독서광으로 사신 어머니의 문화적 자존심이 었다는 생각이 든다.

내가 어렸을 때 부모님 사시던 것을 떠올려보면, 아버지는 남들에게 잘못해도 절대 사과하는 법이 없이 우격다짐으로라도 당신이 이겨야 하는 분이고, 어머니는 매사 원칙과 경우에 틀린 일은 절대로 하지 않고 부당한 강자에게는 너무나도 강하고, 반면 측은지심이 많으셔서 당신보다 못한 사람에게는 마냥 너그러운 분이셨다.

그렇듯 매사 두 분의 행동이 다르니, 어머니는 아버지를 진심으로 존경하지 않고 그 시대의 법과 자식들 때문에 할 수 없이 살지 않으셨나 하는 생각이 든다. 그래도 아버지와 8남매를 낳으시고 사셨는데, 아버지와 합장하지 말라고 하시는 말씀이 절대로 진심으로 하는 말씀은 아니라고 생각해서 합장을 해드렸다.

### 자기 할머니 장례에 부조금을 바꿔간 장손녀

장례가 끝나고 부조금을 정리하다보니 아무리 보아도 낯선 '박길환'이란 이름으로 된 조의금이 있었다. 박길환이가 누구인지 도무지 알 길이 없어 이상하다고 생각하고 있던 차에 삼우제를 지내고 산에서 내려오다가 형수님에게 박길환이라는 사람이 만원을 부조했는데, 누구인지 몰라 고맙다는 인사를 못한다고 하니 형수님은 박길환이가 자기 큰 사위 이름이라고 자랑스럽게 말했다.

그 말을 듣고 나니 마음속으로는 불쾌하고 어이가 없었다. 우리 집이 우애가 있는 집이라면 박길환이는 내가 얼굴도 이름도 알아야 마땅한 조카사위였기 때문이다. 그런데 명색이 처삼촌 되는 내가 얼굴이나 조금 익히고 이름도 모르다니. 그까짓 처 할머니 생전에 인사도 한 적이 없던 처지에 무슨 부조금을 내고 장례에 참여했는지, 오히려 장례에 참여 안 했던 것보다 더욱 불쾌했다.

부조금 액수도 그랬다. 당시 보통 얼굴만 아는 동리 시골사람들도 3만원을 냈는데, 소위 처 할머니 장례에 와서 큰손녀사위라는 사람이 차라리 부조를 하지 말 일이지, 나를 놀리는 것인지 깔보는 것인지, 도무지 상식적인 머리로는 판단을 할 수가 없었다.

그래서 호상을 보느라 며칠씩 잠도 설치면서 고생을 한 신덕철이에게 그 이야기를 하니까, 덕철이 말이 "그래? 누군가 잘 모르는 남자가 10만원을 내서 너와 퍽 가까운 사람인가 보다 하고 생각했는데, 1시간쯤 지나서 어느 젊은 여자가 오더니 '그 부조가 잘못된 것이니 도로 달라'고 해서 내주니까 대신 다른 봉투를 내고 갔다"는 것이다. 그러면서 덧붙이는 말이 "그런데 그 부조금이 만원이라 이상하다고 생각해서 그렇지 않아도 어머니 장례가 끝나면 너에게 물어보려고 생각하고 있던 중인데, 그 여자가 너의 조카딸이었구나. 참 어이없는 꼴도 다 본다"고 했다.

### 신문에 난 광고를 보고 《한겨레신문》 창간주주가 되다

1988년 88올림픽으로 온 나라 안이 시끌시끌할 때, 한편에서는 1975년 조선, 동아 사태로 해직된 기자들과 1980년 언론통폐합으로 언론자유 수호투쟁을 하다 거대신문 조선, 동아에서 쫓겨난, 신념이 강한 기자들이 1988년 5월 15일 송건호(宋健鎬)씨를 대표이사로 《한겨레신문》을 창간했다.

1987년 11월부터 1988년 2월까지 100여일 동안 창간기금을 모금했는데, 그 짧은 기간에 전국에서 2만 7천여명이 주주로 자진 참여해서 50억원의 창간기금이 마련되었다. 현재는 6만 6천여명이 주주로 참여하고 있다고 한다. 세계 신문사상 유례가 없는 국민주주로 창립된 민중의 신문이다. 그때 나는 서호국민학교에 근무하고 있었다. 서무과가 우리 교실 바로 앞이라 잠시 쉬는 시간에 서무과에 들러 우연히 《한겨레신문》에서 창간주주를 모집한다는 글귀를 보고는 잠시 잊었던 작은 양심을 잠깐이나마 되찾게 되었다.

그때 내가 읽은 광고 내용은 너무 오래돼 많이 잊었지만, 나의 심금을 움직인 대목은 대략 이랬다.

"'아버지! 당신은 암울하던 시절, 언론은 재갈을 물리고 양심적인 기자들은 언론자유 수호를 위해 투쟁하다 신문사에서 길거리로 내몰리던 그 시절에 아버지! 당신은 어디에서 무엇을 하고 계셨습니까?' 하고 장성한 아들이 물으면 아버지는 언론자유 수호를 위해 무엇을 어떻게 하셨다고 자랑스럽게 말하실 수 있겠습니까?"

그 내용을 읽으면서 나는 마치 뒤통수를 한 대 얻어맞은 기분이 들었다. 그래서 곰곰 생각하니 '언론자유를 위해 그 좋은 직장에서 쫓겨난 기자들이 얼마인데, 나는 나의 보신만 생각하며 그저 나와는 아무 상관 없다는 듯이 방관하고 있었으니, 나는 과연 장차 이 나라의 주인이 될 어린이들을 가르칠 자격이 있는가?' 반문이 되었다. 그래서 주주가 되기로 마음을 정하긴 했는데, 비겁한 구석이 있는 놈이라 내 이름으로 하지 못하고 처의 이름을 빌어 그때 돈 20만원짜리 주주로 가입을 했다.

지금 계산해보면 그때 돈 20만원은 그 가난하던 시절 우리 집에서는 꽤나 큰돈이었는데, 한 마디 상의도 없이 《한겨레신문》 주주가 되었는데도 어려운 살림에 아무 불평 한마디 하지 않고 묵묵히 뜻을 따라준 처가 고마울 따름이었다.

그때는 군사독재의 서슬이 시퍼렇던 시절이라 교사의 신분으로는 《한겨레신문》 주주라는 말을 입에 담지 못하고 지냈다. 그 뒤 1997년 평교사로 명예퇴직을 하고 나서 《한겨레》(1996년 10월, 제호를 바꿨다) 주주 이름도 내 이름으로 정정했고, 민족문제연구소 회원도 됐다. '이제 내가 얼마나 살지 모르지만, 남은 짧은 생이나마 사회나 역사를 위해 병아리 눈물만큼이라도 보탬이 되는 삶을 살자'는 생각이었고, 이와 함께 친일파들이 모든 분야에서 기득권을 누리는 잘못된 우리의 현대사를 바로 세우는 데 작은 보탬이 되고자 하는 마음 때문이었다. 그래서 요즘은 우리 역사에서 잘못된 것을 개혁하는 곳이라면 열심히 참여하고 있다.

**전교조 창립 취지문을 보고 촌지거부운동에 동참하다**

교사생활을 하면서 학부모들한테서 촌지를 처음 받아본 것은 수원 창룡국민학교에서의 일이다. 옛날, 용인 장평국민학교와 백암국민학교에서는 6학년 담임이나 맡아야 그나마 졸업식 때 양복 한 벌이라도 얻어 입고 금반지 닷 돈짜리라도 한 개 얻어 손가락에 끼게 된다. 다른 학년을 담임해봐야 촌지는 알지도 못했다.

신학기에 학년 담임 배정 때만 되면 서로 좋은 학년을 맡으려고 교장에게 매달리는 것을 보면서 도대체 좋은 학년이 무엇인지 이해할 수 없어, 남들이 다 차지하고 남은 학년만 맡다보니 언제나 중간 학년인 3, 4학년만 나에게 돌아왔다. 그래서 봄, 가을 1년에 2번, 소풍 때 담배나 술병 몇 개 받아먹은 것이 전부였다.

그렇게 지내다가 농촌학교를 떠나 대도시인 수원으로 전입해 와서 처음으로 창룡국민학교 4학년 담임이 됐다. 도시학교에서 담임을 처음 맡고보니 학기 초에 몇몇 어머니들이 학교로 찾아와 인사를 하면서 돈이 든 흰 봉투를 내밀었다. 그리고 하는 첫 말로 "우리 아이가 몇 등이냐?"는 것이 한결같은 물음이었다.

처음에는 얼마나 당황스럽고 야속하던지! '왜 어머니들이 아이들 등수에 매달릴까? 이것이 자기 자식만 아는 어머니들의 이기적 모습이로구나! 시골학교에 근무할 때는 이런 소리 안 듣고 우리 아이가 잘못하면 혼을 내서라도 사람 좀 만들어달라는 것이 전부였는데' 하고 어머니들의 생각이 비교가 되니, 좋은 교육을 하고 싶은 열정에 어머니들이 찬물을 끼얹는 것 같다는 생각뿐이었다.

그러면서도 사실 한편으로는 '봉투에 돈이 얼마나 들었을까?' 하는 치사한 호기심도 생겼다. 이렇듯 '나도 역시나 양면성을 가진 수양이 덜 된 인간이로구나!' 하고 생각하니 부끄러웠다. 이렇게 해마다 어머니 7~8명이 봉투를 내미는데, 그때 돈으로 2, 3만원짜리가 전부였다.

서호국민학교에 전근해서도 꼭 창룡국민학교 때와 비슷한 처지였다. 그렇게 또 1년을 부끄러운 줄도 모르고 두꺼비 파리 잡아먹듯 아무런 죄책감도 없이, 작은 양심의 가책도 느끼지 않고 촌지를 덥석덥석 잘도 받아먹었다. 그런데 전교조에서 창립취지문으로 촌지거부운동을 하겠다는 것을 보고 '이 사람들이 정말로 훌륭한 선생님들이구나! 나는 젊어서 산골 벽지학교로 다니면서 근무를 하는 바람에 촌지 받을 기회도 별로 없었지만, 이런 훌륭한 생각을 해본 적이 단 한 번도 없었는데, 나보다 젊은 선생님들이 참으로 훌륭하다'는 생각이 들어 내 가슴에 존경심이 생겼고, 젊은 교사들 보기가 내 양심에 부끄럽다는 생각까지 들었다.

전교조 교사들을 존경하게 되고, 존경하다보니 자연히 친하게 되면서 그날부터 나도 촌지거부운동에 동참하기로 마음먹고 촌지를 받지 않았다. 그런데 막상 촌지를 거절하면 어머니들이 훌륭한 교사로 존경할 줄 알았는데 이건 큰 오산이었다.

학교에 찾아와서 치맛바람을 날리며 교사들이 그저 자기가 주는 촌지를 받고 자기 자식만 잘 돌봐주기를 바라던 이기적 어머니들이 "거만하다", "융통성이 없다"면서 시쳇말로 왕따를 시키는 것이었다.

한편으로 돈 좋아하는 교사들도 은근히 따돌림을 하는 것 같았다. 나로 말미암아 자기들이 받는 촌지에 혹시라도 방해가 될까봐서인지, 아니면 자기들 스스로도 양심에 작은 가책을 받게 되기 때문인지, 내가 참여하는 촌지거부운동이 못마땅한 표정들이었다.

옛날에는 퇴근길에 술도 같이 잘하고, 술을 빌어 돌아가는 세상사도 함께 기탄없이 나누던 동료교사들도 어딘가 옛날 같지 않다는 생각이 들었다. 그래도 내가 하는 일이 떳떳한 행동이라는 생각으로 끝까지 전교조 교사들을 따라 나 혼자라도 촌지거부운동을 계속 실천했다.

그렇게 1년이 지나고, 다음해 새 반을 담임하게 되었다. 역시나 또 7~8명의 어머니가 아이들 편에 촌지를 보냈다. 그런데 안 받으면 학부모와의 관계가 나빠졌다. 그래서 생각한 것이 그 돈을 받아가지고, 남문 앞 동광서림이란 책방에 가서 우리 반 아이들이 읽기 적당한 동화책을 사고 영수증을 두 장씩 받아 한 장은 다음과 같은 편지와 함께 어머니에게 보냈다.

"어머니가 보내주신 돈 고맙게 받았습니다. 그 돈으로 우리 반 아이들을 위해 책을 사서 학급문고를 만드는 데 요긴하게 사용했습니다."

이런 편지를 받고 답장을 하는 어머니는 단 한 사람뿐이었다. 며칠 후 그 어머니가 직접 찾아와서 선생님의 고귀한 뜻을 헤아리지 못한 무례를 용서하라면서 우리 반 학급문고를 돌아보더니 학급문고를 만드는 데 지원을 하겠다고 했다. 그렇게 만들어진 학급문고를 가지고 책을 많이 읽고 독후감을 많이 쓰도록 내 나름대로 지도를 했다. 가능한 한 숙제는 안 내주고 집에서 책을 읽게 했다.

국민학교에서 철부지 어린이들이 마음껏 뛰어놀아보지도 못하고, 대학진학에 매몰돼 국민학교를 다니는 동안 좋은 동화책 한 권도 변변히 읽지 못하고, 그저 공부, 공부, 하면서 성적에 매달리느라 꿈을 상실해가는 어린것들을 보면서 안타깝기 그지없었다. 우리 반 어린이들만이라도 책을 많이 읽혀 아름다운 추억과 꿈을 심어주자는 생각으로 가능한 한 어린이들이 마음껏 뛰어놀면서 행복하게 자라기를 바라면서, 남이야 무엇이라고 비웃더라도 어린이들 독서교육과 인성교육에 온 힘을 기울였다.

그렇게 4년의 임기를 마치면서 내 교직생활 중 가장 존경스럽던 교장들과 이별하고, 다시 집에서 가장 가까운 창룡국민학교로 돌아왔다.

그리고 서호국민학교 때처럼 촌지가 들어오면 주저 없이 받아서 학급문고를 키웠더니 창룡국민학교에서는 우리 반이 제일 아동문고를 많이 비치하고 독서 지도를 잘한다고, 그리도 칭찬에 인색한 정○○ 교장한테도 정말로 모처럼 칭찬을 받기도 했다.

그 어린이문고를 정년 때까지 두고두고 모아 독서교육을 하려 했는데, 1997년 명예퇴직을 하면서, 우리 반 아동문고를 어느 선생님께 물려드릴까? 어떻게 물려주면 도서가 분실되지 않고 어린이들이 잘 읽게 할까? 생각하다가 마땅히 누구에게 맡길 수 없어서 집으로 갖고 왔다.

퇴직 후 민족문제연구소 후원회원으로 일하면서, 수원시 장안구에서 민주노동당이 양부모가 직장에 다녀야 생활할 수 있는 빈곤한 가정의 어린이들을 방과 후에 모아 공부방을 무료로 운영하다는 것을 알고, 그 길로 300여권의 어린이 도서를 모두 기증했다.

손수 오토바이에 어린이 도서를 싣고 가서 넘겨주고 나니, 나 자신 참 잘했다는 생각과 뿌듯하고 행복한 마음에 들뜬 채로 집으로 돌아왔다. 지금도 그 공부방이 잘 운영되고, 가정이 빈곤한 어린이들이 건강하고 착하게 무럭무럭 자라주기를 마음속으로 빌고 있다.

### 시내버스 기사와 충돌, 30만원의 벌금형을 받다

서호국민학교에서 퇴근하는 길에 수원 남문시장에 들러 구두를 사서 한 손에는 도시락, 또 한 손에는 새로 산 구두를 들고 집으로 가기 위해 시내버스를 탔다.

그런데 이 버스가 내가 내려야 하는 종로에서 정류하지 않고 그냥 지나가려고 했다. 그래서 "이 정거장에서 내려야 하는데 왜 정거하지 않느냐?"면서 자리에서 일어서는데, 버스 기사가 "지에미! 왜 진작 내리지 않고 꾸물거려?" 하고 자기보다 훨씬 나이가 많은 나를 보고 쌍소리와 반말지거리를 하면서 버스를 세웠다.

그래서 "이 사람이 머리가 희끗희끗한 늙은이를 보고 이게 무슨 말버릇이야?"라고 하니, "토끼새끼들은 어미 뱃속에서 나올 때부터 대가리가 하얗더라!"라고 대꾸를 했다.

그러거나 말거나 점잖은 선생 신분이니 못 들은 척하고 그냥 내리는 것이 보편적인 선생들의 행동인데, 원래 더러운 것 보고 못 참는 성급한 성질을 타고나서 내 성미를 참지 못하고 "너, 이 자식! 이리 내려와!" 하고 기사의 멱살을 잡아 끌고내렸다.

그 앞에 종로파출소가 있어서 "이리 따라 들어오라!"고 하고 내가 먼저 파출소로 들어가서 자초지종을 말하는데, 이 기사가 뒤쫓아 들어와 "아무 말 안 하고 운전을 하고 있는데, 이 아저씨가 다짜고짜로 자기를 때려 코피를 냈다"고 했다. 그래서 "야! 이 자식아! 가만히 운전하는 너를 내가 미친놈이 아닌 다음에야 왜 때리느냐?"고 언성을 높였다.

사람이 흥분하면 이성적이지 못하니 긴가민가한 판이었다. 기사는 코를 훌쩍거리면서 나에게 맞아 코피가 난다고 떼를 쓰는데, 코피가 흐르는 것도 아니었다. 코 흘리는 어린아이들이 그런 것처럼, 빨간 콧물을 흘렸다 마셨다 하는 것을 보고는 그렇다고 "저 운전기사가 피곤해서 흘리는 코피지, 저것이 나에게 맞아서 나는 코피냐?" 반문할 생각도 못하고 머리가 안 돌아 멍해있는데, 경찰관이 "운전기사는 빨리 가서 운전하고, 이따가 운전이 끝나는 대로 다시 오라!"고 하고는 기사를 내보냈다.

친절은커녕 기사의 본분도 망각하고 나이 많은 손님에게 욕을 한다고 화가 나서 신고를 했는데, 도리어 내가 '운전하는 데 업무방해를 하고 폭행을 했다'고 나를 돌려보내지 않았다.

그래서 내 참지 못하는 그 성미가 경찰관에게 또 폭발하고 말았다. "운전기사가 나이 든 손님에게 머리가 흰 것을 보고 토끼새끼와 비교하면서 부도덕한 행동을 해서 신고했는데, 이렇게 해도 되느냐?"고 항의를 하니, 경찰관이라는 사람의 대답이 "우리는 도덕적인 문제는 알바 없고, 선생은 폭행과 업무방해를 했으니 형사사건으로 피해자와 합의를 보지 않으면 훈방할 수 없다"고 했다.

하도 어이가 없어 "그럼 빨리 경찰서로 넘기라"고 하니까, "그렇게 경찰서로 가는 게 소원이면, 선생 소원대로 경찰서로 넘기겠다"고 순찰차에 태워 경찰서 형사계에 인계를 하면서 "이 사람이 고분고분하지 않고 똑똑한 체를 하니 알아서 조처하라"고 담당 형사한테 특별히 부탁까지 하면서 파출소로 돌아갔다.

나를 인도 받은 형사계에서는 "조사할 사람이 많아 순서대로 하겠으니 잠깐 대기실에 들어가 기다리라"고 했다. 말이 대기실이지 유치장과 하나도 다를 게 없었다. 그래 속으로 악이 받쳐 '그래, 너희들이 어떻게 하는지, 어디 꼴이나 두고보자!' 하는 심정이 되고 말았다. 배고픈 것도 잊어버리고 분을 속으로 삭이느라 무진 애를 써야 했다.

내가 어릴 적, 식민지 시대에 일본 경찰 놈들이 우리 동포에게 저지른 인권 탄압이 아직도 죽지 않고 살아서 일선에서 악행이 계속되는 것을 보면서 '친일파들이 청산되지 못한 세상에서 친일파들이 권력을 잡으니 그 악폐가 이리도 오래 가는구나' 하고 생각하니 정말로 가슴이 저려왔다.

한낱 버스 운전기사의 비윤리적인 행태가 친일문제로까지 비약해 가면서 '너희들이 나를 어떻게 처리할 것인가? 나는 아무 잘못한 것도 없으니 조사관들 앞에서 조금도 비굴해지지 말자'고 마음속으로 다짐을 하면서 기다리고 있었다.

사건이 일어난 시각은 저녁 6시쯤이었는데, 내가 조사를 받기 시작할 때는 무려 밤 10시가 가까웠다. 장장 4시간이나 구치 방에서 지루하게 기다리고 있던 셈이다. 그리고 나서 조사를 받는데, 11시쯤 그 기사가 들어와 두리번거리자 나를 조사하던 형사가 "당신, 왜 왔어?" 하고 용건을 물으니, 손가락으로 나를 가리키며 말을 하려 하니까 "응, 그래? 그럼, 당신 진단서 갖고 왔어?" 하고 형사가 다시 물었다. 그 기사가 눈이 휘둥그레지면서 진단서는 무슨 진단서냐는 듯이 "안 가져 왔는데요?" 하니, 빨리 가서 진단서를 떼어오라고 가짜 진단서 잘 떼어주는 어느 병원까지 친절하게 가르쳐주었다.

약 1시간쯤 지나 그 기사가 들어와 진단서를 안 떼어준다고 하니까, 경찰관이 혼잣말로 "그럼, 나보고 어떻게 하라고 그래? 알았어! 이리 와봐!" 하고는 간단히 조사를 하고 기사는 내보냈다. 이윽고 나를 다시 조사하기 시작해 새벽 1시에 나를 돌려보내면서 "내일 아침, 도장을 가지고 다시 오라"고 했다. 그래서 "내일 수업이 있어서 오후에 오겠다"고 말하고 그곳을 떴다.

다음날 수업 후 경찰서에 들러 마무리를 지었다. 마음속으로는 '이 일은 이제 끝났겠지?' 싶었다. 그런데 경찰서 문을 넘으면서 속에서 울화가 치미는 것이었다. 속으로 '민중의 지팡이? 민중의 지팡이 좋아하네. 무엇을 도와 드릴까요? 도와주는 것 좋아하네. 도와주지는 않아도 좋으니 민중들에게 편파수사나 하면서 권위나 부리지 않으면 좋겠다'고 욕이 나오는 것을 꾹 참아야 했다. 그러다가 '내가 이래봐야 하늘 보고 침 뱉기지' 하는 생각을 하면서 '앞으로는 세상이 어떻게 돌아가든 그저 눈 감고 사는 놈이 장땡인 세상이로구나!' 하고 집으로 돌아왔다.

그리고 그 일은 다 잊어버리고 지내는데, 얼마 후 검찰에서 벌금 30만원을 검찰청에 내라는 벌금통지서가 집으로 날아들었다. 그 벌금통지서를 받아본 처가 "어떻게 된 것이냐?"고 걱정이 돼 묻기에 성질이 난 김에 "당신은 몰라도 돼! 내가 알아서 할 테니 당신은 잠자코 있어!" 하고 애꿎은 처에게 화를 냈다.

벌금통지서에 수원검찰청 몇 호 검사실이라고 적혀있어서 검사실로 찾아갔다. 문을 노크하니까 검사실 서기가 "어떻게 왔느냐?"고 묻기에 벌금통지서를 내보이니 아래층 서무과에 가서 내면 된다고 했다. 그래서 "벌금은 무슨 얼어 죽을 벌금이야! 정식 재판을 청구하려고 왔어요"라고 했더니, 그 서기가 "당신 마음대로 하라!"고 했다.

그 길로 잘 알고 지내던 변호사 사무실 사무장에게 억울한 자초지종을 말하니, "잘했다!"면서 정식 재판 청구하는 방법을 알려주면서 "재판장 앞으로 진정서를 내면 효과가 있다"고도 했다.

정식재판을 청구하고 기다리니, 한 달쯤 후에 재판을 받으라고 출두통지서가 날아들었다. 그래서 날짜에 맞춰 법원을 찾아갔다. 그런데 그날 재판받을 사람들이 한 40명은 되는 것 같았다. 게다가 변호인들이 담당한 사건들을 먼저 재판하고 나처럼 변호사를 선임하지 않은 사건은 뒤로 미루어 재판을 한다고 했다. 시간이 길어져서 내 차례를 기다리기 지루해 다른 재판을 방청하며 다리를 꼬고 앉아있었다.

그러자 법원에 근무하는 제복이 와서 "다리를 내려놓으라"고 했다. "아니, 재판정에서 다리 좀 꼬고 앉으면 재판을 못하느냐?"고 확 소리를 질렀으면 좋겠는데, 재판 받으러 법정에 온 주제에 그럴 수도 없고 배알이 뒤틀리는 것을 꾹꾹 참았다.

민주주의 국가라고 자랑을 늘어놓으면서 법원의 권위의식은 언제나 끝날 것인가. 밖에 나오면 참으로 눈에 거슬리는 일이 왜 이리도 많은 것인가. 꼴 보기 싫은 일이 너무도 많은 세상이라 한 눈은 감고 한 눈으로 산다고 누가 말하던 생각이 나서 씁쓸히 속으로 웃어버리고 말았다.

군사독재시절이라 법원의 권위의식이 왜정 때 뺨칠 지경이었다. 이제 사회가 안정되고 민주주의가 조금씩 정착돼가면서 법원의 권위의식도 점차 사라지고 민주적인 방식으로 많이 개선된 것 같아 그나마 다행스럽다.

그렇게 남의 재판 구경을 하다가 내 차례가 돼 재판장 앞에 섰다. 그런데 재판장이 내 사건 서류를 건성으로 대강 훑어보다가 옆에 배석한 서기에게 "이게 무슨 사건이냐?"고 조용히 물어보는 것이었다. 서기가 판사에게 조용히 무엇인가 귓속말을 해주니, 그 소리를 듣고 판사가 내 귀에 들릴 정도로 혼잣말처럼 "이런 것이 무슨 기소가 되나?" 하고는 나에게 판결을 내렸다.

"피고는 기소유예를 내립니다" 하더니, 내가 법정에 선 경험이 없다고 생각했는지 친절히 설명까지 하고 나서 "기소유예는 무죄와 같은 것이니 벌금을 내지 않아도 된다. 그냥 집으로 가라"는 것이었다.

그래서 나보다 나이가 젊어 보이는 판사에게 고맙다고 꾸뻑 머리 숙여 인사를 하고 재판정을 나왔다. 그리고 '아직도 법은 살아있구나. 그래 이런 양심적인 법관들도 있으니, 그래도 완전히 세상이 썩지 않고 숨 쉴 만큼은 돌아가는구나' 하는 생각을 했다.

내가 재판을 받으러 간다고 하니 처는 근심어린 얼굴로 마치 어린 자식 우물가에 내보내는 심정이었는지 "판사님에게 항변조로 따지지 말고 성질 죽이고 재판 잘 받고 오라. 재판에서도 벌금형이 떨어지면 항소하면서 속 끓이지 말고 아주 벌금을 물어버리고, 운수 사나워 정초부터 미친개에게 물린 셈치고 잊어버리고 오라!"면서 30만원까지 손에 쥐어주었다.

그렇게 기소유예처분을 받았으면, 벌금을 물지 않았다고 그 돈을 도로 처에게 갖다주어야 명색이 교사라는 사람의 양심일 텐데, "벌금을 20만원 물었다"고 속이고 10만원만 처에게 돌려주었다. 20만원은 주머니에 넣고 다니면서 용돈으로 술값도 하고 가끔씩 고스톱 판에서 자금으로 써버렸다.

그 당시 남자들은 나가서 돈 벌어 가족들 먹여 살리려고 열심히 일만 했지, 봉급이라곤 집에 있는 처에게 은행을 통해 몽땅 넘어가니 일일이 용돈을 처에게 얻어 쓰는 판이어서, 시시콜콜한 것까지 타서 쓰자니 사나이로서 자존심도 상하고, 별 수 없이 20만원을 처 모르게, 속된 말로 삥땅을 쳤다.

그런데 웬일인지 아내를 속이고도 양심의 가책을 느끼지 않았다. 그것이 부부라는 관계인지도 모르겠다. 뻔히 속이는 줄 알면서도 모르는 척 속아준 처의 너그러움을 고마워했다.

**창룡국민학교 서예교실과 난을 치던 여선생의 이기주의**

서호국민학교에서 4년 임기를 마치고 다시 창룡국민학교로 전근을 가서 보니 학교가 예전과 완전히 딴판이었다. 내가 독선적인 교장에게 항변하고 하극상이란 불명예를 쓰고 서호국민학교로 쫓겨 갈 때와는 분위기가 그야말로 180도로 변해있었다. 서예가이신 현윤길(玄允吉) 교장이 아주 민주적인 방식으로 학교를 운영하셔서 학교가 매우 활기차 보였다.

그리고 작은 교실 하나를 서예 연습실로 꾸며 누구나 시간이 나는 대로 붓글씨 공부를 하도록 배려도 해주어 학교 분위기가 많이 달라져 있었다. 교사들 중에는 서예의 도를 넘은 경우도 있어서, 어떤 여교사는 난을 치는 경지에까지 가있었다.

언젠가 자식 문제로 고민을 하던 중에 울렁거리는 가슴을 진정시키기 위해 먹을 갈아 신문지를 놓고 명심보감을 열심히 쓰고 나니 마음이 차분하게 가라앉는 경험을 한 적이 있었다. 그래서 서예를 하는 분들은 아주 수양이 잘 되신 분들이라 마음씨가 다른 사람들보다 너그러운 줄로 알고 있었다. 그런데 웬 걸? 난까지 치는 여선생은 너그럽기는커녕 아주 이기적이고, 자기가 손톱만큼이라도 손해를 보는 일은 절대로 하지 않는다. 처음엔 '나도 서예를 좀 배워볼까?' 하다가 그 선생 꼴을 보고는 그만두었다. 좋은 교장을 만나 서예를 배울 수 있는 좋은 기회가 온 것을 아깝게도 놓치고 나니, 붓글씨 잘 쓰는 사람들을 보면 지금도 그저 부러울 따름이다.

창룡국민학교로 전근을 오고 1년 뒤, 붓으로 난을 잘 치는 그 여선생이 3학년 때 맡았던 어린이들을 4학년 새 학기 때 내가 담임을 하게 되었다. 그런데 나에게 그 반의 모든 장부를 인계하면서, 물어보지도 않고 학적부를 보고 있는 나에게 "이 아이는 부모가 교육열이 있다"느니 "이 아이는 부모들이 성의가 없다"느니, 나에게 어린이들의 선입견을 심어주려고 했다.

그래서 "언제 내가 물어보았느냐? 묻지도 않는데 왜 그런 말을 하느냐?" 하고 좀 볼멘소리로 말하니까 계면쩍던지 슬그머니 사라졌다. 그렇잖아도 1년간 그 여선생의 행동을 지켜보았는데, 너무도 이기적인 짓만 하는 것을 보고 '저런 사람들이 교사가 되는 것은 이 사회를 위해서 별로 좋을 게 없다'고 느끼고 그 여선생에게서 염증이 나던 판이라 볼멘소리로 대했던 것이다.

도대체 어머니가 열성이 있고 없고의 판단기준을 어디에 두고 말하는 것인지? 촌지나 가지고 자주 학교에 드나드는 것이 교육열이라고 교사들이 그렇게 생각하는 한 우리나라 국민교육의 장래는 어둡다고 생각한다. 그러면서 전교조 선생님들의 촌지거부운동에 아무런 감동조차 못 느끼는 교육현장이 부끄러울 뿐이었다.

### 음성 꽃동네에 후원금을 보내는 성실한 두 분의 여선생님

어느 날 오후 수업이 끝나고 잡무나 볼까 하고 교무실로 내려갔는데, 교무실 어느 선생님 책상 위에서 우연히 감동스러운 글이 실린 팸플릿을 보게 되었다. 그 팸플릿에는 대략 이런 말이 적혀있었다.

"구걸할 수 있는 힘만 가져도 그것은 하나님의 은총이다."

그 글에 잠깐 감동이 돼 "이것이 누구에게 오는 것이냐?"고 옆 교사에게 물어보았다. 그러자 3학년을 담임하는 두 처녀 선생님이 매달 꽃동네에 후원금을 보내주는데, 거기서 후원회원들에게 보내주는 소식지라고 했다. 그래서 이 소식지를 들고 그 길로 집으로 가서 처에게 보여주고 "우리도 꽃동네 후원회원이 되자"고 상의를 하니, 처도 역시나 마음속으로 잔잔한 감동을 받았는지 쾌히 응낙을 해 우리 부부는 그 달부터 꽃동네로 후원회비를 송금하기 시작했다.

그리고 꽃동네에 후원금을 보내는 두 여선생을 눈여겨보게 되었다. 그런데 두 여선생은 둘이 함께 방을 얻어 자취를 하는데, 학부모들이 찾아와서 촌지를 내밀어도 절대로 받지 않았다. 그래서 열성적인 어머니들이 물건을 사서 보내든가 집에 있는 고추장이라도 싸서 아이들 편에 보내면, 꼭 그 값을 계산해서 물건을 보낸 그릇 속에 돈을 넣어서 어린이 편에 보냈다.

역시나 한 가지를 보면 열 가지를 알 수 있다고 하신 옛 어른들의 말씀이 생각났고, 나를 아주 부끄럽게 만드는 보기 드문 모범적인 젊은 여교사들이었다. 이 여선생들은 그 후 1년 뒤 아쉽게도 다른 학교로 전근돼 나와 헤어졌다. 짧은 1년밖에 함께 하지 못했지만, 이 선생들은 수십 년을 같이 한 여느 교사들보다 내게 큰 울림을 남겼다. 바르게 사는 것이 어떤 것인지 내 가슴에 깊이 새겨주고 떠난 영원히 잊지 못할 분들이다. 지금 그 여선생들을 생각하면 '심장 속에 남는 사람'이란 북한 가요가 생각난다.

인생의 길에 상봉과 이별 그 얼마나 많으랴
헤어진대도, 헤어진대도 심장 속에 남는 이 있네
아~ 아~ 그런 사람 나는 못 잊어
오랜 세월 같이 있어도 기억 속에 없는 이 있고
잠깐 만나도 잠깐 만나도 심장 속에 남는 이 있네
아~ 아~ 그런 사람 나는 귀중해

그 여선생들은 지금 어느 학교에서 어린이를 위해 참된 교육을 하고 있는지? 그 선생들을 담임으로 만나게 되는 어린이들은 아주 행복한 학교생활을 하고 있으리라고 믿으면서, 그 선생들이 가진 그토록 훌륭한 마음, 변치 않고 참교육을 어린이들에게 흠뻑 뿌리면서 늘 행복하기를 마음속으로 빌어본다.

이렇듯 존경스러운 젊은 여선생도 옆에서 보았으나, 대조적으로 돈밖에 모르는 선생도 있었다.

수원 ○○국민학교의 한 교실 풍경이다. 아침 첫 수업을 시작하기 전, 반장의 "선생님께 경례!" 하는 구령에 따라 인사가 끝나고 담임이 주머니에서 흰 봉투를 꺼낸다. 그 봉투 속에서 돈을 한 움큼 꺼낸 담임이 아이들이 보는 앞에서 손가락에다 침을 퉤퉤 뱉어가면서 돈을 센다. 한 30만원쯤 되는 돈을 세어서 왼손바닥에 대고 탁탁 치고 나서는 "그래도 성의를 보이려면 이쯤은 돼야지" 하고 흡족해 한다. 그러곤 그 담임은 속주머니에 돈을 도로 집어넣는다. 이런 선생이었다.

그런데 그 반 학생 중 한 어린이의 아버지가 수원 공군비행장에 조종사로 근무하고 있었다. 그 어린이가 그날 자기 집으로 돌아가서 가족들이 모여 저녁 먹는 자리에서 아버지에게 아침에 학교에서 있었던 담임선생 이야기를 했다. 그 소리를 들은 성질 급한 조종사 아버지가 다음날 학교로 찾아와서 어린이들이 지켜보는 앞에서 담임 멱살을 잡고 교장실로 끌고 가서 항의를 했다.

이 이야기는 동갑내기 윤이섭(尹利燮) 선생과 퇴근길에 술 한잔 하는 자리에서 돈만 밝히는 치사한 교사 이야기를 하다가 들은 얘기다. 윤 선생은 젊은 날 군산사범학교를 졸업하고 학교에 교사로 발령을 받기 전에 공군사관학교에 다시 합격해 파일럿으로 근무하다가 허리를 다쳐 공군소령으로 전역한 사람이었다. 국민학교 교사 자격증이 있어 교사로 부임해, 용인 수지국민학교와 수원 서호국민학교, 두 학교에서 나와 함께 근무한 적이 있다.

　세월이 흘러도 우리 부부는 꾸준히 꽃동네에 후원금을 보냈다. 좋은 일에 후원금을 내는 행복한 마음을 맛보면서 살아가는데 꽃동네의 좋지 않은 소문이 신문과 방송을 통해 세상에 알려졌다.

　사실 음성 꽃동네를 운영하는 오웅진 신부가 많은 불행한 이웃들의 어려운 생활을 돌보며 성자처럼 훌륭한 일을 하는 줄로만 알았다. 그래서 성직자를 격려하는 마음으로 후원금을 아낌없이 보내준 것인데, 그런 귀중한 돈으로 꽃동네 근방의 많은 땅을 사들여 자기 친족들 명의로 등기까지 하고, 지방의 시장·군수도 오 신부를 그야말로 상전 대하듯 하고, 가난한 농민들에게는 권위로 군림하며 원망의 대상으로 변해 마을 농민들이 집단소송을 일으켰다는 소리를 들으면서 얼마나 놀랐는지 모른다.

　좋은 일 한다고 방송이나 신문에 크게 보도되고 나면, 얼마 뒤에는 왜 하나같이 씁쓸한 뒷말을 남기는 것일까? 치악산에서 어느 승려가 미숙아나 지체부자유 어린이를 모아놓고, 마치 어버이같이 돌보고 헌신한다고 해서 신문과 방송이 요란을 떤 일이 있었다. 정부에서는 무슨 훈장까지 내리면서 야단법석이었다. 하지만 얼마 후, 그 승려의 본색이 드러났다. 철저히 보호해야 할 그 아이들을 성폭행했다는 것이다. 그런 사실이 신문과 방송을 통해 보도되면서 경찰이 수사에 나서자 그놈은 그동안 쌓인 성금을 챙겨들고 중국으로 도망을 치고 말았다. 정말 치가 떨리도록 더러운 사건이었다. 그럴 때마다 인간들의 야비한 이중성을 보는 것 같아 '볼 일 보고 밑 안 닦은' 기분이었다.

　전두환 정권 때, 부산의 형제복지원 사건도 그랬다. 불쌍한 부랑아들과 노숙자들을 마구 잡아다 강제 노역을 시키고 정부보조금까지 고스란히 횡령을 했는데도, 훌륭한 일 한다고 무슨 훈장을 받다가 들통이 난 사건이다. 이런 일이 끝없이 일어나는 것을 보면서, 배신당한 것 같은 생각이 들어 우리 부부는 후원금을 내던 그 작은 행복도 버리고 말았다.

## 29. 정년퇴임 후를 생각하며 살다

**정년퇴임 후 가정교육 강사가 되기 위한 준비를 하다**

대지국민학교에서는 2년간 편안하고 즐겁게 근무했다. 수업이 끝나면 교무실에서 책도 많이 읽었다.

그러다 하루는 책을 읽다 '몇 년 뒤면 정년인데, 정년퇴임을 하고 나면 무엇을 하면서 살까? 죽는 날까지 활기차게 살다 죽으려면 지금부터 어떤 준비를 해야 할까?' 고민을 하게 됐다.

한참을 생각해보니 내 재주란 것이 "이야기 하나는 재미있게 한다"는 것밖에 없다는 생각이 들었다. 그래서 20만원씩이나 하는 한글 타자기를 겁 없이 구입해서 교사로서의 그간의 경험과 좋은 책 읽다가 느낀 내용을 정리하기 시작했다.

어린이 교육을 해보니 학교교육보다는 가정교육의 비중이 더 크다는 생각에다, 정년 이후에도 몸만 따라준다면 어머니 모임을 찾아다니며 자녀 교육에 대한 강연을 하며 살고 싶었기 때문이었다.

옛날 내가 젊었을 적에는 학교에서 어느 정도 인성교육도 할 수 있었지만, 세상이 얼마나 변했는지 아이들을 온통 입시교육으로 내몰면서 인성교육이나 정서교육을 할 틈을 주지 않았다.

그러니 학교에서는 교육과정대로 지식 전달이나 할 것을 강요했다. 공연히 나라를 사랑해야 한다거나 어린 가슴에 오래 남을 좋은 이야기라도 해주면 곧바로 교장실로 불려가 "신 선생은 왜 수업시간에 아이들에게 공부는 안 가르치고 쓸데없는 이야기를 합니까?" 하고 질책이 돌아온다.

하기야 교장들이 올바르게 자기 소신껏 교육하는 교사가 미워서 그럴까? 얼마 남지 않은 정년까지 아무 사고 없이 잘 넘기고 보자는 보신주의 때문이라는 것도 잘 알지만, 관리자들이 이렇게 소신도 못 지키며 자리보전이나 하려고 하는 세상이 서글펐다.

사실 일제 때는 이렇지는 않았다. 학생들이 동맹휴학을 해 경찰이 연행하러 오면, 일본인 교장이 나섰다. "그 학생은 우리 학교 학생이니 내가 책임지고 지도하겠다"고 하면 경찰이 말도 못하고 돌아갔다. 그런 것을 익히 아는 나는 '이렇게 사는 우리가 정말로 교사인가? 세상 사람들이 우리를 입시학원 강사와 어떻게 구별을 할 것인가?

학교 교장실과 자기 자식 공부하는 교실을 자기 집 창문에서 망원경으로 감시하다가 수업하는 교사가 혹시 앉아있는 거라도 보는 날이면, 즉시 교장실로 전화를 걸어 "지금 몇 학년 몇 반에서 교사가 앉아서 수업을 하는데 교장선생님은 알고 있느냐?"고 항의를 하는, 그야말로 자기가 마치 교육감이나 된 것처럼 열성적인 어머니들도 있는 판인데, 교장인들 어떻게 하겠는가?

인지교육이나 시킬 일이지 오지랖 넓게 인성교육을 하는 교사를 보면, 학부모들에게 항의 받지 않으려고 힐책할 수밖에 없는 노릇이겠지. 이런 상황이니, 그래도 좋은 교육을 하고 싶다는 교육철학을 가진 교사들이 인성교육을 통해 바르고 훌륭한 사람으로 가르치려고 해봐야 한계가 있다는 사실을 뼈아프게 느꼈다.

그래서 "어린이들의 참된 교육은 가정에서 어머니들로부터"라는 주제를 머릿속에 선정해놓고, 수업이 끝나면 교무실에서 타자기를 두드리며 어린이 인성교육에 관한 자료를 정리했다.

작은 시골학교라 교육청 장학사나 된 듯이 착각하는 열성적인 학부모들에게 감시 받을 일도 없었고, 부처님 같은 교장과 평화롭고 따스한 학교 분위기 때문에 그 일이 가능했다.

그 일을 위해 필요한 책을 많이 읽었다. 그때 연구하는 자세로 열심히 읽은 책 중에는 문교부장관을 지낸 교육학 박사 오천석(吳天錫) 선생의 『노란 손수건』 시리즈 여섯 권이 있다.

그리고 교육학 박사 정원식(鄭元植)의 『정 박사와 의논하세요』도 읽었다. 그런데 정원식 박사는 교육자로서 올곧게 한길로 선비처럼 지내지 않고, 정치권으로 외도를 하면서 독재정권에 몸담아 국무총리라는 높은 자리를 얻고 외국어대학에 강연하러 갔다가 운동권 대학생들에게 밀가루와 계란 세례를 받았다. 그런 서글픈 광경을 보고 '정치판에 끼지 말고 훌륭한 교수로서 깨끗한 삶을 살았으면 좋으련만, 왜 정치권으로 나가 저런 불행을 겪어야 하나?' 하는 생각에 별로 존경심이 들지 않았다.

또한, 결코 빼놓을 수 없는 『이오덕 교육일기 1, 2권』, 『이 아이들을 어찌할 것인가』, 『우리 언제쯤 참 선생 노릇 한 번 해볼까』 등 이오덕(李五德) 교장선생의 책을 꼼꼼히 읽었다. 이오덕 선생님은 일제 때 교사생활을 한 것이 일제 식민지교육의 첨병 노릇을 한 것이라며 늘 죄스러워하면서, 그 죗값을 갚기 위해 더욱 열심히 교사생활을 하다 대구에서 교감으로 발령이 났으나 "나는 어린이들을 가르치며 어린이들과 함께 생활하고 싶다"고 남들은 부러워하는 교감 자리를 마다하고 농촌학교로 지원해 가서, 어린이들과 교육일선에서 부대끼면서 몸소 시골 교육현장에서 느낀 생생한 생각과 경험을 토대로 많은 교육도서를 남긴, 우리나라 초등교육계의 진정한 거목이었다.

그리고 4·19 혁명으로 탄생한 민주당 정권에서 국방부장관을 지낸 민주당 신파 현석호(玄錫虎)씨가 번역한 독일인 구스타프 포스 신부의 『아들은 아버지가 키워라』도 열심히 읽었다. 이 책은 포스 신부가 일본에서 오랫동안 선교활동을 하면서 일본 어린이 교육 현장을 지켜보다가 쓴 책이었다.

그 밖에 세계적으로 가정교육을 잘한다는 유태인 가정교육을 배우기 위해 루스 신로가 쓴 『자식은 유태인처럼 키워라』, 마빈 토케이어가 쓰고 강인학씨가 옮긴 『탈무드』, 필립 체스터필드가 쓰고 권오갑(權五甲)씨가 옮긴 『내 아들아 너는 인생을 이렇게 살아라』, 웨인 W. 다이어가 쓰고 이우용씨가 옮긴 『사랑하는 아들딸을 위해 아버지는 무엇을 할 수 있을까』, 경남 창녕에서 태어나 부산 동아대학교를 졸업하고 부산에서 국어교사를 하는 이상석(李相奭) 선생의 『사랑으로 매긴 성적표』, 『스승의 단성(丹誠)』, 『사랑의 학교』, 심지어 인성교육을 제도권 학교보다 훨씬 더 잘하는 청학동 훈장의 『몸으로 가르치니 따르고 입으로 가르치니 반항하네』, 『세상 사람은 나를 보고 웃고 나는 세상을 보고 웃는다』, 이미정씨의 『이 시대를 사는 따뜻한 부모들의 이야기』 등이 있다.

그 밖에도 수원 남문에 있던 동광서점에 들러 어린이 가정교육이나 학교 현장교육에 유익하다는 생각이 드는 책 수십 권을 사서 미친 듯이 읽고 또 좋은 대목은 강연 자료로 활용하기 위해 타이핑을 하곤 했다.

어린이 교육에 유익하다는 생각이 드는 책은 정독하면서 꼼꼼히 두세 번씩 읽으면서 퇴임 후 내 생애 마지막으로 해보고 싶은 강연 준비물을 열심히 만들었다.

예를 들면, 구스타프 포스의 책 『아들은 아버지가 키워라』를 읽고서 감명 받은 부분은 '쿠스타프 포스 신부의 교육관'이라는 제목을 달아 아름다운 그림과 함께 인쇄를 했다. 이를 다시 한 장씩 코팅을 해서 5, 6학년 전원에게 나눠주고, 항상 가지고 다니며 책받침으로 쓰면서 암기하도록 했다. 내용은 이렇다.

1) 길이 멀더라도 걷게 하라.
2) 비가 오더라도 데리러 가지 마라.
3) 버스 속에서 서 있게 하라.
4) 높은 산에 자주 오르게 하라.

5) 아침에 절대 깨우지 마라.
6) 거리낌 없이 자주 심부름을 시켜라.
7) 일이 없으면 일을 찾아내도록 해라.

박도 선생이 쓴 『아들아 아버지는 언제나 너의 편이다』란 책은 얼마나 교육적으로 훌륭한지, 장평국민학교와 백암국민학교 제자들이 성인이 돼 자식들을 학교에 보내는 학부모가 되었을 때 내가 50권을 구입해서 연하장과 함께 선물로 부쳐주기까지 했다. 이렇게 행복에 취해서 즐거운 교사생활을 하다보니 대지국민학교 근무 임기 2년이 쏜살같이 지나갔다.

대지국민학교에서 타자기로 틈틈이 준비한 많은 강연 준비물을 퇴임 후에 컴퓨터가 일반화되면서 컴퓨터를 열심히 공부해 다시 수정·편집하긴 했는데, 책으로 만들 가치는 못 느껴 50매짜리 인쇄물로 30여 권을 만들어 딸과 며느리에게 먼저 한 권씩 선물했다. 그리고 알고 지내는 초등학생 어머니 중 독서를 즐기고 좀 교양이 있어 보이는 젊은 어머니들에게 "이것을 읽어보고 댁의 자녀들을 훌륭하게 키우기를 기원하겠다"며 무료로 한 권씩 나눠주었다.

어린이들을 참되게 교육을 하려면 국가, 학교, 가정이 삼위일체가 돼야 하는데, 그 중 가장 중요한 것이 어머니들의 영향력이라는 사실을 뼈저리게 느꼈기 때문이었다. 그래서 바르고 훌륭한 어린이를 기르려면 먼저 어머니들을 교육시켜야 한다는 생각이다.

보통 수업지도안이라고 하는 것은 수업을 잘하기 위해 쓰는 것이 아니라, 교장에게 결재받기 위해 할 수 없이 쓰는 것이었다. 그래서 매일 여덟 과목을 써야 하는 지도안은 매달 배달되는 교육 자료라는 책에서 그 내용을 한 글자도 틀리지 않게 베껴 쓰는 것이었다. 그러니 얼마나 싫증이 나던지 글씨는 장마철 마당에 지렁이 지나간 것 같아진다. 내가 쓴 글인데 나도 읽기가 어렵게 써대니 충실한 건 고사하고 수업에 전혀 도움이 안 됐다. 정말 시간이나 낭비하는 일이었다.

하지만 교과목 전담 교사가 된 뒤부터는 내가 전담한 과목만 쓰면 됐고, 한 번 쓴 지도안을 그대로 적용하게 되니 수업에도 유용했다. 그래서 내 나름대로 여러 책을 보고 연구도 하게 되면서 나만의 강연 지도안을 꾸미기도 했다.

내가 하고 싶은 공부를 하니 신이 났다. 하루는 내가 타자기를 치는 모습을 본 교장이 "신 선생은 그렇게 쉬지도 않고 책을 보고, 책을 보지 않으면 타자를 치고 있으니 그 나이에 눈도 안 아프냐?"고 격려를 하곤 했다. 다른 학교에 근무할 때는 교무실에서 책을 읽고 있으면 교장이 지나가다 "아니! 신 선생은 왜 학교에 와서 근무시간에 책을 읽느냐? 책은 집에 가서 읽으라"고 하는 게 태반이었다.

그때는 속으로 '저 정도 수준인 사람이 교장이 되었으니……' 혀를 끌끌 차면서 한심해 했다. 그런 교장일수록 집에 초대돼 가보면 방안에 책 한 권 없이 책장에는 비싼 양주병만 가지런히 놓여있고, 으리으리한 고급 가재도구나 놓여있는 법이다. 그러면 마음속으로 '이 꼴통아! 1년에 책 한 권 안 읽으니 머릿속이 가벼워서 참으로 좋겠다' 하고 경멸하게 되는데, 교장이라고 존경하는 마음이 생겼겠나.

그런데 대지국민학교에 와서는 오전에는 열심히 수업하고, 오후에는 주로 책을 읽고 타자를 치면서도 교장이나 다른 교사들의 부러운 시선을 받으며 근무를 했으니 얼마나 행복했겠는가! 그렇게 내 생애 가장 행복한 대지국민학교 생활 2년 임기를 끝내고 다시 집 가까이에 있는 수원 창룡국민학교로 돌아왔다.

그 뒤 유 교장은 1년인가 더 근무하다 정년퇴임을 했고, 나는 3년을 더 근무하다가 명예퇴직을 신청해 교직을 떠났다. 호적 나이로는 5년을 더 근무할 수 있었으나 명예퇴직을 택했다.

그 뒤 시간이 있을 때면, 학교 근무할 때 책을 많이 읽게 해준 것이 고맙다는 생각에 가끔 유 교장선생님에게 전화를 드려 만나곤 했다. 술을 대접하려고 하면, 얼마나 검소한 분인지 비싼 술집은 절대 안 가고 북문(장안문)에 있는 장안공원 매점에서 소주와 오징어 한 마리를 사서 공원 의자에 앉아 둘이 나눠먹곤 했다.

유 교장선생님을 보고 "내가 대지국민학교로 발령이 났을 때 나에 대한 구구한 이야기가 있지 않았느냐? 이제 다 지난 일이니 솔직히 말해보라"고 짓궂은 청을 드린 일이 있었다. 그러자 빙그레 웃으면서 "이제 다 지난 이야기일지라도 누구라고 이름을 밝힐 수는 없겠고, 그때 몇몇 교장이 전화를 걸어서 '그 학교로 신용승이가 발령이 났는데, 그 친구 성질 잘못 건드리면 큰 봉변당하니 조심하라'는 둥, 교장들끼리 나를 '시한폭탄'이라면서 경고성 전화를 많이 해줬다"고 했다.

그러니 실은 자기도 처음에는 조심스럽게 주시를 했다는 말도 덧붙였다. "그런데 막상 같이 근무해보니 신 선생처럼 책 아니면 타자기에 종일 매달려 성실하게 자기 할 일만 하는 교사를 별로 보지 못했는데, 교장들이 왜 그런 전화를 했는지 아무리 생각해도 이해할 수가 없다"면서 빙그레 웃었다.

그래서 "가만히 있는 교장들에게 미친놈마냥 폭탄을 터뜨리겠느냐? 제 놈들이 교장이라고 비교육적으로 치사한 짓을 하고 젊은 선생들에게 아이들 보는 앞에서 반말지거리나 해대니 참으려고 하다가도 더러워서 못 참고 교장에게 달려들게 되는 것이 아니겠느냐? 그런 부당한 짓을 하는 것을 보고 가만히 있으면 지렁이보다도 못한 놈이 아니겠느냐? 제 놈들이 한 짓은 생각하지 않고 봉변당한 것만 옹졸하게 마음속에 품고 있다가 나만 성질 나쁜 놈으로 매도를 하는 게 아니겠느냐?"면서 남은 술을 마저 나눠먹고 헤어졌다.

그 뒤로도 가끔씩 시간이 나면 찾아가서 아주 소박한 종이 소주잔을 장안공원 의자에 앉아 나누곤 했다.

그런데 언젠가, 좀 오랫동안 만나지 않고 지내다가 용환창이를 만난 자리에서 이미 세상을 등지셨다는 소식을 듣고는 '인생이란 것이 정말로 허무한 것이로구나' 하는 인생무상을 느끼지 않을 수 없었다. '이제 나도 앞으로 얼마나 살까? 얼마 남지도 못한 생, 한 번 왔다 가는데 좋은 소리는 못 듣더라도 남들에게 욕이나 안 먹고 살다가 가야 자식들이 복을 받겠구나' 하는 생각을 하면서 수신제가하는 마음으로 살고 있다.

### 내가 만난 수원의 민주투사 이득성 선생

수원에 이득성(李得成)이란 분이 있었다. 평생을 야당생활만 하느라 교도소 신세도 져보고 중앙정보부에 잡혀가 '따끔한 맛'도 본 이 사람은 화성군 남양면에서 부잣집 아들로 태어나, 어려서는 남들보다 비교적 호강스럽게 자라다가 수원에 있는 서울 농대를 졸업하고는 약관의 나이 때부터 독재정권에 대항하는 삶을 사신 분이었다.

그는 가족들에게 가장으로서의 책임도 제대로 할 수 없었다. 그래서 부인되는 분이 평생 어렵게 삯바느질로 집안 살림을 책임졌다. 그런 점에서 선생은 수신제가 후에 치국평천하라는 말처럼 살지 못한 분이었고, 늘 가족보다는 나라 걱정이랄까, 정치판에서 민주화를 위해 독재와 치열하게 투쟁하며 살았다.

그런데도 부인은 아무런 불평도 없이 제 할 일만 묵묵히 했다고 한다. 그것으로도 모자라 언제나 여름이면 선생을 깨끗한 모시 한복을 입혀 밖으로 내보내고, 겨울이면 비단 한복에 검은 두루마기까지 손수 지어 입히니 남들은 속도 모르고 아주 집안 형편이 넉넉한 줄 아는 판이었다. 이득성 선생이 군사독재 시절 야당생활을 하다가 잡혀 수원교도소에 수감되었을 때의 일이다. 삼일중학교 동창들이 "이득성이 가정형편이 얼마나 어렵겠나! 남편을 교도소에 보내고 삯바느질로 자식들과 어렵게 살아가는 부인은 또 얼마나 힘이 들겠냐"고 의논 끝에 쌀 한 가마를 추렴해 집으로 찾아갔더니, 부인이 "이렇게 찾아오셔서 고맙기 한량없으나 아직은 우리 집이 친구 분들한테까지 폐를 끼칠 정도는 아니니 성의는 고마우나 쌀은 도로 가져가라. 다음에 우리 집 주인이 교도소에서 나오셔서 알게 되면 크게 혼난다"고 거절해, 가지고 갔던 쌀가마를 내려놓지도 못하고 되돌아왔다는 이야기를 들었다.

그 이야기를 듣고 '그야말로 부창부수로구나!' 하고 감복하던 차에 우연히 서울 가는 전철 속에서 그를 본 일이 있다. 한복을 깨끗이 입고 문호 헤밍웨이처럼 멋진 수염을 하고 앉아있는 이득성 선생을 보고 옆자리로 다가 앉아 인사를 청하면서 나를 먼저 소개하고 "일찍부터 선생님의 살아오신 훌륭한 삶과 인품을 존중해 한 번 만나 뵙고 싶던 차에 오늘 이렇게 만나게 되니 참으로 반갑다"고 말을 걸었다.

그때 이득성 선생은 아주 반가워했다. 처음 만난 사이에도 서로 마음을 열고 전철 속에서 시국 이야기까지 나눌 수 있었다. 그렇게 이야기를 나누다보니 서로 마음과 생각이 통해, 그 후부터 서로 시간이 나면 자주 만나 술자리도 하면서 세상 돌아가는 이야기를 나누며 가깝게 지냈다.

그런데 2002년인가, 갑자기 세상을 등지셨다. 평생 야당생활을 하면서 좋은 음식도 별로 못 잡숫고 늘 배를 주리는 상태로 살아오면서 자유당과 군사독재가 싫어서 울분을 삭이지 못해 독한 술로 세월을 보낸 여파인지도 모르겠다. 나이도 드니 건강이 무척 나빠져 나와 만나 술자리를 하면, 삽시간에 몸을 잘 가누지 못할 정도로 취하는 일이 많았다.

간혹, 장난을 좋아하는 내가 택시를 불러 선생 댁까지 보내드리고는 곧바로 전화를 걸어 "지금 소포를 택시에 실어 보내니, 문 앞까지 나오셔서 소포를 받으라"고 한 일도 있었다. 이렇게 허물없이 지내다가 이득성 선생을 먼저 보내자, 고독이랄까 외로움이랄까, 알 수 없는 허전함이 밀려왔다. 디오게네스가 대낮에 등불을 들고 사람을 찾아 거리를 헤맨 이유가 거기에 있지 않았나 모르겠다.

생각이 건전하고, 늙어가면서도 품위를 잃지 않고 살아가던 많은 벗들이 하나둘 초겨울 오동나무 가는 잎새처럼 떨어져가는 것을 바라보면서, '아! 인생은 어쩔 수 없이 홀로 가는 외로운 것이로구나!' 하는 생각이 들었다.

### 존경하고픈 진정한 보수주의자 한명현 교장

정년을 몇 년 남겨놓고 대지국민학교에서 수원교육청 관내로 전입 신청을 하고 발령을 기다렸다. 그런데 수원국민학교에 아주 유명한 한명현(韓明鉉)이라는 교장이 있었다.

이 분은 함경도에서 한국전쟁 때인가, 아니면 해방정국에서인가 김일성이 싫어서 가족을 북쪽에 남겨놓고 단신 월남한 사람이라고 들었다. 처음 남쪽으로 피난 와서는 교육청 서무과장을 하던 분이었다.

그런데 김일성 독재가 싫다고 가족까지 북에 두고 월남한 사람이라면 의당 박정희 독재도 반대할 것 같은데, 박정희 군사독재를 싫어하기는커녕 박정희를 얼마나 숭모(崇慕)했던지, 청와대로 박정희 대통령에게 탄원서를 냈다.

그 당시 교육법에는 공직 경력이 있고 덕망이 있어 사회에서 타의 모범이 되는 자는 교장으로 발령할 수도 있다는, 교장 자리를 우습게 보는 조항이 있었는데, 그 조항을 이용해 자기를 교장으로 임명해주면 "조국의 근대화 사업을 하려는 대통령의 뜻에 따라, 교육계에서 나라를 위해 신명을 다해 초개처럼 몸을 바치겠다"는 탄원서였다.

마치 일제 때 박정희가 연령초과로 만주군관학교에 입학할 수 없게 되자 "한 번 죽음으로써 충성하겠다"는 혈서를 쓰고 나중에 입학 허락을 받은 경험 때문인지, 박정희 대통령이 그 탄원서를 받고 교장으로 임명했다는 설이 파다했는데, 진위 여부는 알 길이 없으나 서무과장에서 일약 학교장이 되신 분임에는 틀림이 없다.

그래서 1979년 박정희 대통령이 중앙정보부장 김재규 장군에게 시해 당하고 나서, 한 교장은 자기 집에 박 대통령의 상청을 1년간이나 차려놓고 살았다는 말도 있다.

그런 한 교장이 수원시 파장국민학교 교장으로 재직할 당시인 1975년 여름인가, 예년에 없던 아주 큰 장마가 들어 온 수원시내를 휩쓸고 지나갔다. 그런데 장마가 지난 뒤 파장국민학교 4학년 어느 반 수업시간에 아이들이 학교 뒷산에서 미화작업을 하다가 무너진 흙더미 속에 매몰돼 사망하는 큰 불상사가 일어났다. 이 참사로 시 교육청 장학사들이 진상조사를 나오고, 신문에 대서특필되기까지 했다.

그래서 당시 홍길선(洪吉善) 경기도 교육감한테 문책을 받게 되었다. 그런데 이 문책에 불만을 느낀 한명현 교장이 홍 교육감 이력서의 학력 란을 조사해본 뒤, 홍 교육감이 일본 모 대학 졸업으로 기재된 것을 보고 그 대학에 서류로 학력 조회를 의뢰했는데, "그런 사람이 자기 대학에서 졸업한 사실이 없다"는 회신이 왔다. 이 회신을 약점 삼아 문책보다 도리어 한 교장이 홍 교육감에게 사과를 받고 이 사건은 유야무야되었다고 한다. 이런 일이 벌어졌을 당시, 나는 수원시내 동사무소에 근무하고 있었기 때문에 전혀 모르고 있다가 교사로 복직한 뒤에 들은 얘기다.

직급 상으로 따져보면, 교장 위에 시 교육장이 있고 그 위에 까마득히 교육계의 도지사랄 수 있는 교육감이 있으니, 보통의 일선 교장이라면 감히 똑바로 쳐다보지도 못할 교육감이었다. 그런데 교육감도 함부로 할 수 없는 교장이라니, 이 교장이 교육계에서 얼마나 무서운 존재이겠는가. 이 분의 눈에는 오직 박정희 대통령 이외에 보이는 사람이 없다고 봐야 할 것이다.

이렇게 무서운 사람이니 교장들과 교사들이 한 교장 앞에서는 그야말로 고양이 앞의 쥐 꼴이 돼 아무리 불평이 있어도 감히 이견을 달지 못하는 판이었다.

이렇듯 독선적이고 독재적으로 학교를 매사 자기 뜻대로 하지만, 이 분은 돈에 대해서나 자기 이익을 위해서는 지나칠 정도로 청렴결백한 사람이었다. 자기 학교 어린이가 절도를 하고 매산파출소에 끌려가 있는데, 파출소에서 "데려가라"는 연락을 받고 교무주임과 한 교장이 급하니까 택시를 타고 갔다고 한다. 파출소 앞에서 내리면서 교무주임이 차비를 냈다가 한 교장한테 아주 무서운 힐책을 당했다. "교무주임이 봉급을 나보다 더 많이 받느냐? 왜 당신이 차비를 내느냐?" 이렇게 금전 문제에 있어서는 매사 정확한 사람이었다.

그리고 한 교장이 근무하는 학교에서는 한 교장의 무서운 질책과 간섭에 도저히 견딜 수 없어 사직하는 교사가 적지 않았다. 거의 1년에 1명씩은 사직서를 쓰고 말았다. 한 교장 눈에 교사로서 품위가 없다든가 자질이 없는 것으로 비치면 그 걸로 끝이었다 해도 과언이 아니었다. 보통 다른 교장들은 자기 마음에 들지 않으면 새 학기에 다른 학교로 전출시키는 법인데, 한 교장은 절대 그러지 않았다. 오히려 한 교장은 끝까지 그 교사를 잡고 있으면서 매사에 간섭하고 힐책을 했다. 그러니 한 번 한 교장에게 찍히면 웬만한 인내심으로는 도저히 배겨낼 수가 없는 것이다. 그렇다고 대들어봤자 밑천도 못 건지는 것을 익히 알고 있으니 언감생심 덤벼보지도 못하고 끙끙거리다 사직하고 마는 것이었다.

한 교장이 선생들의 복장까지 일일이 간섭해도 누구 하나 감히 반항을 못했다. 남자교사는 꼭 정장에 넥타이가 기본이었고, 여교사들을 치마가 짧다든가 어깨가 많이 노출된다든가 하면 즉시 교장실로 불려가 꾸중을 들어야 했다. 복장뿐 아니라 두발도 문제를 삼았다. 마치 박정희 정권에서 젊은이들이 머리가 길면 강제로 끌고 가 이발기계로 머리통에 고속도로를 내던 것처럼, 교사들도 머리를 아주 짧게 단정히 깎아야지 장발은 절대 용서하지 않았다.

수원국민학교에서는 정문이 빤히 내려다보이는 곳에 교장실을 만들어놓고 혹시라도 학부모들이 학교에 오면서 음료수 한 병이라도 가지고 오는 게 보이면, 사람을 시켜 음료수를 교장실에 맡겨놓고 일을 보게 했다. 교사를 만나든, 일을 다 본 학부모들은 집으로 돌아갈 때 꼭 그것을 되가져가야 했다.

운동복을 납품하는 업자가 한 교장에게 혼찌검이 난 일도 있었다. 운동회 때 학교에 운동복을 단체로 납품하면서 교사 전원에게 운동복을 무료로 주고 교장에게도 한 벌을 건넸다가 당한 일이었다. 한 교장은 "이런 짓을 하면 당신은 우리 학교와 거래 못한다"면서 운동복 값을 지불했다.

그러니 교사들이 뇌물은커녕 박카스 한 병이라도 받아먹다가 한 교장에게 들키면, 그 선생은 호된 질책을 받고 그 학교에서 근무하기가 고달파진다. 소문으로는 한 교장은 자기 봉급을 자기 생활에는 안 쓰고 모두 학교나 사회를 위해 다 써버리고, 자기 집 생활은 어느 학교 교감으로 있는 부인 봉급으로 꾸려가는 사람이란다. 그래도 부인이 아무 불평도 못하는 것은 한 교장의 행동이 올발랐기 때문이라고 생각한다. 이런 부인이 감기 몸살로 학교를 결근하고 집에 누워있자, 자기 부인 학교 교장에게 전화를 걸어 시말서를 받으라고 정중하게 말하는 사람이었다.

한 번은 수원국민학교에서 아주 말썽꾸러기 어린이가 매일 친구들과 싸우고 말썽을 부리다 한 교장에게 걸려들었다. 그런데 한 교장이 이 어린이를 잡아놓고 신상에 대해 묻다보니, 이 어린이가 집이 안성이면서 수원으로 위장전입해 학구를 위반하고 수원국민학교에 다니는 것을 알게 되었다. 그 어린이의 아버지는 안성의 어느 국민학교 청부로 근무하는데, 자식을 도시 중학교로 보내기 위해 위장전입을 시킨 것이었다.

그래서 한 교장이 그 학교에 즉시 전화를 걸어 "명색이 교장이라는 사람이 자기가 데리고 있는 청부가 법을 어기고 위장전입을 하는 것도 모르느냐? 아니면 알고도 고의로 묵인했느냐?"고 하면서 책임을 묻는 바람에 안성 교장이 한 교장을 사흘이나 찾아와서 싹싹 빌고, 그 어린이는 다시 안성으로 전학시키는 것으로 해결이 되었다. 오죽하면 한 교장이 밖으로 나다닐 적에는 보디가드를 데리고 다닌다는 뜬소문이 날 정도였다.

한 교장은 자기 학교일에만 그렇게 관심을 갖는 분이 아니라, 다른 학교일에도 관심을 갖다가 마음에 들지 않으면 그 학교에 찾아가서 바로잡으려 드는 사람이다. 버스 속에서 고등학교 여학생들끼리 남들을 의식하지 않고 저희들끼리 쌍소리를 해가며 떠들면, 대다수 사람들은 불쾌해하면서도 남의 일이라는 듯 그냥 지나치는 것이 보통인데, 한 교장은 그 여학생들을 붙잡고 어느 학교 몇 학년 몇 반인지 조사해 그 학교로 찾아가 담임선생에게 학생들 잘못 지도했다고 추궁을 했다.

다행히 그 분이 유명한 한 교장이라는 것을 알고 해당 담임이 잘못했다고, 앞으로 잘 지도하겠다고 하면 일이 무사히 끝나는데, 이 분이 누구인 줄도 모르고 "내가 학교 밖에서 벌어지는 일까지 어떻게 생활지도를 하느냐?"고 불손하게 굴었다가는 학교 전체가 시끄러워진다. 사건이 확대 재생산돼 그 담임선생뿐만이 아니라, 그 학교 교장까지 불려가서 정중히 사과를 해야 사건이 마무리되는 것이었다.

학교 교육뿐이 아니었다. 세상의 모든 부정은 못 보고 지나는 분이다. 어느 날 학교 출근길에 한 교장이 공사가 벌어진 어느 현장을 지나게 되었다. 시멘트 골조물이 올라가는 것을 보고 한 교장이 시멘트 비율이 정확하게 배합되었느냐고 건설현장 소장에게 물어보았단다.

건설현장 소장이면 성질도 좀 거칠 게 뻔하니 시선이 고울 리가 만무했다. 아침부터 웬 늙은이가 와서 쓸데없는 소리를 하냐 싶어 "당신이 뭔데 시멘트 비율을 말하느냐? 남이야 시멘트 비율을 얼마로 하든지, 당신이 뭔데 아침부터 재수 없게 떠드느냐?"고 좀 거친 반응을 보인 게 탈이었다. 한 교장이 그 자리에서 '오함마'로 시멘트 골조를 깨서는 종이에 싸가지고 가서 시멘트 비율이 적당한가 봐달라고 무슨 연구소에 의뢰를 했다. 그 후 연구소로부터 모래 비율이 높고 시멘트 비율이 부족하다는 통보를 받았다. 그러자 한 교장은 그 통보서를 가지고 건설 감독청에 알렸고, 다시 정확하게 공사하라는 명령이 떨어지는 바람에 그 건설현장이 날벼락을 맞기도 했다.

이런 분이니 박정희 독재를 비난하기는커녕, 수원에서 경기대학교 학생들이 독재타도를 외치며 길거리로 몰려나오는 것은 김일성이를 돕는 일이라고 아주 못마땅하게 생각하는 분이었다.

그러나 나는 박정희에게 열광하는 분이라도 한 교장만은 올바른 자기 생각대로 자기 개인의 이익이 아니라, 공공의 이익과 사회발전을 위해 올곧게 사는, 구한말 최익현 선생이나 매천 황현 선생처럼 아주 귀중한, 진정으로 존경해야 할 보수주의자가 아닌가 하고 생각한다.

30년 넘게 지난 최근에 어느 교장에게 "한명현 교장선생님이 살아계시냐?"고 물어보니, "살아있기는 한데 남의 목을 너무 많이 쳐서 뒤끝이 나쁘다. 지금 집에서 치매와 중풍으로 식물인간 가깝게 지낸다. 그 죗값을 하느라 찾아주는 사람도 한 사람 없다. 그런 사람은 죄인을 잡는 경찰을 했어야지, 교육계에는 맞지 않는다"고 했다.

그래서 '그 분은 자기 이익을 위해서라기보다는 자기 나름대로 사회와 국가를 위해 열심히 봉사한 것 아닌가? 자기 신념대로 산 분인데 노후가 참 안됐다'는 생각을 떨칠 수가 없었다.

모난 돌이 정 맞고, 좋은 나무가 먼저 벌목을 당한다는 옛말이 가슴에 와 닿았다. 그 분 역시 소신도 없이 오직 자기 자리보전에만 급급하고 뇌물이나 밝히면서 적당히 이 눈치 저 눈치 보면서 정년퇴임을 했더라면 지금보다 덜 외롭지 않았을는지 모른다. 하지만 정년퇴임 후, 집에서 어린 손자들이나 보면서 자기는 교육계에서 교장으로 아주 훌륭하게 살았다는 자기도취에 취해 있는 수많은 교장들보다는 훨씬 훌륭하다고 생각한다. 물론 내가 싫어하는 '꼴통'의 생각으로 일관한 분이지만, 교육계에는 금을 돌같이 여기고 오로지 자기 신념을 지키며 소금 같은 역할을 한 분이라는 생각이 들어 마음이 좀 숙연하다.

### 한명현 교장과 만날까 두려워 노심초사하다

착한 교장을 만나 처음으로 능동적으로 교사로서의 정체성을 지키면서 보람찬 교사생활을 하고 어느새 2년이 꿈같이 흘러 다시 수원시내로 내신을 하고 발령을 기다리고 있는데, 동료교사들이 "한명현 교장이 교육청 인사과로 매일 찾아가서 남자선생들을 자기 학교로 데려간다"고 했다. 인사이동이 있는 시기면 교장들이 교육청 인사계로 모여들어 남자선생을 서로 자기 학교로 데려 가려고 이른바 로비를 하는데, 인사계장도 한 교장의 부탁은 무서워서도 거절 못하는 판이라고 했다.

이런 판에 한 동료교사가 농 반, 진 반으로 "신 선생! 썩어도 준치라고, 신 선생이 늙었어도 남자인데 한 교장이 신 선생을 자기 학교로 데려가겠다고 하면 여지없이 한 교장 밑으로 발령이 날 텐데, 신 선생같이 자유분방(自由奔放)한 사람은 한 교장 밑에서 배겨날 수 없을 것이다. 신 선생이 교장들에게 잘 따지고 덤비는 것을 누군가 한 교장에게 고자질하면서 '교장에게 잘 대드는 신 선생 버릇을 고칠 분은 한 교장밖에 없다'고 하면, 한 교장이 '수원에 그런 놈이 있느냐?'면서 신 선생을 솔개가 병아리 채가듯이 자기 학교로 채가서 신 선생 버릇을 고치겠다고 할지도 모르니, 지금이라도 내신을 취소하고 그냥 여기 남아서 마음 편하게 지내는 것이 어떻겠느냐?"고 하면서 은근히 농으로 겁을 주었다.

농담으로 하는 소리인 줄 알기 때문에 겉으로는 태연한 척했지만 속으로는 많은 걱정을 했다. 오죽하면 신앙도 없는 내가 나도 모르게 '오! 주여! 한 교장과 만나는 악운이 되지 않도록 도와주소서' 기도를 하면서 혼자 웃기도 했다.

'만일 한 교장 밑에서 근무하게 되면 얼마 남지 않은 정년까지 무사히 배겨날 수 있을까? 그저 죽은 듯이 살면 되겠지? 원래가 독선적이라 해도 청렴결백하다니 오히려 근무하기가 수월할 수도 있지 않을까? 한 교장이 나를 못살게 들들 볶더라도, 이 나이에 이 좋은 밥줄을 놓고 무엇을 할 것인가? 그저 날 잡아 잡수 하고 쥐 죽은 듯이 몇 년 꾹 참고 가족들을 위해 썩은 척 하고 살면 되겠지?' 하면서 마음을 다지기도 했다.

한편으로는 '한 교장이 내 인사카드를 보면, 늙은 놈이란 게 금방 드러나니 나는 제쳐버리겠지?' 스스로 위안도 하면서 발령이 나는 것을 마음 졸이면서 기다렸다. 드디어 인사발령이 발표되었으나, 천만다행으로 나는 다시 창룡국민학교로 발령이 났다. 그래서 종교를 믿지 않으면서도 나도 모르게 '오오, 부처님, 예수님, 고맙습니다!' 하고 속으로 또 중얼거렸다.

### 신안동에서 통장협의회장 부인이라고 준 부정 효부상

신안동사무소는 신안동 마을금고와 동사무소가 나란히 있다. 그리고 엄○○ 동장 밑에 사무장 조재원(曺在元)씨와 계장이 두 사람, 그리고 직원 8명이 근무하고, 통장 15명 정도가 동사무소 업무를 보조해주는 비교적 단출한 동사무소다.

조재원 사무장은 성남중학교 12회 졸업생이었다. 내가 그 학교를 졸업했으면 그보다 1년 선배였다. 그래서 중간에 퇴학을 당했을망정 나는 1년 선배 행세를 했고, 조 사무장은 나한테 선배 대접을 해서 다른 동에서보다 비교적 수월하게 지냈다.

게다가 처가 위암 선고를 받아 시청에서 특별히 배려해 신안동으로 발령을 내주었기 때문에 편히 근무하는 편이었다. 그래서 동료들이 "동회 일은 아무 염려 말고 도장만 맡기고 환자나 잘 보살피라"고 했던 것도 실은 사무장의 배려가 컸다고 생각한다.

그런데 시청공무원을 사직하고 다시 교사가 되어 학교에 근무할 때 우연히 신안동 관내 시장통을 지나다가 신안동 거주자가 시에서 주는 효부상을 받는다는 플래카드가 걸려있는 것을 보았다.

수원시청에서는 해마다 가을이면 화홍문화제란 문화행사를 성대히 치르는데, 정조대왕의 효심을 본받아 동 단위로 가장 효도를 잘해 타인에게 본받을 만한 사람으로 효자, 효부 1명씩 모두 18명을 뽑아 상과 함께 부상으로 100만원씩 주는 행사가 열렸다.

통장 중에 계란도매상을 하는 이가 있었는데, 이 사람이 신안동 통장협의회장을 보고 있었다. 그런데 그의 처가 치매기가 조금 있는 늙은 시어머니를 모시고 살았다. 이 늙은 노인은 사람을 무서워하는 듯한 행동을 자주 했다. 옛날 의붓어머니에게 매를 많이 맞은 어린애가 사람을 보면 깜짝깜짝 놀라는 것처럼 이 할머니도 사람들이 말을 시키면 자꾸만 주눅이 든 사람처럼 행동을 했다.

그런데 시장통에 "신안동 효부 이정자 여사 효부상을 받다"라고 쓴 플래카드를 보고 이상한 생각이 들어 '정말 상을 탈 만한 효부인가?' 하고 내가 잘 아는 구 통장에게 알아보니, 통장들이 모여서 "기왕에 우리 동에 배당된 상이니 통장협의회장 부인을 상신하자"고 했다는 것이었다. 마침 늙은 시어머니를 모시고 사는 것을 알고들 있었기 때문에 아무 생각 없이 즉흥적으로 결정했다는 것이다.

'상이라는 것도 정작 받을 사람은 못 받고 나눠 먹기식으로 주고받으니, 작은 일 같아도 사회질서를 크게 교란하고 서로를 불신하게 하는 행동이 아닐까?' 하는 생각이 들었다.

내가 교육공무원과 행정공무원을 다 해보면서 알게 된 바로는 그 당시 문교부 예하 교사들보다는 내무부 예하 행정공무원이나 경찰공무원이 훨씬 많은 표창을 받았다. 사실 나는 무능해서 그런지 군대생활과 교육공무원 생활, 행정공무원을 거치면서 평생 상이나 표창 한 번 변변히 받아본 적이 없다. 그런데 웬 놈의 상이 그리 흔한지? 그리 흔한 상을 다 거절하고, 40여년의 공직생활 중 명예퇴직할 당시 경기도 교육위원회에서 주는 이름도 모르는 훈장을 한 번 받았다.

그 훈장을 받지 않으려고 하니 같이 참석했던 처가 "평지풍파 일으키지 말고 조용히 지나가자. 어서 나가 조용히 받아오라"고 등을 미는 바람에 할 수 없이 이름도 모르는 훈장을 받아가지고 집으로 와서는 장난감으로 가지고 놀라고 어린 손자에게 주고 말았다.

신상필벌(信賞必罰)은 아주 훌륭한 제도이고 정말로 장려해야 할 일이라고 생각한다. 좋은 일을 해도 그만 나쁜 일을 해도 그만, 그래서는 안 된다고 늘 생각했다.

그러나 상 이야기가 나왔으니 말이지, 우리 사회는 상을 너무도 남발한다. 정통성이 없는 정권일수록 상을 남발하는 것은 역사가 증명했다.

나는 공무원이 되고 나서 수원시청에서는 단 한 번도 근무해보지 못하고 변두리 동사무소에서만 꼭 6년을 근무했다. 그동안 나에게도 모범공무원 표창을 받으라며 공적서를 써내라는 적도 있긴 했다. 없는 공적을 번지르르하게 받은 거짓으로, 그것도 내가 내 손으로 공적서라는 것을 써서 표창장을 받으라니 도저히 쑥스러워 그렇게는 못했다. 그래서 내게 돌아오는 표창을 6년 동안 모두 거절했다. '열심히 일하고 봉급 타서 가족하고 먹고살면 되었지' 하는 생각이니 표창을 탄다는 것이 왠지 닭살이 돋는 것 같기도 했다.

국민학교 재직할 때는 어린이들에게 무슨 놈의 시험을 그렇게 매달 치르게 하는지 도무지 이해할 수가 없었다. 게다가 시험을 보고 나면 웬 놈의 상을 그리 남발하는지 우수상, 노력상, 하면서 반 어린이들이 거의 다 상을 받았다. 심지어 지난 달 평균 성적이 50점 받은 어린이가 이번 시험에서 평균 5점이 올라 55점을 받아도 열심히 노력했다고 노력상을 주는 판이니 말해서 무엇하리오.

이것이 교육청 방침이라는데 평교사인 내가 토를 달고 이의를 제기해봐야 삶은 호박에 이도 안 들어갈 일이라 보고만 있었지만, 왠지 이렇게 상을 남발하는 것은 어른이라는 교사들이 순진한 어린이들에게 사기를 치는 것 같다는 생각을 했다.

상을 주려면 한 번을 줘도 어린이들이 기뻐할 만큼 부상을 같이 주든지 할 것이지, 그 당시는 도화지에 등사판으로 만든 조잡한 상장 한 장 달름 주는 것이었다. 이렇게 남발하는데 무슨 수로 부상을 생각하겠는가?

2차 세계대전에 관한 책을 읽었던 생각이 떠오른다. 탱크 기름이 얼어 진격도 할 수 없는 혹독한 추위 속에서 매일 수많은 독일 장병들이 스탈린그라드로 진격하면서 죽어가는데, 독일군 수뇌부에서는 히틀러 총통 명의로 'ㅇㅇ 소위 중위로 진급', 'ㅇㅇ 중위 ㅇㅇ훈장 수여' 하면서 전보 쪽지를 계속 날렸단다. 그런데 그것은 장병들의 사기를 높이려는 수뇌부의 사기였다는 것이다.

이렇게 자란 어린이들이 자라서 또 효부상, 효자상을 마구 만들어 남발하는, 정직하지 못한 사람으로 자라지는 않을까?

### 택시기사와 싸우고 구속되다

창룡국민학교에 부임해 교장에게 부임인사를 드리러 가보니 교장은 나보다 2살 정도 많은 최병일(崔炳一)이란 분이었다. 수원시내에서는 대지국민학교 유 교장보다 더 착하기로 소문이 난 분이었다.

최 교장은 과학과 전기, 전자에 조예가 깊어 웬만한 전자제품은 손수 다 수리를 하는 분이었다. 학교에 오면 교장실이나 교무실에 앉아있기보다 항상 소소한 일을 찾아 손을 보면서 고치고 정비하는 일을 좋아했다. 교사들을 만나도 격려만 하지 누구 한 사람 힐책하거나 나무라는 법이 없는 분이라 학교 분위기는 정말 즐거웠다.

나는 다시 5, 6학년 도덕 교과를 전담하면서 대지국민학교에서 근무할 때처럼 열심히 강연 자료도 수집하고 많은 책을 읽으면서 '얼마 남지 않은 교직생활을 아름답고 보람 있게 보내자'는 마음으로 열심히, 그리고 즐겁게 근무했다.

학교에서는 이렇게 즐겁게 지내고 있는데, 어느 날 밖에서 일대 불미스러운 사건이 일어났다. 근무가 끝나고 퇴근 후 친구들과 술을 먹고 좀 취했다. 그런데 북문 버스정류장 앞에서 손님을 기다리고 서있던 택시를 타면서 "이의동으로 가자!"고 하니까, 기사 말이 "이 차는 서울 차이니 다른 택시를 타라"는 것이었다.

그래서 술김에 "아니, 손님이 가자면 가지, 왜 승차거부를 하느냐?"고 하니까, 기사가 "내 차는 서울택시라는데, 웬 말이 많으냐?"고 했다. 그래서 "서울택시라도 이렇게 서있는 동안 나이 먹고 술 먹은 늙은이 좀 태워주고 다시 서울 손님 태우면 되지 않느냐?"고 했더니, 기사는 "태울 수 없다는데 웬 말이 그리 많으냐?"면서 계속 승차를 거부했다. 그래서 "손님에게 승차거부 하는 게 잘했다는 것이냐? 그럼 파출소로 가자. 내가 승차거부로 신고하겠다"고 하니, "당신 마음대로 해!" 하면서 쌍소리를 하기에, 뒷좌석에 앉아 "운전하는 젊은 놈이 말이 많다"면서 기사의 뒤통수를 한 대 갈겼다.

그러자 이 기사가 앞에 정차해 있는 다른 택시를 받고 서버렸다. 그렇게 택시기사와 실랑이를 하는데, 어디선가 경찰백차가 달려왔다. 그리고 경찰이 택시기사에게 "다친 데는 없느냐?"고 묻는 것이었다. 기사가 "목이 아프다!"고 대답하니, 경찰관이 "어서 병원에 가서 치료부터 받으라"고 하고는 나를 북문파출소로 연행했다.

술을 먹었던 터라 파출소에서 경찰관들이 편파수사를 하는 듯한 생각이 들어 흥분한 감정에 이성을 잃고 "파출소에서 왜 편파수사를 하느냐?"고 항의를 하면서 날뛰고 말았다. 그러자 경찰관들이 나에게 괘씸죄까지 적용해 본서로 넘겼다.

그렇게 실랑이를 하는 중에 어떻게 알았는지 교장이 파출소를 거쳐 본서까지 쫓아와 "이 분이 절대로 이럴 사람이 아닌데, 아마 술을 먹고 실수를 한 것 같다. 선처해 달라"고 하고 돌아갔다. 그래서 그 소란 통에도 교장에게 정말 죄송스러운 마음이 들었다.

경찰서에 와서 택시기사는 "이 사람이 뒤에서 때리고 운전을 방해해 앞 차와 충돌했다"고 진술했다. 다음날 경찰은 나를 피의자 심문을 하면서 젊은 계장이라는 사람이 깐깐하게 반말 비슷하게 "교사가 그래도 되느냐?"는 둥, 빈정거리면서 편파수사를 하기에 고분고분하게 대하지 않고 따지고 덤벼들었다.

죄짓고 조사받는 처지에 조사하는 자기에게 따지고 드니 경찰관 입장에서는 아마 몹시도 불쾌해 버릇을 고치겠다는 생각을 했는지 반드시 구속시키겠다는 의지가 분명했다.

그리고 사건을 목격했다는 증인을 데려다놓고는 나와 대질심문도 하지 않고, "술이 만취돼 가만히 있는 택시기사를 일방적으로 사정없이 마구 폭행하고, 택시도 발로 마구 차서 흠집 내는 것을 보았다"는 일방적인 진술을 받았다. 이때 말로만 듣던 괘씸죄가 얼마나 무서운 것인지 뼈저리게 느꼈다.

사실 나는 교사로 신분이 분명하고, 주거지도 확실한데다 나이도 60살이 넘은 사람이었다. 게다가 도주할 이유도 없으니 아무리 괘씸죄를 들씌울 정도로 밉보였다고 해도 이 정도의 죄(과실)를 갖고 구속을 시킬 수는 없을 거라고 생각했다. 조사가 끝나자 담당 경찰이 검찰로 서류를 송치시키겠다면서 일단 집으로 가라고 했다.

다음날 학교에 출근해서는 교장선생님께 "심적으로 많은 누를 끼쳐드려 죄송하다"고 사과드리고, 심신이 피로해 사흘간 쉬고 싶다고 말씀드리고 병가를 냈다.

그러곤 경주로 여행을 떠났다. 여행을 떠날 때는 울적한 마음도 달래고, 대구지방검찰청 경주지청에 근무하는 최성창(崔成昌) 부장검사를 만나 자문을 구하고 도움을 받을 수 있을까 해서 겸사겸사 내려갔다. 최 부장검사는 백암국민학교 제자였다.

그런데 막상 최 부장검사를 만나고보니 얼마나 반갑게 맞아주는지 2시간이 넘게 지난날 이야기로 꽃을 피웠다. 사제지간이더라도 지금은 부장검사가 돼 있는데, 너무나 오랜 시간을 공무로 바쁜 공직자의 시간을 빼앗은 것 같은 미안한 생각이 들어 찾아간 용건은 입도 뻥끗 못하고 일어서려고 했다. 그러자 최 부장검사가 "30년 만에 경주까지 어렵게 오셨는데 저녁에 약주 한잔 대접하고 싶으니 신라유적지도 구경하시고, 저의 성의라고 생각하고 주무시고 내일 가시라"고 붙드는 것이었다. 그러나 그러기엔 이렇게 시간을 빼앗겨가며 환대를 해준 제자에게 더 큰 폐가 될 것 같아 도리 없이 그냥 나와 버리고 말았다.

복도까지 쫓아 나온 최 부장검사는 한사코 주머니에 돈 봉투를 넣어주려 했다. 그래서 거절할까 하다가 '지금은 학생이 아니고 부장검사가 돼 있는데 이것이 뇌물이 되겠느냐?'는 생각에 받아 넣었다. 집으로 돌아오는 길에 대구 칠성시장에서 과일도매상을 하는 장평국민학교 제자 장용민(張用玟)군이 생각나서 전화를 걸었더니, 반가워하며 빨리 오라고 해 대구행 버스에 몸을 실었다.

'30년 넘게 흘렀는데 장용민군을 알아볼 수 있을까? 지금 얼마나 장성해 어떻게 살고 있을까? 국민학교 시절 아주 활동적이면서 운동도 잘하고 솔직한 경상도 어린이였는데, 지금은 얼마나 변해 있을까?' 이런저런 상념에 젖으면서 대구에 내리니 장용민군이 정류장에서 기다리고 있었다. 그리고 나를 바로 알아보고 달려왔다.

30년이면 강산이 3번 변하고, 코흘리개가 마흔이 넘어 중후하게 변했는데도 금방 알아볼 수 있다니! 장용민군은 칠성시장 안의 자기 점포를 구경시키면서 시장 상인들에게 "내 국민학교 담임선생님"이라고 자랑스럽게 소개했다.

그러고 나서 장용민군이 이끄는 대로 일식집으로 들어가 성대한 술상을 앞에 놓고 잔을 기울였다. 장용민군은 "선생님이 부쳐주신 박도 선생님의 『아버지는 언제나 너희들 편이다』를 잘 읽고 자식 기르는 데 길잡이로 삼았다"면서 고마워했다.

그래서 술 힘을 빌려 갑자기 경주까지 온 이야기를 제자에게 부끄러운 줄도 모르고 자초지종 얘기하니까, 장용민군이 "아니, 선생님! 기왕에 여기까지 오셨는데……, 그런 일이 있으면 최성창 검사에게 다 얘기하면 검사들끼리는 다 통하는데, 왜 말을 안 하셨어요? 다시 찾아 얘기를 하시든지 전화라도 해보세요"라고 권했다. 그래서 "뭐, 대단한 죄를 지었다고, 나 혼자도 해결할 수 있는 것을 공무로 바쁜 검사에게 폐를 끼치겠느냐? 최 검사가 술도 못 사줬다고 여비로 쓰라고 봉투를 하나 줘서 가지고 왔으니 오늘 술은 최 검사가 너와 나에게 사주는 술로 알고 맛있게 먹자!"고 하면서, 최 검사가 준 돈 봉투를 주머니에서 꺼내 보니 자그마치 20만원이나 들어있었다.

그러자 장용민군이 "칠성시장에서 장용민 하면 다 통하는데 무슨 말씀이냐? 30여년 만에 대구에서 뵙는 선생님께 술 한잔 못 사드리면 제가 사람 노릇을 어떻게 하겠냐?"면서 기어이 술값을 치르는 것이었다. 게다가 대구역까지 좇아와 기차표까지 사서 주머니에 넣어주는데, 염치없이 받아 밤 열차를 탔다.

다음날 아침 집에 도착해보니, 처가 경찰서에서 다녀가라는 전화가 왔었다고 했다. '조사도 끝났는데 왜 또 부를까?' 미심쩍긴 했으나 별 생각 없이 경찰서로 향했다. 수사과 조사계로 가서 나를 조사한 경찰관에게 "왜 출두하라고 했느냐?"고 하니, "구속영장이 발급되었다"면서 "허리띠를 풀고 유치장으로 입감하라"고 했다.

신분이 확실하고 증거인멸의 우려도 없고 도주할 우려도 없는, 소위 교사라는 사람을 무슨 큰 죄를 지었다고, 자기들 마음에 괘씸하다고 어떻게든 구속영장을 발부받아 유치장에 입감시키는 것을 보니 경찰의 편파수사와 막강한 공권력의 힘을 알 것도 같았다.

유치장에는 절도, 사기, 조직폭력배 똘마니 등 5명이 한방에서 구류를 살고 있었다. 그런데 그 중에 조직폭력배 행동대원을 하다 잡혀온 열일곱 여덟 살 정도 돼 보이는 젊은이가 있었다. 자세히 관찰해보니 얼굴도 여자같이 곱상한 게, 어찌 보면 지나치게 순진해 보이기조차 한 놈이었다. 이놈이 얼마나 상냥한지 '내 동생이 있다면 이놈 같지 않을까?' 할 정도로 친근감이 생겼다. 그런데 '이렇게 순진해 보이는 어린 애들을 조직폭력배로 끌어들이는 놈들은 정작 이곳에 있지 않고, 이 어린것이 두목을 대신해 잡혀 들어와 있다'는 것을 알게 되었다. 이런 불법부당한 일을 경찰들은 정말 모를까?

그 유치장에서 이런 젊은이들이 조직폭력배로 전락하는 세상의 모순을 보면서 마음이 아팠다. 그리고 한 40살쯤 돼 보이는 중년의 절도범이 잡혀왔는데, 이놈은 자기가 2년을 살 것이라고 자랑인지 조소인지 모를 소리를 묻지도 않는데 중얼거리면서, 죄 지은 놈이 아니라 무슨 자랑스러운 메달이라도 탄 놈처럼 뻔뻔한 짓만 골라 하고 있었다.

하는 꼴이 하도 어이없어 "어쩌다 잡혀왔느냐?"고 물어보니, "철근 자르는 연장을 가지고 주택가를 서성거리다 재수 없게 잡혔는데, 절도 전과가 몇 번 있어서 예비절도죄로 들어와 억울하다"고 했다. 그러면서도 태도는 마치 오랜 여행에 지쳐 돌아와 어머니 품에라도 안긴 것같이 유치장 속이 편안한 모습이었다.

### 폭행범으로 구속된 노 교사가 본 수원구치소 진풍경

수원경찰서에 수감된 지 사흘 만에, 소위 중견교사란 자가 부끄럽게도 수정을 차고 포승줄에 묶여 10여명의 잡범들 속에 끼인 채 교도소

차량에 실려 수원구치소로 이감되었다. 미결감방에 입감하기 전, 가슴 높이로 죄수 번호표를 들게 하더니 한쪽 벽에 세워놓고는 사진을 찍었다. 지문도 몇 번씩 찍고 여러 가지 절차를 걸치고 나서 2층 방으로 입감을 시켰다.

감방에 입감을 하니 감방장이란 사람은 한 50살쯤 돼 보이는, 고향이 전주인 사람으로 수원에서 무면허 치과 의료행위를 하다가 잡혀온 사람이었다. 그런데 이 사람이 유머가 얼마나 풍부한지 감방에 구속돼 있는데도 시간이 참으로 빨리 지나갔다.

사실 1950년대 중반, 군에서 수감생활을 경험한 일이 있으니 은근히 걱정이 되기도 했다. 그때는 얼마나 배가 고프고 징역살이가 고달팠는지 생각하기조차 끔찍했다. 그런데 그때와 비교해보니 수감생활이 그야말로 지옥과 천당의 차이였다. 식사시간이 되면 보리가 조금 섞이긴 했어도 밥도 마음껏 먹을 수가 있고, 부식도 웬만한 가정보다 더 잘 나왔다. 그만하면 먹을 만한 부식인데도 돈 있는 사람들은 사식으로 고추장이나 버터를 구입해 밥을 비벼먹기도 했다. 그래서 식사 때마다 밥이 남아 나갔다. 그리고 면도기구도 마음대로 사용할 수 있고, 머리도 삭발하지 않았다. 죄수복이라는 것도 마치 무슨 운동회 때 입는 단체복같이 아주 훌륭한 편이었다.

교도소가 어떻게 해서 이렇게 바뀐 것일까? 신기한 생각이 들어 알아보니 《한겨레》 신문 덕분이었다. 《한겨레》가 다른 나라의 수형생활과 비교하면서 끈질기게 문제제기를 하는 기사를 써왔기 때문에 미결수는 머리도 못 깎게 하는 등 구치소 분위기가 이렇게 변했다는 것이었다.

그 소리를 듣고 내가 《한겨레》 창간주주인 것을 마음 뿌듯해 했다. 그날 저녁 모두들 하루의 고단함을 접고 깊은 잠자리에 들었는데, 새벽에 깊은 잠을 깨우는 감방장의 목소리가 들려 일어나보니 50대 중반인 사람이 무슨 죄를 지었는지 새벽에 우리 방으로 잡혀 들어왔다.

감방장이 졸린 눈을 비비면서 "당신, 어디서 뭐하다 들어온 사람이냐?"고 물으니까, 이 사람이 "평택 ○○교회 목사"라고 대답했다. 우리는 그 대답만 듣고 자리를 좁혀 새로 입감한 목사의 자리를 만들어주고 다시 잠을 청했다.

아침 기상 소리에 모두 일어나 간단한 세수를 하고 아침 점검을 끝낸 뒤, 새벽에 입감한 사람을 불러 신고식을 했다. 절차에 따라 성명과 나이, 그리고 죄명을 물어 가는데, 죄명을 묻자 지금까지 선선히 대답을 하던 사람이 갑자기 아주 비굴한 웃음을 머금고 우물쭈물했다.

그래서 감방장이 "감방규칙이니 어서 말하라"고 독촉을 했다. 그러자 할 수 없다는 듯 고개를 숙이며 "교회 숙직실에서 12살짜리 계집아이를 좀 귀여워서 만져주었는데……" 하면서 우물거렸다. 그러자 감방장이 "응, 알것다. 목사라는 양반이 꽃밭에 물을 주다 들어왔군! 아직 꽃도 피지 못한 꽃밭에 너무 진한 거름을 주면 되나? 이 사람아, 목사라는 사람이! 아직 채 피지도 못한 꽃밭에 은혜를 베풀었으니 너무 성급했잖아!" 하면서 송충이 보는 듯한 얼굴로 신고식을 끝냈다.

아침식사 시간에 배식을 받아 다 같이 둘러앉아 수저를 들려고 하는데, 이제까지 주눅이 들어 아무 말도 않고 쭈그리고 얌전히 앉아있던 목사가 "잠깐!" 하면서 식사를 하려는 우리를 제지하더니 "우리 다 같이 하나님께 기도드리고 식사를 하자!"고 했다.

그러자 감방장이 "이 더러운 새끼! 놀고 자빠졌네! 기도하고 싶으면 너나 실컷 하고 기운내서, 장님 지팡이도 없이 오이 밭 더듬듯이 아무 곳에나 좆 뿌리를 흔들어라! 이 더럽고 치사한 개 같은 새끼야! 기도를 하려면 너나 하지 왜 남들보고 기도를 하재?" 하면서 뜨거운 국이 든 양은 국그릇을 면상을 향해 보기 좋게 날렸다. 그래서 우리들은 그 북새통에 아침을 먹는 둥 마는 둥 끝내고, 나는 검찰청으로 조사를 받으러 나갔다.

내 사건을 담당한 검사는 갓 임명된 검사인지, 아직도 대학생티를 벗지 못한 것처럼 아주 젊어 내 막내자식 또래로 보였다.

검사 오른쪽에 중년의 조사관인지 서기인지 알 수 없는 사람이 타이프를 앞에 놓고 심문을 시작하는데, 검사라는 젊은 사람은 안락의자에 등을 대고 앉아서 담배를 빠끔거리며 조사받는 나를 보고 "나이깨나 먹은 선생이 왜 점잖지 못하게 폭행을 하느냐? 당신 학교에서 애들도 잘 때리는 폭력교사가 아니냐?"면서 사건과 아무 관계도 없는 질문으로 자기 아버지뻘 되는 사람의 자존심을 박박 긁어댔다.

정말로 불쾌해 '당신이 검사면 이런 식으로 많은 사람의 인격에 상처를 입혀도 되느냐?'고 한 번 호통을 칠까 하다가 죄를 짓고 잡혀온 주제에 검찰에 와서 또 그 무서운 괘씸죄에 걸릴까봐, 화가 가슴속으로 부글부글 끓어오르는 것을 꾹 참느라고 내 얼굴이 붉어졌다.

그런데 검사가 "아니, 나이도 지긋하신 분이 술을 먹어도 좀 젊잖게 먹지, 무슨 힘이 남아서 폭행을 하느냐?"고 하기에, "폭행하지 않았다. 대질심문을 해 달라"고 하니까, "당신이 폭행했다고 시인하고 선처를 구하면 우리도 벌금형으로 처리할 수 있지만, 만일 끝까지 아니라고 부인하면 우리로서도 도리 없이 기소해 재판을 받게 하는 수밖에 없다. 그러면 재판에서 당신이 처벌을 받게 되고, 처벌을 받고 형을 살게 되면, 교사생활을 30년도 넘게 해서 선생 퇴직금이 꽤 많을 텐데, 퇴직금도 못 받으면 어떻게 하느냐?"면서 유도심문으로 "폭행했다고 빨리 자인하면 벌금형으로 처리해줄 것이니 순순히 시인하고 이 사건을 서로 좋게 마무리하자"고 했다.

그래서 "나를 생각해주는 것은 고맙지만 경찰서에서 나를 일방적으로 폭행범으로 몰고 가느라 사건을 목격했다는 증인을 조작해 증인 조서를 꾸몄는데, 그 증인을 불러 대질을 해 달라"고 했다. 그때 검사가 "알았다. 다음날 대질할 것이니 오늘 조사는 여기서 끝내자"고 하여 그날 조사는 그렇게 끝내고 구치소로 돌아왔다.

내가 검찰청으로 넘겨지면서 처가 면회를 와서는 "변호사를 사겠다"고 하기에, "변호사는 절대로 사지 말라"고 부탁하고 수감된 상태였다. 그러나 잘났든 못났든 나이 많은 애비가 구치소에 구속돼 있는데 자식이 편히 두 다리 뻗고 잠이 오겠는가? 애비가 절대로 변호사를 사지 말라고 엄포를 놨건만, 기어이 애비를 빨리 석방시키겠다고 변호사를 사서 들여보냈다.

어느 날 구치소에서 변호사 접견이라고 호출을 하는 것이었다. '이상하다. 내가 절대 변호사를 사지 말라고 했는데 웬 변호사인가? 혹시 국선변호사인가?' 궁금해 하면서 나가보니, 첫 대면에 '겉볼안'이라고, 변호사라는 사람이 아무리 봐도 품위라고는 한 구석도 찾아볼 수가 없었다. '뭐 이런 사람이 변호사야? 그렇지, 국선변호사라 이런가 보다' 싶어 "내가 변호사를 사지 말라고 했는데 선생님은 국선변호사입니까?" 하고 물어보았다.

그러자 아니라고 하며, 변호사라는 사람이 이 사건에 대해 나의 변호 자료가 될 이야기는 묻지도 않고 검사와 똑같은 소리로 "폭행했다고 시인만 하면, 즉시 검사가 벌금형으로 처리하기로 나와 합의했으니, 노인이 고생하지 말고 어서 나를 믿고 시인해서 이곳에서 나가라"고 했다.

그래서 '저희들끼리 짜고 고스톱 치는구나!' 생각하면서 "억울해서 그렇게 할 수 없으니, 기소해 달라고 검사에게 전하라"면서 다시 감방으로 돌아왔다.

그런데 영리한 감방장도 나보고 "깡패 선생님! 금년 운수 사나워 미친개한테 물렸다고 생각하고, 더 이상 고생 말고 벌금형 물고 빨리 나가는 게 좋겠다. 법도 법 같지 않은데 만일 퇴직금에 영향을 미치면 억울해서 어떻게 하겠느냐? 그러니 밖에서 마냥 걱정하는 가족들을 생각해서라도 자존심 상하시겠지만, 어서 끝내고 나가라!"는 것이었다.

그래서 "하기야 중국집 짱꿰가 한국 법이 조지 법이라고 했다는데 ……" 하면서 "나도 참 고민했다"고 말하니, 감방에 앉아있던 수감자들이 심심한 판에 귀가 솔깃했는지 "그게 무슨 소리냐?"고 이야기 좀 해달라고 졸라대는 바람에 이창우(李彰雨)씨의『옛날 옛날 한 옛날』이야기를 시작했다.

중국집 짱꿰가 어느 번화한 기차역 앞에서 짜장면 장사를 하는데, 어느 날 젊은 남녀가 들어와서 우동 2그릇을 시키면서 우리끼리 조용히 할 이야기가 있으니 조용한 방으로 달라고 했다.

중국집 주인이 아무 생각도 없이 외딴 조용한 방을 내주었는데, 둘이 낄낄깔깔대다가 사내놈이 다가와서 천원을 주면서 하는 말이, 우동 나오면 방에 갖다놓고 불을 꺼달라는 것이었다. 짐작은 했으나, 시간이 아주 많이 흘렀는데도 나오지 않자, 그 '뙤놈'이 슬슬 걱정도 되고 궁금한 생각이 들어 남녀가 들어간 외진 방 앞에까지 가보았다.

그런데 문이 조금 열려있는 것도 모르고 젊은 남녀가 서로 엉겨붙어 한참 운우의 정을 불사르고 있어 주인이 민망해서 조금 열린 문을 닫아주고 돌아섰다.

그 후 양가 부모들끼리 자기 자식은 잘못한 것이 없다며, 서로 남의 자식 탓만 하다가 여자 집에서 남자를 혼인빙자 간음으로 고소해 남자가 구치소에 들어와 조사를 받게 되었다.

그래서 담당검사가 사건을 조사하는 중에 "어디에서 간음을 했느냐?"고 피고에게 물어보니, 피고가 아무 생각 없이 사실대로 "중국집에서 했다"고 답했다. 검사가 뙤놈을 불러 "이 두 사람이 당신 음식점에서 간음한 사실이 있느냐?"고 묻자, 그렇다면서 "두 남녀가 어찌나 정신이 없든지 문이 조금 열려있는 것도 모르고 거시기를 하더라. 그래서 민망할까봐 얼른 문을 닫았다"고 자랑스럽게 진술하니, 그 자리에서 검사가 "당신 음식점을 하라고 했지 간음 장소를 제공하라고 했느냐? 당신은 간음하는 것을 방조했고 장소까지 제공했으니 간음방조죄로 구속을 하겠다"면서 즉석에서 뙤놈을 구속해버렸다.

얼결에 날벼락을 맞고 형무소에 들어온 짱꿰는 생각할수록 억울해서 미치고 환장할 지경인데, 얼레? 밖에서 양쪽 부모들이 젊은이들을 결혼시키기로 합의가 돼 젊은 사내놈은 친고죄라서 죄가 없어졌다고 석방을 하더란다. 자기는 좋은 일 하라고 문 닫아준 죄밖에 없는데도 석방이 안 되고, 재미 본 놈은 얼씨구나 석방되는 것을 보고 억울해서 어눌한 한국말로 하는 말이 "대한민국 법이, 이거, 조지 법이야, 이거." 그렇게 푸념을 했다는 것이다.

### 퇴직금 못 받을까 겁이 나서 검사의 협박에 굴복하다

내가 당부를 했건만 가족들이 이미 변호사를 사놓은 상태에서 내 고집만 피우기도 그렇고, 혹시 실형을 받아 퇴직금이라도 날아가면 그야말로 10년 공부 '도로아미타불'이라는 생각이 들어 '그리되면 장차 노후를 어떻게 살 것인가?' 한편으로 소심한 마음에 겁이 나기도 했다.

그래서 비굴하지만 가족들을 생각하고, 또 노후에 살아갈 생명줄인 퇴직금을 놓쳐선 안 되겠다는 생각을 하면서 검사가 시키는 대로 "내가 술이 만취돼 나도 모르게 이성을 잃어 폭행을 했으니 선처해 달라"는 각서를 썼다.

내 각서를 받아든 검사가 "참으로 잘했다!"고 만면에 환한 웃음을 띠고 "진작 그러실 일이지, 왜 노인이 이 고생을 하느냐?"면서 위로하는 듯한 가증스런 태도를 보여 마음속으로 분노를 삭이느라 무척이나 괴로웠다. 그리고 폭력범죄가 마치 친고죄나 되는 듯이 그날로 석방을 시켰다.

수원구치소에서 석방돼 1주일 만에 집으로 돌아왔다. 그리고 처에게 "변호사를 사지 말라고 했는데, 얼마에 샀느냐?"고 물어보니, "제일 싼 변호사 수임료가 500만원이라 애비가 그 변호사를 샀다"고 했다. 그러더니 "오늘 바로 석방되었다고 판사와 검사 사례비로 300만원을 더 요구해 300만원을 더 주고, 피해자라는 사람에게 합의금과 치료비로 500만원을 또 주었다"고 했다. 그래서 모두 큰돈만 1,300만원을 썼다는 것이다. 그런 소리를 처에게서 들으니 생각할수록 정식 재판을 받지 않고 각서 쓰고 풀려난 것이 후회되고 약이 올라서 가만히 있을 수가 없었다.

경찰서에서 일방적으로 나를 괘씸죄로 잡아넣기 위해 세운 증인(서울과 수원을 불법으로 오고가며 장거리만 뛰는 같은 동료 기사)을 대질해 달라고 해도 대질시키지 않고, 검찰로 구속 송치해 내가 내 사건에 방어권을 행사할 수도 없게 하고, 신분이 교사이니 도주하거나 증거인멸의 우려도 없는데도 무슨 큰 죄라도 지은 양 도피나 할 것처럼 불구속 수사 원칙에도 맞지 않게 나를 구속 송치한 검사도 그렇고, 구속영장을 발부한 판사도 도저히 용서할 수 없다는 생각에 그 길로 변호사 사무실로 찾아갔다.

변호사 사무실에 가서 "나에게 구속영장을 발부한 판사의 이름 좀 알려 달라"고 했더니, 직원들이 자기들은 모른다면서 "변호사가 재판이 있어서 법원에 갔는데, 들어오시면 변호사에게 말하라"며 가르쳐주지 않았다.

속으로는 구송영장을 발부한 판사의 이름을 알아내 따져볼 심산이었다. "내게 구속영장을 발부한 근거가 무어냐? 내가 명색이 교사인데 이런 사건으로 도주할 우려가 있다고 생각했으면 그것을 내가 이해할 수 있게 설명해 달라. 당신이 나를 구속시키는 바람에 나는 내 사건의 방어권을 빼앗긴 셈이다. 제대로 방어권을 행사하지 못해 1,300만원의 금전적 손실까지 입었다. 그 손실은 차치하고라도, 30여년 넘게 학교에서 공직생활을 했는데 내 실추된 명예는 어디서 보상받아야 되겠느냐? 만일 나를 이해시키지 못하면 판사를 직권남용으로 고소하겠다." 하지만 변호사실에서 핑계만 대고 알려주지 않는 것이었다.

자기가 잘 아는 변호사라고 우리 가족에게 변호사를 소개해준 해군 출신 정영주(鄭榮柱)라는 친구가 사건 소개비로 얼마쯤 받아먹었는지 "좋은 변호사 선임해주었다"고 우리 가족에게 생색을 냈다가 내가 구속영장을 발부한 판사에게 따지려고 하니 변호사와 함께 속이 탔던 모양이다.

가만히 두고 볼 내가 아니니 한바탕 소란이 일었다. 그러자 변호사 사무실에서 정영주에게 나를 좀 진정시키라고 아우성을 치는 사태까지 벌어졌다.

하지만 가족들이 계속 만류를 했다. 신수가 나빠 그리된 것이라고 마음 돌려 먹고 잊어버리자 하고, 처도 "당신 성질에 판사를 상대해서 싸우다 보면, 그 급한 성질을 못 이겨 당신이 먼저 쓰러진다. 제발 잊어버리자"고 말리는 바람에 구속영장을 발부한 판사라는 사람과 끝내는 면담도 포기해버리고 말았다.

사실 지금도 그때 판사와 담판 짓지 못한 것이 찜찜하다. 개인적인 억울함보다 사회정의를 위해서도 판사와 담판을 했어야 하는데 하고 후회되고 갈등을 느낀다. 그리고 빅토르 위고의 "모든 불의에 도전하라"는 구절이 떠올라 '나 자신이 당한 불의를 보고도 도전을 포기했으니 참 비겁했구나!' 싶어 부끄러운 생각이 들었다.

나중에 안 일이지만, 당시 수원 북문에서 내가 당한 일이 우연이 아니었다. 서울택시들이 불법으로 주차하고 있다가 장거리 손님만 골라 태우고 단거리 손님은 승차거부를 하는데, 여기서 의도된 사건이 자주 벌어진다는 것이었다. 나같이 술을 먹고 성깔 있는 사람이 승차거부라고 따지다가 "왜 승차거부 하느냐? 파출소에 가서 시비를 가리자!"고 하면, 이미 운전기사가 쳐놓은 덫에 걸려든 격이었다. 파출소로 가는 척 운전을 하면서도 술 취한 손님의 약을 올려 성질을 돋우면, 술 취한 손님은 영락없이 거친 반응을 보이기 마련이다. 기사들이 이 점을 노린 것이다. 술김에 운전하는 기사의 뒤통수를 슬쩍 건드리든가 뒤에서 어깨라도 잡고 흔들면, 저 앞에 서있는 다른 차를 대형사고가 나지 않을 만큼 거리 조정을 해 충돌사고를 내고는 "술 취한 사람이 운전방해를 해 사고가 났다. 목이 아프다"고 병원에 가서 공공연하게 3주 상해진단서를 발부받아 경찰서에 제출한다는 것이다.

그리고 같은 운전기사를 사건 현장 목격자라고 허위증언을 받아 나 같이 세상 물정 모르는 사람을 만나면 합의금을 노려 고소를 하고, 경찰서에서는 구속기소부터 해버리니 구치소에 수감된 피의자는 허위증언을 한 사람을 찾으려고 해도 손을 쓸 수가 없고, 밖에 있는 가족들은 웬만하면 구치소에 있는 가족을 빼내기 위해 변호사를 선임하게 된다는 것이다.

하루 종일 운전해봐야 몇 푼 벌지도 못하는 판인데, 세상 물정 모르고 멧돼지 잡을 덫을 놓은 것도 모르는 사람이 덫에 걸려들면, 기사는 합의금과 치료비조로 받아 챙기는 것이 짭짤하니 그런 불법을 마구 저지른다는 것이었다.

그 후 많은 시간이 흐른 후에 어느 택시 운전하는 친구로부터 알게 된 사실이었다. 그 바람에 "아하! 그렇구나! 이러고도 법치를 말할 수 있을까? 그래, 모르면 당하는 것이 이놈의 세상 굴러가는 이치로구나!" 하고 정신을 차렸지만, 언제 또 무슨 해괴한 일을 당할지 모르는 세상이라는 생각을 하며, 해빙기에 살얼음판 걸어가듯, 매사 외줄타기 하듯이 조심스럽게 살고 있다.

### 정부도 못 믿겠다고 퇴직금 일시불 수령

교사생활 말년을 부처님 같은 교장들 만나 행복하게 보내고 있었으니 정년을 아름답게 마쳤어야 하는데, 내 성질을 스스로 다스리지 못하고 기어이 사고를 친 셈이었다. 나이도 먹을 만큼 먹은 처지에 무슨 힘이 남았다고, 그것도 폭행상해죄란 말인가.

　매사 마음에 들지 않는 것을 보면, 못 본 듯이 지나치지 못하고 혈기 왕성한 젊은 사람처럼, 그것도 술을 먹고 따지고 든 게 탈이었다. 구치소 신세까지 진 게 부끄러워 악몽 같은 사건은 빨리 잊어버리자고 마음속으로 다짐하고, 다시 일상으로 돌아와 어린이들 도덕 교육에 전력을 다하면서 살았다. 그런데 솔직히 말해 사연이야 어떻든 '폭력교사'가 도덕 전담 교사를 한다는 게 영 어딘가 앞뒤가 맞지 않는 것 같아 쑥스럽기도 하고, 간혹 참 묘한 느낌이 들기도 했다.

　그러던 차에 희망자들에게 명예퇴직 신청을 받았다. 나는 호적 나이로 2002년이 정년인데, 나도 신청을 했다. 정년을 5년을 남긴 시점이었으니 60개월치 명예퇴직비 6천여만원을 따로 받고 1997년 9월에 교직에서 물러났다

　수원시교육청에서 당시 퇴직하는 교사들에게 회식자리를 마련했다. 그 자리에서 교육장님이 친절하게 "퇴직금은 일시불로 하지 말고 연금으로 수령해야 안전하다"는 등의 안내까지 했다. 교육계에서 우리보다 먼저 퇴직한 사람들 예를 들어가면서 하는 얘기가, 자식들이 사업하는 데 자금이 필요하니 빌려 달라고 매달리는 경우가 많고, 그러면 마누라도 옆에서 자식 편을 들어 자식에게 퇴직금 다 빼앗기고 노후를 아주 어렵게 사는 사람들이 부지기수라는 것이었다.

　연금으로 해놓으면 자식들에게 빼앗길 염려가 없으니 꼭 연금으로 신청하라고 간곡히 설명했다. 얼마 남지 않은 여생을 경제적으로 여유롭지는 못하더라도 자식들에게 손 내미는 처지가 돼서는 안 된다는 말까지 덧붙였다.

　그래서 내 입장을 생각해보았다. 지금의 아내와 재혼한 지는 20년이 돼 가고 있었다. 처는 자식을 낳아본 적도 없으니 이 세상에서 아주 외로운 사람이었다. 나와는 닭띠, 띠 동갑으로 12살 차이가 난다. 그러니

변고가 아니라면 내가 먼저 생을 마감하게 될 게 뻔했다. '퇴직금을 연금으로 만들어놓아야 내가 죽더라도 노후에 처가 자식들에게 손 내밀지 않고 경제적으로나마 불행해지지 않겠구나' 하는 생각이 들어 연금으로 신청하기로 마음을 먹었다.

집에 와서 처에게 의논을 하니 처는 별로 생각도 하지 않고 "공무원연금공단의 재정이 어떻고, 국민연금이 얼마 지나면 고갈된다는 둥, 심심치 않게 그런 보도가 나오는데, 그런 꼴을 보면 정부가 하는 일을 어떻게 믿을 수 있겠느냐? 일시금으로 받자"고 했다.

나는 속으로 '퇴직금을 일시불로 받으면 자기의 노후가 불안할 수도 있으니 내가 일시불로 하자고 해도 자기가 연금으로 하자고 할 줄 알았는데, 이 여자가 왜 이럴까?' 궁금하고 의아스러웠다. 그러나 나는 원래 경제나 집안 살림 같은 일은 별로 관심이 없고, 평생 월급도 모두 아내에게 맡기고 어떻게 꾸려 가는지 신경 쓰질 않는 사람이라 "어차피 내가 먼저 죽을 텐데 당신이 알아서 하라"고 아내 뜻에 동의했다. 그래서 퇴직금을 일시불로 신청했다.

어느덧 70여년의 험난한 세상을 퇴직과 함께 막을 내리고, 손자들의 예쁘게 자라는 모습이나 보면서 이제 그만 편히 살았으면 좋으련만, 새옹지마라는 말을 새기며 굽이굽이 파도치면서 살아오는 동안, 이런 아주 작고 소박한 소망도 뜻대로 되지 않는 것이 나의 팔자소관이란 생각이 든다.

### 퇴직금으로 평생 처음 내 집 마련

지금 생각하면 처가 퇴직금을 연금으로 신청하지 않고 일시금으로 신청한 것이 선견지명이 있었다고 생각한다. 퇴직금을 연금으로 타며 살았더라면 우리는 평생 내 집 마련은커녕 지금도 그 답답한 20평 남짓한 좁은 아파트에 전세로나 살 수밖에 없었을 것이다. 하지만 일시불로 탄 덕분에 비록 112평밖에 안 되는 작은 대지이긴 해도 땅을 사서 아담한 전원주택을 짓고 살게 되었다.

그 뒤 우리가 살던 이의동이 광교 신도시로 개발되면서 여유로운 보상도 받고 이주자 딱지도 받아 화성시로 이사를 했다. 이 역시 내 집이니 집 걱정 없이, 연금 타서 사는 것 못지않게 여유롭게 살고 있다. 그래서 나보다 경제에 밝고 똑똑한 처에게 감사한 마음을 갖게 된다.

명예퇴직금과 퇴직금을 일시에 수령해보니 약 1억 8천만원쯤 됐다. 우리 부부는 그 돈으로 먼저 작은 집을 짓기로 했다. 그러나 집을 짓자니 우선 땅부터 사야겠는데, 마땅한 곳이 없어 생각 끝에 친구 신세를 지기로 했다.

그때 우리가 한 20년 공짜로 내 집처럼 살던 집은 친구 신덕철이 소유였다. 그 친구는 수원시 영통구 이의동에 대지 두 필지를 갖고 있었다. 한 필지는 733-1번지로 112평이었고, 다른 필지는 733-3번지 대지 292평이었다.

그래서 처가 신덕철에게 "두 필지 가운데 작은 필지를 우리에게 팔아라. 거기다 우리가 집을 짓고 살면 좋겠다"며 부탁을 했다. 땅 주인인 신덕철이는 "아주머니가 집 짓고 살겠다고 하니 땅값은 시세가 아니고 공시지가로 하자"며 고맙게도 쾌히 승낙을 했다. 당시 땅값이 실제 거래 시세로는 평당 100만원 정도 할 때인데, 공시지가로 평당 70만원씩 약 7천 8백만원 정도만 지불하고 샀다. 공사는 당시 건축업을 하는 아들에게 맡겨 약 30평짜리 조립식 건물로 집을 지었다.

아들에게 건축비로 4천 5백만원을 주었다. 그리고 남은 돈은 그동안 조금씩 모아뒀던 돈과 합쳐 은행에 저금을 했다. 우리 부부는 '이 돈을 가지고 남은 생을 살아갈 수 있을까?' 하는 두려움보다는 처음 가져보는 내 집에 작은 행복을 느꼈다. 생애 처음으로 가져보는 내 집이니 이 작은 집에 남다른 애정을 느꼈다. 좋은 정원수에다 가지각색 꽃나무도 심고, 좁은 마당이나마 잔디도 깔고 파란 철망 울타리에는 빨갛고 노란 줄장미도 심고, 나름대로 열심히 가꾸며 살았다.

봄이면 온갖 꽃이 만발하는 것을 보면서 동네 사람들은 우리 집을 꽃집이라고 불렀다. 우리는 은행에 저축한 나머지 돈으로 아주 검소하게, 자식들에게 짐이 되지 않도록 알뜰하게 살자고 마음을 다지면서 살았다.

집을 완성하고 나서 등기를 내기 전에 처에게 "집 등기를 우리 부부 공동명의로 하자"고 했더니, 뜻밖에도 처가 화를 내면서 "20년 넘게 당신과 살았는데 내가 그리도 믿음이 안 가서 공동명의로 하느냐? 불신을 받는 것 같다"면서 토라졌다. 그러니 다툼이 일고 말았다. "내 나름대로 당신 입장을 생각해서 공동명의로 하자고 한 것인데 내 마음도 몰라주느냐?"고 화를 내고는 결국 며칠간 냉각기로 들어가고 말았다.

그렇게 한 1주일 정도 냉전을 하다가 내가 먼저 말을 건넸다. "내가 공동명의로 하자는 것은 당신보다 내가 나이도 많아 별일이 없으면 내가 당신 앞에서 먼저 죽는 것이 상식이고, 내가 먼저 죽으면 자연히 당신 명의가 될 텐데, 당신이 화를 낼 이유가 무엇이냐? 내가 이 집을 공동명의로 해주면 당신이 나를 고맙게 생각할 줄 알았는데, 도리어 화를 내다니 이해할 수 없다. 당신은 내 입장에서 역지사지(易地思之)해보았느냐? 당신이 알다시피, 나는 평생 남의 집 셋방살이를 하다가 이 나이에 생전 처음 내 집이라고 한 번 가져보는데, 내 명의로 등기를 하겠다는 것도 아니고 공동명의로 하자는데, 자기 입장만 생각할 것이 아니라 내 입장도 생각해봐야 할 것 아니냐?"

그러자 처도 "곰곰 생각하니 당신 말이 맞다"고 해 냉전이 끝났다. 그래서 우리 부부가 처음 가져보는 집을 부부 공동명의로 등기를 했다.

# 교직을 퇴직하고
# 역사를 생각하며 살다

## 30. 역사의 현장에서

**대하소설 태백산맥의 무대 보성을 가다**

내가 교육계를 떠나던 1997년은 내 실제 나이도 65살이 되는 해였다. 정년을 앞두고 어느 책에선가 정년퇴임한 교사들이 평균 몇 년이나 더 사는가를 조사 발표한 것을 읽어본 적이 있다.

그 통계에 의하면 교사들이 정년퇴임을 한 뒤 "이제 자신은 이 사회에서 쓸모없이 뒤안길로 밀렸다"는 생각으로 좌절해, 평균적으로 3년 후 세상을 등졌다고 한다. 그러니 68세가 평균수명이라는 것이다.

그 내용을 읽고 충격을 받았다. 그렇다면 나의 남은 생도 5년이 어렵겠구나 하는 생각이 들었다. 그러니 더욱 더 지난날 의미 없이 살아온 삶이 후회스럽고, 잘못 살아온 업보를 어이 갚고 떠나야 할까 하는 생각에 매사 초조해질 뿐이었다.

퇴직 후 그렇게 조바심만 하면서 별로 하는 일 없이 지내다보니 급기야 걸어 다니기조차 힘들 정도로 다리가 아프면서 점점 더 힘들어졌다. '이제 나도 아무 쓸모없이 밥이나 치우는 똥 기계에 불과하다'는 생각에 정신적으로 좌절하게 되니 몸도 그에 따라서 나빠져만 갔다. 가끔씩 외출을 할 때도 지팡이에 의지해야만 했다. 그런데 그걸 안타깝게 생각했는지 누군가 수영을 해보라고 권했다.

그래서 뉴코아백화점 수영장으로 수영을 다녔는데, 몸은 이미 굳을 대로 굳고, 젊은 날에 생긴 경직성 척추염이라는 고질병으로 이미 허리가 굽어 수영은 할 수가 없었고, 그저 물속에서 1시간 정도 걷는 것이 운동의 전부였다. 그렇게라도 한 반년을 하다보니, 다행히 어느 새 다리에 힘이 조금씩 오르고 지팡이 없이도 걸어 다닐 수 있을 정도로 조금은 회복이 될 수 있었다.

그래도 어차피 늙어가는 몸이었다. 그래서 얼마 남지 않은 내 생을 다시 생각해보게 되었다. '이제 나의 생이 한 3년 정도밖에 남지 않은 것 같은데, 지난날 오직 나의 이익만 좇으면서 이웃이나 사회, 나아가 역사를 위해서는 작은 기여 하나 한 것도 없이 이기적으로만 살았구나' 하는 생각에 내 자신이 부끄럽다는 자책이 밀려왔다.

아무리 죽을 날이 가깝다 해도 이대로는 안 되겠다 싶었다. '지난날의 부끄러운 삶은 이제 와서 어찌할 수 없더라도 얼마 남지 않은 삶은 조금이나마 이타적인 삶, 사회와 역사에 기여하고 부끄럽지 않은 삶을 살다가 눈을 감아야겠다'고 다짐을 했다. 그런데 그러면서도 '무엇을 어떻게 해야 할까?' 방향이 서질 않았다. 생각만 있을 뿐 행동으로 옮기질 못하고 있었다.

그러다 한겨레신문사가 주최하는 행사광고를 보게 되었다. 조정래 선생의 소설『태백산맥』의 무대인 보성으로 1박 2일의 역사기행을 떠난다는 광고였다. 몇 년 전 교사 시절『태백산맥』을 읽다가 감동해 10권이나 되는 그 대하소설을 2번씩이나 읽은 감동이 되살아나 그 역사기행에 동참했다.

수원 집을 떠나서 서울 서초구청 앞에서 버스에 올랐다. 서울을 떠나는 버스 안에서 처음 보는 사람들끼리 수인사를 나눴다. 그런데 자기소개를 하는 자리에서 소개를 마친 젊은 여자 한 분이『태백산맥』을 읽은 소감을 밝히면서 이렇게 말하는 것이었다.

"『태백산맥』에 등장하는 인물 중에서 평범한 교사생활을 하다 빨치산이 된 안창민, 이지숙, 이 두 선생이 특히 기억에 남는다. 나도 지금이 아니라 한국전쟁 때 태어났으면 이지숙 선생처럼 제 한 몸 불살라 조국에 바쳤을 것이니, 그랬으면 얼마나 행복했겠느냐?"

이지숙처럼 제 한 몸 불살라 조국에 바쳤을 것이라니, 그 순간 모골이 송연해지는 느낌이었다. 나도『태백산맥』을 읽으면서, 선생이었던 안창민, 이지숙에 대해 관심을 기울이긴 했다. 소설 속 인물이었다 해도 같은 선생으로서, 그들이 그려지는 모습에 흥미를 가질 수밖에 없었다. 안창민은 지주의 외아들로 태어나 홀어머니 밑에서 평범하게 학교 선생을 하던 인물이었다. 염상진을 만나 좌익 쪽 지하활동을 하다가 한국전쟁이 일어나고 신분이 노출되면서, 국군이 진격해 오자 지리산으로 빨치산이 돼 떠나게 된다. 그리고 같은 학교에서 근무하며 안창민을 사모하다가 역시 지리산으로 입산해 빨치산이 된 인물이 이지숙이다. 안창민은 보급투쟁을 하러 이슥한 밤에 부락으로 내려왔다가 진압군이 쏜 총에 다리를 부상당해 병원에 숨게 된다. 이지숙은 병원으로 그를 찾아가 수혈을 해주고, 신분이 노출되어 도리 없이 빨치산이 된다. 이지숙은 치열하게 토벌군과 싸우다 결국 경찰에 체포되어 형무소로 간다. 우리 현대사의 비극을 함축적으로 담고 있으니 다른 빨치산이라고 해서 예외는 아니지만, 험난한 삶이었다.

그런데 그들의 삶을 그대로 좇았다면 행복을 느끼지 않았겠느냐는 것이었다. 정말로 충격에 가까운 놀라움이었다. 게다가 아무리 군사정권이 끝나고 김대중의 민주정권이 되었다지만, 어쩌면 암묵적으로 금기시해야 할 얘기였는지도 모른다. '아직도 국가보안법이 시퍼렇게 살아있는데, 어쩌면 젊은 여자가 겁도 없이 저런 말을 할까? 그것도 이 버스 속에 누가 탔는지도 모르는데……' 퍼뜩 그런 생각이 들었다. 그러나 곧 '장편소설 한 번을 읽어도 저렇게 의식이 살아나고 신념이 생길 수 있구나' 하는 생각도 들었다. 놀라움을 넘어 무척 당황스러웠고, 그것은 소설 한 권의 힘이 이렇게 위대할 수도 있다는 깨달음이었다.

그래서 옆에 있는 사람을 보고 "저 여자가 무엇을 하는 사람이냐?"고 물어보니 "중학교 선생님"이라고 넌지시 일러주었다. '상전(桑田)이 벽해(碧海)가 된다더니 세상은 참으로 놀랍도록 바뀌어가는구나!' 하는 생각에 흥분된 마음이 한참 동안 진정되지 않았다.

그렇게 서로 인사를 끝내자 젊은이들은 노래도 부르고, 한편에서는 여행길이 피곤한지 창가에 기대어 곤히 자면서 날이 어두워서야 전남 보성에 도착했다.

하룻밤 여관에서 노독을 풀고 아침 일찍 관광길을 서둘렀다. 보성군청 공보과에서 공무원으로 근무한다는 위씨 성을 가진 사람이 소설의 무대를 아주 재미있게 설명했다.

그는 아침이면 일과처럼 소설『태백산맥』을 필사하듯이 매일 일정량 컴퓨터로 옮기고 군청에 출근한다고 했다. 그리고 이 보성 벌교를 소설『태백산맥』의 관광지로 조성하는 것이 꿈이라고 했다. 꿈을 이루면 공무원을 사직하고, 보성을 찾는 관광객들에게 아주 재미있게 안내를 하는 것이 소원이라고까지 했다. 그래서 열심히『태백산맥』을 공부한다는 것이다.

아직도 벌교에는『태백산맥』에 등장하는 무당 소화의 훈김이 그대로 남아있는 소화의 집과 그 옆 현 부자네 큰 기와집이 그대로 남아있었다. 그가 우리를 그리로 데리고 가서 설명을 해주는데, 그야말로 실감나는 묘사였다. 현 부자집 앞마당에서 바라다 보이는 높은 산을 가리키며, 인민군이 보성으로 진주해오자 대한청년단장을 하던 염상구가

"나 살려라!" 하고 그 산으로 줄행랑친 이야기도 어찌나 재미있고 실감나게 소개하던지 그때 상황이 눈앞에 그대로 펼쳐지는 것만 같았다.

우리는 벌교 시내에서 조촐한 점심과 함께, 그곳 명물 꼬막을 곁들여 막걸리도 한잔씩 돌리고, 잠깐 휴식을 취하고는 오후에 벌교 녹차 밭에 있는 전통찻집으로 안내되어 벌교 차도 맛보면서 즐거운 여행을 했다.

그 여행 중에 이대로 선생을 만났는데, 사실 그 분을 만난 게 내가 지금까지 가졌던 생각을 바꾸는 계기가 되었다. 지금껏 오로지 이기적으로만 살던 내가 '앞으로 민족과 역사를 위해 작은 힘이나마 역사 바로 세우기 운동에 동참하겠다'고 마음먹게 됐기 때문이다. 그러니 그분은 내 인생의 길라잡이인 셈이다.

여행을 하는 버스 속에는 40명 남짓한 인원이 타고 있었다. 거개가 젊은 사람들이었고, 아마 내 나이가 제일 많았지 싶다. 나이가 좀 든 사람이 나 말고도 두 사람이 더 있었는데, 그 중 한 분이 바로 이대로 선생이었다. 나이가 좀 든 사람들끼리 가까이 다니면서 서로 통성명을 하는데, 내가 "수원에서 왔다"고 소개하니까 자신은 서울에 산다면서 "한글 정화운동을 하는 사람"이라고 했다. 그러더니 "수원에서 왔으면 조문기(趙文紀) 선생님을 아느냐?"고 하면서 그에 대해 자세한 얘기를 들려주었다.

조문기 선생님은 1945년 7월 부민관에 폭탄을 장치해 폭발시킨 아주 대단한 독립운동가라고 했다. 그 자리는 악질 친일파 박춘금(朴春琴)과 많은 친일파들이 함께 주도해 조선의 젊은 남녀들을 모아놓고 "남자들은 대일본제국의 국민답게 일본군대에 지원해 천황폐하를 위해 총알받이로 전쟁터로 나가 싸우라!"고 독려하는 자리였다.

조문기 선생님이 지금 수원에 사시는데, 그런 훌륭한 애국자가 노후에 경제적으로 아주 어려운 삶을 이어가고 계신다고 했다. '광복회' 경기도지부장 일을 하시면서 쥐꼬리만한 연금으로 두 내외분이 근근이 사신다는 것이었다. 그래서 "조문기 선생님을 찾아뵙고 싶은데 어떻게 하면 되느냐?"고 하니 전화번호와 집 주소를 가르쳐주었다.

조문기 선생님의 전화번호를 받아들고는 그런 훌륭한 선생님이 나와 같이 수원에 사시는데도 모르고 지냈다니 웬일인지 무슨 큰 잘못이라도 한 것처럼 부끄럽고 죄송한 생각이 들었다. 그래서 여행에서 돌아온 며칠 후, 조문기 선생님이 계신 광복회 경기지부 사무실로 찾아뵙고 인사를 드렸다.

얼마 후 조문기 선생님은 "광복회원이라는 사람들조차도 친일파들이 하는 일을 방관만 하고, 그들에게 분노도 느끼지 않으면서 이제 세상을 다 산 늙은 몸이나 보신하려는 것 같다"면서 광복회 경기지부장 자리를 내놓으셨다. "민족문제연구소에 가서 친일파인명사전을 만드는 사람들의 뒷바라지나 하면서 남은 생을 마치겠다"고 하시면서 '민족문제연구소' 이사장으로 자리를 옮기셨다.

나도 이 일을 계기로 조문기 선생님을 따라 1999년 7월 민족문제연구소를 찾아가 후원회원으로 가입을 했다. 이후 2000년 6월 17일 1기 운영위원이 되어 3기까지 약 5년간 활동하면서 친일파 척결, 친일파 인명사전 만들기 등에 참여했다. 역사를 바로 세우는 일에 작은 보탬이라도 되고자 노력하면서 살고 있다.

### 비전향 장기수 김은환 선생

수원에서 좋은 사람들을 찾아 교우하면서 노후를 보람되게 살아보려는 꿈을 가지고 열심히 민족문제연구소에서 운영위원으로 활동하며 집에서 틈틈이 책도 보면서 지내고 있었다.

그렇게 지내던 어느 날, 《한겨레》 신문에서 비전향 장기수 선생 네 분이 서울 관악구 청사 맞은 편 상가 한 모퉁이를 얻어 헌책방을 운영하며 산다는 기사를 읽게 되었다.

그런데 기사를 보면서 몇 가지 궁금한 생각이 들었다. 자신들의 신념을 굽히지 않으려고 30여년을 형무소 독방에서 그 무서운 감옥살이를 하고 나온 분들이었다. 강산이 변해도 너무 변했을 세월을 세상과 단절된 채 지낸 분들이었다. 헌책방을 냈다 해도 이제 백발이 성성하게 된 분들이 험한 세상에서 노후를 보내는 게 결코 쉬운 일이 아니었다. 어떤 모습으로 살고 있을지 궁금하기만 했다. 게다가 그들에게 근본적인 물음을 던지지 않을 수 없었다. 도대체 신념이라는 것이 무엇이기에 활기차던 젊은 사람이 백발이 되도록 징역을 살면서도 전향이란 것을 거부하고 그 힘든 징역을 살았을까?

언젠가 김하기란 사람이 쓴 『완전한 만남』이란 소설을 읽은 생각도 나서 궁금증은 더해만 갔다. 어느 날 그 헌책방을 찾아갔다.

생각보다 규모도 아주 훌륭하고 책도 꽤나 많이 진열돼 있었다. 신문에서는 네 분이 한다고 읽었는데 순박한 시골 노인 같은 분이 혼자 책방을 지키고 있었다. 그분에게 《한겨레》 신문을 읽고 찾아온 사연을 이야기하니 반갑게 맞아주었다. 그분이 김은환(金殷煥) 선생이었다.

나이를 물어보니 놀랍게도 나보다 3살 위인 70살이라고 했다. 그런데도 몸놀림이나 행동이 나보다 훨씬 젊고 활기차 보였다. 김은환 선생과 이야기를 나누는 중에 한 노인이 책방으로 들어섰다. 그러자 김은환 선생이 "수원에서 손님이 오셨다"고 나를 소개했다. 그 분은 홍문거(洪文巨) 선생으로 감옥살이를 37년이나 한 분이었다.

그 분의 첫인상은 '어떻게 그렇게 오래 감옥살이를 했다는 분이 이렇게도 성품이 인자해보일 수가 있을까?' 할 정도였다. 이제껏 내 주위에서 이렇게 인자하고 대하기 편안한 분을 별로 본 적이 없다는 생각이 들 정도였다. 마치 사찰에서 도통한 고승을 대한 것처럼 마음이 잔잔해지는 것만 같았다.

그런데 이 분이 말없이 사라졌다가 한 30분쯤 지났을까, 양손에 자판기에서 뽑은 차를 두 잔 들고 돌아왔다. 그때 김은환 선생이 "아니, 차 한잔 뽑아오는데 그리 시간이 걸리느냐?"고 응석 섞인 말을 하니까, 홍 선생이 잔잔한 미소를 지으며 "우리 차를 찾느라고 시간이 좀 걸렸다"면서 국산 율무차를 우리 앞에 내놓았다. 순간 머릿속에 '아하, 이분들은 이렇게 작은 일에도 외래품보다는 우리 것을 사용하려는 애국심이 생활화되었구나' 하는 생각이 스치고 지나가며 이제까지 별 생각 없이 살아온 내 처신이 부끄럽다는 생각이 들었다.

홍문거 선생은 그때 나이가 80이었다. 그리고 또 그곳에서 같이 생활하는 장호(張豪) 선생도 80, 안영기(安英基) 선생은 김은환 선생과 동갑인데, 이렇게 네 분이 천주교와 양심수후원회에서 마련해준 〈한백의 집〉이라 이름 붙인 작은 빌라 지하방에서 함께 생활하고 있었다. 〈한백의 집〉이란 이름은 한라산에서 한, 백두산에서 백 자를 따서 통일을 바라는 마음을 담아 지은 이름이라고 했다. 그 소리를 듣고 '이 사람들은 무엇이든지 통일에다 염원을 담는구나' 하는 생각을 하게 되었다.

그 후로 시간이 남아 심심하면 그 분들의 굴곡 많은 드라마 같은 이야기를 듣고 싶어 자주 찾아갔다. 그래서 차차 인간적인 정이 들고보니 선생들이 살아온 이야기도 많이 들을 수 있었다.

김은환 선생은 지금은 성남시 수정구로 바뀐, 그 당시는 경기도 광주군 대왕면 수정리에서 중농 집안에서 7남 1녀 중 둘째로 태어났다. 일제 때 경성대학을 다니던 형 김은용 선생이 집에 들렀다가, 공출을 내지 않는다는 이유로 일본 놈이 아버지에게 주먹질을 하는 것을 보고 그 놈을 초죽음이 되도록 두들겨 패고 일본으로 도주했다고 한다. 그리고 5년 후인 1943년 그의 형은 일본군 장교가 돼 말을 타고 고향으로 돌아왔다. 그 형님 덕에 동리 전체가 공출을 면한 적도 있었단다.

해방 후 형님은 국방경비대 장교로 편입돼 한국전쟁 당시 옹진전투에도 참가했으나, 후퇴하던 중 낙오돼 집으로 돌아와 숨었다가 인민군에게 붙잡히고 말았다. 그 후 형은 23일 만에 풀려났고, 김은환 선생은 인민군이 후퇴할 때 인민군과 함께 북으로 갔다.

김은환 선생이 북으로 가는 바람에 부모님들은 빨갱이 자식을 두었다는 죄명으로 학살을 당하고, 집안은 풍비박산이 나고 말았다. 남쪽에서는 자기 때문에 부모와 형님까지 총살당한 것도 모르고 혼자만 월북해 종전 후 평양에서 영화 촬영기사로 일하던 김은환 선생은 통일사업을 해보라는 당의 권고를 받고 부모 형제가 보고 싶어 선뜻 공작원이 돼 군사분계선을 넘었다가 가평읍에서 동네 사람의 신고로 아무 활동도 못하고 체포되었다.

그래서 남쪽에서 말하는 간첩 활동도 못하고 징역살이를 하는데, 1976년쯤 동생이 대전교도소로 선생을 면회하러 왔다. 나중에야 알게 된 일이지만, 동생이 자진해서 면회 온 것이 아니고 교도소 당국에서 김은환 선생을 전향시키려고 동생을 불러 면회를 시킨 것이었다.

그때 동생 은완이가 "왜 교도소에 20년 넘게 갇혀 있느냐? 형이 정말 간첩이냐? 지금이라도 늦지 않았으니 전향하고 우리 형제끼리 같이 잘 살자. 그게 돌아가신 부모님께 효도하는 길이다" 하면서 눈물까지 흘리며 매달렸다고 한다.

그래서 동생에게 "가족이 그리워서 내려왔다가 잡혔을 뿐이지, 나는 간첩질을 한 적도 없다. 내가 전향하지 않은 것은 내가 하지 않은 짓을 했다고 할 수 없기 때문이다. 그리고 내가 월북해서 형님과 부모를 돌아가게 한 죄인인데, 어떻게 내가 평안히 살 수 있겠느냐? 억울하게 돌아가신 부모형제를 생각하면, 나는 남은 짧은 생조차 편히 살 수 없으니, 나를 전향시키려고 오는 것이면 앞으로 다시는 찾아오지 마라!"며 호통을 쳐서 돌려보냈다고 한다.

그런데 그 일로 치도곤을 당해야 했다. 동생에게 말을 잘못했다고 끌려가서 흠씬 두들겨 맞았다고 한다. 얼마나 심하게 매를 맞았던지 이가 하나도 남지 않도록 망가졌다며 다 망가진 이를 보이면서 소리 없이 허탈한 웃음을 웃었다. 그 모습이 내 머리에서 영영 지워지지 않는다.

### 〈한백의 집〉에서 만난 장기수 홍문거 선생

홍문거(洪文巨) 선생은 일제 때 일본 해양기술학원에 다니다 해방을 만났다. 홍 선생이 다닌 일본 해양기술학원에는 그의 1년 선배로 해방 후 우리 해군이 창설될 때 2대 해군참모총장을 지낸 박옥규(朴沃圭) 제독이 있었다. 그때 박옥규 제독이 우리 해군을 창설하면서 홍문거 선생을 보고 "같이 해군을 창설하자"고 권했다고 한다.

홍 선생은 "그때 박옥규 참모총장의 권유를 받아 남쪽에서 해군 창설에 참여했다면, 아마 나도 대한민국 해군제독은 했을 것"이라면서 빙그레 웃었다. 그래서 "선생님이 남쪽에 눌러앉아 해군제독을 하셨으면 얼마나 호강을 했겠느냐?"고 질문을 드렸더니, "나는 내 과거를 조금도 후회하지 않는다. 내가 살아온 길을 잘못 살았다고 생각해본 적이 단 한 번도 없다"고 담담하게 말했다.

홍 선생은 해방 당시 집안이 부유한 편이라 서울과 평양 양쪽에 집이 있어 가족들이 남북 양쪽에 분산해 살았고, 그 바람에 서울 집과 평양 집을 오르내리면서 정세를 관망하던 중 북쪽에서는 친일파가 완전히 소탕되고 토지개혁도 순조롭게 이루어져 소작농이던 대다수의 가난한 농민들이 농토를 분배받는데, 남쪽에서는 미군정의 횡포에다 이승만이 야욕을 부리는 것을 보면서, 남쪽에는 희망이 없다는 생각에 북쪽에 눌러앉아 진남포 해양기술학교 교수로 부임했단다.

그리고 한국전쟁 휴전 뒤 "통일사업을 해보지 않겠느냐?"는 당의 제의를 받고 순순히 응해 남하했다가 체포되고 말았다. 이후 전향 공작을 거부하고 자신이 택한 신념의 길을 지키다가 30년이 넘는 세월 동안 감옥살이를 했다.

홍 선생은 80의 고령인데도 불구하고 관악구 동사무소에서 하는 취로사업에까지 나가셨다고 한다. 같이 계신 분들 간에 그런 일을 없었겠지만, 고령이다보니 아마 자신이 짐이 되고 싶지는 않다는 마음에서 그러셨는지도 모르겠다. 아무튼 동리 사람들에게 인사도 잘하시고 청소일을 하시면서도 그 누구보다도 성실하게 열심히 하신 걸로 소문이 나있었다.

그 뒤 홍 선생은 자기 신념의 조국인 북으로 올라가셨다. 그래서 '이제는 30년 넘게 헤어졌던 북쪽에서 그리던 가족을 만나 행복하게 살고 계시겠지' 하는 생각과 '너무도 연로하셔서 이미 이 세상 사람이 아닐지도 모른다'는 불안한 마음이 쌍곡을 이룬다.

홍 선생의 형님은 남쪽에서 알 만한 사람은 다 알 정도로 유명한 학자였는데도 형님의 신분을 생각해 〈한백의 집〉에 살면서 단 한 번도 형을 찾지 않고 북으로 가셨다. 홍 선생이 조용히 들려주던 이야기를 듣고 있노라면 마치 '훌륭한 고승에게 선문답을 듣는 기분이 이런 것일까?' 하는 생각이 든다.

### 해방 당시 《인민일보》 기자 장호 선생

〈한백의 집〉에서 만난 또 한 분은 홍문거 선생과 동갑인, 서울 마포 토박이 장호(張豪) 선생이다. 마포에서 대단한 갑부로 소문난 집 외아들로 태어났단다. 체구는 작은 편이나 수염이 아주 멋있어 꼭 사진 속 헤밍웨이를 보는 것 같았다. 장 선생은 일제 때부터 항일 독립운동을 하신 분으로 해방정국에서는 《인민일보》 기자로 활약하다 남로당이 군정에 의해 불법화되자 월북하여 언론계에서 활동하다 정치공작차 남하했다가 장기수가 되었다. 35년간 옥고를 치른 분이다.

장 선생은 북에 결혼을 약속한 규수가 있었다. 공작이 끝나면 돌아가 결혼을 할 계획이었는데, 남에서 체포되어 그 긴 세월 옥살이를 하는 바람에 모든 게 물거품이 되고 말았다. 북에서 장 선생이 돌아오기만 기다리고 늙어 가던 그 가련한 여인은 장 선생이 북송되기 여섯 달 전에 기다림의 끈을 놓고 유명을 달리했단다. 영화나 소설 속에서나 등장할 법한, 가슴이 아려오는 순애보다.

　마포의 부모한테 물려받은 많은 유산은 생질녀가 교도소로 찾아와, 물정 모르는 외삼촌을 설득하여 모든 재산을 정리해 미국으로 떠나버렸다. 장 선생은 알면서도 미국으로 떠나가는 것을 말리지도 않았단다.

　언젠가 무더운 여름에 수박 한 통을 사가지고 〈한백의 집〉을 찾아가 네 분 선생과 수박을 먹고 있었다. 늘 그렇듯이 나는 거의 무의식적으로 이쪽저쪽 보이는 대로 살점을 베어 먹고 수박 껍질을 내려놓았다. 그런데 다시 새 수박 쪽을 집으면서 우연히 선생님들 앞을 보니 그 분들이 남긴 껍질과 내 앞의 껍질은 달라도 너무 달랐다. 그 분들의 것에는 단 한 쪽도 붉은 것이 남아있지 않았다. 정말 깜짝 놀라고 죄스러운 생각이 들어 "선생님들, 내가 생각 없이 살다보니 이렇게 실수를 했습니다. 용서하십시오" 하고는 내가 먹다 놓은 수박 쪽을 다시 들고 먹으려니까, 장호 선생이 "아니, 그게 무슨 말이냐? 우리는 교도소에서 이런 것을 먹어보지도 못했으니까 살 한 점도 아까워 그런 게 아니겠느냐. 아마 교도소 같으면 껍질째 다 먹었을 것이다"라면서 오히려 나의 무안을 덮어주는 것이었다.

　그리고 시간이 되어 집에 가려고 일어서니 〈한백의 집〉에서 전철역까지 그 먼 길을 나를 바래다주려고 늙은 몸을 이끌고 따라나서는 것이었다. 송구스러운 생각에 이렇게 날씨도 더운데 그냥 앉아계시라고 말렸으나, 내가 올 적마다 꼭 한 분이라도 따라와 내가 전철역에서 개찰구를 빠져나올 때까지 손을 흔들어주었다. '아, 이 분들은 남을 배려하는 생활습관이 마음속에 배어있구나' 하는 생각을 하며 나도 저런 성품을 길러보려고 노력해보나 실행이 잘 안 된다.

## 류춘도 선생 출판기념회에서 만난 장기수 장병락 선생

류춘도 선생의 시집 『잊히지 않는 사람들』을 아주 감명 깊게 읽으면서 '나도 겪은 한국전쟁을 어쩌면 이렇게 실감나게 시로 썼을까?' 하고 저자와 만나서 차나 한잔 하고 싶던 차에 마침 '한국의 집'에서 『잊히지 않는 사람들』의 출판기념회가 있다는 《한겨레》 신문 광고를 보고 만사 제치고 찾아갔다.

한국의 집에 들어서니 사람이 얼마나 많이 모였는지, 그 넓은 홀에 앉을 자리가 거의 없어 손님들 틈을 비집고 들어가서야 간신히 한 자리를 잡을 수 있었다. 값 비싼 음식과 고급술이 단정하게 차려진 잔칫상에 많은 장기수들이 참석해 성황을 이루고 있었다.

그런데 주인공인 류춘도 선생님은 나이 70이 되신 분이 얼마나 곱게 늙으셨던지 한 50대로 착각을 할 정도였다. 이 분은 원래 경북 김천이 고향이나, 5살 때 부모를 따라 일본으로 건너가 일본 도바다 여고를 졸업하고 해방되던 해 9월 부산에 정착하였단다. 그리고 서울여자의과대학 졸업반 때 한국전쟁이 발발하자 인민군 간호장교로 인민군을 따라 낙동강까지 내려가 한국전쟁 최대 격전지라 할 수 있는 남강 전투 등 크고 작은 전투를 경험하였다. 그 후 인민군이 밀리게 되자 후퇴하는 부대를 따라 지리산으로 들어가다가 산속에서 부대를 잃고 홀로 헤매다가 경찰에 체포되어 옥고를 치렀다.

그리고 구사일생으로 살아 돌아와 서울여자의과대학에 복학한 뒤 1952년에 졸업하고, 부산에서 산부인과 의사를 하면서 사상이나 이념 따위는 일절 생각지 않고 병원 일만 열심히 하며 살았단다. 하고 싶은 말은 가슴 깊이 묻어두고 50여년을 살다, 다 못한 말을 뒤늦게 시로 엮어 1999년 출판기념회를 열고 장기수들에게 잔치도 베풀었다.

류춘도 선생의 인사가 끝나자 무대에서는 민중가수들이 노래로 흥을 돋았다. 비전향 장기수들도 늙은 몸을 이끌고 무대에 올라가 춤을

추고 민요도 불렀다. 옆 사람과 어깨동무를 하고 '통일의 노래', '반갑습니다' 등의 노래를 부르며 흥겨워했다.

그때 내 옆에 나보다 젊어 보이는 사람이 있기에 "어떻게 왔느냐?"고 물어보니, 자기는 '비전향 장기수'라고 하는 것이었다. 깜짝 놀라, "아니, 젊어 보이는데 어떻게 장기수냐?"고 하니, 그 분은 "1934년생"이라는 것이다. 나는 구속을 별로 당하지 않고 살았는데도 이렇게 몸이 늙었는데, 이 사람은 30년이 넘게 교도소 생활을 하고도 이렇게 젊어 보이다니…… 도저히 믿어지지가 않았다. 그러면서 이야기를 한 번 나눠 보고 싶은 호기심이 생겼다.

행사가 끝나고 헤어지는 자리에서 그 장기수를 보고 "자본주의 술집에 가서 나와 술이나 한잔하자!"고 제의해 필동 어느 맥줏집에서 술을 같이 했다.

이름이 장병락(張炳洛)이라고 했다. 북에서 인민군 해군 특무장(상사)으로 복무했다는 것도 알았다. "나는 대한민국 해군에서 복무했는데, 잘못하면 우리 서로 동족끼리 해상에서 싸울 뻔했다"며 마주보고 웃기도 했다. 그 뒤로도 우리는 자주 만났다. 장 선생과 수원에서 사우나도 같이하고, 일식집에서 함께 식사도 하면서 즐겁게 지냈다.

### 전남 광주 〈통일의 집〉에서 만난 김동기 선생

어느 해인가 '광주비엔날레'가 열렸을 때였다. 한 번 구경을 하자고 오랜만에 해군시절 친구 신덕철이와 광주에서 5·18유족회 회장으로 있는, 전계량(田桂良)이란 해군 군의학교 보통과 20기 동기생을 찾아갔다. 전계량의 안내로 비엔날레 구경을 하고 시간 여유가 많아 "광주에 비전향 장기수들이 산다는데 그 사람들이 어떻게 사는지 좀 만나봤으면 좋겠다"고 하니까, 전계량이가 "아, 그러냐? 우리 광주 천주교회에서 살 집을 마련해주어 장기수 네 사람이 살고 있는데, 내가 그곳을 알고 있으니 가보자"고 앞장을 섰다. 그렇게 우리는 〈통일의 집〉을 방문했다.

문에 들어서니 네 분의 장기수 선생들이 아주 반갑게 맞아주면서 맥주와 수박을 내놓았다. 맥주보다는 이 분들이 어떤 생각으로 어떻게 살고 있는지 궁금하던 터라 말문을 그쪽으로 돌렸다. 나머지 세 분은 말씀을 않고 조용히 있는데, 김동기 선생은 스스럼없이 말문을 열었다.

그런데 김 선생은 수십 년 감옥살이를 한 사람으로 믿기지 않게 몸이 다부졌고, 마치 무슨 운동선수를 보는 느낌이었다. 1932년생이라니 나보다 한 살 위인데, 이렇게 건강하고 힘이 넘칠 수 있을까? 이 활기찬 힘은 어디서 나오는 것일까? 그 분은 한국전쟁 때 폭파된 한강을 제일 먼저 도강했다는 이야기를 자랑삼아 하면서 감회에 젖기도 했다.

내가 만난 수많은 장기수 선생들은 하나같이 아주 얌전하고 조용한 성품으로, 온화한 이웃 할아버지를 보는 느낌이랄까, 옛날 선비라는 사람들이 이렇지 않았을까 하는 생각이 들었는데, 김동기 선생은 어찌나 노익장을 과시하던지 놀라울 따름이었다. 이야기도 논리가 정연한데다, 활달하긴 얼마나 활달한지 정말로 넋 놓고 바라봐야 할 지경이었다. 게다가 말도 거침이 없었다. 말 많기로 둘째가라면 서러운 나도 말할 틈이 없으니 그대로 듣기만 하였다.

"우리는 정부도 인정한 비전향 장기수 아이오? 국제법에도 명시되어 있듯이 거주 선택권의 권리를 보장해야 않갔시오? 김대중 대통령이 우리를 내놓을 때 인권이니 뭐니 외치면서 자랑하지 않았시오? 그러면서 인권상도 타고 말이오. 허지만 내놓기만 하면 뭘 하오! 어디 노인복지제도가 제대로 돼 있기를 하나? 나와보니 허허벌판이라! 직업이 있나, 돈이 있나? 이건 새로운 형태의 생존권을 위협하는 인권탄압이라! 북남 간 비료회담 때 장기수 문제 해결하면 북남관계의 물꼬가 터진다고 했시오! 정부가 우리를 책임 못 지겠다면 국제법에 따라 당연히 우리를 북으로 송환하거나, 아니면 감옥으로 도로 처넣던가 해야 하는 기

아이오?"

40년이나 감옥살이를 한 사람이 어떻게 이리도 현실을 보는 논리가 정연한지 나는 이야기에 푹 빠지고 말았다.

"〈통일의 집〉도 정부가 마련해준 거이 아니라, 최순덕 할머니와 광주지역 후원자들 10여명이 돈을 모아 마련한 전세집이외다. 현판식을 할 때 구청장, 광주시 부시장 등 200여명이 모여 광주에서 화젯거리가 되고 찾아오는 사람들도 많았시오. 밤이 되면 4명의 장기수들은 앞으로 살아갈 걱정을 하였소이다. 자본주의 세상에서 돈 없이 살기란 감옥보다 더 불안정하고 불안했기 때문이외다. 그래서 우리들이 광주 사람들에게 찾아갔시오. 우린 광주의 식객인데 우리의 생계대책 안 세워주면 정보부 앞에 가서리 드러누워 데모하겠다고 말이오."

그의 이런 적극적인 노력에 재야단체들이 나서면서 〈통일의 집〉 운영위원회가 꾸려져 정관까지 만들었고, 월 고정수입도 확보했다고 했다. 〈통일의 집〉이 안착하기까지 모든 과정이 거저 된 것이 아니었다. 전화를 설치할 때도 그랬다. 주민등록증이 없어 전화국에서는 전화를 놓을 수 없다고 했는데, 그는 당장에 국장실로 달려가 "난 북에 호적이 있고, 여기에서는 주민등록증도 없는 무적자이니까 당장 제3국으로 추방하라!"고 호통을 쳤단다. 그러자 전화국 측이 깜짝 놀라 당장 전화선을 연결해주었단다.

최근 대학교수들과 대화하는 자리에서 "당신들은 밥그릇만 차지하고서리 우리 현대사의 반쪽만 연구해왔소이다. 조선현대사 강의에 한 파트를 나에게 주시오. 내가 살아온 역사가 곧 5천년 조선역사 가운데 50년 부분의 한 페이지가 아니갔시오?" 하였단다. 그의 배짱 좋은 언변에 매료된 어느 대학의 교수가 얼마 전 전화를 걸어오기도 했단다.

그는 1932년 10월 19일, 함남 단천군 이중면 영천리에서 태어났다. 그후 성천국민학교 6학년 때 해방을 맞았다. 한국전쟁 때 만 17살이었던 그는 20살로 속이고 라디오에 부속품으로 들어있는 말굽자석을 신발에 달고 체중을 늘려 인민군에 입대했단다. 대전, 광주, 진주, 김천 등의 전투에 참가한 그는 군을 제대하고 평양상업대학을 졸업한 후 상업성의 상급지도원으로 근무했는데, 60년대 초 당에 소환되어 정치공작 임무를 띠고 경남 진양군으로 나오다가 5월에 체포되었단다. 그 후 부산지방법원에서 사형 언도를 받고 대구고등법원 2심에서 무기를 받은 후, 67년 12월 대법원에서 최종 형이 확정되어 34년의 기나긴 옥고를 치렀다.

어려서 늘 귀에 익은 뜨거운 망치소리와, 노동조직을 가진 사나이들의 힘세고 우렁찬 분위기가 소년 김동기의 주요 성장 양분이 되었고, 타고난 명석한 두뇌와 함경도의 거센 민족의식, 사회주의 이상 등은 오늘의 김동기란 인물을 만든 주된 바탕이 되었다. 상업대학을 다닐 때부터 '민주청년동맹' 부위원장을 했고, 이론체계가 정연하며 열정적인 활동가로 정평이 나 '레닌'으로 불리기도 한 그는 여전히 사람을 끌어들이는 자석 같은 힘이 있었다.

얘기를 마치고 일어서면서, 뒤따라 나오는 선생들을 만류했으나, 골목 저 끝까지 따라 나오며 배웅을 해주었다. 특히 가장 젊은 이재룡씨는 더 멀리 따라 나와 아쉬운 듯이 손을 들어 인사를 하고, 우리가 보이지 않을 때까지 서있었다.

### 사죄하는 마음으로 떠난 베트남 여행

《한겨레》 신문에서 8박 9일짜리 베트남 역사기행단을 모집하는 것을 보고, 100만원이라는 나에게는 좀 힘겨운 경비였으나, 옛날 내가 시골학교에서 순박한 어린이들에게 맹호·청룡부대 군가를 가르친 죄를 씻기 위해서라도 한 번은 꼭 베트남에 가봐야겠다는 마음이 있었던 터라 즉시 신청을 했다.

더구나 "베트남전쟁 때, 조국해방과 통일을 위한 남의 나라 독립전쟁에 우리 국군들이 미국의 용병으로 참가해 민간인을 학살하고 마을을 몽땅 불 지르는 등, 야만적이고 비인간적 행위를 무수히 저질러 베트남 민중들의 원한을 많이 샀다"는 얘기도 심심치 않게 들은 바 있었다.

마음속으로 한국전쟁 때 남북에서 수백만의 민간인이 학살당한 사실을 생각하며, 우리와 아무 원한도 없는 베트남 민중들에게 우리 파월 장병들이 지은 죄를 대신해 용서를 비는 마음으로 베트남을 다녀와야겠다는 생각으로 따라나섰다.

2000년 4월 10일 김포공항, 한겨레신문사 직원이 인솔하는 50여명의 기행단과 베트남을 사랑하는 문학가 모임에서 나온 김남일 작가가 밤비행기를 타기 위해 합류를 했다.

난생 처음으로 외국여행길에 오르니 칠순이 가까운 늙은 마음도 소풍가는 어린이처럼 설레어 잠을 설쳤다. 몇 시간이 흐른 뒤 비행기 창 밖으로 희미하게 먼동이 터오기 시작했다. 목적지에 도착한다는 비행기의 안내방송 소리를 듣고 토끼잠에서 깨어났다. 그리고 인솔자의 안내를 받으며 베트남의 최대 도시 호치민(胡志明)시 외곽에 있는 비행장에 내렸다. 국제공항이라기엔 너무나 낙후된 시설이었다. 공항버스를 타고 시내 호텔로 향하는 길에 수많은 오토바이 행렬을 보았다.

호치민시의 오토바이 보급률은 대단히 높아 교통수단 전부가 오토바이라고 해도 과언이 아니었다. 9일간 시내버스를 대여섯 대도 못 본 것 같다. 오토바이 때문에 시내 주행이 시속 30km를 넘지 못하는 일이 비일비재하다. 아니 더 달릴 수가 없다. 오토바이가 너무 붙어 다니니 자동차도 덩달아 속도를 낼 수 없는 형편이었다. 오토바이 숲을 헤치고 도착한 호텔에 여장을 풀었다.

쌀국수 한 그릇에 우리 돈으로 700원인데 오토바이 한 대 값은 70만 원이나 한다고 했다. 일반 노동자의 월급이 대략 7만원 정도라 대부분 3년 이상의 할부로 구입한단다. 학생들도 대부분 오토바이를 가지고 있고, 형편이 안 되는 친구들은 '카 풀'이 아닌 '오토바이 풀'을 한다. 법적 오토바이 정원도 우리와 달리 3명이다. 우리보다 체격이 왜소해서일까, 아니면 가난한 나라의 일반주민이 사기에는 값이 아직 비싸서일까?

간단한 아침을 하고 우리는 가이드를 따라 시내관광에 나섰다. 시내에서 먼저 눈에 들어오는 것이 전쟁 부상자들과 구걸하는 걸인들, 초등학생 또래로 보이는 꼬마 상인들이었다. 그런 사람들이 어찌 그리 많은지 정말로 놀라웠다. 마치 한국전쟁 때 모두 불타버린 서울 거리에서 거지들이 우글거리던 우리 모습과 흡사했다. 우리가 관광하는 곳마다 초등학교에서 공부나 해야 할 어린이들이 1달러짜리 물건을 사달라고 관광객들에게 매달렸다. 고향에 두고 온 손녀가 떠올랐다. 손녀 지현이는 지금 학교에서 공부하고 있을 터인데, 이들은 불우한 조국을 만나 부모를 대신해 생활전선에 나섰다는 생각에 안쓰러웠다.

우리가 처음 들른 곳은 전쟁범죄기념관이었다. 한편에는 베트남 해방과 통일을 위하여 싸우다 체포된 독립투사들을 고문하고 구타하던 고문실이 생생하게 보존돼 있다. 또 한편에는 우리 파월국군들이 양민을 학살하고 가옥을 불 지른 것도 재현해놓았다. 그것을 보면서 '왜 우리가 남의 나라에 와서 이런 천추에 남을 죄를 저질렀을까?' 정말로 부끄러웠다. 가이드는 "베트남이 우리나라와 교역을 시작한 뒤 호치민시의 웬만큼 큰 건물은 거의 우리나라 건설회사들이 건설했다"고 했다. 그래서 "전쟁범죄기념관에 우리의 파월 잔악사(殘惡史)를 초기보다 많이 순화시켰다"고 했다.

### 사회주의 국가 베트남의 종교

나는 베트남이 사회주의 국가라 종교의 자유가 없을 것으로 지레짐작하고 있었다. 그러나 그것은 나의 무지였다. 우리가 시내를 관광하는데, 어느 천주교 성당에서 미사를 드린 사람들이 구름처럼 몰려나오고 있었다. 놀라운 광경이었다. 우리나라의 대표적 성당인 명동성당에서 쏟아져 나오는 신자들보다 더 많은 사람들이 한꺼번에 몰려나오는 것이다. 종교의 자유가 없는 것이 아니라 오히려 종교의 자유를 너무 마음껏 누리는 것이 신기하여 가이드에게 물어보았다. 가이드가 설명하기는 베트남에서는 종교를 자유롭게 믿을 수 있으나, 남에게 종교를 믿으라고 강요하거나 설교하는 것은 법으로 금한다고 했다. 베트남의 종교는 70%가 불교이고, 나머지가 개신교와 천주교라고 했다. 80년간 프랑스 식민통치를 받은 베트남이라 유럽풍의 크고 아름다운 성당 건물이 드문드문 눈에 띈다. 물론 성당은 어디 가나 비슷비슷했다.

그런데 베트남에서 아주 희한한 종교를 보았다. 시내 한복판에 아주 작고 아담한 교회당이 있는데, 교회 이름은 생각나지 않으나 문을 열고 들어서면 정면 높은 벽 위에 공자, 부처, 예수, 마호메트 네 분의 성인들 사진이 나란히 걸려있었다.

친구나 지인, 아니면 애인끼리 그 곳을 지나다 함께 교회당에 들어가 각자 자기가 믿는 성현 앞에 무릎을 꿇고 기도를 드리고 나와 다시 도란도란 속삭이며 나란히 걸어간다. 참으로 신기했다. '나도 저런 교회가 있으면 한 번 믿어보겠다'는 생각이 들었다. 그런데 이 교회는 베트남 독립전쟁 때 남베트남 정권을 지지하는 성향을 보였단다. 그래서 북베트남의 승리로 전쟁이 끝나자, 이 교회는 자신들이 지은 죄가 두려워 지레 겁을 먹고는 교회당을 자진 폐쇄하고 교인들이 흩어졌으나, 통일 베트남 사회주의 정부가 앞으로는 반동적인 죄를 짓지 말고 통일 정부와 베트남 인민을 위해 열심히 살라고 사면해주어 다시 교회를 열었단다.

### 시장경제와 계획경제가 공존하는 나라 베트남

호치민시 곳곳에 휘날리며 걸려있는 붉은 깃발을 보며 심장에서 솟아나는 뜨거운 피의 상징이라고 말하는 베트남 인민들을 보았다. 세계적 강대국인 프랑스와 미국에 맞서, 도저히 믿기지 않을 정도로 힘든 전쟁을 이겨낸 민족이었다. 붉은 깃발을 통해 그들의 자긍심을 보는 것 같아 우리의 일그러진 현대사와 비교되어 부끄러운 생각이 들었다.

나는 베트남전쟁에 우리나라가 미국에 이어 두 번째로 많은 군대를 파견했고, 당시 한국군의 만행이 베트남 인민들에게 널리 알려져 있는 것으로 알고 있었다. 그래서 나는 그들이 우리 일행을 어떻게 대할까 궁금했었다. 그런데 놀랍게도 그들은 우리를 원망과 저주보다는 포용과 웃음으로 맞아주었다. 그런 너그러운 베트남 인민들의 마음 자세가 부러웠다. 그리고 그들은 가난하지만, 잘 사는 것을 무작정 동경하지도 않는다.

베트남은 상당한 저력을 가진 나라다. 기본이 쌀 3모작에 어떤 지역은 4모작이 가능하고, 엄청난 석유매장량, 커피 생산 세계 2위, 거기다 800만 인구의 풍부한 노동력, 몇 손가락 안에 드는 두 자리 숫자의 경제성장 국가이다. 그러나 또 그 만큼의 불균형 성장을 만들었고, 벌써 70년대 우리의 빈부격차보다 5~10배에 달하는 빈부격차를 보이고 있다.

개방정책 때문에 베트남인들도 돈에 대한 민감도가 높아졌다. 그래서 돈에 닳고 닳은 사람도 나타나고, 인간성이 피폐해지기도 하고, 서구 자본과 함께 잘못 유입된 퇴폐유흥문화가 독버섯처럼 번져갔다. 이런 것들이 베트남을 병들게 하고 있다. 베트남이 통일된 지 20년이 넘었다고는 하지만, 통일 후 태어난 세대들이 시내 중심가에서 미국 라스베이거스를 능가하는 퇴폐유흥으로 흥청거리고 밤을 지새우며, 정신이 병들어가고 있었다. 그런 모습을 보니 100년 독립전쟁으로 죽어간 선조들의 넋이 벌떡 일어나 지금이라도 당장 호통을 칠 것만 같았다. 외국자본의 유입으로 생긴 현상이긴 하지만, 부디 베트남 민중들이 상처받지 않고 베트남의 정신을 길이 지키며 이 상황을 현명하게 극복했으면 하는 마음 간절하다.

거리에는 허름한 복장의 사람들이 리어카나 이동식 좌판을 놓고 무언가를 열심히 팔고 있다. 코코넛을 벗겨서 꿀에 버무려 파는 사람, 간단한 음료와 요깃거리, 맥주나 음료수를 파는 사람들, 이발기를 들고 거리에서 머리를 깎아주는 사람들의 모습은 우리나라의 전후 50년대를 연상시켰다. 남루한 옷차림에 오토바이나 세발자전거를 세워놓고 손님을 기다리는 모습은 우리나라의 70년대 모습과 흡사했다. 그렇게 가난한데도 베트남인들은 조급하거나 초조함이 없었고 아주 여유만만하게 행동했다.

그런가 하면 시내 중심가 땅값은 평당 우리 돈으로 3천만원을 호가한다고 하고, 고층 건물과 고급 레스토랑, 고급 상점이 즐비했다. 백화점에 들어가보니 우리 돈으로 7백만원을 호가하는 최신형 텔레비전을 비롯한 최고급 전자제품 등, 없는 것이 없었다. 내가 본 베트남은 베트남 100년 전쟁, 싼 물가, 그리고 가난한 사회주의 국가였다. 한마디로 2000년과 1970년이 공존하며 별 탈 없이 살아가는 나라였다.

### 호치민시 가까이 파고들어온 구치 땅굴

호치민시에서 북쪽으로 약 10km쯤 떨어진 곳에 구치 땅굴이 있다. 이 땅굴 밖은 우리나라 과수원같이 망고나무가 잘 정돈된 평화로운 모습이다. 굴속으로 들어가니 체구가 작은 사람이 간신이 다닐 수 있는 아주 작은 굴이었다. 마치 들쥐들이 다니는 길 같아 서양 사람들처럼 몸집이 조금만 커도 정말 나니기 어렵다. 그런데 그 길이가 서울에서 대전쯤의 거리인 약 250km나 된다니 정말 사람의 힘이 위대하다는 생각이 들었다. 그 굴속에는 병원도 있고, 전쟁 중에도 수백 명이 넘는 사람들이 함께 학습을 할 수 있는 대형 강당도 있으며, 식당과 영화관까지 있다고 했다.

밖에서 생활하는 것처럼 모든 시설이 불편하지 않게 다 갖추어져있다. 심지어 자가발전시설까지 만들어 사용했다. 이 굴을 팔 때 쓴 도구라고는 오로지 호미와 삼태기, 그리고 주전자와 물동이 같은 재래식 도구들뿐이었다니 인간의 노동력이 경이롭다는 생각까지 들었다. 오로지 맨손의 힘으로 250km나 되는 호치민시 외곽까지 파고들어왔다니 말이다.

  나는 가이드를 따라 땅굴 속으로 들어갔다가, 얼마 안 가 바로 나와 버렸다. 공포심이 들고 운신하기가 불편했기 때문이었다. 그러니 몸집이 큰 미군병사들이 베트콩을 뒤쫓아 들어갔다가는 방향감각을 잃기 마련이고, 사방에서 공격하기 때문에 영락없이 포로로 잡히거나 사살당하게 돼 있었다. 그 굴은 동남아 사람처럼 체형이 작은 사람들이 다니기 좋고 편하게 만들어졌다.

  밖으로 나오니 망고나무 숲속에 베트콩들이 미군과 싸우면서 만든 재래식 살인무기들이 전시되어 있는 아담하고 작은 전시관이 있다. 땅을 잘못 밟으면 옛날 멧돼지 잡는 식으로 큰 쇠창이 사정없이 날아와 가슴에 꽂히는데, 창이 한 번 꽂히면 혼자의 힘으로는 도저히 빠져나올 수 없게 창끝이 마치 낚싯바늘같이 되어 있었다. 그 외에도 갖가지 원시 무기들이 수십 종이나 전시돼 있다. 그 무기들을 보면서 저런 무기에 찔려 죽어갔던 미군병사들도 불쌍하다는 생각이 들었다. 그들도 미국에 태어난 죄로 이렇게 남의 나라에 끌려와 죽어간 것이지, 과연 그들이 무슨 죄가 있을까, 전쟁을 일으켜 전 세계의 무고한 인민을 학살한 미국의 펜타곤 수뇌들을, 평화를 사랑하는 전 세계 인민의 이름으로 용서할 수 없다고 생각했다.

### 메콩강 선상에서 만난 독립투사 부부

  8박 9일의 베트남 여행도 끝나갈 무렵, 우리 일행은 호치민대학에서 유학하는 구수정양의 안내를 받아 메콩강의 큰 선상에서 베트남의 애국자 노부부와 만찬을 가졌다. 구엔 치 홍이라는 아내는 베트남 해방투쟁 때 어린 여학생의 몸으로 애인 구엔 치 차우씨와 함께 학생운동의 지도자로 참여했다가 노르팅 사건으로 체포된 뒤, 사형 판결을 받고 악랄하기로 이름난 콩다오 감옥에서 13년간이나 수감되었다가 베트남 통일과 함께 석방되었다고 했다. 그 뒤 홍은 호치민시로 되돌아왔고, 흰 아오자이를 입고 머리카락을 뒤로 묶은 채 애인인 구엔씨와 팔짱을 끼고 모교인 방랑고등학교를 방문해 후배들의 열렬한 환영과 축복을 받으며 혼인을 했다. 수십 년에 걸친 피나는 투쟁 속에서 가꾸어온 애정의 결실이었다.

이제 백발이 성성한 노인이 다된 그들 부부와 메콩강 선상에서 만찬을 하는데, 일행 중에 내가 제일 나이가 많다는 이유로 내가 그들 부부의 바로 앞자리를 배정 받았다. 그 덕분에 구수정양의 통역을 빌어 노부부와 많은 이야기를 나눌 수 있었다. 처음 만나본 구엔 치 차우 노부부의 첫 인상은 정말로 상상 밖이었다. 젊은 날 그 어려운 독립투쟁을 하다 사형까지 언도받은 사람이라는 말을 듣고 무척 강인하고 무서운 모습일 거라고 생각했는데, 아니 이렇게 온화한 사람들이 어떻게 그 힘든 투쟁을 했을까, 존경심이 앞섰다.

나는 구엔 선생에게 많은 것을 물었다. "베트남은 사회주의 통일국가를 이루었는데, 사회주의 자랑거리인 복지제도가 안된 것이 아니냐? 거리에는 왜 구걸하는 사람들이 이리도 많은가? 또 퇴패적인 유흥가는 왜 이리도 많은가? 돈이 없어 병원을 가지 못하는 인민들이 많다고 들었는데, 그렇다면 이것을 사회주의 국가라고 할 수 있는가? 구엔씨는 이런 사회를 건설하기 위해 목숨을 걸고 투쟁에 뛰어들었는가? 이렇게 퇴폐가 번져가는 현상을 보고 회의를 느끼지는 않는가?"

내 물음에 구엔 선생의 대답은 이랬다. "우리는 외세를 물리치기 위해 100년의 전쟁을 겪은 나라이다. 우선 인민들을 굶기지는 말아야 하는데, 미국의 봉쇄정책이 우리의 경제사정을 어렵게 만들었다. 우리는 일부분만을 개방하여 인민들을 우선 식생활에서 해방시키고 나서, 사회주의를 굳건히 지키려고 한다. 그런데 개방의 물결이 들어오니, 나쁜 것들이 먼저 따라 들어와 사회를 퇴폐시키고 있다. 우리는 절대 사회주의 국가 건설을 포기하지 않는다. 개방과 함께 자본주의 문화의 어두운 그늘인 아편 밀매, 퇴폐문화, 방종 등의 문제가 발생했는데, 사회주의 건설과 함께 이를 추방하는 것이 우리 정부의 정책이다."

구엔 치 차우 선생은 나보다는 몇 살 어려 보이는데, 벌써 정년퇴임을 하고 집에서 아들과 수양딸을 보살피고, 구엔 치 홍 할머니는 호치민시의 제10지구 행정위원장으로 근무하고 있었다.

우리 일행이 이렇게 진지한 이야기를 나누는 선상에는 많은 외국인들이 이곳저곳에 조용히 앉아 저녁과 간단한 맥주를 즐기고 있었다. 무대 앞에서는 대나무로 만든 이름 모를 베트남의 전통악기들을 든 악사들이 잔잔하게 연주를 하고 있었다. 그런데 무대 바로 앞 편에 약 10여 명 정도의 남녀들이 둘러앉아 술을 즐기고 있었다. 이들은 술이 취했는지 악사들에게 달러를 휘익 던지며 '돌아와요 부산항에'를 연주하라고 아우성이었다. 한국 사람들이었다. 그들은 일어나 고성으로 노래를 부르고 막춤도 추는 것이다. 그야말로 추태였다. 내가 한국 사람이란 것이 부끄럽다고 생각하면서 왜 우리는 남의 나라에까지 와서 저렇게 교양 없는 행동을 할까? 안에서 새는 바가지 밖에서 샌 꼴이라니…….

나와 함께 이야기를 나누던 그 노부부도 그 꼴을 훔쳐보며, 민망해서 신경이 쓰이는지 자꾸 그쪽으로 눈길을 돌렸다. 그래서 나도 노부부 보기 부끄러워 정중히 인사를 드리고 자리를 털고 숙소로 돌아왔다. 그리고 다음날 아침, 서둘러 귀국길에 올랐다. 9박 10일의 멀고 긴 여행이었으나, 참으로 보람 있고 즐거웠다.

### 열심히 참여한 '노사모'

2002년 드디어 16대 대통령 선거가 시작되었다. 그 해 어느 날 인터넷으로 노사모를 검색했다. 그리고 나도 노사모에 참여하고 싶다고 전화를 하자, 마침 그날 수원 원천유원지에 있는 어느 식당에서 7시에 모임이 있다고 알려주었다. 그래서 오토바이를 타고 모임 장소로 급히 달려갔다.

아담한 식당에 한 40여명이 모여 있었다. 그 해는 내 나이가 꼭 70이 되는 해였다. 모인 사람들은 주로 40대의 젊은 남녀들이었다. 배우 명계남씨도 노사모 대표로 자리를 함께하고 있었다. 회의가 끝나고 뒤풀이로 술잔이 돌아가는데, 내 앞에 앉은 젊은이들은 술잔을 들 때마다 몸을 뒤로 돌리면서 예의를 표하며 술을 드는 것이었다. 그 행동을 보고 '내가 너무 나이가 많아서 젊은이들이 불편하겠구나' 생각하는데, 이번에는 자리를 자꾸 뜨는 것이었다. 가만히 생각해보니 내 앞에서 담배 피우기가 어려워서 그러는 것 같았다. 그래서 "내 앞에서 담배를 피워도 좋으니 자리를 뜨지 말고, 술도 자유롭게 들어 달라. 나는 여러분과 같이 노무현 후보를 대통령으로 당선시키고 싶어 찾아왔는데, 여러분이 나 때문에 자리가 거북하면 이것은 내가 노사모를 돕는 게 아니라 어렵게 만드는 것이다. 담배도 마음껏 피우고 술도 편하게 마시면서 우리 열심히 함께 해보자"고 제안했다.

그 후 내 성격을 알고부터는 노사모의 젊은 남녀 동지들이 '번개'가 있으면 나에게 꼭 연락을 해주어 열심히 따라다녔다. 어느 날은 새벽이 되도록 3차까지 따라다녔는데도 늙은 몸이 피곤하기는커녕 정말로 즐겁고 행복했다. 내가 하고 싶어 하는 일이 이렇게 행복한 것인 줄 미처 몰랐다. 새벽 2, 3시가 지나도록 술을 먹고 노사모 활동을 하고, 다음날 또 다시 노사모 운동에 참여하여 자식 같은 사람들과 어울리니 나도 젊어지는 기분이 들었다. 김대중 대통령이 당선됐을 때는 직접 운동은 하지 않고 지지만 했기에 기쁨도 진하지 않았는데, 노무현 대통령은 내가 노사모로 열심히 활동했으니 그 감격과 기쁨은 정말로 컸다. 아마 내 일생을 통해 이때처럼 행복한 때도 없는 것 같았다.

노사모 모임에서 내 생애에 길이 남을 두 사람의 망년우(忘年友)를 만났다. 이달호 수원역사박물관장과 수원화성박물관 김준혁 학예사다. 노사모 활동을 하며 두 사람과 역사를 이야기하고 정치 식견을 나누면서 즐기는 자리에서 김준혁 학예사가 나에게 중앙대학교에서 2시간짜리 현대사 강의를 한 번 해보라는 권유를 했다. 처음에는 농담으로 받아들여져 "가방끈도 짧은 내가 무슨 강의를 하느냐, 그것도 대학교에서" 하고 농을 하지 말라고 하니까 옆에서 듣고 있던 이달호 선생이 "지금 우리와 하는 현대사 이야기면 강의 자료로 충분히 훌륭하다"면서 부추겼다.

그래서 어느 날 서울의 중앙대학교에서 현대사 강의를 하게 되었다. 꽤 큰 강의실에 100명이 조금 넘는 대학생들이 모여 강의를 기다리고 있었다. 김준혁 선생이 나를 소개하고 나서 강의를 시작했다. 평생 초등학생들과 생활하다 고등학생도 아닌 대학생들을 앞에서 현대사를 강의하니 처음에는 조심스러웠다. 약 2시간 가까이 정신없이 강의를 마쳤다.

사실 강의를 시작하기 전에 내가 수강생들에게 몇 가지 질문을 해봤다. 수강생들의 역사 수준이 얼마나 되는지 알고 싶어서 던진 질문이었다. 그러나 돌아온 대답이라곤 상상을 초월할 만큼 놀라울 정도의 수준 미달이란 생각이 들게 했다. 다행이라면, 내 강의가 끝날 때까지 화장실에 가는 수강생도 없이 모두들 경청을 해주었다는 점이다. '실패한 강의는 아니구나' 싶어 흡족한 기분을 느끼기도 했다.

그 다음 학기에는 중앙대학교 안성캠퍼스에서 또 한 번 강의를 하게 되었다. 그 후 평택 안정리에 있는 미 공군기지내의 한국 공군부대에서 공군 정훈장교가 현대사 강의를 요청해왔다. 내 강의 성격이 군부대에서 하기에는 적당하지 않다고 사양을 하는데도 아무 상관없으니 걱정 말고 해달라는 것이었다. 시간 제한은 어떠한가 물었더니 제한을 두지 않겠다고 했다.

그래서 군부대에서도 강의를 하게 되었다. 그런데 아마 내 강의에 내가 도취된 건지도 모르겠다. 열을 올려 강의를 하다 시간을 보니 어느새 2시간 40분을 넘기고 있었다. 부랴부랴 정리하여 강의를 끝냈다. 그리곤 목을 버려 몇 달 동안은 강연을 할 생각도 못하고 지냈다.

솔직히 강의를 하고 난 감상은 씁쓸함 그 자체였다. 우리 젊은이들이 우리 현대사를 제대로 배우지 못해 너무 무지하다는 생각을 떨칠 수 없었기 때문이다.

### 생애 처음으로 정당에 가입하다

한참 노사모 활동으로 행복한 선거운동을 하는데, 정작 민주당에서는 노사모와 노무현 후보를 지지하기는커녕 일일이 딴죽을 걸었다. 그래서 그때 노사모를 중심으로 참신한 정당을 만들기로 의견이 모아져 2002년 16대 대통령 선거가 끝난 후, 진성당원제를 기반으로 개혁국민정당이 돛을 올렸다.

민주노동당처럼 당원 회비제로 출발하는 것을 보고 '그래, 맞다! 당원이면 당비를 내야 자기 당에 대한 애정이 솟는 법이지' 하는 생각에 내 생애 처음으로 정당에 당원으로 가입을 했다. 그리곤 회비를 내면서 열심히 활동을 했다.

그리고 나는 민언련(민주언론시민연합)이 수원에 생길 때 매원교회 이주현 목사님의 권유로 참여한 후, 고문을 맡아 지금까지 활동을 하고 있다. 월드컵 예선이 벌어졌을 때는 민언련 회원들과 노사모 회원들이 함께 수원 월드컵경기장에서 많은 관람객들에게 안티조선 부채를 나누어주기도 하면서, 젊은 동지들과 열심히 운동을 했다.

이런 일도 있었다. 우리가 한 모퉁이에 모여앉아 안티조선 부채를 조립할 때였다. 체구가 레슬링 선수같이 큰 사람들이 다가와서는 자기들이 《조선일보》 지국을 운영하는 사람들이라며 "왜 조선일보 구독을 반대하느냐?"는 것이었다. 작심하고 안티조선 운동을 방해하려고 온 게 뻔했다.

그럴 때면 내가 늙은 몸을 이끌고 일어나 혼을 내 쫓기도 하면서 젊은 동지들의 방패막이를 했다.

이렇게 열심히 활동하는 동안 16대 대통령 선거는 노무현 대통령에게 값진 당선을 안겨주었다. 그때 그 기쁨이란 이루 다 표현하지 못할 정도였다. 노무현 대통령의 승리가 아니라 우리 모두의 승리란 생각으로 그날 밤 정말로 희열에 가득 찬 기쁨의 눈물을 흘렸다.

2003년 4월에는 일산 덕양갑에서 개혁국민정당 창당을 주도했던 유시민씨가 보궐선거에 출마했다. 그때 나는 수원에서 일산까지 수원 노사모 동지들과 열심히 찾아가 선거운동을 하고, 또 한 번 유시민 의원 당선의 기쁨도 맛보았다.

그 뒤, 열린우리당이 창당되면서 개혁국민정당은 자연 해체되었다. 그런데 열린우리당은 진성당원제를 채택하지 않았다. 그래서 '당비도 내지 않고 이리저리 양지쪽만 찾아 몰려다니는 기회주의적인 지방 정치꾼들처럼 나도 잘못하면 해바라기 정치꾼이 되겠구나' 하는 생각이 들어 열린우리당에는 들어가지 않았다. 아마 열린우리당이 진성당원제로 갔더라면 나도 그때 함께 가지 않았을까 생각한다.

수원 노사모들이 모여 노무현 대통령이 당선된 후 노사모 진로에 대한 대책회의를 한 적이 있는데, 그때 완전히 두 파로 생각이 갈렸다.

'이제 우리가 바라던 대로 노무현 대통령이 당선되었으니 우리 노사모가 대통령께서 정치를 잘하시도록 더욱 열심히 뒤에서 돕자'는 쪽과

'아니다. 이제 대통령께서 가벼운 마음으로 정치를 잘하시도록 우리는 정치에서 손을 떼고 조용히 지켜보자'는 쪽이었다. 나는 입신양명을 위해 노사모 운동을 한 것이 아니라 좋은 정치를 해달라고 한 운동이니, 대통령에게 부담을 주지 않는 것이 좋겠다는 생각이 들어 심사숙고 끝에 후자 쪽으로 마음을 굳혔다.

그래서 개혁국민정당과 노사모 활동 때 함께 정든 동지들 앞에서 솔직한 마음으로 나의 생각을 발표했다.

"나는 오늘로 정든 여러분과 아쉬우나 헤어지겠다. 이제는 수구 꼴통들을 물리치고 보수 쪽에서 정권을 잡았으니 나는 민주노동당으로 찾아가 입당을 하고 가장 세력이 약한 민주노동당을 도와 우리 정치가 수구 꼴통을 제치고 개혁보수인 열린우리당과 진보 세력인 민주노동당이 서로 정책 경쟁을 하며 좋은 정치를 이루는 데 내 작은 힘을 보태보겠다. 나는 여러분과 다른 길을 가더라도, 여러분과 함께 노무현 대통령을 당선시키기 위하여 혼신의 힘을 다했다는 사실과, 함께 흘렸던 감격의 눈물과 행복은 아마 영원히 잊지 못할 것이다."

그때 박수를 치면서 다들 "우리도 신 고문님은 그렇게 하리라고 이미 생각했다"면서 환영하는 분위기였다. 그러나 그 후, 전과 같은 뜨거운 우정이 아니고 좀 서먹하게 돌아선 동지들도 더러 생겼다. 그러나 내 마음은 지금도 그때와 다르지 않다.

### 민족문제연구소 경기남부지부에서 열심히 활동하다

민족문제연구소 수원지부에서 동지들과 열심히 친일문제를 논의하면서 지내는데, 제2대 지부장 서계갑(徐桂甲)씨가 가정 사정상 지부장을 못하게 되었다면서 제3대 지부장으로 경기대학교 정 아무개 교수를 추천하겠다고 했다. 정 교수는 순수하게 운동할 사람이 아니라는 것은 익히 알 만한 사람은 다 알고 있는 처지였다. 정치성이 강해 수원에서 국회의원을 하고 싶어 이 당 저 당, 야당 여당, 가리지 않고 공천을 받으려고 뛰어다니는 사람이었다. 그러니 웬만한 수원 사람들조차 그런 사실을 알 만큼 아는 상황이었다. 그런 사람을 수원 지부장으로 추천한다는 소리가 들려 내가 반대를 하고 나섰다.

"나는 평생 장 자리 한 번 앉아본 적이 없는 사람이지만, 그런 줏대 없는 교수를 지부장으로 추천하여 우리 민족문제연구소 이미지를 구겨놓으면 안되겠기에 그런 교수가 지부장을 한다면 나도 나서겠으니 투표로 결정하자!"고 했다.

그러자 조문기 선생님이 이 소식을 듣고 그 교수와 2대 지부장을 설득했다. 수원지부에서 정 교수를 추천한다 해도 서울에서 인준하지 않을 것이라고 설득하여 그 교수가 포기를 했고, 2004년 10월 26일 내가 3대 지부장으로 취임하게 되었다.

지부장 취임을 10월 26일에 한 것은 일부러 날짜를 그렇게 잡았기 때문이다. 안중근 의사가 이토 히로부미(伊藤博文)를 저격한 날이 1909년 10월 26일이었고, 우연인지 필연인지 그 후 꼭 70년만인 1979년 10월 26일은 김재규 장군이 박정희 전 대통령을 저격한 날이다.

그런 의미를 되새기기 위하여 그날을 지부장 이·취임식 날로 결정한 것이었다. 2대까지는 후원회비를 내는 진성회원도 없어 사무실도 꾸리지 못했으니 경기문화재단 다산홀에서 지부장 취임식을 가졌다.

그런데 뒤풀이 자리에서 이달호 선생을 비롯한 뜻 있는 수원의 여러 동지들이 명칭도 수원지부에서 경기남부지부로 개칭하자면서 "신 선생이 친일파인명사전 발간 운동을 제대로 하자면 돈이 있어야 하니 지금부터 후원회비를 내자"고 하여 거기 모인 사람들이 이에 동의를 하였다. 그 분위기에 힘을 얻어 "내가 진성회원 모집을 하러 다니겠으니 여러분이 후원회원이 될 수 있는 사람들의 명단과 직장 전화번호를 넘겨주면, 내일부터라도 오토바이를 타고 매일 회원을 모집하러 다니겠다"고 약속을 했다.

하루에 대여섯에서 일고여덟 명씩 열심히 찾아다녔다. 그 결과 진성회원이 대강 100명이나 모였고 그 힘으로 사무실도 꾸릴 수 있었다.

그리고 매달 저명한 인사들을 모셔다 강연회도 열었다. 연사로는 작고하신 고 곽태영 선생, 고 권중희 동지, 고 강희남 목사, 박한용 민족문제연구소 연구실장, 평화재향군인회 표명렬 상임대표, 박중기 추모연대 대표, 친일문제 연구가 혜봉스님, 김삼석《수원시민신문》대표, 간도문제전문가 김우준 연세대학교 교수 등을 초빙했다. 그리고 패널을 만들어 격주로 광교산 등산로 앞, 시민공원과 수원역전 등에서 친일파 관련 전시회도 가졌다. 그리고 김찬수 학술부장이 고등학생과 학부모를 인솔하여 역사기행도 자주 다녀왔다.

한편, 이렇게 열심히 활동하면서 2년간 지부장 일을 맡아보니 단체를 더 훌륭히 키우기 위해서는 단체장도 임기가 있는 것이 좋겠다는 생각이 들었다. 그래서 더 머물러야 한다는 주위의 권고를 뿌리치고 만 2년이 되는 날인 2006년 10월 26일, 제4대 지부장에 이호헌 선생을 신임 투표로 선출했다.

이호헌 선생은 고려대학교에서 역사학을 전공하고 고등학교에서 역사를 가르치는 분으로, 3·1 만세운동 때 화성 제암리에서 만세운동을 지휘하다 순국하신 독립운동가 이정근(李正根) 의사의 증손자이다.

그리고는 적은 후원회비를 가지고 상근자를 쓸 수 없어, 지부 상임고문으로 눌러앉은 내가 민족문제연구소의 발전을 위해 잡무를 보았다. 4대 이호헌 지부장 때는 교사들이 진성회원으로 많이 늘었는데, 지금의 5대에는 한선희라는 여성분이 지부장으로 취임하자 여성회원들이 더욱 열성을 보이고 있다. 우리 경기남부지부는 이렇게 임기제가 정착되었다.

### 통일운동단체에도 참가하다

류춘도 선생이 쓴 『잊히지 않는 사람들』 출판기념회장에서 만나 교우하던 비전향 장기수 장병락 선생이 어느 날 할머니 한 분을 모시고 나의 집을 방문했다. 인사를 나눠보니 류금수(柳錦秀) 여사였다.

류금수 여사는 1927년 충북 괴산의 대지주의 손녀로 태어나, 해방 후 청주여자중학교를 다니며 좌익에 몸담고 학교에서 스트라이크를 주도하다 졸업 3개월을 남겨놓고 퇴학을 당했다. 그 후 할아버지의 손에 끌려 서울에 올라와 이곳저곳 여러 학교에 입학을 하고자 했으나 좌익운동을 주도했다는 전력 때문에 모두 거절당했다. 그러다가 이화여자중학교 신봉조(辛鳳祚) 교장이 "여자가 스트라이크를 주도했다고 꼭 나쁜 것은 아니다"라며 입학을 받아줘 이화여자중학교를 졸업했다.

이후 1947년 남로당에서 전국여성동맹 대표로 추천된 뒤 남북 협상 대표들을 따라 월북해 젊은 여자의 몸으로 남북협상에 참석하고, 그 길로 강동정치학교에 입학하여 정치훈련을 받고 김일성대학에 입학하라는 권유를 받았다. 그러나 "남쪽은 아직도 해방되지 않았는데 나 혼자 편하게 유학을 할 수 없다"며 뿌리치고 남쪽으로 내려와 좌익운동을 하다 경찰에 체포돼 옥고를 치른 강인한 할머니였다.

류 여사가 내가 민족문제연구소에서 활동한다고 말하니까, "친일파 척결문제도 중요하지만, 민자통(민족자주평화통일중앙회의)에 나와서 함께 통일운동도 하자"고 권했다. 호기심에 서울 필동에 있는 민자통 사무실에 찾아가 많은 통일운동가들을 만났다. 김규철, 김영옥, 김을수, 소기수, 권오봉, 소륜, 김한덕, 김재봉, 도광호, 홍세표, 그리고 강희남 목사님도 만나서 통일운동에 대해 많은 공부도 했다. 처음 만난 강희남 목사는 80이 가까운 나이를 평생 목사로 사셨다는 분인데, 목사라기보다는 유교를 신봉하는 선비를 보는 듯이 카랑카랑한 인상이었다.

나보고 "수원에서 왔으면 용인 능원에 있는 정몽주 선생 사당을 참

배해봤느냐?"고 묻기도 하시고 "나는 신자에게 한 번도 예수를 믿으라고 한 적이 없다"고 하시기에, "그럼 신자들에게 어떻게 설교를 하셨느냐?"고 여쭈어보니, "나는 예수를 믿으라고 설교한 적이 없이 예수를 따르라"고 설교하신단다.

"예수는 최초의 빈민운동가요, 반체제 지도자인데, 그런 분의 행적을 따라야지, 믿기는 무엇을 믿느냐?"고 노인답지 않게 흥분하시는 것을 보고 큰 충격을 받았다. '옳거니! 이 분이 정말로 진실한 하느님의 종이시고 목사님이로구나!' 하는 생각을 했다.

박정희 유신체제 때 고향인 전북 김제에서 형사들이 강 목사를 집에 감금해놓고 매일 감시를 하고 있었단다. 하루는 강 목사님이 깨끗이 모시옷으로 갈아입고는 대문 앞에서 서성거리는 형사들을 뒤뜰로 데리고 들어가 거적을 들쳐 큰 관을 보여주며 "나는 여차하면 죽으려고 준비까지 한 사람이니 쓸데없는 고생들 하지 말고 돌아가라"고 했다는 것이다. 지금 생각해보니 그때부터 나라를 위해 한 몸 바치겠다는 생각으로 사셨던 모양이다.

국가보안법으로 몇 차례 옥고도 치르며 범민련 초대의장을 지내신 강희남 목사님이, 내가 예감했던 것처럼, 련방통추(우리민족련방제통일추진회의), 양키추방공대위를 이끌며 맥아더 동상 철거 시위를 하던 2009년 6월 6일, 89세라는 고령의 나이로 자택에서 '팔천만 동포에게'라는 마지막 고별사를 남기고 자결하셨다는 소식이 들려왔다. 나는 죄송스럽게도 전주에는 못가고 서울 명동 향린교회에서 조문을 드렸다.

자결을 결심한 강희남 목사가 남긴 동포에게 보내는 마지막 고별사를 들으면서, 좌냐 우냐, 진보냐 보수냐를 떠나, 나라가 망했다는 소식을 듣고 절명시(絶命詩)를 남기고 치사량의 아편을 드시고 생을 마감한 매천 황현(黃玹) 선생이 떠오르는 것은 웬일일까?

1909년 나라가 망한다는 것을 예감한 황현 선생은 병으로 자기보다 먼저 저승으로 간 강화학파의 거장 이건창(李建昌)에게 작별을 고하기 위해 천리 길을 걸어 이건창의 무덤 앞에서 시를 읊는다.

| | |
|---|---|
| 그대 홀로 누운 것 서러워 마소 | 無庸悲獨臥 |
| 살아서도 그대는 혼자가 아니었던가 | 在日己離群 |

고향으로 돌아온 그는 나라가 망했다는 소식을 듣게 되자 아편을 준비했다. 그리고 4수로 이루어진 칠언절구의 '절명시'를 지어놓고는 치사량의 아편을 삼켰다. 그는 유서에 "내가 꼭 죽어야 할 이유가 있어서 죽는 것은 아니다. 나는 벼슬을 살지 않은 포의(布衣)이니 황은이 망극해서도 아니고, 누가 시켜서 죽는 것도 아니다. 500년 선비를 키운 나라에서 나라가 망하는데 스스로 자결하는 선비 하나 없다면, 어찌 통탄할 일이 아니겠는가"라고 썼다. 황현의 '절명시' 첫수만 옮겨본다.

| | |
|---|---|
| 어지러운 세상 부대끼면서 백발이 되기까지 | 亂離滾到白頭年 |
| 몇 번이나 목숨을 끊으려다 이루지 못하였고 | 幾合損生却未然 |
| 오늘은 참으로 어찌할 수 없게 되었으니 | 今日眞成無可奈 |
| 바람에 날리는 촛불만 푸른 하늘을 비추네 | 輝輝風燭照蒼天 |

동학운동이 일어나자 동학교도들을 향해 저 비적놈들을 오뉴월 복날 개 잡듯 때려잡으라고 호통 치던 황현 선생, 의병조차도 부정적으로 보았던 100여년 전의 진정한 보수주의자 황현 선생의 죽음이 왜 반식민주의 통일운동가 강희남 목사의 죽음과 겹쳐질까? 100년 간격의 이념의 차이를 넘어, 시대와의 불화를 하나밖에 없는 목숨과 바꾼 두 분의 애국심이 말이다.

자기 목숨을 조국을 위해 스스로 끊는 황현도 몸속으로 약 기운이 퍼져갈 때 동생에게 웃으며 고백했다. "죽기도 쉽지 않아. 내가 약을 마시려다 입에서 약사발을 세 번이나 떼었어. 내가 그런 어리석은 사람이라네." 그 얼마나 인간적인 고백인가? 그 고백의 말이 내 귀에도 지금 이명으로 들리는 것 같다.

그 후 시간이 있으면 장병락 선생과 여러 장기수 분들이 함께 기거하는 갈현동 〈만남의 집〉도 자주 찾아가 우용각, 박완규, 김익진, 양정호 선생들과도 교우하며 지냈다. 그러던 중 비전향 장기수 선생들이 머지않아 북으로 송환된다는 소식이 들려왔다.

그 동안 든 정도 있어 송별회나 열어주고자 권중희 선생과 함께 갈현동 〈만남의 집〉을 찾아갔다. 내가 "보신탕 잘하는 집에 가서 단고기나 먹자"고 제의하자, 여러 장기수 선생들이 "그렇게 비싼 것은 그만두고 중국집에서 간단히 짜장면이나 먹자"고 말려 도리 없이 가까운 중국요리 집으로 갔다. 짬뽕을 주문하고 잡채와 탕수육, 배갈을 몇 병 시켜놓고 간단히 송별연을 대신했다.

회식이 끝나고 나오는데, 요릿집 젊은 주인이 술은 자기가 서비스하는 것이니 음식 값만 내란다. 왜 그러느냐고 물어보니, "여기 오신 할아버지들은 여느 할아버지들과 다르다는 생각이 들어 술을 내가 서비스하고 싶다"는 것이었다. 그래서 고마움을 전하며 음식 값만 내고 나와서 헤어졌다.

민자통에 나가면서 정신대에 끌려가 성노예로 짐승처럼 살아오신 할머니들의 비극도 알게 되고, 일본대사관 앞에서 계속 이어진 항의 데모에도 가끔 참가했다. 일본의 양심세력까지 자비로 일본에서 건너와 자기 나라 대사관 앞에서 정신대 할머니들에게 사과하라는 항의집회를 하는데, 우리들의 양심은 어디로 실종되었는지. 그날 내가 참여했던 730회 집회도 너무나 초라했다.

권오헌 선생이 이끄는 양심수후원회가 매주 파고다공원 앞에서 주관한 목요집회에도 참여해보고, 후원회원으로 가입하여 열심히 지원도 했다. 그런데 건강이 문제였다. 건강이 나빠지면서 지팡이 없이는 걷기가 어려울 정도였다. 서울까지 다니기가 힘드니 도리 없이 민자통 통일일꾼 선생님들에게 아쉬움을 전해야 했다. 건강을 추스르면서 수원에서의 활동에 전념해야겠다고 했다.

이후에는 민족문제연구소 경기남부지부에서 여러 시민단체들과 연대활동을 하면서 내 나름대로 친일파 문제에 열심히 매달렸다.

## 31. 평양방문기

**조선민주주의인민공화국 수도, 평양에 가다**

2005년 9월, 7살 어린 나이에 뛰놀던 평양을 70년 만에 다시 방문하게 되었다.

남과 북이 적의를 버리고 한 민족으로써 우리끼리 자주통일을 이루자는 6·15 공동성명이 발표되면서 남북관계에 새로운 물꼬가 트이고 서로 왕래까지 할 수 있게 된 덕택이었다. 평양에서 9·9절 행사의 일환으로 펼쳐지는 아리랑 공연을 보려고 100여명의 우리 일행이 아시아나 비행기에 실려 오전 10시경 김포 비행장을 떠났다. 이렇게 가까운 거리를 오도 가도 못했다니……. 굴곡진 우리 현대사가 야속하기만 했다.

평양은 사실 내 고향도 아니고 연고도 없는 곳이다. 단지 어린 시절 2년간 살았다는 것밖에는 특별한 인연도 없다. 그런데도 이렇게 마음이 설레는데, 고향을 북에 두고 온 이산가족들은 60여년을 얼마나 응어리진 마음으로 살았을까 하는 생각이 들어 착잡하기도 했다.

어느새 평양 순안비행장에 도착한다는 안내방송이 들린다. 비행기에서 내려다보니 누렇게 벼가 익은 황금들판이 평화로워 보인다. 하나도 다를 게 없었다. 누런 들판을 보니 정말로 우리는 하나로구나 하는 생각이 가슴을 울려오는 것이다.

순안비행장에 내렸더니 제일 먼저 비행장 건물 정면에 걸려있는 김일성 주석의 커다란 사진이 우리를 맞는다. 한 나라의 수도인 평양에 들어서는 관문치고는 너무도 초라하고 한가롭다.

남자 안내원들의 안내를 받으며, 같이 간 매원교회 이주현 목사와 민주노동당 수원시당 강신숙 여사와 서서 버스가 오기를 기다리는 동안, 우리와 함께 내린 젊은 남녀가 담배를 피우기 시작한다.

그런데 입고 있는 바지가 북쪽 인민들이 싫어한다는 청바지다. 그것도 여자의 바지는 얼기설기 찢어져 무릎 살이 다 튀어나오는 바지다. 우리의 눈에는 익숙해졌다지만, 폐쇄된 삶을 살던 북쪽 동포들의 눈에 어떻게 비칠까? 내가 늙은 탓일까? 저 젊은 사람들의 자유분방한 행동이 내 눈에는 진정한 자유라기보다는 방종으로 비친다. 남들이 예사로 보아 넘기는 이런 사소한 일을 비판적으로 보니, 아마 그래서 젊은이들이 나를 유교적 사회주의자라고 하는가 보다. 그나마 봉건적 사회주의자라고 하지 않으니 다행이란 생각이 든다.

3대의 관광버스를 타고 평양시내에 들어서니 자동차도 별로 없고 오가는 사람들도 별로 보이지 않는다. 그리고 인민공화국 창설을 기념하느라 대로변 전신주마다 붉은 천에 노동자의 상징인 낫과 망치 그리고 펜이 그려진 깃발들이 줄을 이어 끝없이 걸려있다.

내 옆에 동승했던 60대 여인은 나를 보고 저게 무슨 깃발이냐고 묻더니, 자기는 저 붉은 천에 낫과 망치의 그림을 보면서 무서운 생각이 든다고 했다. 그래서 저것은 사람을 해치는 무기가 아니라 농사를 짓는 농민과 노동자를 상징하는 연장 그림이니 무서워하지 않아도 된다고 말해주었다.

이것이 한 나라의 수도인가 믿기지 않게 한가롭고 조용하다. 나중에 안 일이지만, 북쪽에는 백수(실업자)란 없고 모두 직장에 다니기에 낮에는 거리가 한산한 것이었다. 아침저녁 출퇴근 시간에는 직장에 가는 사람들로 우리나라 재래시장 통같이 길이 붐빈다. 마치 개미들이 지나가는 것처럼 줄지어 가면서 남쪽에서 온 우리를 알아보고 열심히 손을 흔든다. 보통강호텔에서 정갈한 한식을 먹었다. 14층 건물인 이 호텔의 내부시설은 고급스러움과는 거리가 먼, 소박하다는 인상을 주었다.

일정에 따라 첫 번째 관광코스인 만경대로 향했다. 평양에서 서쪽으로 있는 만경대에 도착하자, 그 곳 안내원은 김일성 주석이 태어나 어린 시절을 보낸 곳이 이 만경대로, 조선 인민의 마음의 고향이며 조선 혁명의 요람이라고 소개했다.

그런데 김일성 주석 생가 안내원의 설명이 새로웠다. 1948년 남북협상을 위하여 북으로 입국했던 김구 선생님의 관한 이야기다.

만경대 안내원의 설명에 의하면, 조선의 여느 농가에서도 볼 수 있는 추녀 낮은 초가집이 김일성의 생가임을 알게 된 김구 선생은 놀라지 않을 수 없었단다. 장군의 고향집이라면, 으리으리하게 치장해놓고 무장한 군대가 엄하게 경비를 하고 있을 거라고 생각했던 것이다. 그런데 정작 와보니 오랜 세월 모진 풍파에 찌든 초가집 모습에다 군인은 찾아볼 수 없었단다.

그가 더욱 놀란 것은 이 소박한 초가집에서 김일성 장군의 할아버지이신 팔순의 김보영 선생이 오랜 농사일에 시달린 모습 그대로 일손을 놓지 않고 사는 모습이었다.

고향집 싸리문 밖에서 울타리를 엮고 계시던 할아버지를 뵙게 된 김구 선생은 몹시 놀라시면서 황급히 정중하게 인사를 드렸다. 할아버지는 김구 선생의 손을 굳게 잡으시며 "선생님이 오셨다는 소식을 들었습니다. 이렇게 만나니 참으로 반갑습니다. 먼 길을 오셔서 큰일을 하시느라고 수고가 많으시겠습니다"라고 말했다.

가슴이 뭉클해진 김구 선생은 할아버지의 거친 손을 꼭 잡고 감동의 눈빛을 감추지 못한 채 "장손이 장군이신데 여생을 편히 쉬지 않고 이렇게 고생을 하십니까?"라고 물었다. 김보영 선생이 햇볕에 그을린 주름 많은 얼굴에 따뜻한 미소를 지으면서 대답했다.

"내 손자는 그렇지만 나는 농민이오. 예로부터 농사는 천하지대본 (天下之大本)이라 했는데, 우리가 농사를 잘 지어야 손자가 보는 정사가 잘 될 것이 아니요?"

김구 선생은 이 말에 크게 탄복하여 이루 헤아릴 수 없는 준엄한 감정에 휩싸여 아무런 말도 하지 못하다가 혼잣소리로 '김일성 장군은 행복한 민족의 지도자이시다' 하고 중얼거렸다는 것이다. 이러한 이야기의 사실 여부는 지금 뭐라 말할 수 없다.

그러나 오늘날에도 만경대에 있는 김일성 생가를 구경하러 찾아오는 북한 주민들의 행렬이 끊이지 않고 있다. 이 넓은 정원이 먼지 하나 없을 정도로 깨끗이 청소되어 있는 것을 보면, 북한의 주민들이 이곳을 얼마나 중히 여기는지 알 것도 같았다.

만경대 관광을 마치고 평양시내로 향했다. 관광버스로 대동강을 건너면서 대동강 다리 밑으로 저 멀리에 정박시켜 놓은 미국의 정보수집함 푸에블로호가 보였다. 세계의 최대 강국인 미국이 어쩌다 이렇게 작은 나라한테 푸에블로호를 압류당해 저런 치욕과 곤욕을 치르고 있을까? 그것을 보면서 100여년 전 통상을 요구하며 대동강으로 침범했던 미국 제너럴셔먼호가 분노한 평양 민중들의 불세례를 받던 역사와 겹쳐지는 것이다. 북쪽 동포들의 자존심은 정말로 알아줘야겠구나! 하는 생각을 하면서 당나라와 수나라의 대군을 물리친 선조들의 위대한 업적을 이어받은 빛나는 고구려 후손이란 생각을 했다.

## 직업에 귀천이 없는 나라 조선민주주의인민공화국

관광하는 곳마다 한복으로 곱게 차려입은 여자 안내원들과 만나 그들이 설명하는 이야기를 듣고 나서 "안내원 선생! 선생의 남편 되시는 분의 직업은 무엇이냐?"고 물어보았다. 그러자 안내원들은 서슴없이 자기 남편의 직업을 말했다. "나의 가장 말이외까? 초급 의사입네다." 옆에 있는 안내원에게도 물으니 내 말이 끝나기도 전에 아무렇지도 않게 "미화원이야요" 하는 것이다. "그럼 아이들은 몇이냐?"고 물으니 "둘입니다" 한다. 내가 만나는 안내원마다 하나같이 자식이 둘이란다. '남북이 하나같이 자식을 많이 낳지 않는구나, 이래서는 안 되는데……' 하는 생각을 했다. 어느 안내원에게 가족은 몇이냐고 물으니, 시부모님과 함께 살며 모두 여섯 식구라고 대답한다. 그래서 언젠가 누구한테서 들은 생각이 나서 짓궂은 질문을 던졌다. "여기서는 시아버지를 부를 때도 시아버지 동무라고 부른다면서요?" 그러자 "그게 무슨 말입네까? 시아버지보고 동무하고 불렀다간 기 날루 쫓겨나디오" 하면서 소리 내어 웃는 것이다. 그래서 나도 같이 웃으면서 '남북이 같은 동포임에는 틀림이 없구나' 하는 생각을 했다.

순안비행장에서 남쪽에서 함께 온 젊은 여자가 담배를 피우던 생각이 나서 물었다. "선생은 담배를 피울 줄 압니까?", "여자가 담배는 무슨 담배, 못 피웁네다." 하나같이 못 피운다는 대답이다. 그래서 내가 "아니, 남녀평등인데 여자라고 담배를 피우면 안 된다는 것은 남녀평등에 어긋나는 것이 아니냐"고 다그치니, 안내원의 대답이 "우리 공화국에서는 김정일 국방위원장께서 여자들은 남자들과는 달리 아이들을 낳는 귀한 몸을 가졌으니 태아의 건강을 위해 담배를 피우지 않는 것이 좋겠다는 담화를 발표한 뒤, 여자들은 스스로 담배를 끊고, 지금 공화국 안에 여자는 단 한 사람도 담배를 피우는 사람이 없다"고 대답하는 것이다. 김정일 국방위원장 말 한마디에 북한의 모든 여성들이 자발적으로 담배를 끊었다니 도저히 믿기지 않는 이야기이다. 이런 것을 자발적이라고 해야 하나, 아니면 독재의 힘이라고 해야 하나? 이해할 수 없다.

### 5·1 국제경기장에서 아리랑 공연을 관람하다

저녁식사를 끝내고 우리는 그 유명한 '아리랑 공연'을 보기 위해 서둘러 능라도 5·1 국제경기장으로 들어갔다. 우리 일행이 공연장에 들어서자 어떻게 알았는지 먼저 와서 광장을 꽉 메우고 기다리던 많은 평양 시민들이 일제히 기립박수로 우리를 환대했다.

2시간 이상 공연하는 동안, 우리 건너편에 앉은 2만여명의 학생들이 한 사람의 실수도 없이 갖가지 구호를 만들며 공연을 보조하는 것은 놀랍다 못해 신비롭다는 생각마저 들었다. 여러 가지 단체 무용, 혁명가요 등을 부르며 무대가 언제 바뀌었는지 모르게 공연을 펼친다.

2부 공연에서는 김일성 주석이 어린 나이에 항일운동을 하기 위해 만경대 집을 떠나 만주로 가는 길에 함박눈이 펑펑 내리는 장면이 펼쳐졌다. 내 생전 이런 공연은 처음이고, 인간의 힘으로 이런 공연도 할 수 있다니 놀랍기만 했다.

남쪽에서 관람 온 관광객 중에 어느 나이든 사람은 비디오로 열심히 촬영을 하면서 감격에 겨워 울기도 했다. 반대로 "저렇게 공연을 하려고 얼마나 무섭게 아이들을 고생시켰을까? 연습하느라고 죽어났겠다" 하는 사람도 있었다. 같은 공연을 보면서도 시각이 이렇게 다를 수가 있다니, 어느 쪽 시각이 올바른 것일까? 어려운 숙제라는 생각을 했다.

1박 2일의 평양 관광비가 100만원이었는데, 그 중에 아리랑 공연 관람비가 30만원이라고 해서 공연을 보기 전에는 나도 '뭐 이렇게 공연비가 비싸냐'는 생각을 했었다. 그런데 그 공연을 보고 나서 공연비가 비싸다는 사람은 없었다. 그만큼 참으로 대단한 공연이었다.

아리랑 공연이 끝나고 우리는 숙소인 보통강 호텔로 돌아와 각자 취침 전 자유 시간으로 들어갔다. 사실 나는 아들과 함께 한 관광이라 내가 좋아하는 평양 들쭉술도 마음껏 마시지 못했다. 내일 관광을 위해 술을 조금만 드시라는 자식의 당부 때문이었다. 식당에 들어가 불고기 한 접시를 시키고 들쭉술 한 병을 시켜 석 잔의 술로 노독과 어릴 적 평양의 향수를 풀고 잠자리에 들었다.

아침에 일어나 창밖으로 내다본 거리에는 각자 직장을 찾아가는 평양 시민들이 부지런히 떼 지어 걸어가는 모습이 장관을 이룬다. '아! 저래서 낮에는 거리에 사람이 보이지 않았구나!' 일제 때 풍경을 보는 것 같았다.

아침 일찍 서둘러 고구려의 시조 동명성왕의 능을 참배하러 나섰다. 동명성왕릉에서 가까운 어느 큰 절을 먼저 관광했다. 사찰인데도 스님들이 별로 눈에 띄지 않았다. 남쪽에서 자주 보는, 살집이 좋아 부유해 보이는 스님이 아니라, 농군처럼 손이 거칠고 얼굴색도 노동을 하여 검게 탄 것 같은 몸이 바싹 마른 분이 승복을 입고 우리를 맞아주었다. 사찰도 남쪽의 사찰처럼 부유한 느낌이 전혀 나지 않는다. 북쪽도 종교가 있다는 상징으로 사찰이 있는 것 같다는 생각도 든다.

사찰을 돌아보고 그 곳에서 가까운 동명성왕의 능을 관광했다. 능 앞에 펼쳐진 넓고 웅장한 소나무 숲에서는 대학생으로 보이는 사람 몇이 한가하게 그림을 그리고 있다. 동명성왕릉 앞으로 문관과 무관의 석상이 나란히 서있는데, 다른 능에서 본 것보다는 신하들의 석상이 유난히 우람하다.

1박 2일짜리 관광이라 시간에 쫓기다보니 점심은 평양의 유명한 단고기와 냉면 두 곳으로 갈라져 먹기로 했다. 나는 평양을 떠나온 지 70여 년 만에 평양에 왔으니 평양냉면을 꼭 다시 먹어보리라 생각했는데, 일정이 짧아 냉면은 먹지 못하고 그 유명한 평양 단고기로 점심을 대신 했다. 사실 나는 개고기를 무척 좋아한다.

남쪽의 보신탕은 평양의 단고기와는 비교가 안 되었다. 무슨 개고기가 그렇게 맛있는지, 그 유명하다는 단고기 집에서 요리가 나오는데 매번 군침부터 돌았다. 처음에는 단고기 껍질을 내놓고 다음에는 단고기 갈비, 그리고 마지막에 탕국과 밥이 나온다. 탕국은 양념도 우리처럼 많이 주지 않는데도 아주 맛이 있었다. 서울에서 먹는 개고기 요리 하면, 주로 탕과 찜, 그리고 수육, 무침 정도만 알고 있다. 그런데 평양의 단고기 집에서는 개고기로 36가지 요리를 만든다고 들은 바가 있었다.

그래서 공훈 요리사 대접을 받는 분이 있다고 알고 있던 터라 "그 분이 어느 분이냐"고 물어보니, 젊은 여자 안내원 동무가 "왜 36가지뿐입네까. 60가지 요리를 개발했시요. 저기 서있는 저분이 우리 공화국 공훈 요리사입네다"라며 안쪽에 50이 좀 넘은 듯한, 한복을 곱게 차려입고 주방을 지휘하고 있는 여자를 가리키는 것이었다. 그 여러 가지 단고기 요리를 다 시식했으면 좋으련만 시간이 허락지 않아 아쉬움만 남기고 돌아왔다.

그 뒤 북쪽 냉면이 먹고 싶으면, 수원 권선구 화서시장에서 한일희씨 부부가 운영하는 백두산 상회(조선 특산물 상회)를 자주 찾는다. 그곳에선 북에서 직송해온 냉면을 살 수가 있다. 그렇게라도 해서 먹으면 어릴 때 먹던 맛있는 기억이 조금은 되살아난다.

### 평생 교육장인 인민대학습당을 구경하다

오후에는 인민대학습당 관광을 했다. 평양의 남산재에 세워진 이 인민대학습당은 1982년 4월 1일에 개관했다고 하는데, 저 앞으로 대동강이 흐르고 그 사이에는 김일성광장이 펼쳐져 있다. 이 학습당을 등지고 봤을 때, 전면의 김일성광장을 중심으로 왼쪽에는 조선중앙역사박물관과 평양제1백화점, 오른쪽에는 조선미술박물관 등이 자리하고 있다. 대단히 웅장한 조선식 건축물로 연건축면적은 10만m²이며, 장서가 3

천만권에 달한다고 한다.

　인민대학습당 안으로 들어서니 음악실에서 많은 사람들이 귀에 이어폰을 끼고 조용히 명곡을 감상하고 있다. 안내원이 상냥하게 "선생님도 한 번 들어보시라요" 하면서 이어폰을 건네주는데, 음질이 상당히 좋다는 생각만 했을 뿐, 원래 음악에는 문외한이라 바로 안내원에게 이어폰을 넘겼다.

　아침 9시부터 저녁 9시까지 문을 열며 만 17세 이상 북한 인민은 누구나 이용할 수 있단다. 다양한 도서와 참고자료가 많아 주민들의 학구적인 욕구를 충족해주고 있으며, 1천명의 봉사요원이 일하고 있다. 오전에 5천석의 자리가 다 채워지고, 오후에는 도서관을 이용하는 이외에 여기서 개최하는 강의를 듣거나 전문가들의 토론회에 참가하기 위해 1만 2~3천명의 인민들이 몰려온다고 한다.

　이 인민학습당은 우리의 도서관과 다른 점이 있었다. 규모가 규모니만큼 도서관 사서가 200명이라는 건 그럴 수 있겠다 싶었는데, 전문지도교수 150명과 번역사 250명을 따로 두고 있다는 것이었다. 그리고 녹음기사도 250명이 있다고 했다. 전문교수 문답실과 번역도서실을 운영해 인민들의 학습 욕구를 자극하고 충족시켜주는 역할을 하고 있었다. 이 교수 문답실은 도서관을 사용하는 사람들이 공부나 연구를 하다가 모르는 것이 나오면 그 분야의 전문지도교수를 찾아가 질문을 할 수 있는 제도이다. 인민학습당을 구경하면서 바로 이것이 평생교육제도라는 생각이 들었다.

　1박 2일의 짧은 일정이라 인민대학습당 관광을 끝으로 아쉽게도 수박 겉핥기식 평양 관광을 마쳐야 했다. 아쉬운 마음을 뒤로 한 채, 순안 비행장으로 돌아와 아시아나 항공편으로 김포공항에 도착했다.

## 32. 지금의 나의 삶

### 안두희를 추적한 권중희 선생에 대한 기억

서울 제기동 민족문제연구소에서 조문기 선생님을 만났다. 점심을 함께 하는 자리에서 조 선생님이 "신 선생, 내일 시간이 있으면 매향리 좀 갑시다. 내일 거기 미군 폭격장에서 여러 시민단체들이 모여 시위를 한다는데, 내일 수원 ○○다방에서 11시에 만나서 함께 갑시다"라고 했다.

다음날 11시에 ○○다방에 들어서니 조문기 선생님 앞자리에 권중희(權重熙) 선생이 앉아있었다. 조문기 선생님을 보고 "많이 기다리셨느냐"고 인사를 드리고 권중희 선생에게 "실례한다"고 인사를 하고 자리에 앉았다. 조문기 선생님이 서로 모르느냐면서 인사들이나 하라고 하여, "권 선생님은 나를 잘 모르겠지만, 나는 권 선생님이 쓰신 『백범 살해범 안두희』란 책을 읽으면서 이미 선생을 잘 알고 있다"고 하니 권 선생이 아주 반가워했다.

매향리 폭격장에 들러 매향리 사람들의 비참한 생활 이야기를 듣고 깜짝 놀랐다. 폭격 소리에 놀라 임산부가 유산하는 일도 수없이 많고, 가는귀가 먼 사람도 많다고 했다. 그리고 정신착란을 일으킨 사람, 우울증을 앓는 사람들도 많다고 했다. 그런 극심한 피해를 입고도 군사정권에서 감히 말 한마디 못하고 살다가, 그래도 민주화 바람이 불어서 시민단체들과 함께 폭격장을 폐쇄하라고 이만큼이나마 소리를 낸다는 것이다. 국민들과 여러 시민단체들의 항의에 이제는 폭격장이 폐쇄됐으니 그나마 매향리 사람들에게는 다행이란 생각이 들었다.

매향리 폭격장 시위에 함께 참여한 인연으로 권중희 선생과 가까워져 어느 날 양주에 사는 권 선생 집을 방문한 적이 있다. 가보니 일반주택이 아니었다. 어느 뜻있는 사람이 집도 없이 살아가는 권 선생의 처지를 안타깝게 생각해 옛날 소를 기르던 우사를 빌려준 것이었다. 우사를 개량한 초라한 방 속에도 이 구석 저 구석에 많은 책들이 보였다.

그는 어려서 『백범일지』를 읽고 안두희(安斗熙)를 응징하겠다는 생각을 갖게 되어 평생 안두희를 찾아다녔다고 한다. 역시나 권 선생도 책을 가까이 하다 백범의 암살에 분노했고, 그 분노가 일생을 고행길로 들어서게 했다는 생각을 했다. 한여름에 비닐 위로 내려 쪼이는 햇빛 때문에 실내가 얼마나 무덥던지 숨이 막힐 것 같아 내가 나가자고 하여 간이음식점으로 나왔다.

직업도 다 팽개치고 김구 선생님의 원수를 갚겠다고 평생 안두희를 찾아다니느라 가정을 돌보지 못해 그 젊지 않은 나이에 집 한 칸도 없이 남의 우사에서 사는 것을 보니, 이것도 우리가 해방정국에서 친일파를 척결 못한 업보란 생각이 들어 마음 한편이 아려왔다.

내가 본 권 선생은 참으로 열정적이고 분노를 억제하지 못하는 성격이었다. 그래서 주위에 별로 사람들이 가까이 모이지 않는 것 같았다. 하지만 그런 성격이 아니었다면 안두희를 추격하는 일도 아마 중도에 포기하지 않았을까 싶다.

인천 자유공원에 맥아더 동상이 50년째 위엄을 자랑하고 서있다. 남의 나라의 장군이 아름다운 공원에 서있는 게 별로 좋아 보이지도 않고 민족적 자존심이 상했다.

임진왜란 때 우리나라를 왜군으로부터 지켜줬다는 명나라 장수 이여송(李如松)의 사당이 곳곳에 있다는 말을 듣고, 일찍이 참으로 한심하다는 생각을 했었다. 당시 명나라 군대가 조선을 지켜준 게 아니었다. 왜놈들보다 오히려 더 우리 민중을 학살하고 약탈했던 게 명나라 군대였다. 그런데도 왜놈에게 망할 것을 명나라가 조선을 살렸다고 재조지은(再造至恩)이라며 이여송의 사당을 많이 지었다는 것이다.

그것이 무슨 좋은 전례라도 되는지 미국의 장군까지 동상을 세웠으니 어딘가 자존심이 상하는 기분이 들던 차에 2005년 5월, 강희남, 박창균 목사와 김수남씨 등 련방통추(우리민족련방제통일추진회의)의 19명의 늙은 회원들이 인천 자유공원 앞에서 천막을 치고 맥아더 동상을 철거하라고 장장 69일간이나 이어진 농성을 시작했다.

숙식은 동인천역 부근의 송현샘교회에서 제공한다는 소식을 듣고 어느 날 나도 격려차 자유공원을 방문한 적이 있는데, 권중희 선생도 거기에 참석하고 있었다. 그런데 맥아더 동상을 철거하라는 시위에 우리는 100여명이 모였는데, "빨갱이로부터 맥아더 동상을 수호하자"고 모인 극우 시위대는 황해도 도민회, 재향군인회 등 거의 2천여명에 달했다. 늙은 몸에 군복을 입고 가슴에 훈장을 주렁주렁 매단 그들은 맥아더 동상에 화환을 바치며 제를 지내곤 우리를 향해 술병과 각목을 던지면서 빨갱이 새끼들을 죽이라고 욕을 해댔다. 우리는 경찰관들의 경호를 받으며 겨우 공원을 빠져나와 인천 차이나타운의 모 중국음식점에 모였다.

거기서 갑론을박이 벌어졌는데, 권 선생이 "노인들이 이렇게 매일 고생을 할 것이 아니라, 오늘 밤에 맥아더 동상을 폭파해버리면 되지 왜 이 고생을 하느냐"고 언성을 높이는 것이었다.

그래서 내가 "그까짓 동상 폭파하는 게 무슨 문제냐? 그렇게 생각 없이 폭파하는 것은 모험주의가 아니면 영웅주의로, 오류를 범하기 쉽다. 우리가 맥아더 동상을 폭파하면, 아마 그날로 맥아더를 자기 조상처럼 모시는 주체성 없는 사람들이 더 크고 좋은 맥아더 동상을 세울 것이다. 우리는 지금 맥아더 동상을 파괴하는 게 목적이 아니다. 자주국가인 우리나라의 공원에 맥아더 동상을 세워놓은 것은 자주 국민의 자존심이 허락하지 않는 일이라는 것을 국민들에게 주지시켜주는 게 더 중요하지 않겠냐?"고 했다. 그러자 권 선생은 내 말이 마음에 들지 않았는지 도중에 사라져버렸다. 이런 것이 권중희 선생의 불같은 단면이다. 외골수였고, 이렇게 매사 자기 성질대로 행동하는 사람이었다. 그래서 의로우나 외로운 사람이란 생각이 든다.

**선열들의 묘소를 열심히 참배하다**

어느 날인가 《한겨레》 신문을 읽다가 "고 김재규 장군의 제사를 해마다 지내주는 모임이 생겨, 경기 광주 오포면 삼성묘역에서 제사를 지낸다"는 광고를 보았다. 그 광고를 보다가 김재규 장군에 대해 한참을 깊이 고민해보았다. '김재규 장군이 정말 제사를 지내야 할 사람인가? 흔히 말하는 박정희 독재정권의 2인자로, 한때 우리 역사에 죄를 지은 사람 아니던가?' 내 머리로는 정확한 판단이 바로 서지 않았다.

손충무(孫忠武) 기자가 쓴 『형님! 나는 한다면 합니다』와 김대곤(金大坤) 기자가 쓴 『10·26과 김재규』라는 책을 떠올렸다. 이미 읽은 책이라 쉽게 생각났으나 오래 전 일이었다. 그래서 큰 제목을 대충 훑어보고, 궁금한 부분만 뽑아 찬찬히 다시 읽어보면서 생각을 정리했다. 결론은 '김재규 장군의 제사에 동참하는 것도 의미 있는 일'이라는 생각이었다. 그래서 김재규 장군 제사에 참여하게 되었다.

대단히 무더운 여름에 땀을 비 오듯 흘리면서 몇 번을 쉬어 묘소까지 올라갔다. 군부 권력의 압력으로 묫자리를 얻기 어려워 이렇게 깎아지른 절벽 같은 곳에 간신히 묘소를 만들었단다.

지팡이에 의지해 어렵게 도착하니, 멀리 전남 광주에서 꼭두새벽부터 서둘러 올라온 많은 사람들이 정갈한 음식으로 제사를 준비하고 있었다. 그리고 민주화운동기념사업회 이사장이자, 천주교정의구현사제단을 대표한다고 할 수 있는 함세웅 신부님이 제사를 집전했다. 나도 정중한 마음으로 참배를 드리고 점심을 얻어먹었다.

묘비에는 '장군'이란 글자가 있었는데, 누군가 징으로 글자를 지우려

한 흔적이 역력했다. 곰곰이 생각해봤다.

'대통령을 시해하고서야 살아남기 어려운데 왜 대통령을 시해했을까? 무모함일까? 정말로 목숨을 걸고 나라를 위해 감행한 의거였을까?' 그러나 세상을 달관하고 권력도 누릴 만큼 누린 사람이 그렇게 무모한 모험을 할 것 같지는 않다는 생각이 들었다. 또 항간에서는 미국의 지령을 받고 저지른 무모한 행동이었다는 말까지 떠돌기도 했다.

부산·마산 시민들이 "독재타도! 유신반대!"를 외치며 30만이나 거리로 쏟아져 나왔다는 김재규 중앙정보부장의 보고를 옆에서 듣던 차지철은 "캄보디아의 폴 포트는 200만명을 죽여도 정권이 끄덕하지 않았는데, 30만 부산시민쯤이야 새 발의 피다. 그까짓 거 30만명쯤이야 탱크로 밀어붙이면 된다"는 망언을 서슴지 않았다고 한다.

'이를 보고 무고한 부산·마산 시민을 구하겠다는 일념으로 일으킨 의거일까? 광주에서 온 저 사람들은 어떤 판단으로 이렇게 정성을 다해 제사를 지내는 일을 힘든 줄도 모르고 할 수 있을까?'

사실 그때까지도 내 머릿속에는 김재규 장군의 역사에 대한 공과를 확실하게 정리하지 못한 상태였다. 그런데 올라온 사람들을 보면서 '여하간 옳고 그름을 가리기 전에, 역사의식이 있는 분들이구나' 하는 생각에 존경스러웠다.

그 제사를 계기로 나는 선열들의 묘소를 참배하는 것이 좋은 일이란 생각으로 여러 번 김재규 장군의 묘소에서 행하는 제사에 참석했고, 조봉암 선생의 제사도 참석하면서 우리 현대사를 다시 생각하는 계기를 이어갔다.

### 강제가 아닌 자생적 재향군인회, 평화재향군인회 활동

전 육군정훈감 육군 준장 표명렬(表明烈)이란 사람이 TV 토론에서 토론을 하는 것을 우연히 보고 새로운 충격을 받았다. '아니 우리나라 장군 출신 가운데도 저런 진보적인 생각을 가진 사람이 있단 말인가. 장군으로 예비역이 되었으면 성우회(星友會)니 육사 동기회니, 하면서 죽을 때까지 기득권을 마음껏 누리고 살다 죽을 수 있을 텐데……, 저 사람은 진정 우리 군의 개혁을 위하여 용기 있게 바른 소리를 하는 사람이구나' 싶어 마음속으로 지지를 보냈다.

그러던 차에 2005년 9월, 백범기념관에서 표명렬 장군과 부산에 사는 병장 출신 김상찬(金相讚) 통일운동가, 두 분이 이색적으로 상임공동대표로 추대되어 많은 내외 인사들의 환영 속에 평화재향군인회의 막을 올렸다.

내외 귀빈들이 성황을 이룬 그 자리에서 평군(평화재향군인회)은 "헌법 전문의 정신에 따라 조국의 뿌리인 대한민국 임시정부가 창설한 광복군의 항일 독립정신을 이어받아 조국의 민주, 자주, 평화 통일에 이바지하고, 재향군인들의 실직적인 복리증진과 군 개혁을 통해 국민적 신뢰를 받는 군대를 만드는 운동에 앞장서는 것을 그 목적으로 삼는다"는 취지를 선포하였다.

재향군인회가 하는 일에 늘 불만이 많던 차에 평화재향군인회가 출범하는 것을 보고, 이것이야말로 강제성을 띤 단체가 아니라 자생적으로 생긴, 군 개혁을 위한 참신한 재향군인회란 생각이 들어 나도 그 길에 동참을 했다.

재향군인회 회원이 700만이라고 자기들 입으로 자랑삼아 떠들어대지만, 상층부 장군 출신들이나 영관급으로라도 지낸 사람들이 아니면 누가 자발적으로 재향군인회 회원이 되었겠는가. 사병출신들이야 재향군인회가 있는지도 모르다가 군복무를 마치고 제대할 때 알 게 되는 경우가 태반이었을 것이다. 그것도 무조건 재향군인회 회비를 내라고 강제 징수를 하니 어처구니가 없는 일이기도 했다. 그 후 예비군 훈련을 받으러 가면, 또 재향군인회 회비를 내라고 징수를 당한 기억이 생생하리라. 그렇게 강제로 가입시켜 징수한 돈으로 재향군인회원들을 위해 무엇을 해줬는지 묻고 싶다.

간혹 시국이 시끄러우면, 군복을 입고, 웬 놈의 훈장은 또 그리도 많은지 가슴에 치렁거리는 훈장을 단 채, 태극기와 성조기를 섞어들고 시위나 하는 것을 보고 '아하, 재향군인회 회원들이 하는 일이라는 게 이런 것이로구나!' 무릎을 치며 탄복을 하게 된다. 그것으로도 부족해 정부에서 국민의 막대한 혈세를 몇 백억 원씩 지원하고, 땅 짚고 헤엄칠 이권사업을 밀어주니 점입가경이 아닐 수 없다.

예비역 장군들이 제대하여 군을 떠났으면 그만이지, 대한재향군인회를 조직하여 막강한 권력을 누리고 있다. 장성 출신들끼리 성우회니 하면서 친목을 도모하는 거야 누가 말할 수 없겠지만, 전 제대 장병을 한데 뭉뚱그려 의무라도 되는 양 강제로 회원을 만들어놓고는 700만 회원을 자랑하는 것은, 어찌 보면 선량한 장병들을 기만하는 것이 아닌가. 진정 내가 회원이 되고 싶어 자진 가입해 활동하는 것이야 남이 무엇이라 하겠는가. 그런데 강제로 가입시켜 회비만 징수하고, 그 돈으로 제대 장병들 후생복지에 얼마나 쓰는지는 알 길조차 없다.

이런 생각에 나도 평화재향군인회에 가입했으니 자발적으로 회비를 내야 하는 게 당연했다. 회원의 도리를 다하지 않고 명함이나 새겨들고 평화재향군인회 회원이라고 하는 것은 어불성설이다. 그렇다면 기존의 수구 꼴통들의 재향군인회나 다를 것이 없다고 생각한다.

지방에 지부가 생길 때마다 나는 "우리는 정부지원도 못 받는데 단체를 운영하자면 진성회원으로 회비를 납부하는 회원을 모아야한다"고 늘 주장했다. 자진하여 회비라도 내야 평화재향군인회에 애정이 생기지 않을까? 그래서 내가 운영위원들이나 간부들이 모인 회의에서 이렇게 주장했다.

"우리 모두 한 사람 앞으로 5명씩 진성회원을 모으자. 나는 이 발언에 책임을 지기 위해 수원에서 우선 30명을 책임지고 모아놓겠다. 여러분들이 함께 호응하면 머지않아 우리 평화재향군인회가 들판에 불꽃처럼 번져나갈 것이다."

이렇게 약속을 하고 이를 실천하기 위하여 늙은 몸으로 오토바이를 타고는 매일 수원시내에 거주하는 진보적인 사람들을 찾아다니며 설득을 했다.

"평화재향군인회가 활동을 잘하면 군대문화가 달라진다. 그러면 앞으로 우리 자식들이 우리처럼 자존심 상하고 노예처럼 지겨운 군대생활을 하는 게 아니라, 자긍심을 가지고 즐거운 추억을 쌓는 군대가 될 것이다. 그러기 위해서는 우리가 회비라도 내자."

나는 결국 운영위원들과 한 약속은 지킬 수 있었다. 그렇지만 모든 일이 다 내 마음같이 되는 건 아니었다. 다른 지방에서는 호응이 안 되어 아직도 진성회원 수가 별로 늘지 않고 있다.

"우리나라의 국회의원 선거구역이 243곳이라는데, 한 국회의원 선거구마다 한 개의 지부를 만들고, 지부장 될 사람이 우선 CMS 만원짜리 진성회원 5명씩만 모아오면, 한 달에 1,200만원의 회비가 걷힐 게 아니냐? 그래야 일을 해도 무슨 일을 하지 않겠느냐? 내 이야기가 뜬구름 잡는 이야기라고 생각하는가? 이렇게 지지부진하면 언제 평화재향군인회를 반석에 올려놓겠느냐"고 열변을 토했지만 공허함을 느끼기도 했다. 자랑 같지만 우리 수원처럼 진성회원을 모아주면, 벌써 평화재향군인회는 눈부시게 발전했을 것 같은 아쉬움이 든다.

만나는 사람들마다 평화재향군인회를 이야기하면 내 말이 맞다고 동의하면서도 "나는 이제 제대했으니 군대문제는 관심이 없다"는 식의 태도를 보면서 슬그머니 뒤를 뺀다. 의당 고생을 하는 데가 군대라는 인식은 그렇다고 치더라도, 비인간적 대우를 받은 기억조차 벌써 잊어버리고 노하거나 슬퍼하지도 않은 것을 보면 인간들이 착한 것인지 아둔한 것인지 서글픈 생각이 든다.

나는 우리나라가 존재하는 날까지 사나이라면 나라를 위하여 누구나 군대를 가야 하고, 군대를 제대한 사람들은 후방에서 건전한 재향군인회를 이끌어 군대의 비리를 감시해야 군이 발전한다고 생각한다. 또 군이 발전해야 우리 자손들이 행복한 군대생활을 하게 된다는 생각이다.

5년이 지나는 동안 한 일도 많다. 2005년 진실과 화해를 위한 학살탐방 답사와 반전평화운동을 한 것을 비롯해, 2006년에는 미 평화재향군인회와 친선교류, 국군의 날 변경 기자회견, 전직 국방장관/참모총장 각성촉구 기자회견에 참여하기도 했다. 2007년 전국에 72개 지부를 설립하고 향군법 폐지운동을 전개한 것과 함께 반전평화 활동, 병영비리 척결 활동, 한미군사동맹문제 해결을 위한 활동을 한 것도 빼놓을 수 없다. 2009년 언론사 기고활동, 평화통일 기반조성 활동, 무건리 훈련장 확장반대 연대투쟁, 평군 발전토론회 등 이루 말할 수 없이 많은 활동을 했다.

나타난 성과가 아직은 미미하다고 할 수도 있다. 하지만 낙수가 바위를 뚫고, 우공이 산을 옮긴다고 했다. 더욱 노력하고 발전시켜 좋은 군대를 만드는 데 힘을 보태면 성과가 자랄 거라는 생각이다. 2009년에는 전 육군본부 운송감이었던 예비역 준장 이수영 장군이 또 기득권을 버리고 우리와 합류했다.

### 조문기 선생님 팔순잔치에서 만난 재치 있는 홍원식 박사

2006년 6월, 수원의 모 뷔페에서 조문기 선생님의 소박한 팔순잔치가 열렸다. 그때 나는 민족문제연구소 경기남부지부 지부장이었다. 우리 지부 회원들이 우리나라의 마지막 애국지사이신 선생님의 팔순을 어떻게 하면 의미 있게 치를 수 있을까 머리를 모았다. 그 결과 십시일반으로 성의껏 모금을 하여 일본 놈들과 싸우신 선생님의 상징처럼, 금으로 폭탄을 만들어드리기로 의견을 모았다. 그렇게 모은 돈이 금 닷 냥쯤 살 수 있는 금액이었다. 그런데 금으로 폭탄을 만들어 달라고 금 방에 부탁하니, 폭탄은 틀이 없어 공전이 대단히 비싸다고 했다. 할 수 없이 오래오래 사시라고 금거북이를 만들어드렸다.

팔순잔치 날 식장에 들어서는데, 낯모르는 사람이 달려와 반갑게 맞으며 "오늘 잔치를 빛내기 위하여 자기가 사회를 보겠으니 허락해 달라"고 양해를 구하는 것이었다. 남의 잔치에 온 것도 아닐 테고, 잘됐다 싶어 응낙을 했다. 그런데 이 사람이 얼마나 사회를 잘 보는지 깜짝 놀랐다.

사회를 보는 간간히 북쪽 노래 '심장에 남은 사람'을 직접 부르기도 하면서 판을 돋우는데 예사롭지가 않았다. 노래도 참으로 잘 부르고 사회도 프로급으로 만능이었다. 예절은 얼마나 밝은지 나무랄 구석이 없었다. 그래서 내가 속으로 '내 지부장 임기도 다 돼 가는데 이 사람을 다음 지부장으로 밀어야겠다'고 마음먹고, 사회자가 누구냐고 물어보니 법학박사 홍원식(洪元植)이라고 했다. 그것도 북한 헌법 박사 1호라고 했다.

조 선생님의 팔순도 순탄하게 끝나고, 홍원식 박사에게 우리 지부 회원을 대상으로 하는 강연도 시켰다. 간접적으로 지부 회원들에게 홍 박사를 선전해 앞으로 지부장으로 밀기 위한 나의 속셈이 작용한 결과이기도 했다.

그러던 어느 날, 서울 민족문제연구소에 갔더니 "이사장님 팔순잔치에 누가 홍원식을 불렀고, 어떻게 해서 그 사람이 사회를 봤느냐"고 묻기에, "홍 박사가 스스로 하겠다고 해서 시켰고, 사람이 얼마나 똑똑하고 예의 바른지 내 후임으로 점찍었다"고 자랑삼아 대답을 했다. 그런데 이상하게도 민족문제연구소 간부들의 반응은 영 탐탁지 않은 내색이었다. 그러더니 운영위원회에서는 이구동성으로 "그 사람은 지부장에 인준할 수 없다"는 것이었다. 그러나 나는 들은 척도 안 하고 집으로 돌아왔다. 그리고 홍 박사가 매일이다시피 전화를 걸어 내 안부를 걱정하고, 우리 지부가 할 일 등을 자문해주니, 자연 인지상정으로 홍 박사를 좋아하게 되었다.

**홍원식 박사와 함께 가수 조영남의 수원공연 저지운동을 하다**

그렇게 홍박사와 정이 깊어지던 어느 날, 홍원식 박사가 나를 찾아와서 이렇게 말했다.

"지부장님! 조영남이와 이미자, 패티김, 이렇게 세 사람이 아주대학교에서 합동으로 쇼를 한다는데, 이거 가만히 두면 안 됩니다." 조영남이가 일본 극우신문 산케이에 우리나라가 일본에 합병된 것은 우리나라 장래를 위하여 대단히 잘 된 일이다, 일본이 아니었으면 우리가 어떻게 경제적으로 이렇게 발전할 수 있겠느냐고 아주 맹랑한 기자회견을 했다는 것이다.

그 소리를 듣고 나는 "그럼, 어떻게 하면 좋겠느냐"고 물었다. 그때 홍 박사가 나를 보고 "지부장님, 이 일은 내가 알아서 할 테니, 지부장님은 뒤에서 나에게 힘만 실어주세요"라고 말하는 것이었다. 그래서 우리 경기남부지부에서는 큰 현수막을 역전에 걸고 기자회견을 했다. "친일파를 두둔하는 행각을 한 조영남이는 절대 우리 수원에서 쇼를 할 수 없다. 만일 쇼를 강행하면 우리는 결사적으로 저지투쟁을 벌이겠다"고 성명을 발표했다.

들리는 소문에 내가 기자회견을 하고 나서 조영남 쇼의 예매권을 물려달라는 사람들이 생기기 시작했단다. 조영남씨 측에서 나를 좀 만나자는 기별이 왔다. 그래서 수원 호텔캐슬 커피숍에서 저녁 7시에 조영남과 만나 담판을 짓기로 약속을 했다. 그러나 기다려도 조영남 쪽에서는 아무도 나타나지 않는 것이었다.

홍 박사는 "나쁜 놈들, 노인과 약속을 하고 그 약속까지 파기하니 이런 부도덕한 사람은 용서할 수가 없다"면서 화를 냈다. 이런 상황이니 공연 저지운동을 본격적으로 하기로 우리끼리 다짐까지 하였다.

그러던 중 어느 날, 홍원식 박사가 우리 집으로 나를 찾아와 "지부장님, 바쁘니 어서 차에 타라"고 하는 것이었다. 그래서 "왜 무슨 일로 이렇게 서두르느냐?"고 하니 차 안에서 말씀드리겠다며 다급해했다.

차 속에서 하는 말이 "조영남씨가 우리 요구조건을 무조건 받아드리겠다고 오늘 1시에 덕수궁 옆 ○○카페에서 만나자고 한다"는 것이다. 나에게 사전 양해도 없이 조영남과 약속을 했다는 것에 조금은 의아한 생각도 들었으나 '내가 굳게 신임하던 홍 박사가 어련히 알아서 했겠지' 하고 카페로 갔다. 조영남씨와 나란히 앉아 기자회견을 시작했다.

그런데 조영남씨를 처음으로 만나보니 생각지 않게 아주 친근감이 가는 사람이었다. 나를 보고 "영감님, 영감님" 하면서 내 손을 잡고 "내가 생각 없이 한 말이 선생님께 큰 폐가 될 줄은 몰랐다"면서 용서하라는 것이다. 그래서 '사람이란 만나야 오해도 풀리는구나' 하는 생각이 들면서 내 마음의 빗장도 풀리기 시작했다.

기자들이 한 30명 모인 자리에서 내가 요구조건을 말했다. "조 선생이 중앙일간지 세 곳에 자신이 한 말이 본의가 아니었다는 전면 사과 광고를 실어 달라. 그리고 일본《산케이신문》에도 실어 달라. 그러면 우리는 조 선생이 하는 쇼에 관여하지 않겠다"고 말했다.

기자회견 도중 어느 신문사 기자가 나에게 "민족문제연구소가 뭐하는 곳이냐"고 묻기에, 불쾌해서 "당신, 기자면 대학도 나오고 했을 텐데, 민족문제연구소가 무얼 하는지도 모른다면 이게 말이 되느냐, 이러니 해방 60년이 되어도 친일문제 하나 해결 못한 부끄러운 민족이 된 거다"라면서 "나는 당신 질문에 불쾌해서 대답하지 않겠으니 공부 좀 하라"고 말해버렸다.

그리고 조영남씨로부터 나의 요구조건을 받아들이겠다는 약속을 받고 기자회견을 끝냈다. 그런데 그 기자에게는 내가 너무했나 하는 미안한 생각이 들기도 해서 "내가 아까 좀 지나치게 말한 것을 이해하라"고 사과하고 자리를 떴다.

홍 박사가 옆에서 증인 노릇을 했으니 어련하겠지 하고 집으로 돌아오는 전철에서 이런저런 생각을 하는데, 사과 광고를 싣겠다는 약속만 받았지 언제까지 며칠간이나 실어 달라는 기간을 못 박지 않았다는 생각이 드는 것이었다. '아차, 내가 늙다보니 멍청해져서 이거 큰 실수를 했구나' 하는 생각에 곧 바로 홍 박사에게 전화를 걸어 내 실수를 이야기하니 홍 박사가 걱정하지 말라고, 자기가 알아서 하겠다는 것이다.

그런데 홍 박사가 걱정하지 말라는 말과는 달리, 조영남 쇼는 무사히 끝나고 조영남씨는 약속을 지키지도 않았다. 그럴 리야 없겠지만, 그 후 나는 왠지 '홍 박사 손에서 놀아나지는 않았나' 하는 옹졸한 생각이 들어 가끔 서운한 마음이 생긴다. 설마 홍 박사가 무엇을 노리고 나를 이용이야 했을라고? 홍박사의 인격을 믿어본다. 그러나 홍 박사를 처음 만났을 때와 같은 깊은 정은 그 사건 이후 잘 솟아나지 않으니 섭섭한 마음 감출 길이 없다.

**조문기 선생 장례식에서 정운현씨를 만나 자서전에 열을 올리다**

2008년 2월 5일, 이 땅에 마지막 살아남은 애국지사 조문기 선생님이 오래오래 사시라고 금거북이를 선물한 우리의 소망을 저버리고, 팔순잔치를 치른 지 불과 2년을 더 사시지도 못한 채 운명하셨다. 그리도 소원하시던 『친일인명사전』의 발간조차 보시지 못하고 말이다.

조문기 선생님의 시신을 혜화동 서울대학병원에 모시고 분향소를 마련했다는 소식을 전해 듣고, 놀란 마음을 진정시키며 달려갔더니 선생님 죽음을 애석해 하며 많은 분향객들이 모여들기 시작하고 있었다.

그러나 누군가의 분향소에는 각계 인사들의 이름이 적힌, 셀 수 없이 많은 화환이 나보라는 듯이 줄지어 서있는데, 나의 삶보다 민족의 삶을 위해 목숨까지 내놓고 싸우신 애국지사의 마지막 가는 분향소는 그에 비해 너무나도 초라하다는 생각이 들었다.

'정승집 개가 죽으면 문상꾼이 구름같이 모이고, 정승이 죽으면 문상객의 발길이 끊겨 빈소가 쓸쓸하다고 하더니, 이것이 세상의 약삭빠른 인심이로구나' 하는 생각이 미치니 서글퍼지는 것이었다. 그래도 민족문제연구소를 사랑하고 생전에 조문기 선생님을 존경하던 많은 분들이 사흘 동안 끊이지 않고 문상을 해주었으니, 선생님의 마지막 길이 그나마 위안이 되었다.

나는 할 일 없는 사람이라 발인 전날까지 계속 빈소를 찾아갔는데, 마침 빈소에서 당시 언론재단 기술이사이신 정운현 선생을 만나 술잔을 앞에 놓고 많은 이야기를 나누었다. 정 선생이 일제강점기 창씨개명을 연구한다는 이야기를 듣고는 "우리 집도 자청해서 창씨개명을 한 것 같다"면서 "내가 나이가 들면서 뇌도 나빠지고, 기억도 자꾸 흐려지는 것 같아 70년 넘게 살아온 내 생을 하루라도 빨리 정리해봐야겠다 싶어 글을 좀 썼는데, 그 속에 우리 집 창씨개명한 이야기도 있다"고 말하자, 정 선생이 호기심이 동하는 모양이었다. "그것을 나에게 좀 보여 달라"고 하는 것이었다. "한 120쪽쯤 생각 없이 긁적거렸는데 그걸 봐서 무얼 하겠느냐"고 하니까 "좀 보여주면 좋겠다"고 하여 메일로 보냈다.

그 후 어느 날 정 선생으로부터 만나자는 소식이 왔다. 그래서 만나보니 정 선생이 "선생님의 자서전이 아주 훌륭하다"면서 "이렇게 솔직하게 자기의 치부를 숨김없이 기록한 자서전은 처음 보았다"는 말까지 덧붙이더니 계속 써보라고 권유를 했다. 자기가 블로그에 올리겠으니 한 번 잘 써보라는 것이었다. 게다가 출판 얘기까지 했다. "신 선생님이 돈을 벌려고 쓰시는 것은 아닐 터이니 책을 출판할 때는 민족문제연구소에 판권을 기증하자"고까지 말하는 것이었다.

그때부터 열심히 과거를 짚어가며 글을 썼다. 어느덧 약 300쪽 정도의 분량이 되었기에 다시 정 선생에게 글을 보냈다. 내 글을 받아본 정 선생이 시청 뒤에 있는 언론재단 자신의 방에서 만나자고 연락을 했다. 그래서 수원 동원고등학교 김찬수 선생과 함께 찾아가 자리를 같이했다. 그 자리에는 블로그 회사 직원이라는 사람도 와있어 서로 수인사를 나눴다.

정 선생이 "이제 블로그에 올려보자"며 적극 나섰다. 그러나 사실 나는 블러그가 뭔지도 모르는데다가, 시작하면 글을 꾸준히 올려야 한다는 말을 듣고보니 시간에 쫓기는 게 내심 정신적으로 부담이 될 것만 같아 응낙하기가 쉽지 않았다. 그래서 정 선생에게 다 쓰고 나서 해보자고 사정하여 허락을 받았다.

이후 열심히 글을 쓰다보니 730쪽에 달하는 원고가 만들어졌다. 그런데 정 선생이 정권이 바뀌면서 언론재단 기술이사직에서 물러나고 말았다. 마음도 편치 않고 정신도 없을 터인데, 이제 다 썼다고 내 생각만 하고 어린아이처럼 보챌 수도 없어 정 선생에게 전화도 드리지 못하고 있다.

### 코미디언 이기동의 억울한 죽음과 나의 새옹지마 인생

어느덧 자서전을 쓰고 나니 내가 살아온 80년 가까운 세월이 주마등처럼 머릿속으로 스치고 지나갔다. 어느 순간, 동갑내기로 나보다 아홉 달 먼저 해군 30기에 입대했던 코미디언 이기동(李起東)씨의 짧은 생도 떠올랐다. '아아, 그렇구나. 내 삶도 새옹지마(塞翁之馬)였구나!' 하는 생각이 든다.

그런데 나의 삶이 이기동씨의 짧은 삶과 비교되는 것은 웬일일까? 코미디언 이기동씨는 나와 같은 1933년 계유생(癸酉生) 닭띠로, 함경도에서 태어나 1·4 후퇴 때 단신으로 남하한 사람이었다. 먹고살 길도 없어 막막해 하던 그는 해군 신병 30기로 지원 입대해 해군생활을 시작한다. 머리가 좋아 다시 해병 간부후보생에 응시, 합격하면서 해병 소위로 임관해 김포 해병여단에서 소대장으로 근무를 했다. 그런데 자기 소대에서 총기사고가 일어나는 바람에 파면되고 말았단다.

북쪽에 가족을 남겨두고 혈혈단신으로 남하한 처지라 남쪽에는 혈육 한 점 없는 처지였다. 사고무친한 남한 땅에서 먹고살기란 쉽지 않았을 것이다. 많은 방황을 했다고 한다. 그런데 죽으라는 법은 없는 모양이다. 직업도 없이 무위도식하던 중 그 당시 가수의 등용문인 콩쿠르 대회(노래자랑대회)에 참가해 2등으로 입상을 했단다.

그것을 계기로 유랑극단인 악극단을 따라 지방공연에 나섰다가 어느 날 사람들로부터 코미디언 자질을 인정받으면서 무명가수 생활을 접고 본격적으로 코미디언의 길로 들어섰다. 이후 서영춘, 구봉서, 배삼룡, 곽규석(후라이 보이) 등과 함께 희극배우로 승승장구했다.

그렇게 희극배우로 유랑극단을 따라다니던 중에 우리나라에도 TV 방송국이 생기면서 그야말로 일약 스타가 되었다. 미녀 코미디언 권기옥과 콤비를 이루며 '웃으면 복이 와요'에 고정 출연하면서 전국적으로 유명세를 탔다.

이때 돈을 좀 모아 차린 게 '땅딸이 사와'라는 음료수 회사였다. 그런데 약속기한이 돼도 물품이 나오지 않자 '땅딸이 사와' 대리점을 신청한 사람들이 이기동씨를 사기혐의로 고소했다. 이때가 전두환 신군부가 정권을 빼앗으려던 시기였다.

하필이면 이럴 때 전두환 일당을 비판하는 콩트를 하다가 군부 실세에 미운털이 박히고 말았다. 그래서 결국, 경제 질서를 교란시켰다는 죄목으로 악명 높은 삼청교육대로 끌려갔다. 이기동씨가 삼청교육대로 끌려간 후 신군부는 '연예인 정화'라는 명목으로 배삼룡, 구봉서, 서

영춘 등 수많은 연예인들의 TV 출연을 금지시켰다. 심지어 탤런트 박용식씨는 '외람되게도 대머리가 전두환 각하를 닮았다'는 불경죄로 하루아침에 전 방송의 출연을 금지당해, 수유리 시장에서 기름가게로 생계를 이어갔다는 사실은 너무나 유명한 이야기다.

40여명의 '땅딸이 사와' 대리점 주인들이 얼마나 큰 경제적 피해를 입었는지 모르지만, 이런 이유 같지 않은 이유로 이기동이란 불세출의 코미디 천재가 재판도 없이 초법적이며 불법적인 삼청교육대로 끌려가 모진 고문을 받고, 그 후유증으로 50살의 젊은 나이에 병들어 죽었다.

그래서 이기동씨의 짧은 삶이 나의 삶과 비교가 될 때가 있다. 내가 만일 해군에서 탈영한 후 서울 국립맹아학교 보통사범과에 입학하지 않았더라면, 나도 어려서부터 품었던 배우의 꿈을 이루었을 터인데 하고 생각해본 게 한두 번이 아니었다.

만일 내가 교사 자격증이 없어 이기동씨처럼 악극단을 따라다니다 유명세를 타는 배우가 되었다면, 1980년대 그 암울하던 시절, 바른말을 참지 못하는 내 성미가 나를 권력자의 눈에 미운털이 박히는 신세로 만들었을 거라는 데 대해, 어느 누가 아니라고 장담할 수 있을까.

아마 나도 이기동씨처럼 되지 않는다는 법이 있겠는가. 그런 생각을 하니 군을 탈영해 교사 자격증을 딴 것도, 내가 배우의 꿈을 이루지 못한 것도 새옹지마였다는 생각을 한다. 이제 나도 황혼 길에 접어들어 지난날을 더듬어보면, 선무당이 시퍼런 작둣날을 타고 용케도 베이지 않고 땅에 내려선 것 같은 생각이 든다.

지나온 나의 삶은 불우한 이웃에 대한 연정도, 조국에 대한 깊은 애정도, 역사에 대한 깊은 성찰이나 고뇌도 없이, 그저 나 홀로 허공에 대고 분노하는 삶이었다. 바람 부는 대로 물결치는 대로, 아무 생각도 없이 그저 덧없는 갈대처럼 살아온 부끄러움뿐이다.

그래서 나는 이제부터라도 역사를 생각하며, 나를 낳고 길러준 이 조국의 역사가 끝나는 날까지, 우리의 귀여운 후손들이 영원히 행복하게 살아갈 나의 조국에 작은 보탬이라도 될 수 있도록 노력하며 살겠다는 마음을 다지고자, 이제야 호를 만각(晚覺)으로 지어 쓰기로 했다.